Daniel Franz

# Anforderungen an MitarbeiterInnen in wohnbezogenen Diensten der Behindertenhilfe

Daniel Franz

# Anforderungen an MitarbeiterInnen in wohnbezogenen Diensten der Behindertenhilfe

## Veränderungen des professionellen Handelns im Wandel von der institutionellen zur personalen Orientierung

**Herausgegeben von
der Bundesvereinigung Lebenshilfe e.V.**

**Lebenshilfe-Verlag Marburg 2014**

Bibliografische Information Der Deutschen Bibliothek

Die Deutsche Bibliothek verzeichnet diese Publikation in der Deutschen Nationalbibliografie; detaillierte bibliografische Daten sind im Internet über http://dnb.ddb.de abrufbar.

Diese Veröffentlichung lag der Fakultät für Erziehungswissenschaft, Psychologie und Bewegungswissenschaft der Universität Hamburg als Dissertation vor.

Prüfungskommission: Prof. Dr. Iris Beck (Vorsitz); Prof. Dr. Benedikt Sturzenhecker; Prof. Dr. Karl Dieter Schuck
Die Disputation fand am 17. Juli 2013 statt.

Herausgeber:
Bundesvereinigung Lebenshilfe e.V.
Raiffeisenstraße 18, 35043 Marburg
Tel.: (0 64 21) 4 91-0
Fax: (0 64 21) 4 91-16 7
E-Mail: bundesvereinigung@lebenshilfe.de
Internet: www.lebenshilfe.de

Gestaltung Umschlag: Heike Hallenberger
Lektorat: Roland Böhm

Titelbild: »Wolkenkratzer«, Gemeinschaftsarbeit von Dorthe Siemssen und André Dessaules, Atelier Lichtzeichen, www.atelier-lichtzeichen.de

Herstellung: Lebenshilfe-Verlag Marburg
Fotografische Verkleinerung der Originalarbeit

Druck: cpi books, Leck



ISBN 978-3-88617-218-4

2., unveränderte Auflage 2015

# VORWORT UND DANKSAGUNG

Eine Arbeit dieses Ausmaßes kann nicht bewältigt werden, ohne danach sehr vielen Menschen zum Dank verpflichtet zu sein. Diese Menschen sollen im Folgenden benannt werden (in der Hoffnung, dabei niemanden zu vergessen): Mein Dank geht an

- Prof. Dr. Iris Beck für die Betreuung der Arbeit als Erstgutachterin, ihre vielfältige und intensive Förderung sowie ihre konstruktive und anregende Kritik.
- Prof. Dr. Karl Dieter Schuck und Prof. Dr. Benedikt Sturzenhecker für die Begutachtung der Arbeit.
- die Kurt und Käthe Klinger-Stiftung für die finanzielle Unterstützung im Rahmen eines Promotionsstipendiums. Ohne sie hätte diese Arbeit nicht entstehen können.
- die Einrichtung, die mir ihre Türen geöffnet hat, meine AnsprechpartnerInnen vor Ort und insbesondere an die MitarbeiterInnen, die sich die Zeit genommen haben, mit mir ins Gespräch zu kommen.
- den Lebenshilfe-Verlag für die Veröffentlichung der Arbeit.
- Magdalena Birnbacher, Anna Fuhrmann, Meike Nieß, Juliane Stargardt und Stefan Thesing für umfassende kollegiale Unterstützung.
- Tina Dilgen, Oliver Franz, Gunnar Gorges, (noch mal) Meike Nieß, Mascha Thesing und (noch mal) Stefan Thesing für das Korrekturlesen der einzelnen Kapitel.
- Monika Franz, Helge Franz, René Scheer, Susen Jachmann, Thomas Jachmann, und (noch mal) Gunnar Gorges für (mindestens) 1000 kleine und große Hilfen.
- zu guter Letzt Nadine Rose und Agnes Schuchart für sechs Jahre gemeinsamen Denkens, Arbeitens, Lesens, Schreibens und Leidens. Ohne sie hätte ich diese Arbeit niemals fertig gestellt.

In meiner individuellen Biografie stellt die vorliegende Arbeit einen Teil eines umfassenden Erkenntnisprozesses dar: Ausgehend von einem Studienprojekt im Hauptstudium über meine Diplom-Arbeit beschäftigen mich die Strukturen von Hilfesystemen und insbesondere das professionelle Handeln in diesen Strukturen immer wieder aufs Neue. Die vorliegende Arbeit kann als dritter Schritt dieses noch nicht abgeschlossenen Erkenntnisprozesses gelesen werden. Und da sich in *einer* Arbeit auch nie *alle* Fragen klären lassen, gilt im Zweifelsfall: Fortsetzung folgt.

Hamburg, Dezember 2012

Daniel Franz

# GLIEDERUNG

## TABELLENVERZEICHNIS

# EINLEITUNG

Wirft man als relativ unbedarfter Beobachter einen kursorischen Blick auf die Entwicklungen im Feld der Behindertenhilfe in Deutschland, kann es passieren, dass man reichlich verwirrt zurück bleibt. Auf der einen Seite entsteht der Eindruck eines Feldes, in dem Reform auf Reform folgt: Enthospitalisierung, De-Institutionalisierung, Integration, Qualitätsentwicklung und -sicherung, Personenzentrierung, Inklusion, persönliches Budget, Sozialraumorientierung, Ambulantisierung, Modularisierung der Leistungserbringung, Regionalisierung oder Hochzonung der Zuständigkeit in der Leistungserbringung usw. Auf der anderen Seite kann man sich des Eindrucks nicht erwehren, dass »im Großen und Ganzen« doch alles beim Alten bleibt. Die dominante Unterstützungsform scheint nach wie vor – und aller Reformen zum Trotz – die besonderer Einrichtungen zu sein: Sonder- bzw. Förderschulen, Wohneinrichtungen oder Werkstätten für Menschen mit Behinderung. Reformen beziehen sich oft auf die Frage der Größe der Einrichtung und den Grad der Besonderung – am grundlegenden Prinzip scheint sich wenig zu ändern. Insgesamt ergibt sich ein Bild, das von „Ungleichzeitigkeiten und Widersprüchen [...], [von] Fortschritt neben Beharrung“ (Beck 2007a, 20, Bearbeitung DF) gekennzeichnet ist.

Die Gründe für diesen Zustand werden deutlicher, wenn man sich die Tragweite der Reformen vor Augen führt. Alle o. g. Reformen lassen sich als Teil des Wandels „von der institutionellen zur personalen und funktionalen Perspektive“ (Beck 2002b, 192; auch: Thimm 2001, 355) fassen. Diese Leitformel dient dabei als Schlagwort für einen tief greifenden Wandel im gesamten System der Behindertenhilfe und -pädagogik, der sich von grundlegenden Kategorien über die Leitziele und Organisationsformen bis hin zur praktisch pädagogischen Tätigkeit vollzieht. Im Zusammenhang mit den Veränderungen im schulischen Bereich wurde er von Bleidick, Rath et. al als kopernikanische Wende gekennzeichnet (1995, 248), also als ein Veränderungsprozess, der das gesamte System »auf den Kopf« stellt. Seine Grundlagen sind vielfältig und

> „bisher nur unzureichend analysiert; zu ihnen gehören u. a. gesellschaftliche Modernisierungs- und Individualisierungsprozesse, Veränderungen im Schulsystem einschließlich der Etablierung schulischer Integration, die Übernahme neuer fachlicher Leitprinzipien und ein Erstarken der Selbsthilfebewegung“ (Franz, Lindmeier et al. 2011, 100).

Ergänzend seien an dieser Stelle noch die sozialpolitischen und -rechtlichen Veränderungen (z. B. im SGB IX) und ein neues Verständnis von Behinderung genannt (Beck 1996, 444 2002b, 196f). Für die letzten Jahre ist in diesem Zusammenhang sicherlich auch die UN-Konvention über die Rechte von Menschen mit Behinderung (im folgenden: UN-BRK) zu beachten. Mit diesen Entwicklungen gehen strukturelle Veränderungen einher, zuerst eher als äußere Reformen, dann zunehmend auch inhaltliche Neu-Ausrichtungen (Beck 2002b, 196). Ziel des Wandels ist, dass sich „die Angebote auf Bedarfslagen vor Ort, und nicht umgekehrt die Adressaten auf je vorhandene Angebote einzustellen haben und sich diesen unterordnen müssen" (Beck 2007a, 27). Die Ebenen dieses Wandels stellen sich im Überblick wie folgt dar:

| **Von der institutionellen Orientierung ...** | **... zur personalen Orientierung** | **Ebene des Wandels** |
|---|---|---|
| Von der Befund-/ Defektorientierung ... | zur Orientierung an Behinderungsfolgen und der Lebensführung | Ebene der Kategorien |
| Von der Betreuung und Abhängigkeit ... | zur Selbstbestimmung und Assistenz | Ebene der Leitziele |
| Von der Versorgung ... | zur Förderung und umfassenden Eingliederung | |
| Vom separierten und zentralisierten Sondersystem ... | zu einem vorrangig offenen, regionalisierten Unterstützungssystem | Ebene der Strukturen |
| Von der Anbieterkontrolle ... | zur nutzerorientierten Qualitätsentwicklung, -beurteilung | |

*Tabelle 1: Ebenen personaler Orientierung (Beck 2002b, 194, eigene Bearbeitung)*

Es ist dieser Wandel, der das Herzstück und den thematischen Schwerpunkt der vorliegenden Arbeit bildet. Den gesamten Wandel umfassend zu analysieren, würde jedoch bereits auf theoretischer Ebene erfordern, die Erkenntnisse verschiedener Disziplinen (Soziologie, Rechtswissenschaft, Psychologie, Erziehungswissenschaft usw.) und Zugänge (Handlungs- und Strukturtheorie, Systemtheorie, Diskursanalyse) aufzuarbeiten und in Beziehung zueinander zu setzen. Diese zudem einer empirischen Operationalisierung zugänglich zu machen, übersteigt den Rahmen dieser Arbeit deutlich. Zudem müssen bei der Betrachtung von Veränderungsprozessen dieser Art verschiedene Phasen und Ebenen von Implementation unterschieden werden (für die folgende Aufzählung Beck 1994, 280ff[1]):

- Die *Makro-Implementation* befasst sich v. a. mit den strukturellen Voraussetzungen:
  - die theoretische Phase umfasst Normformulierung und Konzeptualisierung, erste Akzeptanz und gesetzliche Verankerung;
  - die praktische Phase umfasst Modellprojekte, die flächendeckende Ausdehnung und die gesellschaftliche Institutionalisierung.

[1] Becks Analyse beruht dabei auf Arbeiten von Dahme, Grunow et al. (1980), Flynn & Nitsch (1980) und Mayntz (1974). Die Bezugnahmen in der vorliegenden Arbeit erfolgen alle über Beck (1994).

Zusätzlich gilt es, dieses eher schematische Modell um die beteiligten Akteure und um die Frage möglicher Umsetzungshindernisse zu erweitern. Dies führt zu einem Verständnis, das „von dynamischen und, sich gegenseitig beeinflussenden oder abhängigen Prozessen“ (a.a.O., 281) ausgeht.

- Die *Meso-Implementation* beschreibt die eigentliche Umsetzung auf organisatorischer Ebene.
- Die *Mikro-Implementation* schließlich bezieht sich auf alltägliche Erbringung von Leistungen – also das Umschlagen des neuen Programms auf die Handlungsebene.

Vor diesem Hintergrund kann davon ausgegangen werden, dass Implementation auch „im Rahmen der Ausführung der bestehenden Programme, und als sich auf der Handlungsebene alltäglich, ohne direkte Steuerung von ‚oben‘, vollziehender Vorgang“ (a.a.O., 285) stattfinden kann. Die Veränderungen des Hilfesystems ist also ein vielschichtiger Prozess, dessen Darstellung sich einer linearen Logik im Sinne eines Top-down- oder Bottom-up-Prozesses entzieht. Beide Elemente sind enthalten, praktische Veränderungen können fachliche Diskurse auslösen, neue rechtliche Regelungen können ebenso greifbare Veränderungen im Leben von Menschen mit Behinderung auslösen. Zudem weist Beck darauf hin, dass die Phase der normativen und theoretischen Begründung auf jeder Stufe erneut durchlaufen werden muss und jede Stufe ihre eigenen Schwierigkeiten und Herausforderungen mit sich bringt (a.a.O., 287):

> „Die problematische Schnittstelle der Kontingenz bzw. Komplexitätsreduktion in der Phase der theoretischen und normativen Begründung kehrt auf der Ebene der Meso-Implementation im Problem der Grenzen der funktionalen Differenzierung und der Bedürfnisorientierung wieder. Als weitere kritische Schnittstelle im Umsetzungsprozeß sind die Umsetzung von programmatischen Bestimmungen in entsprechende Organisations- und Personalstrukturen und -funktionen sowie das Technologiedefizit anzusehen“ (a.a.O.).

Vor diesem Hintergrund müssen Spezifizierungen der Arbeit vorgenommen werden, um zu einer bearbeitbaren Fragestellung zu gelangen. Diese Spezifizierungen sollen jedoch nicht als zu vermeidende Verkürzungen, sondern vielmehr als notwendige *Reduktionen von Komplexität* verstanden werden. Sie stellen sich wie folgt dar:

1. Das primäre Erkenntnisinteresse der Arbeit ist auf der Ebene der *Mikro-Implementation* angesiedelt und befasst sich mit der Frage, wie sich konkretes pädagogisches Handeln verändert.
2. Ein sekundäres und nachgelagertes Erkenntnisinteresse betrifft die organisatorische Rahmung dieses Handelns auf der Meso-Ebene. Dabei lassen sich grundsätzlich zwei Implementationsstrategien unterscheiden:

a) die *Veränderung bestehender Strukturen* (De-Institutionalisierung, Umwandlung stationärer Wohngruppen in Ambulant betreute Wohngemeinschaften[2] usw.) oder

b) die *Schaffung neuer, alternativer Strukturen* (z. B. Aufbau ambulanter Dienste, persönliches Budget, Assistenzdienste).

Die vorliegende Arbeit konzentriert sich auf den Aspekt der Veränderung bestehender Strukturen.

3. Die Ebene der Makro-Implementation wird in dieser Arbeit nicht komplett ausgeblendet, jedoch lediglich in dem Maße in Betrachtung gezogen, in dem sie für die Handlungsebene Wirkung entfaltet, z. B.:

   a) in der wissenschaftlichen Diskussion um den Behinderungsbegriff (Abkehr von medizinischen Erklärungen, Hinwendung zu sozialwissenschaftlicher Betrachtung);

   b) in den sozialpolitischen und -rechtlichen Rahmenbedingungen (z. B. SGB IX, UN-BRK);

   c) in der Diskussion um die Leitziele der pädagogischen Arbeit (z. B. Normalisierung, Selbstbestimmung, Teilhabe);

4. Aus der gesamten Bandbreite von Handlungsfeldern und Zielgruppen der Behindertenhilfe konzentriert sich die vorliegende Arbeit auf

   a) Fragen des *Wohnens* mit Unterstützungsbedarf – also auf Wohneinrichtungen und wohnbezogene Dienste (Handlungsfeld) und

   b) den Personenkreis erwachsener *Menschen mit geistiger Behinderung*[3] (Zielgruppe).

   Sie analysiert den Wandel exemplarisch für diesen Bereich, die dabei gewonnenen Erkenntnisse sind prinzipiell jedoch übertragbar auf andere Handlungsfelder und Bereiche[4].

---

[2] Wie z. B. in den letzten Jahren in Hamburg unter dem Schlagwort der »Ambulantisierung« geschehen (Behörde für Soziales 2008).

[3] Die Formulierung »Menschen mit geistiger Behinderung« ist dabei nicht unproblematisch (vgl. zur Frage der Nomenklatur die Ausführungen zum Behinderungsbegriff, S. 21ff).

[4] In diesem Zusammenhang muss darauf hingewiesen werden, dass in der vorliegenden Arbeit darauf verzichtet wurde, streng zwischen *Sonder-*, *Heil-* und *Behinderten*pädagogik zu unterscheiden. Auswahlkriterium für die Bearbeitung war immer inhaltliche Relevanz. Um zu vermeiden, ständig mehrere Begriffe zu verwenden, wird in eigenen Formulierungen der Begriff »Behindertenpädagogik« verwendet.

Im Mittelpunkt der Analyse steht also das (pädagogische) Handeln der MitarbeiterInnen im Rahmen der Veränderung wohnbezogener Einrichtungen und Dienste für Menschen mit geistiger Behinderung. Der Verweis auf das *pädagogische* Handeln verweist darauf, dass sich die Arbeit auf diejenigen MitarbeiterInnen konzentriert, welche die direkte Unterstützung leisten[5].

Mit dieser Konzentration auf das Handeln der MitarbeiterInnen ging auch die Entscheidung einher, auf der empirischen Ebene die Lebenssituation der unterstützten Menschen mit Behinderung *nicht* zu erheben. Die damit verbundene Gefahr einer paternalistischen Haltung, die ohne Einbezug der betroffenen Menschen definiert, was »gute Unterstützung« sein soll, ist mir durchaus bewusst. Die Entscheidung *für* eine Konzentration auf die Situation der MitarbeiterInnen folgte jedoch weniger den Anforderungen des Handlungsfeldes – in der die Einbeziehung der betroffenen Menschen eine zentrale Rolle spielt – als denen des wissenschaftlichen Feldes: Über die Lebenssituation von Menschen mit Behinderung, die in Einrichtungen oder von Diensten unterstützt werden, sind durchaus Erkenntnisse aus Forschungsarbeiten vorhanden – erhoben sowohl im Rahmen von Veränderungsprozessen (zuletzt Metzler & Springer 2010; Zentrum für Planung und Evaluation Sozialer Dienste der Universität Siegen 2008) als auch in Phasen der Stabilität (zuletzt Schäfers 2008; Seifert 2010)[6]. Der Kenntnisstand zu den Anforderungen an das pädagogische Handeln im Zusammenhang mit personaler Orientierung ist dagegen deutlich überschaubar und bewegt sich in den meisten Fällen auf theoretischer Ebene. Empirische Befunde zu den Veränderungen des Handlungsfeldes der MitarbeiterInnen sind eher die Ausnahme (für eine ausführliche Auseinandersetzung mit diesen Arbeiten vgl. S. 98ff). Aus diesen Gründen erfolgte die Entscheidung, sich in der Arbeit auf Fragen des Handelns von MitarbeiterInnen (und die Rahmenbedingungen, in denen dieses Handeln stattfindet) zu begrenzen.

5 Der Terminus »MitarbeiterInnen« ist dafür streng genommen zu weit gefasst: Auch Leitungs- oder Verwaltungskräfte sind MitarbeiterInnen. »Fachkräfte« ist zwar präziser, trifft aber nicht den Kern. Insbesondere im Wohnbereich sind oft Menschen ohne fachbezogene Berufsausbildung tätig. Im Folgenden wird für diejenigen Menschen, deren beruflicher Alltag die direkte Unterstützung von Menschen mit geistiger Behinderung im Rahmen von Wohneinrichtungen und wohnbezogenen Diensten ist, den Begriff »MitarbeiterInnen« verwendet. Sind Untergruppen (Fachkräfte/ungelernte Kräfte) oder andere Berufsgruppen (Verwaltungspersonal, Leitungskräfte) gemeint, wird dies im Text konkret benannt.

6 Damit ist nicht gesagt, dass in diesem Bereich keinerlei Forschungsbedarf bestünde – insbesondere was Menschen mit schwerer Behinderung betrifft, fehlt es noch an systematisch erprobten Methoden zur Einschätzung der Lebenssituation.

## 1 Fragestellung und Vorgehen der Arbeit

Basierend auf den bis hierhin gemachten Spezifikationen kann als übergeordnete Fragestellung der Arbeit formuliert werden: *Wie verändern sich die Anforderungen an das pädagogische Handeln der MitarbeiterInnen im Rahmen des Wandels von der institutionellen zur personalen Orientierung (in Wohneinrichtungen/wohnbezogenen Diensten für Menschen mit geistiger Behinderung)?*

Diese untergliedert sich in eine *theoretisch* (1.) und eine *empirisch* (2.) zu beantwortende Unterfrage:

1. *Theorie:* Welche Anforderungen an das Handeln von MitarbeiterInnen ergeben sich aus dem theoretischen und fachbezogenen Diskurs um »personale Orientierung«?
2. *Empirie*: Wie nehmen MitarbeiterInnen vor Ort den Wandel wahr und wie verändern sich aus ihrer Perspektive die an sie gestellten Anforderungen?

Im Sinne dieser zwei zu beantwortenden Fragestellungen unterzieht die Arbeit den Wandel in der Behindertenhilfe einer zweifachen Analyse: einmal auf theoretischer Ebene, einmal auf empirischer Ebene. Theorie und Empirie stehen dabei jedoch nicht in einem »Prüfverhältnis« zueinander, es geht nicht darum, theoretisch gewonnene Erkenntnisse, an einer – dann notwendig defizitär erscheinenden – Praxis zu prüfen. Ein solches Verfahren entspräche zudem nicht dem zeitlichen Vorgehen in der Entstehung der Arbeit. Die systematische Darstellung des Gegenstands und das konkrete Vorgehen im Forschungsprozess stehen nicht in einem analogen Verhältnis. Das *konkrete Vorgehen* folgte einer zirkulären Bewegung zwischen Theorie und Empirie: Auf Basis von Vorarbeiten im Rahmen meiner Diplom-Arbeit (Franz 2004) sowie einer Einarbeitung in die Thematik im Zusammenhang mit der Erstellung des Exposees erfolgte die Forschungsphase I, die zum einen der Felderschließung diente und zum anderen die Perspektive der MitarbeiterInnen auf die Veränderungsprozesse erhob. Auf die Auswertung der Forschungsphase I erfolgte eine theoretische Auseinandersetzung mit den Arbeiten, die sich mit den Veränderungen der Handlungsebene befassen. Darauf folgte die Forschungsphase II, deren Fragestellungen sich aus den Ergebnissen der Forschungsphase I speisten. Hier wurden Leitungskräfte bezüglich a) ihrer Einschätzung der Anforderungen an MitarbeiterInnen sowie b) der Kontextfaktoren des pädagogischen Handelns befragt. Daraufhin folgte die Auseinandersetzung mit den eher organisationsbezogenen Arbeiten zum Thema personale Orientierung.

Zudem erfolgte die *Verschriftlichung der Erkenntnisse* nicht »von vorne nach hinten«, sondern vielmehr »von innen nach außen«. Den Beginn des Schreibprozesses macht dabei ein relativ spezifisches Phänomen – z. B. ein Teil der Datenauswertung. Von diesem aus vollzieht sich eine Bewegung weg von den konkreten Gegenständen hin zu den »großen

Fragen« – in Form einer zunehmenden Abstraktion und Generalisierung[7]. Artefakt dieses Schreibprozesses ist die Gliederung der Arbeit, die a) den systematischen Zusammenhang darstellt und b) an jeder Stelle Auskunft darüber gibt, auf welcher (Abstraktions- oder Konkretions-)Ebene die Argumentation vorgetragen wird.

Im Einzelnen gliedert sich die Arbeit wie folgt:

- Diese **Einleitung** hat die Funktion, Fragestellung und Vorgehen der Arbeit zu klären, eine Reflexion auf die Verschränkung theoretischer Perspektiven anzubieten sowie die Klärung grundlegender Begriffe vorzunehmen.
- **Teil I** bezieht sich auf die *theoretische* Fragestellung. Im ersten Schritt gilt es dabei, den Wandel von der institutionellen zur personalen Orientierung zu analysieren. Dies geschieht unter einer Konzentration auf die Veränderung bestehender Angebotsstrukturen (unter dem Stichwort »De-Institutionalisierung«). Nach einer Reformulierung dieser Ergebnisse unter Zuhilfenahme organisationssoziologischer Begriffe (Schritt 2) erfolgt die Benennung der sich daraus ergebenden Auswirkungen auf das pädagogische Handeln (Schritt 3).
- **Teil II** benennt die *methodologischen* Grundlagen und begründet die konkreten *methodischen* Entscheidungen, die im Rahmen der empirischen Arbeit getroffen wurden. Des Weiteren werden die *Vorbereitung, Durchführung und Auswertung* der eigentlichen empirischen Erhebung beschrieben.
- **Teil III** bereitet die Erkenntnisse der *empirischen* Arbeit auf. Hier steht die Frage im Mittelpunkt, wie die MitarbeiterInnen in den Einrichtungen und Diensten den Wandel in der Behindertenhilfe wahrnehmen und wie sich ihr Arbeitsfeld verändert hat. Dies geschieht auf der Basis einer exemplarischen Analyse zweier Dienste eines großen Trägers der Behindertenhilfe im Bundesgebiet. Gemäß dem konkreten empirischen Vorgehen werden dabei zwei Forschungsphasen unterschieden: In *Forschungsphase I* wurden Interviews mit Fachkräften durchgeführt, in *Forschungsphase II* folgten ergänzende Interviews mit Leistungskräften.
- **Fazit und Ausblick** haben die Funktion, die Erkenntnisse der Teile I und III zusammenzuführen und Entwicklungsanforderungen, Handlungsbedarfe und Desiderate zu benennen. Dies geschieht dabei zweiseitig: Anforderungen müssen sowohl an die pädagogische Praxis als auch an die erziehungswissenschaftliche Theoriebildung formuliert werden.

---

[7] Dieses Vorgehen prägte insbesondere die Verschriftlichung der empirischen Ergebnisse und wird in Teil II der Arbeit (Methodologie und Methoden) detailliert beschrieben sowie für beide Forschungsphasen exemplarisch vorgestellt (vgl. S. 155ff und Fehler: Referenz nicht gefundenff).

Während die Teile I und III sich also mit der Beantwortung der spezifischen (theoretischen, bzw. empirischen) Unterfrage befassen und weitgehend unabhängig voneinander konzipiert sind, stehen in Einleitung, in Teil III sowie in Fazit und Ausblick eher Fragen nach dem Zusammenhang zwischen Theorie und Empirie im Vordergrund. Neben den explizit bearbeiteten *Inhalten* gibt es aber auch zwei *thematische* Schwerpunkte, die nicht unbedingt im Mittelpunkt der Betrachtung stehen, aber immer wieder auftauchen und diskutiert werden. Die vorliegende Arbeit erhebt nicht den Anspruch, einen substanziellen Beitrag zu diesen Themenbereichen zu leisten. Dennoch wirken sie als »Kontextfaktoren« auf die behandelten Inhalte ein. Dabei handelt es sich um

1. das Problem der *Spezifik behindertenpädagogischen Handelns*: Wenn sich Behindertenpädagogik nicht mehr fraglos auf ein »besonderes Klientel« beziehen kann, stellt sich die Frage, wodurch sie sich auszeichnet und von anderen Handlungsfeldern (insbesondere der Sozialpädagogik) abgrenzt. Dieser Frage wird v. a. im theoretischen Teil der Arbeit nachgegangen (vgl. S. 106ff und 134f).
2. das *Verhältnis von Struktur und Handeln*: Die organisatorische Rahmung des Handelns wird im Laufe der Arbeit immer wieder aufgegriffen und thematisiert. Im empirischen Teil der Arbeit wird dabei besondere Aufmerksamkeit auf die Frage gelenkt, welchen Einfluss die lange Zeit prägende Leitdifferenz der Behindertenhilfe »ambulant vs. stationär« auf das Handeln hat (vgl. S. 238ff und 250ff).

Die wechselseitigen Bezugnahmen zwischen verschiedenen Einzelaspekten (z. B. in der Verbindung von Hilfeplanung zur Orientierung am Individuum oder den Merkmalen personaler Orientierung zu den Bedingungen professionellen Handelns) haben dazu geführt, dass die vorliegende Arbeit mit einer Vielzahl von Querverweisen versehen ist. Diese lassen sich a) als Hinweis darauf lesen, dass die vorliegende Gliederung nur *eine* Möglichkeit der systematischen Darstellung des Gegenstands abbildet. Zudem bieten sie b) potenziellen LeserInnen Gelegenheit, die Lesereihenfolge der einzelnen Kapitel stärker an eigenen Interessen auszurichten.

## 2 Methodologische Vorbemerkung: Zur Verschränkung theoretischer Perspektiven

Sozialwissenschaftliche Gegenstände bringen es mit sich, dass es i. d. R. mehrere, konkurrierende Erklärungsansätze gibt, deren Unterschiede oft auf Differenzen in der zugrunde liegenden Perspektive beruhen. Für die Sozialwissenschaften waren lange Zeit Handlungs- und Systemtheorie die prägenden Perspektiven, ihrer Differenz kam der Status einer „paradigmatische[...]n Leitdifferenz“ (Nolte 1999, 93, Bearbeitung DF) zu. Klassischerweise befasst sich die Handlungstheorie dabei mit dem Erleben der Akteure, ihrem Handeln und ihrer Lebenswelt – der Mikro-Ebene des Sozialen. System- oder Strukturtheorie[8] bezieht sich hingegen eher auf das, was sich »hinter dem Rücken« der Akteure abspielt – auf der Meso- und Makroebene in Organisationen, Staaten und Gesamtgesellschaften (Dederich 2009, 19f). In diesen traditionellen Fassungen fallen *Perspektive* und *Gegenstand* also tendenziell zusammen. In den letzten Jahrzehnten ist es hier jedoch zu deutlichen Verschiebungen gekommen:

> „Einerseits beschränkt sich die Systemtheorie nicht auf die Ebenen von Organisation und Gesellschaft, sondern handelt auch von Gruppensystemen, Interaktionssystemen und psychischen Systemen. Andererseits hat sich die Handlungstheorie mit den Modellen kollektiver und korporativer Akteure und Akteursnetzwerke auch die soziale Meso- und Makroebene erschlossen" (Nolte 1999, 93).

Es kommt also zunehmend zu einer Differenzierung zwischen Perspektive und Gegenstand der Untersuchung. In den Gegenständen gibt es durchaus Überschneidungen zwischen Handlungs- und Systemtheorie, der Unterschied liegt in der Perspektive der Betrachtung. Schimank spricht daher von der Unterscheidung von „Akteurs- und System*perspektive*" (2002, 29, Bearbeitung DF).

Theorien lassen sich als „Beobachterstandpunkte" (Nittel 2004, 355) fassen, die metaphorisch die Funktion von „Werkzeuge[n]" (Schimank 2002, 29), Optiken (Dederich 2006, 102), Lupen oder Scheinwerfern erfüllen: Sie erhellen oder vergrößern bestimmte Aspekte, dafür kommen andere weniger in den Fokus[9]. Mit dem Wechsel der theoretischen Perspektive kommt es daher zu Verschiebungen in den Erscheinungsformen des Gegenstands, somit stehen mit jeder theoretischen Perspektive andere Aspekte im Vordergrund. Ein solches Verständnis schließt an die „Perspektiven-Triangulation" (Flick 2007, 92) in der qualitativen Sozialforschung an. Auch hier werden unterschiedliche theoretische Positionen als *Zugänge* verstanden, die sich dem gleichen Gegenstand aus unterschiedlichen Perspektiven nähern:

[8] Struktur- und Systemtheorie werden oft gleichgesetzt, sind aber streng genommen nicht das Gleiche: Zumindest in der Luhmannschen Prägung unterscheidet sich Systemtheorie sowohl von Handlungs- als auch von Strukturtheorie dadurch, dass sie *nicht* mit einer Unterscheidung in Mikro-, Meso- und Makro-Ebene operiert. Sie geht vielmehr davon aus, es mit dem „Typus nach andersartige[n] Formen sozialer Systembildung" (Luhmann 2005a, 41) zu tun zu haben.

[9] Konsequent weiter gedacht ist damit eine konstruktivistische Position impliziert. Wenn Theorien als Beobachterstandpunkte gefasst werden, können sie nie den Gegenstand »an sich« erfassen, sondern lediglich dessen unterschiedliche Erscheinungsformen. Der Gegenstand selbst bleibt zwangsläufig unerkannt, bzw. immer nur begrenzt (und damit unzureichend) beschrieben. Letztendlich handelt es sich dabei um das Problem einer „unerkannt bleibende[n] Realität" (Luhmann 1990, 31, Bearbeitung DF). Jede Erkenntnis, die in Bezug auf diese Realität formuliert wird, ist immer auch notwendige Konstruktion (a.a.O., 57).

> „Jedoch lassen sich [theoretische] Positionen auch als unterschiedliche Zugangsweisen zum untersuchten Phänomen verstehen und die jeweiligen Perspektiven daraufhin betrachten, welchen Ausschnitt des jeweiligen Phänomens sie erschließen und welche Ausschnitte sie ausschließen" (a.a.O., 95, Bearbeitung DF).

Eine Kombination handlungs- und systemtheoretischer Betrachtungsweisen bietet also die Chance auf einen Erkenntniszuwachs, steht aber vor zwei Herausforderungen. Es gilt zu vermeiden,

1. die Betrachtungsweisen als komplett inkompatible Ansätze zu konzipieren. Unter der Annahme, dass „die eine Perspektive in den Blick bekomme, was jenseits des Blickfeldes der anderen liege, und umgekehrt" (Schimank 2002, 28) nahm die Differenz die Form einer dichotomen Unterscheidung an. Anstatt auf eine dualistische Entgegensetzung zurückzufallen, gilt es zu klären, „auf welche Weise das Verhältnis von Handlung und System bestimmt werden soll" (Nolte 1999, 93).
2. die Erkenntnisse der einen Perspektive unter Begriffe der jeweils anderen zu subsumieren und somit die Differenz der Betrachtungsweisen zugunsten einer der beiden theoretischen Perspektiven aufzulösen. Dies würde das Erkenntnispotenzial, das in der Verschränkung der Perspektiven angelegt ist, auflösen. Der Unterschied zwischen den Perspektiven besteht ja gerade darin, dass die eine Perspektive Erkenntnisse hervorbringt, die sich in den Begriffen der anderen Perspektive *in dieser Form* nicht ausdrücken lassen.

Für den Gegenstand der vorliegenden Arbeit – das berufliche pädagogische Handeln in Diensten und Einrichtungen der Behindertenhilfe – folgt daraus, dass dieser Gegenstand *einerseits* aus der (Innen-)Perspektive der Beteiligten (und damit handlungstheoretisch) als Veränderungen des professionellen Handelns beschrieben werden kann und andererseits aus der Außenperspektive (und damit systemtheoretisch) dieses Handeln als personenbezogene soziale Dienstleistung im Rahmen einer Organisation gefasst werden kann. Die damit einhergehenden Veränderungen in den Erscheinungsformen des Gegenstands beziehen sich v. a. auf die Funktion, die Organisationen bzw. Institutionen für dieses Handeln übernehmen. Aus handlungstheoretischer Perspektive kommen sie lediglich als Rahmung des Handelns – und dementsprechend selten – in den Blick (und wenn, dann vor allem in ihrer einschränkenden Funktion, z. B. Goffman 1973, Schütze 1996). In stärker systemtheoretischer Perspektive stehen hingegen Fragen der Institutionalisierung und Organisation als Ermöglichung strukturierten Handelns und ihre Funktion bei der Erbringung personenbezogener sozialer Dienstleistungen im Mittelpunkt (z. B. Beck 1994, 129ff).

Den Kern der Arbeit bildet die Analyse der Ebene des pädagogischen Handelns, in den meisten Fällen erfolgt dies auch über einen handlungstheoretischen Zugang (Gegenstand und Perspektive stimmen also überein). Da die organisatorische Rahmung des Handelns aber durchaus mit betrachtet werden soll (wenn auch nachgeordnet), werden an zwei Stellen Exkurse auf eher struktur-/systemtheoretische Zugangsweisen vorgenommen:

- In *Punkt 3.1 in Teil I* (vgl. S. 84ff) stehen die Auswirkungen einer personalen Orientierung auf Dienste und Einrichtungen – und damit auf Organisationen – im Vordergrund. Hier wird v. a. der Gegenstand der Betrachtung verschoben: Im Mittelpunkt steht zuerst einmal die Organisation des Handelns. Im zweiten Schritt werden die dort gewonnenen Erkenntnisse dann aber handlungstheoretisch reformuliert – es wird der Versuch unternommen, soweit das möglich ist, die Anforderungen an Strukturen in Anforderungen an Handeln zu »übersetzen«.
- In *Punkt 3.2.4 in Teil II* (vgl. S. 116ff) werden Fragen des pädagogischen Handelns diskutiert. Dies geschieht primär aus der Perspektive der Beteiligten (unter dem Begriff der Professionalität), es kommt aber zusätzlich zu einer Betrachtung personenbezogener sozialer Dienstleistungen. Hierbei steht eher der Wechsel der Perspektive im Vordergrund. Diese lassen sich als Reformulierung des Diskurses um Professionalität lesen – aus der Außen- oder Vogelperspektive.

## 3 Klärung grundlegender Begriffe: Behinderung, Wohnen, Pädagogik, Hilfe

Bevor der eigentlich analytische Teil der Arbeit beginnt, gilt es, sich einiger grundlegender Begriffe zu vergewissern, die im Laufe der Arbeit immer wieder thematisiert werden: dies sind Behinderung, Wohnen, Pädagogik und Hilfe.

### 3.1 Behinderung

Die Veränderungen in der Sichtweise auf das Phänomen »Behinderung« ist einer der zentralen Bezugspunkte der Diskussion um personale Orientierung. Daher wird die Frage, was unter dem Terminus »Behinderung« (und daran anschließend unter Unterkategorien wie »geistige« oder »körperliche Behinderung«) verstanden werden soll und welche theoretischen Bezüge herangezogen werden, um diese Begriffe zu füllen, an verschiedenen Punkten der Arbeit ausführlicher diskutiert:

- auf der allgemeinen Ebene unter dem Stichwort »Wandel im Verständnis von Behinderung und ICF« (vgl. S. 38ff).
- spezifisch für das Phänomen »geistige Behinderung« im Diskurs um De-Institutionalisierung – insbesondere in der *reflexiven Argumentationsfigur* (vgl. S. 71ff).

Daher soll der Begriff an dieser Stelle auch nur kurz umrissen werden: Grundsätzlich orientiert sich die vorliegende Arbeit an einem sozialen Verständnis von Behinderung und einem *finalen* Behinderungsbegriff. Dieser stellt nicht die – wie auch immer geartete – »Schädigung« in den Mittelpunkt, sondern vielmehr die Folgen für die individuelle Lebensführung (Beck 2002b, 187). Das theoretische Vokabular, um einen solchen Begriff zu beschreiben, liefert die »International Classification of Functioning, Disability and Health (im folgenden: ICF). Behinderung wird dabei verstanden als „Oberbegriff zu jeder Beeinträchtigung der Funktionsfähigkeit eines Menschen" (DIMDI 2005, 9) im Sinne von „Schädigungen, Beeinträchtigungen der Aktivität und Beeinträchtigung der Partizipation [Teilhabe]" (a.a.O). In diesem Sinne beschreibt die ICF auch nicht Personen, sondern *Situationen*:

> „Es ist wichtig, anzumerken, dass die Einheiten der Klassifikation keine Personen sind. Das bedeutet, die ICF klassifiziert nicht Personen, sondern sie beschreibt Situationen einer jeden Person mittels Gesundheits- oder mit Gesundheit zusammenhängenden Domänen" (DIMDI 2005, 14).

Trotz dieses situativen Verständnisses von Behinderung als „Wechselwirkung" (Schuntermann 2009, 32) und der Heterogenität von Lebenssituationen, die damit benannt werden sollen, kann es gerechtfertigt sein, Menschen mit Behinderung „als gesellschaftliche Gruppe – als Minderheit – zu charakterisieren" (Beck 2002b, 186). Das verbindende Merkmal, das eine solche Zuschreibung ermöglicht – auch wenn diese weiterhin problematisch bleibt –, „ist ihre *erschwerte soziale Teilhabe*, die soziale Distanz gegenüber und Ausgrenzung von Behinderung" (a.a.O.).

Was dabei für »Behinderung« gilt, muss ebenso für die Spezifikation »schwere« bzw. »Schwerst«-Behinderung gelten. Fornefeld verdeutlicht, dass der Begriff weder einen Sachverhalt eindeutig kennzeichnet noch auf eine Objektivität der Beobachtung zurückgreifen kann:

> „Das Superlativ Schwerst- besagt lediglich, dass eine [...] Behinderung vorliegt, die vom Benutzer der Bezeichnung als besonders schwer angesehen wird. Schwerstbehinderung ist eine formal-quantitative Klassifikation, die weder eindeutig ist, noch einen inhaltlich-qualitativen Aussagewert besitzt" (Fornefeld 2006, 156).

Beck weist darauf hin, dass mit dem Begriff i. d. R. eine Personengruppe benannt wird, die besonderen Belastungen/Gefährdungen auf verschiedenen Ebenen ausgesetzt ist:

- *Personale Ebene*: Fatalismus, psychische Beeinträchtigung, Pflegebedürftigkeit
- *Soziale Ebene*: Nichterfüllung von Bedürfnissen, Desintegration, fehlende soziale Unterstützung, negative Reaktion der Umwelt, mangelnde Aktivitäten
- *Gesellschaftliche Ebene*: unterdurchschnittlicher Lebensstandard, Marginalisierung, unzureichende Hilfeleistungen (Beck 1998, 280, Bearbeitung DF).

Wenn es ein gemeinsames Merkmal gibt, in diesem Fall von einer Personengruppe zu sprechen, dann sind es die besonderen „Gefährdungen des Wohlbefindens“ (a.a.O., 273).

Vor dem Hintergrund eines solchen situativen Verständnisses von Behinderung ist die Kennzeichnung von Personen grundsätzlich problematisch. Begriffe, die Personen (oder -gruppen) benennen, tendieren doch wieder dazu, das situative Verständnis aufzulösen und Behinderung als Merkmal einer Person zu kennzeichnen (wie in der Formulierung »Menschen *mit* Behinderung«). Damit ist immer auch die Gefahr von Etikettierungs- und potenziell Stigmatisierungsprozessen verbunden (Cloerkes 2006, 250f). An dieser grundlegenden Problematik ändert m. E. auch das Umschwenken auf die Begrifflichkeit »Menschen mit Lernschwierigkeiten« (z. B. Mensch zuerst – Netzwerk People First Deutschland e.V. 2005-2008) nichts[10]. Zudem führt die Kopplung von Leistungen an die Bedarfe von Personen zu einem „Etikettierungs-Ressourcen-Dilemma“ (Bleidick, Rath et al. 1995, 255). Ein Stück weit steht auch die vorliegende Arbeit vor diesem Dilemma: Um die Arbeitsfelder und Aufgabengebiete von MitarbeiterInnen zu kennzeichnen, ist es notwendig, zu benennen, in welchen Settings und für welche Zielgruppen diese erbracht werden. Daher wird in der vorliegenden Arbeit der in der Sozialgesetzgebung gebräuchliche Begriff »Menschen mit geistiger Behinderung« verwendet, um den Personenkreis zu benennen, auf den sich die Leistungen beziehen. Dies geschieht im vollem Bewusstsein der Problematik, die diese Kennzeichnung mit sich bringt.

### 3.2 Wohnen

Um die veränderten Anforderungen an MitarbeiterInnen in Wohneinrichtungen und wohnbezogenen Diensten zu beschreiben, muss geklärt werden, was Unterstützung beim Wohnen eigentlich bedeuten soll. »Wohnen« verweist auf eine grundlegende, lebensweltliche und alltägliche Struktur, der Begriff bezeichnet sowohl die gestaltete Umwelt eines Menschen (Wohnung oder Haus) als auch ein soziales Handlungsfeld, das den Mittelpunkt der Lebensgestaltung darstellt und ein Gefühl von Heimat vermittelt (Schwarte & Oberste-Ufer 2001, 22). Es ist also durch das Zusammenspiel räumlicher und sozialer Faktoren gekennzeichnet. In modernen Gesellschaften hat es sich als eigenständiger Lebensbereich herauskristallisiert, der i. d. R. als privater und persönlicher Lebensraum gefasst wird und verschiedene Funktionen erfüllt: Es dient als Raum zur persönlichen Entfaltung, als Rückzugs-, Intim-, Erholungs- und Schonraum. Obwohl Wohnen im eigenen Erleben also der Sphäre der Privatheit zugeordnet wird, ist es immer auch Ausdruck gesellschaftlicher Bedingungen (Lindmeier & Lindmeier 2011, 140). So schlägt sich soziale Ungleichheit oft auch räumlich nieder, es kann zu einer „Kopplung von sozialer und räumlicher Benachteili-

---

[10] Damit ist nicht gesagt, dass die Abkehr vom durchaus problematischen Begriff der »Menschen mit geistiger Behinderung« nicht sinnvoll wäre, insbesondere wenn er von denjenigen Personen abgelehnt wird, die damit bezeichnet werden sollen. Dennoch verbleibt auch diese Kennzeichnung in der Logik der Benennung von Personengruppen.

gung“ (Riege 2005, 1994) kommen. Dementsprechend sind Wohnbedingungen – auch wenn sie nicht im Zentrum der Aufmerksamkeit stehen – fast immer zumindest mittelbares behinderten- oder sozialpädagogisches Handlungsfeld (a.a.O., 1991).

Damit ist ein Verständnis von Wohnen impliziert, das mehr umfasst als die Wohnung selbst. Diekmann beschreibt Wohnen als Aneignung von Räumen über Prozesse der Territorialisierung und Personalisierung (Diekmann 2012, 235). Darüber kommt es zur Aneignung der „Umweltgegebenheiten, die zu[r] [...] persönlich bedeutsamen, eigenen Wohnumwelt werden“ (a.a.O., 234, Bearbeitung DF). Neben der Wohnung selbst zählt zu dieser Wohnumwelt auch das Wohnumfeld (a.a.O.), in dem die Pflege sozialer Kontakte, Kommunikation, Versorgung, Bildung und Verkehr im Mittelpunkt stehen (Pieda & Schulz 1990, 20; Preis & Thiele 2002, 56ff). Damit ist für das Wohnen aber nicht nur die Wohnung selbst entscheidend, sondern auch

> „die bauliche Gestaltung des Wohnquartiers, die Ausstattung und Qualität wohnungsnaher sozialer Dienstleistungen und der Infrastruktur sowie das soziale Umfeld als Ressource privater Unterstützungen“ (Riege 2005, 1992).

Unter Bezugnahme auf Bartelheimer lässt sich Wohnen als »Teilhabeform« fassen – also als einer der Lebensbereiche, der zentrale Bedeutung für die Teilhabe am gesellschaftlichen Leben entfaltet (Bartelheimer 2007, 10)[11]. Unter einer Perspektive eines finalen Behinderungsbegriffs, der die erschwerte Teilhabe in den Mittelpunkt stellt, wird deutlich, dass die Unterstützung beim Wohnen hochgradig relevant für die alltägliche Lebensführung ist. Wohnen ist eine alltägliche Praxis, der für das individuelle Wohlbefinden und die soziale Integration eine Schlüsselrolle zukommt (Beck 2007b, 335f). Hierbei ist insbesondere die Gelegenheit zu nennen, altersgerechte und gesellschaftlich anerkannte Rollen (als Mieter oder Hauseigentümer) einzunehmen (Diekmann 2012, 240).

Da es sich um einen sozial-räumlichen Zusammenhang handelt, sind objektive Elemente wie Größe, Lage und Ausstattung der Wohnung notwendige, aber nicht hinreichende Bedingungen für Wohnqualität. Hierfür sind ebenso das eigene Erleben, die individuellen Gestaltungsmöglichkeiten und die Erfüllung wohnbezogener Bedürfnisse von Bedeutung (a.a.O., 338). Grundsätzlich gibt es keine besonderen Bedürfnisse behinderter Menschen im Bezug auf das Wohnen: Es „ist nichts anderes als normales Wohnen, allerdings unter erschwerten Bedingungen“ (Schwarte & Oberste-Ufer 2001, 22)[12]. Unter diesen erschwer-

---

[11] Bartelheimer selbst bezieht sich nicht direkt auf das »Wohnen«, nennt aber als gesellschaftliche relevante Ressourcen für die Teilhabeform »Soziale Beziehungen« u. a. Haushalt, Familie und Quartier (Bartelheimer 2007, 10). All diese Aspekte verweisen direkt auf Fragen des Wohnens: Wo? In welcher Form? Mit wem? Usw.

[12] Diekmann verdeutlicht dabei, dass es sich dementsprechend auch in Abhängigkeit zu den gesellschaftlichen Entwicklungen verändert und entwickelt: Erst mit der Entstehung der modernen »Wohnung« als Ort der Privatheit und der Kleinfamilie wird die Frage der Wohnsituation von gesellschaftlichen

ten Bedingungen sind die eingeschränkte Teilhabe und der erschwerte Zugang zu sozialen Rollen zu fassen. Diese sorgen dafür, dass die Wohnqualität einen höheren Stellenwert für die Lebenszufriedenheit insgesamt einnimmt (Beck 2007, 339). Für viele AdressatInnen sozialer Arbeitsfelder ist „die Wohnung als Lebensort noch wichtiger als für Menschen mit höherer sozialer Integration und vielfältigeren Aktivitäten und Kontakten" (Riege 2005, 1997).

Unterstützung beim Wohnen muss also die Befriedigung wohnbezogener Bedarfe zum Ziel haben: Das betrifft einerseits die Ermöglichung (und Respektierung) von Privatheit, Intimität, Schutz und persönlicher Entfaltung, bzw. das Bemühen, dass „das Erleben von Privatheit der unterstützten Menschen möglichst wenig beeinträchtigt wird" (Lindmeier & Lindmeier 2011, 140). Auf dieses Bedürfnis nach Privatheit und Rückzug darf sich die Unterstützung aber nicht beschränken, sondern muss zudem als Unterstützung bei der Pflege sozialer Kontakte, bei Kommunikation und Versorgung wirksam werden. Gemäß dem weiten Verständnis von Wohnen, das auch das Wohnumfeld umfasst, kann Unterstützung auch in der Veränderung struktureller Bedingungen, z. B. in der Reduktion von Barrieren oder in den Kontakten in die Nachbarschaft hinein bestehen (Diekmann 2012, 240).

Diese Anforderungen – insbesondere innerhalb der Wohnung – stehen jedoch vor der Schwierigkeit, es mit *beruflichem* Handeln zu tun zu haben: was die Wohnung der einen Person ist, ist zugleich der Arbeitsplatz oder Einsatzort des anderen Person. Diese ambivalente Struktur

> „lässt sich [...] nicht vollständig auflösen. Sie führt in der Regel zu andauernden Spannungsfeldern und Asymmetrien in den Beziehungen, die durch ihre bewusste Wahrnehmung und Bearbeitung verbessert, aber nie ganz aufgehoben werden können" (Beck 2007b, 342).

Die Folgen dieser Doppel-Funktion werden insbesondere (aber nicht nur) bei gruppenbezogenen Settings deutlich: Hier besteht die Gefahr einer starken Betonung der Gruppenidentität, der Binnenaktivitäten und der Arbeitsinhalte bei tendenzieller Vernachlässigung der individuellen Autonomie, der Außenorientierung und der Funktionen des Wohnens. Zudem kann es – in allen Bereichen – zu Rollenkonflikten zwischen der Arbeitsbeziehung und dem persönlichen Bezug kommen (Beck 2007b, 342; Schwarte & Oberste-Ufer 2001, 146). Lindmeier & Lindmeier benennen die Schwierigkeiten, die sich im Zusammenhang mit der Erbringung sozialer Dienstleistungen im Wohnen ergeben, ausführlich (Lindmeier & Lindmeier 2011, 145f). Da sich diese Schwierigkeiten jedoch zu großen Teilen als „Spezifizierungen der Strukturprobleme pädagogischen Handelns" (a.a.O., 147) lesen lassen, werden sie an anderer Stelle der Arbeit ausführlich diskutiert (vgl. S. 116ff).

---

Minderheiten öffentlich relevant. Auch heute stellt die „zunehmende Pluralisierung von Lebensstilen und Haushaltsformen [...] die Orientierung an der Kleinfamilie wie die räumliche Trennung von Erwerbsarbeit und Wohnen infrage." (Diekmann 2012, 235f, Bearbeitung DF).

### 3.3 Pädagogik versus Hilfe

Traditionell wird die Tätigkeit in Wohneinrichtungen und wohnbezogenen Diensten als *pädagogisches Handeln* gekennzeichnet. Grundsätzlich ist die pädagogische Arbeit mit Menschen mit Behinderung „Pädagogik und nichts anderes" (Moor 1965, 273). Bleidick ergänzt: „Die Tatsache einer Behinderung [...] begründet keine Autonomie der Behindertenpädagogik" (Bleidick 2006a, 79). Vielmehr findet diese „unter dem Blickwinkel der Erschwerung oder Gefährdung von Integration und Partizipation durch Beeinträchtigungen oder Benachteiligungen" (Beck 2003, 849) statt.

Pädagogisches Handeln ist *interpersonales und interaktives* Handeln, in dem (mindestens) zwei Personen zugegen sind, denen Rollen zugeschrieben sind: Erziehende und zu Erziehende, LehrerIn und SchülerIn, UnterstützerIn und KlientIn usw. Entscheidend ist, dass die Personen nicht komplett in diesen Rollen aufgehen, pädagogisches Handeln bleibt daher auch immer Handeln als ganze Person (Heidl 2000, 53). Zudem ist es *intentionales* Handeln, das auf die zeitweilige oder dauerhafte Veränderung von Verhalten und Handeln anderer Personen gerichtet ist. Daher ist es mit Werten und Zielvorstellungen verbunden – sein Zweck sind Verbesserungen von Kompetenzen oder einer Lebenssituation im Laufe der Zeit (Beck 2000, 350, 2003, 849). Die Zielgerichtetheit zieht zwei problematische Folgen nach sich:

1. Es mangelt an eindeutigen Ziel-Mittel-Relationen, da das Verhältnis zwischen Intention und Wirkung weitgehend ungeklärt bleibt (Heidl 2000, 51ff). Daher bedarf das Handeln, um sich zu legitimieren, der Rückmeldung durch die AdressatInnen des Handelns. Erziehungsprozesse sind als dialogisch angelegte Interaktionsprozesse zu konzipieren (Richter 1999, 21f).
2. Die Intentionalität des Handelns sollte nicht mit einer ständigen Förderung im Sinne eines »es geht immer weiter« gleich gesetzt werden, mit ihr sollte kein blinder Fortschrittsglaube verbunden sein. Kobi bezeichnet eine solche Form des pädagogischen Handelns, die primär auf den Defekt und die Verbesserung von Kompetenzen zielt, als „Pädagogik des Bewerkstelligens" (Kobi 2007a, 145). Da mit dem Begriff »Behinderung« aber auch Lebenssituationen benannt werden, in denen es zu einem dauerhaften Bedarf an Unterstützung kommt, tritt neben die Förderung die „heilpädagogische DG [=Daseinsgestaltung]" (a.a.O., 146; Bearbeitung DF). Daseinsgestaltung wird verstanden als Anpassung an die Umwelt (z. B. über die Entwicklung von Kompetenzen) und als Schaffung menschenwürdiger und das Wohlbefinden fördernder Lebensbedingungen (Beck 2003, 850; Kobi 2007a, 140). Eine solche Fassung löst jedoch nicht den Wertbezug pädagogischen Handelns, auch hier braucht es Klärungen darüber, was ein »gutes Leben« bzw. gelingende Teilhabe ausmacht.

Um die Gesamtheit der im Handlungsfeld »Wohnen« erbrachten Tätigkeiten adäquat zu erfassen, sind die tradierten Grundbegriffe der Erziehungswissenschaft wie Erziehung oder Bildung nur bedingt geeignet (Antor 2012, 297), neben klassischem pädagogischen Handeln stehen hauswirtschaftliche oder u. U. pflegerische Tätigkeiten[13]. Auch der Begriff der Förderung, der quer zu den erziehungswissenschaftlichen Grundbegriffen liegt (Schuck 2006, 84), erweist sich als problematisch, da er Gefahr läuft, in die Sackgasse einer »Pädagogik des Bewerkstelligens« zu führen. Da sich Fragen der Teilhabe zudem oft disziplinübergreifend stellen – also nicht nur in der Erziehungswissenschaft, sondern auch in der Soziologie, Psychologie, der Sozialarbeitswissenschaft, der Pflegewissenschaft usw. gestellt werden – wird alternativ auf den Begriff »Hilfe« als verbindenden Kern zurückgegriffen. Dieser scheint auf den ersten Blick besser in der Lage zu sein, das heterogene Geschehen in verschiedenen Arbeitsfeldern und -formen zu erfassen:

> „Als Hilfe wird die Unterstützung, Förderung, Begleitung und der Beistand bezeichnet, die eine Person oder Gruppe einer anderen Person oder Gruppe gewährt." (Greving & Ondracek 2009, 33).

Allgemeiner formuliert kann Hilfe als „ein Beitrag zur Befriedigung der Bedürfnisse eines anderen Menschen" (Luhmann 2005b, 134) beschrieben werden. Damit ist auch helfendes Handeln als *interpersonal* gekennzeichnet, in ihm sind Beteiligte mit eindeutigen Rollen zugegen. Es verfügt zudem ebenso über eine implizit *normative Struktur*, da es auf eine Idee darüber angewiesen ist, was sich am aktuellen Zustand verändern soll. Der Anspruch von Hilfe besteht in der Herstellung größerer Gerechtigkeit gegenüber einer gegebenen Realität (Schlüter 1990, 155). Trotz dieser Zielgerichtetheit mangelt es auch hier an eindeutigen *Ziel-Mittel-Relationen*, da das Verhältnis zwischen der Intention einer Handlung und ihrer Wirkung ungeklärt bleibt (Antor 1987, 97). Helfendes Handeln ist außerdem durch eine strukturell bedingte *Asymmetrie* gekennzeichnet (grundlegend Luhmann 2005b, 138ff; ausführlich Franz 2004, 52ff): Die Situation basiert auf der strukturellen Überlegenheit des Helfenden und damit der Unterlegenheit und Abhängigkeit des Hilfesuchenden. Aus der Zielgerichtetheit des Handelns bei gleichzeitig faktischer Asymmetrie ergibt sich das Problem der Legitimation: Hilfe beinhaltet immer auch Aspekte sozialer Kontrolle (Antor 2012, 299f), dabei kann es zu Einschnitten in die Selbstbestimmung oder Kollisionen mit dem Willen der Menschen kommen. Daher bedarf das Handeln der Legitimation, um zwischen einer fremdbestimmten Einpassung in gesellschaftliche Zusammenhänge und einer „Unterstützung der Autonomie, Selbstbestimmung und gesellschaftlichen Teilhabe des Subjekts" (Schuck 2006, 85) zu unterscheiden. All diese Herausforderungen – die unbestimmten Ziel-Mittel-Relationen, die Asymmetrie sowie die sich daraus ergebende

[13] Angesichts der Tatsache, dass sich die Tätigkeit im vorliegenden Fall auf erwachsene Menschen bezieht, kommt ein Begriff wie Erziehung grundsätzlich nicht in Frage.

Legitimationsproblematik – verlangen nach Rückmeldungen durch die AdressatInnen des Handelns, Hilfe braucht Mitentscheidungen über Art und Weise, Dauer und Ort (Antor 2012, 300).

Zudem ist der Status des Hilfebegriffs als disziplinübergreifendem Kern nicht unumstritten. Zwar hat er in Teilen der sozialen Arbeit den Status eines paradigmatischen Leitbegriffs inne (Niemeyer 2000, 159ff) und impliziert einen nicht bevormundenden pädagogischen Umgang, während ein Begriff wie Erziehung eher Assoziationen wie Zucht und Unterordnung weckt (Antor 2012, 297ff). Andererseits verweist die asymmetrische Struktur von Hilfe auch auf Macht- und Abhängigkeitsverhältnisse, weshalb auch dieser Begriff von einigen VertreterInnen helfender Berufe abgelehnt wird (Greving & Ondracek 2009, 33)[14]. Außerdem entfaltet der Begriff auch nicht unbedingt eine disziplinübergreifende Funktion, sondern ist eher „ein inhaltlich weitgehend unspezifischer Oberbegriff" (Antor 2006a, 37). Greving & Ondracek plädieren daher doch dafür, die Tätigkeit „mit Begriffen wie Bildung, Erziehung oder Beratung zu definieren" (Greving & Ondracek 2009, 33), gestehen aber zu, dass »Hilfe« als Alltagsbezeichnung bestehen bleibt (a.a.O.).

Diese Betrachtung von Kernelementen und zentralen Problemstellungen pädagogischen und helfenden Handelns zeigt deutliche Überschneidungen zwischen den Bereichen: In beiden Fällen wird ein interaktives und zielgerichtetes (und damit normatives) Handeln beschrieben. Beide Handlungsformen sind mit Handlungsunsicherheit und einer strukturellen Asymmetrie konfrontiert, die sie in eine Legitimationsproblematik führen. Neben den Zielen der Mündigkeit, Selbstständigkeit und Selbstbestimmung werden immer auch Aspekte von sozialer Kontrolle und Unterordnung thematisiert. Daraus ergibt sich, dass beide auf Rückmeldungen durch die Adressaten des Handelns angewiesen sind.

Eine historische Perspektive eröffnet den Blick auf die gemeinsamen Wurzeln des Hilfe- und des Erziehungssystems: in der Verbindung von Hilfe und erzieherischem Anspruch bei Pestalozzi (Niemeyer 2000, 164f), in der pädagogischen Dimension des Hilfebegriffs bei Rössel (Thimm 2005, 328) oder in der pädagogischen Rahmung von Hilfe bei Behinderung bei Georgens & Deinhard (Müller 2006, 101f). Angesichts dieser Gemeinsamkeiten schrumpft die Differenz zwischen pädagogischem und helfendem Handeln deutlich zusammen. Ein weit gefasster Begriff von Pädagogik als »Pädagogik der Daseinsgestaltung«, wie sie von Kobi entworfen wurde, wäre also durchaus in der Lage, auch helfende

[14] Die Ablehnung von Begriffen, die Assoziationen von Macht oder Abhängigkeit hervorrufen durch die im Feld tätigen MitarbeiterInnen ist zwar nachvollziehbar, m. E. aber nicht zielführend: Hilfebeziehungen *sind* asymmetrische Beziehungen, dies begrifflich im Bewusstsein zu halten, ist zielführender als Fragen von Macht, Abhängigkeit usw. semantisch zu verschleiern. Die Problematik von Hilfe als grundlegend asymmetrischem Beziehungsmuster in der Behindertenhilfe habe ich an anderer Stelle ausführlich behandelt (Franz 2004, 52ff), Fragen des pädagogischen Selbstverständnisses werden z. T. im empirischen Teil der Arbeit angerissen (vgl. S. 184ff).

Tätigkeiten zu beinhalten[15]. Insgesamt sollten Pädagogik und Hilfe daher weniger als sich gegenseitig ausschließendes Gegensatzpaar konzipiert werden, sondern eher als unterschiedliche Fokusse sozialen Handelns. Welcher Aspekt im Vordergrund steht,

> „hängt davon ab, wie die Beteiligten ihre Situation definieren und welche Erwartungen sie in bezug [sic!] auf die Handlungen, auf ihre Motive und auch auf die Erwartungen der anderen Seite hegen" (Luhmann 2005b, 134).

Bevor diese Spannungsfelder des pädagogischen Handelns aber tiefer beleuchtet werden, soll im Folgenden der Wandel von der instiutionellen zur personalen Orientierung grundlegend beschrieben werden.

[15] Die dann zudem weiteren ausdifferenziert werden müssten: »Hilfe« reicht von assistierenden bis hin zu stellvertretenden Tätigkeiten und umfasst somit inhaltlich unterschiedlichste Felder.

# TEIL I: WANDEL ZUR PERSONALEN ORIENTIERUNG UND FOLGEN FÜR DAS PÄDAGOGISCHE HANDELN

Für den folgenden theoretischen Teil der Arbeit lassen sich unterschiedliche Vorgehensweisen und Strategien benennen:

- Kapitel 1 hat einleitende Funktion, dementsprechend wird hier primär beschreibend vorgegangen und Erkenntnisse verschiedener Quellen zusammengeführt.
- Kapitel 2 arbeitet die De-Institutionalisierungsdebatte auf und hat *analytische* Funktion. Dabei steht eine systematische Darstellung der Diskussion im Mittelpunkt, die in der Lage ist, sowohl die Unterschiede zwischen einzelnen Ansätzen als auch die Entwicklungslinien in der Debatte zu beleuchten. Methodisch kommt hier das Freilegen von *Argumentationsfiguren* zum Tragen. Eine Argumentationsfigur ist eine Typisierung verschiedener Argumentationen mittels einer Verdichtung und Abstraktion der konkreten Argumentationslinien. Argumentationsfiguren lassen sich nicht in allen Quellen in Reinform nachweisen, i. d. R. ist jedoch eine Figur dominant und bildet ihren Kern.
- Kapitel 3 benennt die Auswirkungen und Folgen personaler Orientierung auf Einrichtungen und Dienste einerseits und das Handeln der MitarbeiterInnen andererseits.
  - Kapitel 3.1 arbeitet die Auswirkungen auf Einrichtungen und Dienste auf. Methodisch kommt dabei eine *doppelte Reformulierung* zum Einsatz. Um die Folgen präzise benennen zu können, erfolgt ein Rückgriff auf Erkenntnisse, die dem Gebiet der Organisationssoziologie zuzuordnen sind (Reformulierung I). Da den Mittelpunkt der vorliegenden Arbeit aber das Handeln bildet, werden die organisationsbezogenen Erkenntnisse in einem zweiten Schritt in Anforderungen an das Handeln von MitarbeiterInnen übersetzt (Reformulierung II).
  - Kapitel 3.2 arbeitet direkt handlungs- und mitarbeiterbezogene Texte auf. Methodisch steht auch hier das Freilegen von Argumentationsfiguren im Mittelpunkt. Angesichts eines hochgradig heterogenen Diskurses bietet das Verfahren auch hier die Möglichkeit, weitgehend unabhängig von disziplinärer Einbettung und Abstraktionsgrad des Quellmaterials zu einer systematischen Darstellung zu gelangen.
- Kapitel 4 hat die Funktion der Ergebnissicherung, fasst die Erkenntnisse der theoretischen Auseinandersetzung zusammen und beantwortet den theoretischen Teil der Fragestellung.

Dieses Vorgehen ermöglicht es, die Anforderungen an MitarbeiterInnen im Rahmen personaler Orientierung aus dem Veränderungsprozess heraus zu begründen, zu benennen und diese – unter Zuhilfenahme theoretischer Erkenntnisse aus den Bereichen der Organisationssoziologie und des professionellen Handelns – zu reformulieren. Diese Reformulierung öffnet den Blick für typische Problemlagen, die weniger Teil einer behindertenpädagogischen Spezifik sind, sondern an vielen Stellen mit dem professionellen Handeln unter den Bedingungen einer Organisation zu tun haben. Auf dieser Basis von Erkenntnissen, die anschlussfähig an den Fachdiskurs formuliert sind, lässt sich dann verdeutlichen, an welchen Stellen tatsächlich spezifisch behindertenpädagogische Anforderungen oder Aufgaben entstehen.

## 1 Zum Wandel in der Behindertenhilfe

Bereits in der Einleitung wurde deutlich, dass pädagogisches Handeln zumeist organisatorisch gerahmt ist. Neben *interaktionsbezogen* zu beantwortenden Fragen nach den Merkmalen pädagogischen Handelns gilt es also auch, *strukturell* bzw. *organisationsbezogen* zu beantwortende Fragen nach der Konzeption, dem Arbeitsauftrag sowie der Ausstattung von Diensten und Einrichtungen zu klären. Diese Unterscheidung lässt sich fassen als Differenz zwischen sozialen Diensten und den in ihnen erbrachten Dienstleistungen. Eingeführt wurde der Begriff der »sozialen Dienste« von Gross & Badura (1977), für die Behindertenpädagogik erschlossen und spezifiziert von Beck, die zwischen Diensten und Dienstleistungen differenziert (1994, 136):

a) »Soziale Dienste« sind Teil eines sozialstaatlichen Arrangements, das zum Einsatz kommt, wenn entweder die Selbstversorgung aus der unmittelbaren sozialen Umwelt oder finanzielle Mittel zum Kauf bestimmter Dienstleistungen nicht ausreichend gegeben sind (Gross & Badura 1977, 382). Sie sind eines der strukturellen Merkmale moderner Gesellschaften, in denen Hilfe zu einer „zuverlässig erwartbare[n] Leistung [wird]" (Luhmann 2005b, 141, Bearbeitung DF). Funktion und Auftrag sozialer Dienste sind die Gewährleistung gesellschaftlicher Normalzustände und durchschnittlich erwartbarer Identitätsstrukturen (Schaarschuch, Flösser et al. 2005, 270f), bzw. die Bearbeitung der „Verteilungsprobleme der modernen Gesellschaft anhand der Selektionsregel von Norm und Abweichung" (Beck 1994, 160) [16]. Aufgrund der relativ unklaren Aufgabenstellung »Bearbeitung sozialer Probleme« ist die Umsetzung angestrebter Wirkung eingeschränkt, was wiederum Legitimationsprobleme nach sich ziehen kann (a.a.O., 162f).

[16] Problematisch an einer Definition, die sich auf die Differenz von Norm und Abweichung bezieht, ist zudem, dass durch die gesellschaftlichen Entwicklungen der letzten Jahrzehnte immer weniger von »Normalzuständen« ausgegangen werden kann (Schaarschuch, Flösser et al. 2005, 270f)

b) Die »soziale Dienstleistung« beschreibt die erbrachten Leistungen sozialer Dienste zur Lösung bzw. Prävention sozialer Probleme. Ein Teil dieser Leistungen erfolgt personenbezogen (im Unterschied anderen – ebenfalls im Rahmen sozialer Dienste vorgenommenen – Tätigkeiten, z. B. im Rahmen von Verwaltung). Personenbezogene soziale Dienstleistungen werden also unterschieden sowohl von Leistungen, die in informellen Strukturen erbracht werden als auch von klassischen Professionen, die als »freie« Berufe konzipiert sind (Beck 1994, 136ff; zur genauen Funktionsweise von sozialen Dienstleistungen vgl. außerdem S. 116ff).

Die Situation in Deutschland ist nun durch das gekennzeichnet, was unter dem Begriff Anbieterdominanz gefasst wird, d. h. dass „nicht nur die fachliche, sondern auch die soziale und politische Kontrolle der Dienstleistung nahezu ausschließlich durch die Anbieter sozialer Dienste erfolgt" (Gross & Badura 1977, 378). Die KlientInnen, die ein wesentlicher Faktor bei der Erbringung der Dienstleistung sind, stehen den Anbietern wenig organisiert und daher in einer schwächeren Position gegenüber. Damit sind implizit bereits Fragen des Umdenkens in und der Veränderung von Organisationen angesprochen (wie z. B. Flexibilisierung, De-Institutitonalisierung), die notwendig sind, um den Handlungsauftrag sozialer Dienstleistungen umzusetzen:

> „Die qualitativ neue Herausforderung [...] liegt dabei in der Optimierung des Passungsverhältnisses von Angebot und Nachfrage, das in der Abkehr von schematisierten und standardisierten Verfahren der Problembearbeitung nach stärker an den individuellen Lebensweisen und Perspektiven anknüpfenden Antworten verlangt und dabei die Nachfragedimension in das Zentrum stellt" (Schaarschuch, Flösser et al. 2005, 271).

Um die Auswirkungen dieses Wandels auf das Handeln in Einrichtungen und Diensten abschätzen zu können, ist es in einem ersten Schritt vonnöten, ihn in seinen Wurzeln und Grundzügen darzustellen. Dabei wird auf die *gesellschaftlichen Entwicklungen* der letzten Jahrzehnte verwiesen (1.1), die Veränderungen in der Wahrnehmung und Beschreibung des Phänomens *Behinderung* thematisiert (1.2) sowie die Entwicklung in *Sozialpolitik und -recht* beschrieben (1.3). Auf dieser Basis können dann die Kernkategorie des *individuellen Hilfebedarfs und die Grundzüge personaler Orientierung* benannt werden (1.4).

## 1.1 Grundlagen des Wandels: Gesellschaftliche Veränderungen

Die gesellschaftlichen Entwicklungen der letzten Jahrzehnte zusammenzufassen, würde den Rahmen dieser Arbeit sprengen. Dennoch sollen – in aller gebotenen Kürze – drei Aspekte angesprochen werden, die unter den Begriffen Individualisierung, Globalisierung und Ökonomisierung diskutiert werden. Thimm beschreibt die gesellschaftlichen Veränderungen der letzten Jahrzehnte als einen Prozess der „Entstandardisierung von Lebensläufen" (Thimm 2001, 354), diese Entstandardisierung fasst er – unter Berufung auf Keupp – als eine riskante Chance (a.a.O.):

> „Der Preis gesellschaftlicher Freisetzungsprozesse ist ein erhöhtes Risiko des Mißlingens, aber auch die erhöhte Chance zu selbstbestimmten Lebensentwürfen" (Thimm 1997, 225).

Dieser Prozess lässt sich mit dem Begriff der Lebenschancen erfassen, der von Dahrendorf „als analytische[r] Begriff [...] zur Analyse von gesellschaftlichen Wandlungsprozessen" (Thimm 1997, 227) in die sozialwissenschaftliche Diskussion eingeführt und von Thimm für behindertenpädagogische Zusammenhänge erschlossen wurde (Thimm 1997, 227, 2001, 354). Lebenschancen »gedeihen« am besten, wenn sie in eine Balance zwischen Optionen und Ligaturen eingebettet sind. Zu wenig Optionen im Leben lassen sich als Unterdrückung kennzeichnen, eine zu geringe Zahl an Ligaturen als Sinnverlust. Die gesellschaftlichen Entwicklungen der letzten Jahrzehnte sind durch eine Erweiterung der Optionen bei gleichzeitiger Reduktion der Ligaturen gekennzeichnet. Beck verdeutlicht, dass die daraus resultierende Individualisierung zu einem Leben mit erhöhten Optionen jenseits traditioneller Rollen einerseits und höherer Unsicherheit der Lebensplanung und der Zugehörigkeiten andererseits führt (Beck 2003, 861).

Zu einer ähnlichen Diagnose kommt Bude in seiner Analyse des Verhältnisses zwischen Integration und Inklusion. Gesellschaftliche Integration wird sichergestellt über Mittel des Wohlfahrtstaates, sie bietet Schutz vor existenziellen Risiken unterschiedlichster Art (Bude 2001, 8ff). Ihre Mechanismen lassen sich tendenziell dem Pol der Ligaturen zuordnen – konkreter formuliert bei Beck:

> „Integration funktioniert über die Vergabe von Schutzrechten und sozialen Leistungen durch die Solidargemeinschaft; sie weist zugleich einen festen Status, eine Rolle – die des Behinderten – zu, und impliziert Verhaltenserwartungen, an die sich der Einzelne anzupassen hat" (Beck 2007a, 27).

Sicherheit und Schutz gehen hier mit einer Festschreibung auf eine bestimmte soziale Rolle einher. Inklusionsmechanismen stellen den Einzelnen in ein Nutzungs- und Leistungsverhältnis zur Gesellschaft, womit einerseits ein Zuwachs an Handlungsmöglichkeiten einhergeht, weil Zuschreibungen abnehmen, andererseits aber auch die Exklusionsrisiken steigen, weil die durch Integration sicher gestellten Schutzrechte abnehmen (Bude 2001, 8ff). Inklusion bedeutet also einen Zuwachs an Freiheit und an Handlungsmöglichkeiten – und ist daher den Optionen zuzuordnen – und ist aber gleichbedeutend mit einem erhöhtem Risiko der Exklusion. Gerade Inklusionsmechanismen lassen sich also als »riskante Chance« kennzeichnen.

Aus einer eher durch Luhmanns Theorie sozialer Systeme geprägten Perspektive beziehen sich die Begriffe Integration und Inklusion weniger auf eine zeitliche Entwicklung als vielmehr auf unterschiedliche Ebenen des Gesellschaftssystems:

> „Integration beschreibt demnach nur die Systemintegration, die tatsächliche Teilhabe des Einzelnen wird dadurch nicht gewährleistet. Diese vollzieht sich erst, wenn Individuen, sofern ihre Lebensführung es notwendig macht, auch tatsächlich Zutritt zu Lebensbereichen, zu Organisationen und Institutionen erhalten. Damit ist auch der Inklusionsbegriff von vorneherein mit der Frage der sozialen Ungleichheit hinsichtlich der Verteilung von Zugangschancen verbunden" (Beck & Greving 2012, 182).

Trotz dieser unterschiedlichen Erklärung, *warum* es zu einer begrifflichen Differenzierung zwischen Integration und Inklusion kommt, weist die Beschreibung der damit verbundenen Folgen durchaus Ähnlichkeiten auf: Integration kann sich – auf der Ebene der Systemintegration – auf die Frage der Vergabe von Rechten und Ansprüchen beschränken, während Fragen der faktischen Zugehörigkeit viel eher mit dem Inklusions-(oder dem Partizipations-)Begriff geklärt werden müssen (Beck & Greving 2012, 182; auch: Luhmann 2008; Stichweh 2007).

Die von Thimm beschriebene Entstandardisierung von Lebensläufen vollzieht sich vor dem Hintergrund tiefgreifender gesellschaftlicher Veränderungsprozesse, die mit den Begriffen Globalisierung und Ökonomisierung gekennzeichnet sind. Globalisierung steht dabei für die „weltweite Vernetzung ökonomischer Aktivitäten und Prozesse" (Dederich 2008, 291), in deren Folge es zur Überschreitung nationalstaatlicher Grenzen, zur Transformation des Verhältnisses von Politik und Ökonomie sowie zur Steigerung der Konkurrenz kommt (a.a.O.). Wie Ferber anmerkt, muss dieser Prozess als unumkehrbarer Strukturwandel gekennzeichnet werden, d. h. es gibt keine Möglichkeit, zu vorherigen Verhältnissen zurückzukehren; lediglich der Umgang mit diesen Wandlungsprozessen ist politisch beeinflussbar (Ferber 2011, 73f). Die ideologische Begründung liefert dabei der Neoliberalismus mit einem Programm der Internationalisierung, Liberalisierung, Flexibilisierung und Deregulierung (Dederich 2008, 291).

Insbesondere die Verschärfung der Konkurrenz übt Druck auf die Nationalstaaten aus. International sind sie Förderer der Globalisierung, gleichzeitig müssen sie die Prozesse auf nationaler Ebene sozialverträglich gestalten (Ferber 2011, 76). Die Möglichkeiten dazu werden jedoch geringer, da

> „internationale Ordnungen den Staaten innenpolitischen Handlungs- und Entscheidungsspielraum [entziehen], den sie desto dringender benötigen, je stärker die Folgen der Globalisierung für sie innenpolitisch zum Problem werden" (Ferber 2011, 77, Bearbeitung DF).

Als Reaktion auf diesen Handlungsdruck kommt es zu a) Deregulierung, also dem Rückzug aus staatlicher Verantwortung und b) Ökonomisierung, also der Unterordnung unter betriebswirtschaftliche Logik (Ferber 2011, 77ff). Dederich weist jedoch darauf hin, dass damit lediglich ein Teilaspekt von Ökonomisierung gefasst ist. Er versteht sie in einem breiteren Sinne als

> „eine Generalisierung des Ökonomischen, seine Ausweitung auf jene Lebensbereiche, in denen bislang nicht ökonomisches Denken und Handeln leitend war, als auch auf die Lebensbereiche Soziales, Gesundheit, Kultur und Bildung" (Dederich 2008, 289).

Ökonomisierung ist demnach mehr als die Unterordnung unter betriebswirtschaftliche Logiken, sie ist vielmehr als Prozess zu verstehen, der sich auch in Individuen hinein verlagern kann als „zentrale[s] Prinzip der Organisation seines Denkens und Handelns" (Dederich 2008, 289)[17].

Ein derartiger gesellschaftlicher Wandel hat Folgen sowohl für die Lebenssituation von Menschen mit Behinderung als auch für die Hilfen, die sie zu ihrer Unterstützung erhalten. Zuerst einmal kommt es zu einer Privatisierung und Individualisierung gesellschaftlicher Risiken. Vor dem Hintergrund eines Menschenbildes der „Selbststeuerung freier Subjekte" (Dederich 2008, 298) erscheint das Scheitern an gesellschaftlichen Normen weniger als ein (auf sozialer Ebene zu bearbeitendes) Problem ungleicher Chancen, sondern vielmehr als Mangel an Eigeninitiative, Flexibilität, Innovation, Anpassung, Mobilität, Dynamik usw. (Dederich 2008, 289ff). Die Verantwortung für die gelingende Lebensführung wird einseitig in das Individuum verlagert, Fragen sozialer Ungleichheit werden weitgehend ausgeblendet.

Auf das Hilfesystem bezogen führt Ökonomisierung zuerst einmal zur Einführung von Wirtschaftlichkeitsverfahren. Diese bringen es mit sich, dass „[g]egenüber einer Orientierung am Wohl des Individuums [...] gesamtgesellschaftliche Überlegungen und Kriterien immer stärker in den Vordergrund [treten]" (Dederich 2008, 293, Bearbeitung DF), z. B. in der Frage, welche Hilfen eigentlich für wen (noch) gezahlt werden sollen (Dahme & Wohlfahrt 2009, 164). Viele Reformvorhaben der Behindertenhilfe müssen auch vor diesem Hintergrund gesehen werden:

> „Aktuelle Diskussionen in der Behindertenhilfe, z. B. über Inklusion, Empowerment, Community Care und Community Living, Deinstitutionalisierung u. Ä., sind [...] wiederbelebt, allerdings auch neu kontextuiert worden [...]. Ausgangspunkt [...] sind allerdings nicht die schon seit langem bekannten Integrationsbedürfnisse behinderter Menschen, sondern die absehbaren Kosten der Eingliederungshilfe" (Dahme & Wohlfahrt 2009, 164f, Bearbeitung DF)[18].

---

[17] Vor dem Hintergrund dieses breiten Verständnisses ist auch Deregulierung als Form von Ökonomisierung zu verstehen. Es geht nicht darum, weniger, sondern vielmehr *anders* zu regulieren: eben nach den Regeln des Marktes (Dederich 2008, 292).

[18] Beobachten lässt sich eine solche Vermischung von fachlicher und ökonomischer Argumentation z. B. bei Heuser (2007), Analysen dieser Art von Neu-Kontextuierung finden sich für das Konzept der Sozialraumorientierung bei Hinte (2005), in kritischer Auseinandersetzung bei Dahme & Wohlfahrt (2012) sowie für den Begriff »Ambulantisierung« bei Schäper (2010).

Die Behinderten- bzw. Eingliederungshilfe gerät unter einen hohen Modernisierungsdruck (Dahme & Wohlfahrt 2009, 166), der – wie Dederich anmerkt – angesichts eines vormals bürokratischen, intransparenten, unflexiblen und monopolistischen Hilfesystems nicht unbegründet ist (2008, 293f). Es zeigt sich allerdings, dass viele der angestrebten Veränderungen nicht zu einer verbesserten Qualität der Hilfen geführt haben, sondern viel eher „der sachlich begründete Innovationsbedarf für eine ökonomistische Umstrukturierung des Sozial- und Gesundheitssystems genutzt wird" (Dederich 2008, 294). Eine solche Umstrukturierung zieht verschiedene Folgen nach sich (für die Aufzählung: a.a.O., 294ff, Bearbeitung DF):

1. *Benachteiligung derjenigen, die am »teuersten« sind*: Angesichts der Omnipräsenz ökonomischen Denkens geraten Hilfen für Menschen, bei denen es hohen Kostenaufwand gibt, unter Legitimationsdruck. An konkreten Reformprojekten können die Personen mit »hohem Hilfebedarf« oft nicht teilnehmen, weil die vorhandenen Ressourcen (in diesem Fall: Kostensätze) nicht ausreichen. Zudem besteht eine Tendenz, Menschen mit hohen Bedarfen in Pflegeeinrichtungen zu versorgen und somit von Teilhabeleistungen auszuschließen (speziell dazu: Seifert 1997b).
2. *Überlagerung sozialer durch ökonomische Qualitätsstandards*: An ökonomischem Nutzen ausgerichtete Qualitätsmanagement-Systeme arbeiten oft mittels Objektivierung, Quantifizierung und Standardisierung von Leistungen. Damit einher geht eine Ausblendung all der Bereiche, die sich dieser Logik entziehen. Das Qualitätsmanagement läuft somit Gefahr, zu einem Einfallstor für Kosteneinsparungen zu werden.
3. *Infiltration der Sprache*: Gemäß der Einschätzung Dederichs, dass sich Ökonomisierung bis in die Individuen hinein fortsetzt, zieht sie auch Veränderungen der Sprache nach sich. Dies geschieht z. B. wenn die AdressatInnen der Hilfen als »Kunden« bezeichnet werden, obwohl sie sich in einer Abhängigkeitssituation befinden. Es wird die Bezeichnung »Kunde« verwendet, ohne dass die AdressatInnen wirklich diesen Status innehaben (dazu auch: Beck 1999, 41)[19].

[19] Dederich bezieht dies auch auf die Bezeichnung »Dienstleister«, da dieser Begriff nicht in der Lage sei, menschliche Nähe, soziale Beziehungen und Abhängigkeiten abzubilden, die auch Teil der Arbeit seien (2008, 296). Zur Beschreibung der äußeren Form pädagogischer Tätigkeiten ist er m. E. jedoch angemessen. Die persönlichen Erfahrungen des Autors in Fortbildungen und Diskussionen mit MitarbeiterInnen weisen darauf hin, dass es bei MitarbeiterInnen Tendenzen gibt, den sozial-emotionalen Teil ihrer Arbeit stark zu betonen und den formalen Aspekt zu vernachlässigen (spätestens wenn Fragen von Nähe und Distanz thematisiert werden, taucht letzterer dann wieder auf). Daher ist es m. E. unerlässlich, auch den formalen Aspekt der Tätigkeit im Bewusstsein zu halten – und dafür ist der Dienstleistungsbegriff durchaus geeignet. Er ist jedoch *alleine* nicht ausreichend, um das Geschehen in pädagogischen Interaktionen zu beschreiben (vgl. S. 116ff).

4. Ganz konkret zieht die Ökonomisierung eine *Verschlechterung der Arbeitsbedingungen* nach sich. Das betrifft einen „Mangel an qualifiziertem Personal, die Zunahme von Verwaltungs- und Dokumentationstätigkeiten und [den] Mangel an Zeit für die Kommunikation zwischen den Professionellen und ihrer Klientel" (Dederich 2008, 296f, Bearbeitung DF), die auch die Form einer administrativen Überformung der Tätigkeit annehmen kann (Dahme & Wohlfahrt 2009, 167). Insgesamt geht damit die Gefahr einer Deprofessionalisierung der Tätigkeit einher (Ferchhoff 2011).
5. *Professionelle HelferInnen als Agenten der Ökonomisierung*: Setzt sich die Ökonomisierung bis in die Individuen hinein fort, kann dies den Konflikt, der durch das doppelte Mandat professionellen Handelns entsteht, deutlich verschärfen (zum doppelten Mandat vgl. S. 116ff). Die Herrschafts- und Kontrollfunktion tritt deutlicher zu Tage, was zu Spannungen mit einem ethisch geprägten Selbstbild führen kann[20].
6. Die neoliberale Idee eines selbstgesteuerten, unabhängigen, freien Subjekts kann Tendenzen der *Entsolidarisierung* nach sich ziehen. In Verbindung mit dem Abbau sozialstaatlicher Leistungen ist davon auszugehen, dass Exklusionsrisiken zunehmen, während die Instanzen, die Risiken dieser Art auffangen können, geschwächt werden und zu zerfallen drohen. Dies kann eine Erodierung zivilgesellschaftlicher Strukturen nach sich ziehen (Bude 2001, 10f; Thimm 1997, 227). Dies ist insbesondere problematisch, als es gerade die solidarischen Potenziale der Zivilgesellschaft sind, die in den Reformkonzepten oft betont werden (Dahme & Wohlfahrt 2009, 169).

Ökonomisierung schlägt sich also nieder in einer Verschlechterung der Lebensbedingungen (v. a. von Menschen mit hohem Hilfebedarf), einer Verschlechterung der Arbeitsbedingungen in der Praxis sowie fachlich in einer Neu-Kontextuierung und Umdeutung von Begriffen. Im Zusammenhang mit der Verschiebung von Optionen und Ligaturen ist dabei darauf zu achten, nicht einem einseitigen Abbau *aller* Ligaturen das Wort zu reden – und damit tatsächlich neoliberales Gedankengut zu verbreiten, sondern die richtige Balance zwischen Optionen und Ligaturen zu finden.

## 1.2 Wandel im Verständnis von Behinderung und ICF

Ein grundlegender Aspekt im Wandel hin zu einer personalen Orientierung sind die Veränderungen im Behinderungsbegriff weg von einem medizinischen und defektorientiertem Modell hin zu einem bio-psycho-sozialen Modell, das sich an den Folgen für die Lebens-

[20] Das beinhaltet auch die Gefahr, die KlientInnen im Sinne des neoliberalen Menschenbilds von Eigeninitiative, Flexibilität, Innovation, Mobilität usw. „zu einer spezifischen Selbstführung zu führen" (Dederich 2008, 297). Gerade die in der Behindertenpädagogik verbreiteten Konzepte zur Selbststeuerung und autopoietischen Operation laufen dabei Gefahr, im Sinne des Neoliberalismus „neu kontextuiert" (Dahme & Wohlfahrt 2009, 164) zu werden.

führung ausrichtet. Die Frage des Verständnisses von Behinderung ist dabei keineswegs nur akademischer Natur: Über die Sozialgesetzgebung wirkt es direkt auf den Zugang zu Hilfen ein (vgl. dazu S. 43ff), als Menschenbild prägt es das Handeln von MitarbeiterInnen in Diensten und Einrichtungen und kann somit direkte Auswirkungen auf die Lebensbedingungen von Menschen mit Behinderung haben.

Der *medizinisch orientierte* Behinderungsbegriff fasste Behinderung als Folge eines individuellen Defekts und somit als persönliches und weitgehend unabänderliches Schicksal (Cloerkes 2007, 10f). Die Folgen eines solchen individualisierenden Denkens sind die Konzentration auf Therapie und ‚defektbezogene' Förderung, der Aufbau des Hilfesystems entlang von Schädigungsarten, die Reduktion von Eingliederungszielen in Abhängigkeit unterstellter Defizite, die nahtlose Ableitung von Problemen aus dem Defekt, die Vorherrschaft von Sonderinstitutionen sowie das Absprechen von Sozialisationszielen und bestimmten sozialen Rollen (Beck 2002b, 186). In der deutschsprachigen Diskussion wurde ein solches Verständnis das erste Mal durch die sog. »Paradigmendiskussion« in Frage gestellt, in der bis in die 90er Jahre hinein massive Auseinandersetzungen über das Verständnis von Behinderung geführt wurden (Cloerkes 2007, 10f). Innerhalb dieser Diskussion standen sich drei Ansätze gegenüber (für die Aufzählung a.a.O., 10ff)[21]:

1. Das *interaktionistische* Paradigma weist darauf hin, dass Behinderung kein Zustand ist, sondern auf der sozialen Zuschreibung aufgrund der Abweichung von sozialen Normen beruht (beschreibt also einen Prozess der Stigmatisierung).
2. Nach dem *systemtheoretischen* Paradigma entsteht Behinderung aufgrund der sozialen Differenzierung nach Leistung in Bildungs- und Ausbildungswesen. Sondereinrichtungen haben dabei eine entlastende Funktion für die Regeleinrichtungen.
3. Das *gesellschaftstheoretische* Paradigma schließlich fasst Behinderung als Produkt kapitalistischer Gesellschaften, die Behinderung entsteht aufgrund der vermin derten Arbeitskraft.

Obwohl im Rahmen der Paradigmendiskussion heftige Auseinandersetzungen über das »richtige« Verständnis von Behinderung geführt wurden, können aus heutiger Perspektive Gemeinsamkeiten zwischen den Ansätzen herausgearbeitet werden: Das *systemtheoretische* und das *gesellschaftstheoretische* Paradigma verweisen auf einen Prozess histo-

---

[21] Wobei die Aufteilung in genau diese drei bzw. vier »Paradigmen« nicht unumstritten ist. Dederich unterscheidet vielmehr sechs Ansätze: a) Behinderung und Stigma, b) Behinderung aus interaktionistischer Sicht, c) die materialistische Behindertenpädagogik, d) den systemtheoretischen Zugang, e) Behinderung als Konstruktion und f) modernisierungstheoretische Ansätze (Dederich 2009, 21ff). Beck nimmt eine Unterteilung in *drei* zentrale Ansätze von Behindertenpädagogik als Wissenschaft vor, denen sie dann jeweils verschiedene Positionen zuordnet: 1. individualtheoretische, linearkausal-ätiologische, 2. gesellschaftstheoretische, linearkausal-ätiologische und 3. mehrdimensionale, multifaktorielle Ansätze (Beck o. J., o. S.).

rischer Entwicklung. Behinderung wird somit zu einem historisch relativen Begriff. Das *interaktionistische* und das *gesellschaftstheoretische* Paradigma weisen zudem auf Effekte sozialer Ungleichheit hin, die mit dem Prozess einhergehen. Die Frage, welche sozialen Prozesse dazu führen, »behindert zu werden«, wann das Soziale »einsetzt« und wie zentral das Moment sozialer Ungleichheit ist, werden dabei sehr unterschiedlich und kontrovers beantwortet (a.a.O.) – dennoch durchziehen diese Thematiken alle Teile der Diskussion. Dadurch konnte zwar die Dominanz einer individualistisch-medizinischen Konstruktion zugunsten eines mehrdimensionalen und sozialen Verständnisses von Behinderung aufgebrochen werden, es bleibt aber bei einer „kausalen Betrachtungsweise" (Beck 2002b, 187). Daher ist die Diskussion um Paradigmen einem *finalen* Behinderungsverständnis gewichen:

> „Die finale Betrachtungsweise nimmt ihren Ausgang von dem, was innerhalb der kausalen Betrachtungsweise schon Wirkungscharakter hat und untersucht, wie es z. B. zu Rollenkonflikten kommt, wie sich [...] Entwicklung unter isolierenden Bedingungen vollzieht" (Beck 2002b, 187, Bearbeitung DF).

Ein finales Verständnis fragt also weniger nach Ursachen der Behinderung, sondern nach den Folgen für die Lebensführung[22].

International hat vor allem die Kritik an der ICIDH-1 (International Classification of Impairment, Disability and Handicaps) und die daraus folgende Neufassung des Behinderungsbegriffs in der ICF (International Classification of Functioning, Disabiltiy and Health, im Folgenden: ICF) ein neues Verständnis transportiert (Bleidick 2006b, 79f):

> „Die ICIDH-1 offenbarte eine tendenziell individuumszentrierte und defektorientierte Sichtweise. Die ICF betont dagegen den gesellschaftlichen Kontext, in dem Menschen mit Behinderung leben, sowie ihre positiven Möglichkeiten zu aktiver und selbstbestimmter Teilhabe als Ziel" (Cloerkes 2007, 6).

Diese „defektologische Orientierung" (Bleidick 2006b, 80) konnte mit dem neuen Behinderungsverständnis in der ICF (DIMDI 2005) überwunden werden. Behinderung wird verstanden als „Oberbegriff zu jeder Beeinträchtigung der Funktionsfähigkeit eines Menschen" im Sinne von „Schädigungen, Beeinträchtigungen der Aktivität und Beeinträchtigung der Partizipation [Teilhabe]" (a.a.O., 9; für die unterschiedlichen Zugänge von ICIDH 1 und ICF, vgl. Tabelle 2).

---

[22] Darüber hinaus ermöglicht die finale Sichtweise eine Unterscheidung zwischen sozial*rechtlich* zu klärenden Fragen nach Ansprüchen auf Hilfen und Unterstützung und den ihnen zugrundeliegenden sozial*wissenschaftlichen* Fragen nach dem Verständnis von Behinderung (Ferber 1976, 419ff).

| | ICIDH | ICF |
|---|---|---|
| Orientierung | Defizitorientiert | Ressourcen- und funktionsorientiert |
| Grundmodell | Krankheitsfolgenmodell (kausal) | Bio-psycho-soziales-Modell (Wechselwirkungen) |
| Gegenstand der Klassifikation | Attribut einer Person | Situationen der Behinderung |
| Grundbegriffe | Schädigung, Fähigkeitsstörung, soziale Beeinträchtigung | Körperfunktionen und -strukturen, Aktivitäten, Partizipation |

*Tabelle 2: Unterschiede ICIDH und ICF (Schuntermann 2009, 84, Bearbeitung DF)*

Die ICF operiert – im Gegensatz zur ICIDH 1 – mit einem bio-psycho-sozialen Modell von Behinderung (Schuntermann 2009, 29ff), in dem die Wechselwirkungen zwischen Körperfunktionen und -strukturen, Aktivitäten, Partizipation, Umwelt- und personenbezogenen Faktoren betrachtet werden können (DIMDI 2005, 22). Gegenstand der Klassifikation sind daher auch nicht (behinderte) Personen, sondern *Situationen*.

> „Funktionale Probleme sind nicht mehr Attribute einer Person, sondern sie sind das negative Ergebnis einer Wechselwirkung" (Schuntermann 2009, 32).

Dabei steht ein relationaler Behinderungsbegriff im Mittelpunkt (DIMDI 2005, 171), der gekennzeichnet ist durch:

- *Mehrdimensionalität*: es steht nicht eine Dimension im Vordergrund, sondern es geht um das Zusammenspiel von »Schädigungen«, Beeinträchtigungen der Aktivität und der Teilhabe und den Kontextfaktoren.
- *Finalität*: Die starke Betonung der erschwerten sozialen Teilhabe fokussiert weniger einen Defekt oder eine Schädigung, sondern vielmehr die Folgen, die sich daraus für die Lebensführung ergeben.
- *Soziale Ungleichheit*: Trotz der sehr abstrakten Definition ermöglicht die Betrachtung von Einschränkungen der Partizipation und die Einbeziehung von Umweltfaktoren m. E. durchaus, reale Belastungen und Beeinträchtigungen sowie die oftmals erhöhte soziale und materielle Abhängigkeit abzubilden.

Behinderung(en) können demnach gefasst werden als

> *„erhebliche Partizipationserschwernisse, die mit längerandauernden, umfänglichen Beeinträchtigungen von Aktivitäten und/oder impairments einhergehen und besondere Hilfen erforderlich machen. Behinderungen werden existent als ‚gesellschaftliche Positionszuschreibung aufgrund vermuteter oder erwiesener Funktionseinschränkungen'"* (Beck 2002b, 187, kursiv im Original).

Zusätzlich sind sie gekennzeichnet durch eine hohe Differenz zwischen Umfelderwartungen und einer negativ bewerteten Abweichung, umfassenden Beeinträchtigungen von Alltagsaktivitäten, einem hohen Maß an Belastungen und Benachteiligungen sowie einer hohen materiellen und sozialen Abhängigkeit von Menschen und Lebensbedingungen (a.a.O., 191). Ein in diesem Sinne verstandener sozialer und relationaler Begriff von Behinderung stellt eine erste Grundlage für personale Orientierung dar (Beck 1996, 443)[23].

## 1.3 Sozialpolitische und -rechtliche Veränderungen

Ein solches sich wandelndes Verständnis des Gegenstands »Behinderung« zieht auch Folgen auf der Ebene der Sozial- und Bildungspolitik nach sich. Hier haben verschiedene Entwicklungen stattgefunden, die für den Wandel von der institutionellen zur personalen Orientierung als relevant eingeschätzt werden können und sich in mehreren Papieren niedergeschlagen haben: in den Empfehlungen der Kultusministerkonferenz von 1994 (im Folgenden: KMK-Empfehlungen), im Sozialgesetzbuch IX, in der UN-BRK und im Papier der Arbeits- und Sozialministerkonferenz zur Weiterentwicklung der Eingliederungshilfe von 2009 (im Folgenden: ASMK-Papier).

### *1.3.1 Sonderpädagogischer Förderbedarf in den KMK-Empfehlungen von 1994*

Die Einführung der Kategorie des sonderpädagogischen Förderbedarfs wurde zurecht als „kopernikanische[...] Wende sonderpädagogischer Bildungspolitik“ (Bleidick, Rath et al. 1995, 248) bezeichnet. Die „Empfehlungen zur sonderpädagogischen Förderung in den Schulen in der Bundesrepublik Deutschland“ der Kultusministerkonferenz der Länder (KMK 1994) führen den Begriff als Ergänzung zum Begriff der Sonderschulbedürftigkeit ein (KMK 1994, 2). Sonderpädagogischer Förderbedarf ist

> „bei Kindern und Jugendlichen anzunehmen, die in ihren Entwicklungs- und Lernmöglichkeiten so beeinträchtigt sind, daß sie im Unterricht der allgemeinen Schule ohne sonderpädagogische Unterstützung nicht ausreichend gefördert werden können" (KMK 1994, 5)[24].

---

[23] Zwischen den Begriffen »individualisiert« und »personenorientiert« besteht dabei eine begriffliche Unklarheit: Das medizinische oder „personenorientierte Paradigma" (Cloerkes 2007, 10) fasst Behinderung als *individuelles* Problem. Dieser individualisierten Problemsicht entspricht jedoch eine »Förderung«, die sich an unterstellten *gruppenbezogenen* Defekten orientiert. Personale Orientierung dreht dieses Verhältnis quasi um: Behinderung wird nicht mehr individualisiert, sondern als soziales Problem gefasst. Im Fokus für die Unterstützung steht aber der *individuelle* Bedarf an Hilfen. Während institutionelle Orientierung also für ein Verhältnis »Behinderung als individuelles Problem – gruppenbezogene Förderung« steht, arbeitet personale Orientierung mit dem Zusammenspiel von »Behinderung als soziales Problem – Folgen der Behinderung und Bedarf an Hilfen individuell betrachten« (Beck 2001, 133ff, 2002b, 186).

[24] Bei Quellen in alter Rechtschreibung wurde diese in den Zitaten übernommen.

Im Kern geht es bei den KMK-Empfehlungen um:

- die Orientierung am individuellen Bedarf der SchülerInnen – darauf zielt der Begriff des sonderpädagogischen Förderbedarfs;
- die Nachrangigkeit sonderpädagogischer Maßnahmen: „Sonderpädagogik versteht sich dabei […] als Ergänzung und Schwerpunktsetzung der allgemeinen Pädagogik" (KMK 1994, 3, Bearbeitung DF);
- die Förderung unabhängig von festgelegten Orten: Behinderung geht zumindest nicht mehr automatisch mit einer bestimmten Einrichtungsform (Sonderschule) einher.

Bleidick, Rath & Schuck (1995) haben auf verschiedene Probleme in der Konzeption des »sonderpädagogischen Förderbedarfs« hingewiesen: eine tautologische Definition, das Fehlen eines definierenden Abgrenzungskriteriums, das Nebeneinander von Sonderschulbedürftigkeit und sonderpädagogischem Förderbedarf, das Etikettierungs-Ressourcen-Dilemma sowie die Kopplung von Integration an vorhandene Ressourcen (a.a.O., 254ff)[25]. Lemke & Schuck (2002) verweisen zudem auf Reste einer Defizitorientierung in den KMK-Empfehlungen und kommen zu dem Schluss, dass „der Wandel von der institutionellen zur personalen Orientierung des Schulsystems […] als *inkonsequent* bewertet werden [muss]" (a.a.O., 95, Bearbeitung DF).

### *1.3.2 Sozialgesetzbuch IX*

Das SGB IX trat 2001 in Kraft und löste das bis dahin gültige RehaAnglG (Rehabilitations-Angleichungsgesetz) und das SchwbG (Schwerbehindertengesetz) ab. Zielsetzungen der Neuregelung waren die Umsetzung des Gleichstellungsauftrags des Grundgesetzes und des Benachteiligungsverbots in der Sozialpolitik sowie der Versuch, die Unübersichtlichkeit der bisherigen Gesetzgebung zu beenden (Lachwitz, Schellhorn et al. 2002, 9, 12). Der Gesetzgeber entschied sich dabei

> „gegen die Schaffung eines neuen und eigenständigen Sozialleistungszweigs mit eigenständigem Leistungsträger und für die Verbesserung, Koordination und übersichtlichere Gestaltung des bestehenden […] Behindertenrechts. Das SGB IX stellt eine funktionale Klammer der einzelnen Leistungsgesetze dar. Es verfolgt insbesondere das Ziel, Koordination, Kooperation und Konvergenz der Rehabilitationsträger zu fördern und damit die Nachteile des gegliederten Systems der Rehabilitation zu überwinden" (Engel, Engels et al. 2008, 10, Bearbeitung DF).

[25] Eine Kopplung, die z. B. im Hamburger Schulrecht mit dem § 12 aufgelöst ist. Der Anspruch auf eine integrierte Beschulung gilt hier ohne Kostenvorbehalt (Ehlers 2010, 6).

Mit der Neufassung des SGB IX ging auch eine verändertes Verständnis von Behinderung einher: Der Behinderungsbegriff des SGB IX orientiert sich an der ICF, das SGB IX vollzieht damit den Wechsel hin zum Finalprinzip (Lachwitz, Schellhorn et al. 2002, 14; SGB IX, § 2) . Daraus folgt,

> „dass der behinderte Mensch [...] nicht mehr durch das Vorliegen und die Schwere einer Krankheit oder Behinderung, sondern über die dadurch verursachten Folgen, nämlich die Art und das Ausmaß der Beeinträchtigung seiner Teilhabe am Leben in der Gesellschaft definiert wird" (Beauftragte der Bundesregierung für die Belange behinderter Menschen o. J., 1).

Entsprechend eines solchen „Paradigmenwechsel[s]" (Beauftragte der Bundesregierung für die Belange behinderter Menschen o. J., 1, Bearbeitung DF) und der Orientierung an der ICF werden als Zielsetzung Selbstbestimmung und Teilhabe benannt. Leistungen werden erbracht, um „Selbstbestimmung und gleichberechtigte Teilhabe am Leben in der Gesellschaft zu fördern, Benachteiligungen zu vermeiden oder ihnen entgegenzuwirken" (SGB IX, § 1). Als Behinderung definiert das SGB IX:

> „Menschen sind behindert, wenn ihre körperliche Funktion, geistige Fähigkeit oder seelische Gesundheit mit hoher Wahrscheinlichkeit länger als sechs Monate von dem für das Lebensalter typischen Zustand abweichen und daher ihre Teilhabe am Leben in der Gesellschaft beeinträchtigt ist. Sie sind von Behinderung bedroht, wenn die Beeinträchtigung zu erwarten ist" (SGB IX, § 2).

Damit ist die Abkehr vom defektbezogenen Denken zumindest eingeleitet, es ist nicht der Defekt, der die Behinderung ausmacht, sondern die erschwerte Teilhabe. Es gibt jedoch auch Unterschiede im Behinderungsverständnis zwischen SGB IX und ICF. Zum einen beinhaltet das SGB IX

> „das Prinzip der Altersinäquivalenz: Eine Person ist nur dann behindert, wenn ihre Beeinträchtigungen der Teilhabe auf einer altersuntypischen Störung ihrer körperlichen, geistigen oder seelischen Funktionen beruhen" (Schuntermann 2009, 36).

Zum anderen muss diese Abweichung über einen Zeitraum von mindestens sechs Monaten vorliegen, damit ein Anspruch auf Leistungen besteht (SGB IX, § 2). In einzelnen Leistungsbereichen ist der Personenkreis durch zusätzliche Anforderungen (»wesentliche Behinderung«) zudem noch eingeschränkt (Lachwitz, Schellhorn et al. 2002, 15). Der Behinderungsbegriff des SBG IX ist daher enger als der der ICF, erfasst aber – im Unterschied zur ICF – auch drohende Belastungen oder Beeinträchtigungen der Teilhabe (Schuntermann 2009, 36).

### *1.3.3 UN-Konvention über die Rechte von Menschen mit Behinderungen (UN-BRK)*

Die „UN-Konvention über die Rechte von Menschen mit Behinderungen" (Beauftragte der Bundesregierung für die Belange behinderter Menschen 2009b) wurde 2006 durch die UN-Generalversammlung verabschiedet und 2009 durch Bundestag und Bundesrat ratifiziert. Im Rahmen des sich vollziehenden »Perspektivwechsels« bedeutet sie einen weiteren Schritt. Menschen mit Behinderung werden

- nicht länger als »PatientInnen«, sondern als BürgerInnen,
- nicht mehr als Problemfälle, sondern als TrägerInnen unveräußerlicher Rechte und
- nicht mehr als Objekte der Fürsorge, sondern als gleichberechtigte Subjekte betrachtet (Beauftragte der Bundesregierung für die Belange behinderter Menschen 2009a, 9f).

Die UN-BRK basiert auf einem sozialen Behinderungsbegriff (Beauftragte der Bundesregierung für die Belange behinderter Menschen 2009a, 10; Bielefeldt 2009, 8). Behinderung wird verstanden als „Wechselwirkung zwischen Menschen mit Beeinträchtigungen und einstellungs- und umweltbedingten Barrieren [...], die sie an der vollen, wirksamen und gleichberechtigten Teilhabe hindern" (UN-Konvention 2009b, 5)[26]. Problematisch an dieser Definition ist, dass die Beeinträchtigung hier als personenbezogenes Merkmal gekennzeichnet wird, es sind »Menschen mit Beeinträchtigungen«, die in Wechselwirkung mit ihrer Umwelt treten. Bereits Beeinträchtigungen können jedoch das Ergebnis von Wechselwirkungen sein.

Die UN-Konvention versteht sich nicht als Sammlung von »Sonderrechten« für Menschen mit Behinderung, sondern steht in der Tradition der Menschenrechtskonventionen der Vereinten Nationen und präzisiert und ergänzt „die bereits bestehenden menschenrechtlichen Standards unter dem Blickwinkel der Menschen mit Behinderungen" (Bielefeldt 2009, 13). Für die Behindertenhilfe und -politik folgt daraus, diese konsequent aus Menschenrechtsperspektive und nicht mehr primär als Anliegen öffentlicher Fürsorge zu betrachten (Beauftragte der Bundesregierung für die Belange behinderter Menschen 2009a, 10). Auf das Lebensfeld »Wohnen« bezogen, heißt es:

> „Die Vertragsstaaten dieses Übereinkommens anerkennen das gleiche Recht aller Menschen mit Behinderungen [...] in der Gemeinschaft zu leben [...] indem sie insbesondere dafür sorgen, dass

---

[26] Die Schattenübersetzung verwendet die Formulierung, „sie an der vollen **und** wirksamen ~~und gleichberechtigten~~ Teilhabe **auf der Grundlage der Gleichberechtigung mit anderen** an der Gesellschaft hindern" (Schattenübersetzung des NETZWERK ARTIKEL 3 e.V. 2010, 5) und betont darüber stärker das Moment der Gleichberechtigung.

> a) Menschen mit Behinderungen gleichberechtigt die Möglichkeit haben, ihren Aufenthaltsort zu wählen und zu entscheiden, wo und mit wem sie leben, und nicht verpflichtet sind, in besonderen Wohnformen zu leben[27];
>
> b) Menschen mit Behinderungen Zugang zu einer Reihe von gemeindenahen Unterstützungsdiensten zu Hause haben und in Einrichtungen sowie zu sonstigen gemeindenahen Unterstützungsdiensten haben, einschließlich der persönlichen Assistenz, die zur Unterstützung des Lebens in der Gemeinschaft und der Einbeziehung in die Gemeinschaft sowie zur Verhinderung von Isolation und Absonderung von der Gemeinschaft notwendig ist;
>
> c) gemeindenahe Dienstleistungen und Einrichtungen für die Allgemeinheit Menschen mit Behinderungen auf der Grundlage der Gleichberechtigung zur Verfügung stehen und ihren Bedürfnissen Rechnung tragen"
>
> (Beauftragte der Bundesregierung für die Belange behinderter Menschen 2009b, Art 19, Bearbeitung DF)[28].

Im Einklang mit der Ausrichtung der UN-BRK als Teil der Menschenrechtskonventionen werden also der Anspruch auf Teilhabe und die freie Wahl des Wohnorts/der Wohnform konsequent als *Rechte* formuliert. In den Unterpunkten des Artikels 19 sind dabei drei Bereiche angesprochen: (a) bezieht sich auf Wahl- und Entscheidungsmöglichkeiten, (b) auf das Einbezogensein bzw. auf die Vermeidung von Isolation durch (spezielle) Dienste und (c) auf die Zugangsmöglichkeiten zu allgemeinen Dienstleistungen. Damit ist die Ebene der Hilfesysteme im engeren Sinne verlassen und es wird die Verbesserung von Zugangsmöglichkeiten zu allen Bereichen der Gesellschaft im Sinne einer Inklusion[29] eingefordert.

### *1.3.4 Papier der Arbeits- und Sozialministerkonferenz zur Weiterentwicklung der Eingliederungshilfe (ASMK-Papier)*

Vor dem Hintergrund des Artikels 19 der UN-Konvention hat die Arbeits- und Sozialministerkonferenz 2009 das Papier „Weiterentwicklung der Eingliederungshilfe" (ASMK 2009) veröffentlicht. Im Kern geht es in diesem um das Vorhaben, „die Eingliederungshilfe von einer überwiegend einrichtungszentrierten Hilfe zu einer personenzentrierten Hilfe" (a.a.O., 5) neu auszurichten. Praktisch sollen Teilhabeleistung und Wohnform entkoppelt

---

[27] In Artikel 22 wird präzisiert, dass auch mit einer besonderen Wohnform keine veränderten Anforderungen an Privatheit einhergehen: Es dürfen „unabhängig von [...] Aufenthaltsort *oder der Wohnform* [...] keine [...] willkürlichen oder rechtswidrigen Eingriffe in ihr Privatleben, ihre Familie, ihre Wohnung [erfolgen]" (Beauftragte der Bundesregierung für die Belange behinderter Menschen 2009b, Art. 22, Bearbeitung DF).

[28] Der Text des Artikels ist dabei weitgehend identisch mit der Schattenübersetzung, lediglich die Betitelung unterscheidet sich deutlich: Die Schattenübersetzung ersetzt „Unabhängige Lebensführung" durch „Selbstbestimmt Leben", wodurch auf der sprachlichen Ebene eine stärkere Verbindung zur Betroffenenbewegung hergestellt wird (Schattenübersetzung des NETZWERK ARTIKEL 3 e.V. 2010, Art. 19)

[29] Bielefeldt führt aus, dass die deutschsprachige Übersetzung von »Inclusion« mit »Integration« kritisch zu sehen ist, da der Anspruch, den die Konvention formuliert, deutlich über einen traditionellen Integrationsansatz hinaus geht (2009, 11).

werden, Eingliederungshilfe soll als reine Fachmaßnahme erbracht werden[30]. Konsequent zu Ende gedacht, bedeutet das, dass sich Leistungen in Zukunft nicht in der Form ambulant-(teilstationär-)stationär differenzieren lassen (a.a.O., 12). Die Leistungsbeschreibung muss vielmehr *fachlich* erfolgen. Das klassische Angebot einer stationären Einrichtung – Wohnen, Hauswirtschaft und Unterstützung im Alltag aus einer Hand – wird

> „durch individuell bedarfsgerechte (Fach-)Leistungen sowie bei Bedürftigkeit durch erforderliche Leistungen zum Lebensunterhalt sowie zu den Kosten der Unterkunft ersetzt" (a.a.O., 13).

All dies geschieht jedoch im Zusammenhang mit der „Frage nach der dauerhaften Sicherung der Finanzierbarkeit der Leistungen für Menschen mit Behinderungen" (a.a.O., 7). Hier werden Neu-Kontextuierungen vorgenommen, indem die – eigentlich sachlich zu begründenden Reformen – in einen ökonomischen Zusammenhang gestellt werden (Dahme & Wohlfahrt 2009, 164; Dederich 2008, 294) .

Zusammenfassend lässt sich also festhalten, dass sich in der Auseinandersetzung mit den Entwicklungen in der (Bildungs- und) Sozialpolitik durchaus ein Wandel nachzeichnen lässt: Als neue Zielsetzungen werden Selbstbestimmung, Teilhabe und Inklusion benannt, Menschen mit Behinderung sollen als gleich*berecht*igte Subjekte wahrgenommen werden. Daraus folgt:

- eine Trennung der Förderung/Unterstützung von bestimmten, festgelegten Orten (Einrichtungen, Sonderschulen, Werkstätten);
- eine Stärkung der Position der Betroffenen hinsichtlich des Wunsch- und Wahlrechts sowie
- ein breiterer Fokus, der nicht mehr isoliert Leistungen der Eingliederungshilfe betrachtet, sondern darüber hinaus die allgemeinen Unterstützungssysteme bzw. die Gesellschaft als Ganzes in Betracht zieht.

Dennoch durchzieht die Papiere oft ein ökonomisches Moment: In den KMK-Empfehlungen ist direkt ein Kostenvorbehalt aufgenommen, das SGB IX enthält selbst keinen – das SGB XII, über das ein Großteil der Leistungen finanziert wird, jedoch schon (SGB XII, § 13). Dieser Kostenvorbehalt ermöglicht es, eben doch an »besonderen Orten« gefördert bzw. unterstützt zu werden (also in stationären Wohngruppen/Förderschulen). Die ökonomische Färbung wird noch deutlicher im ASMK-Papier, in dem die Verbindung zwischen fachlicher Innovation und der Frage der Finanzierbarkeit offen dargelegt wird (ASMK 2009, 7).

[30] Andere Leistungen – wie die Bereitstellung von Wohnraum oder hauswirtschaftliche Leistungen – sollen nicht mehr Teil der Eingliederungshilfe sein, sondern über die Hilfen zum Lebensunterhalt, bzw. die Grundsicherung nach dem SGB XII geregelt werden (ASMK 2009, 5). Damit einher geht auch die Zielsetzung, des „Vorrang[s] von Versicherungsleistungen gegenüber dem Nachrang der Sozialhilfe" (a.a.o., 6). Es bleibt dabei abzuwarten, ob dies primär aus ökonomischen Motiven entsteht und der Entlastung der Kommunen dient.

## 1.4 Individueller Bedarf und Grundzüge personaler Orientierung

Grundlegender Gedanke einer personalen Orientierung ist, dass Hilfen für Menschen mit Behinderung sich an den *Folgen* für die Lebensführung bzw. am *individuellen Bedarf* zu orientieren haben. Das Hilfesystem insgesamt muss sich an den Individuen und ihrem Leben orientieren, erst der Bezug zur konkreten Lebenssituation stellt das Wissen bereit, was genau an Unterstützung, Fürsorge, Bildung usw. gebraucht wird (Beck 2003, 848). Als Alltags- oder Lebensweltorientierung hat diese Forderung Eingang in die erziehungswissenschaftliche Diskussion gehalten – auch in anderen Arbeitsfeldern wie z. B. der Sozialpädagogik (z. B. Thierschs Konzeption einer lebensweltorientierten sozialen Arbeit – Thiersch 2001). Obwohl der Begriff »Lebenswelt« auf der Ebene eines Schlagworts sehr hilfreich sein kann, weil er einen Gegenpol zum bürokratischen Handeln bietet oder ermöglicht, die Problematik eines Handelns „zwischen System und Lebenswelt" (Bächtold 1990) zu konzipieren, bleibt er dennoch häufig inhaltlich unbestimmt und wird mit unterschiedlichsten Konzeptionen in Verbindung gebracht: Umwelt, Mitwelt, Dasein, Sozialraum, Lebensraum, Lebenssituation, Lebensform (Antor 2006b; Kobi 2007b)[31]. Zur konkreteren Fassung einer lebensweltlichen Orientierung bietet sich daher die Forderung an, „dass Struktur, Organisation und Ziele der sozialen Dienstleistungen ihren Ausgang nehmen müssen von den *Lebenslagen* und *Bedürfnissen* der Adressaten" (Beck 2001, 1, Bearbeitung DF)[32].

Die *Lebenslage* (Beck 2002b, 2003, 848ff, 2004, 66ff) ist eine Kombination objektiver Lebensbedingungen wie Erwerbsstatus, Wohnung, finanzieller Lage, sozialen Beziehungen einerseits und subjektiver Faktoren wie dem Selbstbild, dem Selbstwertgefühl, den Handlungsstrategien, den Kompetenzen, Erfahrungen, Hoffnungen und Wünschen andererseits. Aus dem Zusammenspiel dieser internen und externen Faktoren ergeben sich Handlungsspielräume für die individuelle Lebensführung und Lebensbewältigung, für Art und Grad der Partizipation und Integration. Die individuelle Zufriedenheit mit diesen Handlungsspielräumen (also das Zusammenspiel von objektiver Situation und subjektiver Bewertung) kann als Lebensqualität gekennzeichnet werden (Beck 2003, 851f, 2004, 66). Strukturelles Pendant zur Lebenslage auf Seiten der Dienste ist der *individuelle Hilfebedarf*[33], gefasst als Mittel zur Herstellung gleicher Lebenschancen und gerichtet auf die Förderung der selbstbestimmten Lebensführung *und* den Abbau von Benachteiligung und sozialer Isolierung (Beck 2002a, 51). Die Bezugnahme auf Bedürfnisse hat dabei den Vorteil, mit grundsätzlich individuenbezogenen Kategorien zu operieren und den Anschluss an

[31] Eine Ausnahme bildet hier sicher der Lebenswelt-Begriff in der Verwendung durch Habermas, der ihn zur Kennzeichnung der Sphäre kommunikativen Handelns verwendet (Habermas 1999a, 1999b).

[32] Oberholzer konkretisiert und operationalisiert dies als Ausrichtung der Dienstleistungen am Behinderungsmodell der ICF (2011, 116ff). Ausgehend von diesem „wird der Bedarf und die Ausrichtung von Leistungen nicht mehr von einer spezifischen Schädigung oder Leistungsminderung abgeleitet, sondern daraus, was ein Mensch mit einer bestimmten Beeinträchtigung oder Behinderung braucht, um kompetent an möglichst normalisierten Lebensbereichen teilnehmen und teilhaben zu können" (a.a.O., 117).

[33] Bzw. in schulischen Zusammenhängen der sonderpädagogische Förderbedarf.

allgemeine Betrachtungen menschlicher Lebensführung zu ermöglichen (a.a.O., 34ff). Da jedoch Mittel und Wege der Bedürfnisbefriedigung gesellschaftlich beeinflusst sind, muss zwischen grundlegenden Bedürfnissen und deren Konkretisierungen unterschieden werden. Neben die Kategorie des Bedürfnisses als anthropologischer Konstante tritt daher der Bedarf, der eher die soziale Beeinflussung, Dynamik, zeitliche Begrenztheit und Veränderlichkeit betont (a.a.O., 39f). Eine

> *„Konkretisierung der abstrakten Grundbedürfnisse stellt also immer nur Möglichkeiten eines konkreten Bedarfs dar, der sich vom Individuum aus betrachtet nicht so stellen muss, oder ganz andere Formen annehmen kann. Deshalb sind die Möglichkeiten von Bedarfserhebungen und -planungen generell begrenzt"* (a.a.0., 43, kursiv im Original).

Da sich Lebenslagen nicht nur aus subjektiven Kompetenzen, Strategien und Wünschen zusammensetzen, sondern auch durch objektive Lebensbedingungen beeinflusst werden, zielt der Hilfebedarf auch auf behindernde oder isolierende Bedingungen im Umfeld. Neben individuellen Lernprozessen oder dauerhafter Unterstützung verweist er auf Handlungsbedarf im Umfeld und den Lebensbedingungen eines Menschen. Hilfebedarf „ist eine in wesentlichen Teilen soziale, nie von Umfeldfaktoren unabhängige, relative und normative Kategorie' (a.a.O., 51)[34].

Allerdings ist anzumerken, dass der individuelle Bedarf an Hilfen neben der Funktion als „Kristallisationspunkt" (Franz, Lindmeier et al. 2011, 100) für Hilfen immer auch eine organisatorische oder verwaltungstechnische Funktion hat. In dieser dient er der Identifikation von Anspruchsberechtigungen und der Ermittlung des notwendigen Ressourceneinsatzes:

> „Der finale zum Zweck der persönlichen Hilfe zugeschrieben Begriff der Behinderung dient ‚als gesetzes- und werwaltungstechnischer Begriff zu verteilungspolitischen Zwecken'" (Bleidick, Rath et al. 1995, 256).

Aus einer sozialpolitischen Logik heraus betrachtet ist diese Funktion durchaus notwendig: Die Vergütung der Leistungserbringung wird prospektiv vereinbart, daher muss im Vorhinein festgestellt werden, welcher Bedarf vorliegt und welche Leistungen (in welchem Umfang) erbracht werden. Allerdings müssen diese Fragen deutlich von der Ebene der alltäglichen Lebensführung unterschieden werden (Beck 2002a, 33; Franz, Lindmeier et al. 2011, 100ff). Schuck unterscheidet in diesem Zusammenhang zwischen *individuellem* und *institutionellem* Förderbedarf, Lübbe & Beck differenzieren pädagogische und formale Konzepte (Lübbe & Beck 2003, 20f; Schuck 2006, 87). Erstere schließen an die alltägliche Lebensführung an, sind primär qualitativ strukturiert und bieten Hilfe für die direkte Inter-

---

[34] Zu der Ausrichtung von Diensten an individuellen Bedarfen vgl. S. 85ff, zu den Anforderungen an Bedarfserhebungen, vgl. S 92ff.

aktion. Letztere bilden hingegen die Grundlage für Kalkulation, Planung und Abrechnung von Ansprüchen und Leistungen. Ergebnisse werden dementsprechend in quantitativen Werten festgehalten. Daraus folgt

1. Auf der Handlungsebene dient der Begriff des »individuellen Hilfebedarfs« als qualitativer Begriff. Er erfasst und analysiert den konkreten Bedarf an und die Wünsche nach Unterstützung und schließt damit an die subjektive Wahrnehmung und die alltägliche Lebensführung an.
2. Auf der Ebene der Organisation dient der Hilfebedarf der Ermittlung der notwendigen Ressourcen und Peronalkapazitäten. Dadurch kann durchaus zu einer Steigerung der Transparenz von Leistungen beigetragen werden.

Problematisch ist m. E. weniger die quantitative Erfassung von Bedarfen an sich, diese ist aus sozialpolitischer Perspektive unumgänglich. Die Problematik kommt vielmehr dadurch zustande, dass

- die unterschiedlichen Funktionen nicht benannt sind. Das erweckt den Anschein, mittels einer quantitativen Erhebung Antworten auf qualitativ zu beantwortende Fragen nach Zielen und Unterstützungsformen erhalten zu können[35].
- die Erhebung primär vor dem Hintergrund bereits vorhandener Angebote erfolgt. Dies zielt im Kern eben nicht auf den individuellen Bedarf an Hilfen, sondern vielmehr auf dessen Anpassung an eine vordefinierte Angebotspalette.

Beides hat wenig mit der Notwendigkeit der Organisation von Hilfe zu tun und ist vielmehr eine Folge der Anbieterdominanz: Die Erhebung der subjektiven Einschätzung der Lebenslage bleibt aus bzw. wird nur in Ausschnitten wahrgenommen, die Erhebung des Bedarfs dient der Planung bzw. Legitimation vorhandener Hilfen. Eine solche *anbieter-*

[35] Diese Problematik zeigt sich z. B. in dem den frühen 2000er Jahren eingeführten H.M.B.-W. Verfahren (Metzler 2001a). Dieses dient primär der quantitativen Ermittlung zu erbringender Leistungen und nicht einer qualitativ-inhaltlichen Beschreibung von Lebenssituationen. Obwohl der Hilfebedarf als Kombination der „aktuelle[n] Lebenssituation [eines Menschen] einschließlich seiner Selbsthilfemöglichkeiten [...] und Ziele der Unterstützung" (Metzler 2001b, 1, Bearbeitung DF) definiert ist, wird sowohl im Fragebogen als auch in den Erläuterungen dazu deutlich, dass sich »Hilfebedarf« ausschließlich auf professionell zu erbringende Leistungen bezieht (Metzler 2001a, 2001b, 3). Mit einer solchen Engführung des Bedarfsbegriffs gehen zum einen technische Hilfen verloren und zum anderen kann keine Klärung mehr erfolgen, ob sich ein bestimmter Bedarf überhaupt durch formelle Leistungen erfüllen lässt. Darüber hinaus blendet die Konzentration auf die aktuelle Lebenssituation die historische Gewordenheit von Bedarfen aus. Das H.M.B.-W Verfahren beschreibt streng genommen nicht Bedarfe, sondern Leistungen. Das deutet sich in der Formulierung an, dass „Bedarf und Leistungen [...] identisch" (a.a.O., 3) sein können. Die Konzentration auf Leistungen sowie die schematische Unterteilung in Leistungsformen (Assistenz, Begleitung, umfassende Hilfestellung usw.) ermöglicht die Hinterlegung mit Leistungspunkten, so dass das Instrument primär der Zuordnung zu Empfängergruppen dient. Inwieweit dieses Vorgehen mit der Einführung von auf der ICF basierenden Planungsinstrumenten – wie z. B. dem ITP (Landeswohlfahrtsverband Hessen 2010) – durchbrochen werden kann, bleibt abzuwarten.

*dominierte Verkürzung* wird aber der Stoßrichtung personaler Orientierung nicht gerecht: Nicht nur die konkrete Dienstleistung selbst – also das pädagogische Handeln, sondern auch die Organisation der Hilfen sollen sich an den Lebenslagen und konkreten Bedarfen ausrichten.

Wenn die Ausrichtung der Hilfen an den individuellen Lebenslagen nun eine solche Sprengkraft für ein anbieterdominiertes Hilfesystem beinhaltet, ist zu klären, welche Folgen sich daraus für das Hilfesystem und das pädagogische Handeln ergeben haben und in Zukunft ergeben werden. Diese lassen sich als *personale*, *funktionale* und *sozialräumliche* Ausrichtung fassen (Thimm 2001, 355, 2002a, 25) :

1. *Personale Ausrichtung*: Dass die Ausrichtung auf die Lebenslage und individuellen Hilfebedarf Folgen auf der Ebene der pädagogischen Handelns nach sich zieht, ist offensichtlich, sie ist für das pädagogische Handeln streng genommen unvermeidlich. Aber auch auf der Ebene von Organisationen sollen sich Hilfen an den individuellen Bedarfen ausrichten. Mit der Orientierung an den Individuen und ihren Bedarfen ist gleichzeitig die Ebene der Mitwirkung und Partizipation in den Diensten und Einrichtungen angesprochen.
2. *Funktionale Ausrichtung*: Die KMK-Empfehlungen betonen die Nachrangigkeit sonderpädagogischer Maßnahmen und die Förderung unabhängig von festgelegten Orten, die UN-BRK den Abbau »besonderer Einrichtungen« und das ASMK-Papier die Trennung der Teilhabeleistung von der Wohnform. »Spezialeinrichtungen« stehen damit unter massivem Legitimationsdruck, da sie sich nicht mehr über die Existenz eines bestimmten Klientels oder über das Vorhandensein des Angebots selbst begründen können. Auf dieser Ebene muss also ebenfalls Anschluss an allgemeine Lebensvollzüge hergestellt werden, der sich als Fokussierung auf Lebenslauf und Lebenslage niederschlägt. Die Orientierung erfolgt also nicht mehr an „Institutionen in einem besonderen Hilfesystem, sondern eher an Funktionszusammenhängen, die durch Behinderung gefährdet, gestört, erschwert werden" (Thimm 2002a, 15). Gemäß dem Finalitätsprinzip legitimieren Dienste sich über die Folgen für die Lebensführung und bieten dementsprechend Unterstützung in verschiedenen Lebensbereichen wie z. B. Wohnen, Arbeitsleben, Freizeitgestaltung, Bildung.
3. *Sozialräumliche Ausrichtung*: Der Zugang zu allgemeinen Diensten und Hilfen, wie er v. a. in der UN-BRK betont wird, verweist auf den objektiven Pol der individuellen Lebenslage und damit auf die Lebensbedingungen *aller* Menschen. Damit sind grundlegende Fragen des Zusammenlebens in Städten und Gemeinden angesprochen:

   > „Die Individuum [sic!] bezogene Perspektive bedarf der Ergänzung durch eine *sozialräumliche Perspektive,* die die Gestaltung des Gemeinwesens in den Blick nimmt. Die Feststellung und Reklamierung von individuellen Hilfen zur Integration und

> Partizipation [...] laufen ins Leere, wenn nicht gleichzeitig die Gestaltung der Infrastruktur der nahen sozialen Räume, in denen Partizipation und Integration alltagspraktisch verwirklicht werden müssen, in Angriff genommen wird. Personenbezogene Hilfen bedürfen der Stützung durch entsprechende sozialräumliche Strukturen" (Thimm 2002a, 25, Bearbeitung DF, kursiv im Original).

Damit einher geht die Gestaltung eines Lebensraums, der die Befriedigung allgemeiner Bedürfnisse und des spezifischen behinderungsbedingten Bedarfs gewährleistet und behindernde Bedingungen möglichst vermeidet. Auch scheinbar »personale« Bedingungen können sich dabei als sozial beeinflusst erweisen (Franz & Beck 2007, 1ff). Letzten Endes geht es um die Schaffung eines inklusiven Gemeinwesens und die Verbesserung der Lebenssituation aller im Stadtteil oder der Gemeinde lebenden Menschen. Neben die Arbeit in der direkten helfenden Interaktion tritt zunehmend eine weitere raumbezogene Ebene, die vermehrt Kooperation und Koordination mit anderen Diensten nach sich zieht (a.a.O., 40ff).

In dieser Dreiheit bestehen die Anforderungen, die sich im Rahmen einer personalen Orientierung stellen. Dieses Verständnis speist sich deutlich aus der Formulierung des Normalisierungsprinzips durch Thimm, in der Lebensweltorientierung, Gemeinwesenorientierung und Partizipation die Elemente bilden (Thimm 1994, 68f), die zu einer „*Normalisierung der Hilfen*" (a.a.O., 47, kursiv i. O.) beitragen.

Allerdings passieren diese Entwicklungen nicht im luftleeren Raum. Es geht – zu großen Teilen – ja nicht um den kompletten Neu-Aufbau eines Hilfesystems, sondern vielmehr um den *Umbau* eines bestehenden Systems. Dieser kann prinzipiell zwei Formen annehmen:

- die Entwicklung von *Alternativen* zu den herkömmlichen Unterstützungsformen. Diese können verschiedene Formen annehmen:
  - alternative Strukturen und Organisationsformen der Unterstützung: Im ersten Schritt waren das Kleinst-Heime bzw. Wohngruppen und ambulante Dienste später auch z. B. in Assistenzdienste oder -genossenschaften. Hierbei spielt das »Arbeitgebermodell« eine große Rolle (Weber 2002, 13)
  - alternative Formen der Leistungserbringung, wie sie z. B. im persönlichen Budget vorgesehen sind, indem die – in einem Dreiecksverhältnis zwischen Leistungsberechtigtem, Leistungsträger und Leistungserbringer erbrachte – Sachleistung durch eine Geldleistung an den Leistungsberechtigten ersetzt wird (Lachwitz 2011, 192).

  Beide Varianten führen dazu, dass sich die klassische Rollenverteilung in Leistungserbringer und »Leistungsempfänger« verschiebt, weil die Betroffenen zu den Auftraggebern der Hilfe werden.

- die *Veränderung* bestehender Einrichtungen. Das reicht von Regionalisierung und Dezentralisierung über inhaltliche Neu-Ausrichtung (Einführung pädagogischer Konzepte, Einbezug des Umfelds usw.) bis hin zur Komplettauflösung[36]. Stichworte für diese Reformen sind De-Institutionalisierung bzw. Enthospitalisierung.

Im Mittelpunkt der folgenden Analyse steht der Aspekt der Veränderung bestehender Einrichtungen. De-Institutionalisierung bzw. Enthospitalisierung sollen in ihrer Funktion als mögliches Mittel in der Umsetzung einer personalen Orientierung genauer untersucht werden.

## 2 Veränderungen des Hilfesystems: De-Institutionalisierung und Enthospitalisierung[37]

Ziel des folgenden Kapitels ist weniger, (vermeintliche) Erkenntnisse über eine Praxis der De-Institutionalisierung[38] zu gewinnen, wie sie sich in einer Aufzählung durchgeführter Projekte realisieren würde. Ein solches Unterfangen ist m. E. wenig zielführend und zwar aus mehreren Gründen:

- Die Benennen praktisch stattgefundener Reformen ist zwar notwendig, bringt jedoch alleine i. d. R. wenig Erkenntnisgewinn mit sich. Es ist vielmehr nötig, das hinter den konkreten Veränderungen liegende Verständnis der Reformen freizulegen, um zu einer Erschließung „reflexive[r] Prinzipien und Überlegungen" (Jantzen 2003, 62, Bearbeitung DF) zu gelangen. Für einen Überblick über den Stand der De-Institutionalisierung im Sinne eines Referats umgesetzter Projekte wird auf einschlägige Handbücher verwiesen (z. B. Jantzen 2007; Theunissen 2007c).
- Bei empirischen Arbeiten kommt es oft zu einer Rollenvermischung, wenn die AutorInnen der Studien diejenigen sind, die auch die konkreten Projekte durchgeführt haben (z. B. Jantzen 2003; Weber 2004; Glasenapp 2010). Eine Reflexion dieser Doppelfunktion wird dabei nicht immer geleistet.

---

[36] Im Unterschied zu Deutschland – in dem ein Großteil der Veränderungen in der Reform bestehender Strukturen bestand – haben sich z. B. die skandinavischen Länder weitaus stärker um eine Auflösung ihrer Heime bemüht (Dalferth 1999; Grunewald 2002) .

[37] Eine gekürzte Fassung dieses Kapitels ist im Jahr 2011 in der Zeitschrift »Behindertenpädagogik« erschienen (Franz 2011a).

[38] Aus Gründen, die im Laufe dieses Kapitels verdeutlicht werden, ist m. E. der Begriff der »De-Institutionalisierung« den vielen anderen Möglichkeiten (Enthospitalisierung, Entpsychiatrisierung, Entklinifizierung usw.) vorzuziehen. In eigenen Formulierungen wird daher auf »De-Institutionalisierung« zurückgegriffen, bei Bezugnahme auf Quellen hingegen auf den im Original verwendeten Begriff. In der Frage der Schreibweise wird »De-Institutionalisierung« gegenüber »Deinstitutionalisierung« bevorzugt – aus dem schlichten Grund besserer Lesbarkeit.

- Aus der Auseinandersetzung mit Texten können keine Erkenntnisse über die »Praxis« gewonnen werden: Diese findet unter jeweils unterschiedlichen rechtlichen, politischen und sozialen Voraussetzungen statt, bleibt immer „dem Einzelnen verhaftet" (Jantzen 2003, 58) und somit einer abstrahierenden Analyse nicht vollständig zugänglich. Eine Textanalyse bringt vielmehr Ergebnisse hervor, die sich auf die Berichterstattung (oder: den Diskurs) über De-Institutionalisierung beziehen.

Eine Ausarbeitung, die diesen Erkenntnissen Rechnung trägt, hat daher notwendig den Charakter einer Sekundäranalyse. Anliegen des Kapitels ist daher, die Bandbreite von Zugängen zu diesem Gegenstand darzustellen und Verbindungslinien zum Wandel zur personalen Orientierung herzustellen. Ziel ist, das den jeweiligen Quellen zugrunde liegende Verständnis von De-Institutionalisierung und die daraus abgeleiteten Veränderungen systematisch zu erfassen. Auf die i. d. R. übliche Begriffsbestimmung im Vorhinein wird dabei jedoch verzichtet, denn

1. ist die Begriffsverwendung nicht trennscharf, die Begriffe überlagern und ergänzen sich gegenseitig, in der Praxis werden sie z. T. synonym verwendet und
2. erfordert das Vorgehen eine *Analyse* der verwendeten Begriffe und des ihnen zugrunde liegenden Verständnisses. Die begriffliche Abgrenzung kann daher nicht im Vorhinein erfolgen, sondern ist Teil der zu leistenden Analysearbeit (sie wird unter der Überschrift »begriffliche Ausdifferenzierung« thematisiert, vgl. 68ff).

Das ausgewertete Material umfasst Beiträge zum Thema De-Institutionalisierung aus dem Bereich Behindertenpädagogik seit ca. 1990 (eine Ausnahme bildet der Bericht der Psychiatrie-Enquête von 1975), i. d. R. in Form von Zeitschriften-/Fachbuchartikeln oder Monographien[39]. Damit ist eine Einschränkung verbunden, die Analyse beschränkt sich auf De-Institutionalisierung im Bereich der Hilfen für Menschen mit geistiger Behinderung im engeren Sinne. Erkenntnisse, die im Zusammenhang mit der Gemeindepsychiatrie (z. B. Keupp 2001) oder mit benachbarten Diskursen wie dem Normalisierungsprinzip (z. B. Thimm 1992) gewonnen wurden, waren lediglich in dem Maße Gegenstand, in dem sie in den Quellen selbst thematisiert wurden. Konkrete Fragestellungen der Analyse waren:

---

[39] Die Analyse beschränkt sich dabei auf Arbeiten aus Deutschland, bis 1989 nur die BRD betreffend.

1. *Ausgangspunkt für De-Institutionalisierung*
   - Was ist der konkrete Anlass für die Veränderungen: rechtliche Neu-Regelungen, Unzufriedenheit der KlientInnen, innere oder externe Krisen usw.?
   - Auf welches Problem soll mit der De-Institutionalisierung eine Antwort gegeben werden: Fehlplatzierung, mangelnde Wahlmöglichkeiten usw.?
   - Was ist als Ziel formuliert: Auszug von KlientInnen, interne Veränderungen usw.?
2. *Konkretes Vorgehen*
   - Welche Zielgruppe wurde ins Auge gefasst, d. h. wer war von den Veränderungen betroffen: lediglich die KlientInnen oder auch MitarbeiterInnen?
   - Welche konkreten Veränderungen wurden vorgenommen: Auszug, Um- oder Neubau, (Teil-)Auflösung, Regionalisierung, Dezentralisierung?
   - Welche methodischen Mittel kamen dabei zum Einsatz: Zukunftsworkshops, Fortbildungen für MitarbeiterInnen usw.?

Bei der Auswertung war dabei zu berücksichtigen, dass sich die Arbeiten z. T. sehr stark unterscheiden und zwar zum einen hinsichtlich ihrer Form: theoretische oder empirische Forschungsarbeiten stehen neben Praxisberichten, Regierungsdokumenten usw.. Zum anderen erfolgen Bezugnahmen auf wissenschaftliche Erkenntnisse unterschiedlicher Disziplinen (Behindertenpädagogik, Psychologie, Soziologie), sozialpolitische bzw. -rechtliche Reformen und praktische Entwicklungen. Dementsprechend weit verzweigt sind die Argumentationsstränge und – das muss an dieser Stelle angemerkt werden – die Operationalisierungen und Forschungsdesigns, die die durchgeführten Veränderungen empirisch erfassen sollen.

Ergebnis der Auswertung war die Formulierung verschiedener Argumentationsfiguren, unter denen sich der weitaus größte Teil der Beiträge zusammenfassen lässt. Sie lassen sich nicht in allen Quellen in Reinform nachweisen, z. T. kommt es zu Mischformen, i. d. R. ist jedoch eine Argumentationsfigur dominant und bildet den Kern. Die Abfolge der Argumentationsfiguren spiegelt dabei durchaus den historischen Fortgang der Diskussion wider, die Zuordnung der Beiträge erfolgte jedoch nicht historisch, sondern systematisch: Entscheidend war, welcher Argumentationslogik ein Beitrag folgt und nicht, wann er geschrieben wurde.

Es lassen sich drei solcher Figuren unterscheiden, die im Folgenden vorgestellt werden:

- eine *strukturbezogene* Argumentationsfigur, in der die Strukturen des Hilfesystems insgesamt in den Blick genommen werden, deren inhaltliche Ausgestaltung aber weitgehend eher offen gelassen wird (2.1);

- eine *inhaltlich-pädagogische* Argumentationsfigur, in der diese Ausgestaltung weitaus deutlicher vorgenommen wird. Im Vordergrund stehen dabei Veränderungen des pädagogischen Handelns und die Verbesserung von Lebensqualität der KlientInnen (2.2) sowie
- eine *reflexive Argumentationsfigur*, die De-Institutionalisierung v. a. als reflexive Bearbeitung von Macht- und Gewaltstrukturen versteht. Vermittels rehistorisierender Diagnostik soll der Mythos des »harten Kerns« durchbrochen und darüber pädagogische Handlungsfähigkeit wieder hergestellt werden (2.4).

Da es im Übergang zwischen der inhaltlich-pädagogischen und der reflexiven Argumentationsfigur zu einer begrifflichen Verschiebung kommt, wird diese unter dem Titel »begriffliche Ausdifferenzierung« zwischen diesen Punkten diskutiert (2.3). Im Anschluss an die Analyse wird kurz auf verschiedentlich gemachten Vorstöße zu einer »Re-Institutionalisierung« der Behindertenhilfe eingegangen (2.5), bevor die Ergebnisse des Kapitels zusammengefasst werden (2.6).

## 2.1 Strukturbezogene Argumentationsfigur

Prägend für die strukturbezogene Argumentationsfigur ist die Quelle, die insgesamt als Ausgangspunkt für die De-Institutionalisierung in Deutschland gesehen wird: der Abschlussbericht der »Psychiatrie-Enquête« (Deutscher Bundestag 1975; Einordnung z. B. bei Droste 2000, 126; Jantzen 2007, 151). Außerdem findet sich diese Form strukturbezogenen Denkens bei Droste als strukturell-organisatorischer Aspekt der Enthospitalisierung (2000, 128ff), bei Hoffmann als „formale Enthospitalisierung" (1999, 21, Bearbeitung DF) sowie in Straßmeiers kritischer Einschätzung der Enthospitalisierungsprozesse in Bayern (2000).

### *2.1.1 Anfänge: Abschlussbericht der Psychiatrie-Enquête*

Der Abschlussbericht der Sachverständigenkommisson zur „psychiatrischen und psychotherapeutischen/psycho-somatischen Versorgung der Bevölkerung" weist aus primär sozialpolitischer Perspektive auf gravierende Mängel des Hilfesystems hin: die unzureichende Versorgungslage, die Fehlplatzierung von Menschen mit geistiger Behinderung in psychiatrischen Einrichtungen sowie das damit einhergehende Hospitalismusrisiko (Deutscher Bundestag 1975, 6). Als Ziele des Reformprozesses werden der Aufbau einer eigenständigen Versorgung von Menschen mit »geistiger Behinderung« in einem gemeindenahen, bedarfsgerechten und differenzierten Versorgungssystem, die Integration in allgemeine Gesundheitsversorgung sowie die Initiierung und Unterstützung von Beratungsdiensten und Selbsthilfegruppen genannt (a.a.O., 16ff). Konkret geht es um den Aufbau von Einrichtungen, in denen „neben der Pflege Schwerst- und Mehrfachbehinderter [...] sozial-fürsorgliche, lebenspraktisch-rehabilitative und beschützende Arbeitsmöglichkeiten im Vordergrund stehen" (Deutscher Bundestag 1975, 28), also um den Aufbau eines pädagogisch orientierten Versorgungssystems (Hoffmann 1999, 20). Trotz der primär sozialpolitischen Rhetorik und der Betonung struktureller Aspekte finden sich Hinweise auf fachlich-inhaltliche Anforderungen, wenn eine Orientierung an

- „humanen Grundbedürfnisse[n]“ (Deutscher Bundestag 1975, 6),
- den „Belange[n] der Behinderten und ihrer Familien“ (a.a.O., 28)
- sowie „normalen Lebensbedingungen“ (a.a.O., 6f) gefordert wird.

Der Fokus auf die psychiatrische Versorgung hatte jedoch zur Folge, dass die Einrichtungen für Menschen mit geistiger Behinderung nicht explizit Gegenstand des Berichts waren und „nur rudimentär in den Blick genommen“ (Beck 2002c, 1) wurden. Aus dieser psychiatrischen Perspektive taucht der Behindertenbereich nur in dem Maße auf, wie er für die psychiatrischen Zusammenhänge relevant ist. Die Problemwahrnehmung im Bezug auf Menschen mit geistiger Behinderung ist daher vor allem die einer »Fehlplatzierung«.

Der mit dem Bericht einsetzende Wandel ergreift daher zwar auch die Behindertenhilfe, „aber deutlich langsamer und quantitativ geringer als in der Psychiatrie“ (Beck 2007a, 24). Dennoch nennt Droste die Psychiatrie-Enquête als entscheidenden Impuls für die Enthospitalisierungsprogramme der 80er Jahre (Droste 2000, 126) – wie z. B. die Ausgliederung der Heilpädagogischen Heime im Rheinland und in Hessen sowie die Auflösung der Klinik Kloster Blankenburg bei Bremen (Theunissen 1996a, 69ff). Letztere nimmt – als einzige Komplettauflösung einer Großeinrichtung in Deutschland – auch heute noch einen zentralen Bezugspunkt in der Diskussion ein.

### *2.1.2 Auflösung der Klinik Kloster Blankenburg I*

Die Klinik Kloster Blankenburg war eine Langzeitabteilung des Zentralkrankenhauses Bremen, in der sowohl Menschen mit psychischen Erkrankungen als auch Menschen mit geistiger Behinderung – oft in Kombination mit »Verhaltensauffälligkeiten« – untergebracht waren (Kruckenberg, Fabian et al. 1995, 179). Blankenburg diente dabei als Auffangbecken für all diejenigen, „die sich als »therapieresistent« oder »nicht tragbar« erwiesen hatten“ (Thielking 1991, 26). Im Zeitraum von 1983 bis 1988 wurde die Abteilung komplett aufgelöst und alle Menschen mit geistiger Behinderung in differenzierten Wohn- und Tagesstruktur-Angeboten untergebracht (Jantzen 2007, 151; Theunissen 2007c, 386). Als konkrete Zielsetzung der Auflösung formulieren Kruckenberg, Fabian et al. den „Aufbau bzw. [...] Ausbau differenzierter regionaler Versorgungsstrukturen“ (1995, 1). Ausgangspunkt der Veränderungen war die Einrichtung einer Enthospitalisierungsstation (Möller 1991, 39). Die Klinik wurde in vier Bereiche aufgeteilt, jeweils zwei bis drei Stationen wurden einem Träger zugeordnet, der auch nach der Auflösung die Versorgung leisten sollte (Gromann-Richter 1991a, 63). Die BewohnerInnen wurden dabei im Übergang von der alten in die neue Lebenssituation intensiv begleitet: Die MitarbeiterInnen der »neuen«

Wohngruppen nahmen bereits vor dem Umzug Kontakt auf, es wurden individuelle Hilfeplanungen für jede zukünftigen BewohnerIn erstellt (Gromann-Richter 1991a, 64; Kruckenberg, Fabian et al. 1995, 180) .

Was der Bericht der Psychiatrie-Enquête lediglich anreißen kann, entfaltet sich im Abschlussbericht des Forschungsprojekts von Kruckenberg, Fabian et. al (1995)[40]: Auf der Basis der „Zielorientierung, Hilfesysteme klientenzentriert – nicht institutionszentriert – zu organisieren" (a.a.O., 8) werden acht Leitlinien benannt, anhand derer die strukturellen Veränderungen in Blankenburg reformuliert werden (für die Aufzählung a.a.O., 13ff; 320ff):

1. Das *Behinderungsverständnis* sowie die daraus resultierende Grundhaltung sollen vom subjektiven Erleben der Betroffenen ausgehen, so dass ein ganzheitlicher Blick möglich wird. Daraus soll eine achtende und fördernde Grundhaltung bei MitarbeiterInnen folgen. Das erfordert eine kontinuierliche Reflexion der Grundbedürfnisse und Interessen der KlientInnen.
2. Die Erstellung *integrierter Förderungskonzepte*, die eine institutionsübergreifende Zusammenarbeit sowie aktive Einbeziehung des KlientInnen ermöglichen.
3. *Organisations- und Teamentwicklung*: Einzelne MitarbeiterInnen – oder Teams – soll ein möglichst großer Gestaltungsspielraum gegeben werden, ohne dass es zu Überforderungen kommt. Auf struktureller Ebene entspricht dies einer Verkleinerung und Dezentralisierung von Einrichtungen, der Absicherung von Entwicklungsplanung und Qualitätssicherung unter aktiver Mitarbeit aller Beteiligten.
4. Der *Auf- und Ausbau eines bedarfsgerechten Hilfesystems* betrifft den Abbau stationärer Überkapazitäten verbunden mit dem Ausbau eines ambulanten Netzes. Handlungsbedarf besteht dabei vor allem in der Versorgung „schwer verhaltensgestörter und mehrfach geistig behinderter Bürger" (a.a.O., 323).
5. *Regionale Kooperation und Koordination*: Die Einführung regionaler Versorgungsverträge hat dazu geführt, dass eine erneute Ausgrenzung von KlientInnen verhindert werden konnte[41]. Die Ausgestaltung wirklich integrierter und kooperativ erbrachter Unterstützung gestaltete sich jedoch schwierig.

---

[40] Es zeichnet die Arbeit von Kruckenberg, Fabian et al. jedoch aus, dass er sowohl strukturbezogene als auch inhaltliche Fragestellungen bearbeitet – also ein Zusammenspiel aus zwei Argumentationsfiguren bietet. Allerdings erfolgt der Bericht genau entlang dieser Unterscheidung in die Ebene der Versorgungsstruktur einerseits und die Ebene der KlientInnen andererseits (Kruckenberg, Fabian et al. 1995, 21ff). Der klientInnenbezogene Teil der Arbeiten wird im Rahmen der pädagogisch-inhaltlichen Argumentationsfigur diskutiert (vgl. S. 60ff).

[41] So sehr die regionale Versorgungsverpflichtung aufgrund dieser Wirkung zu begrüßen ist, wäre m. E. zu klären, in welchem Verhältnis diese zum Wunsch- und Wahlrecht der KlientInnen steht.

6. *Finanzierung*: Hilfen dürfen nicht mit materiellen Belastungen für KlientInnen verbunden sein. Die Reform in Bremen lässt zumindest Hinweise daraufhin zu, dass die Versorgung im Verbundsystem billiger ist als eine adäquate Versorgung in der Klinikstruktur.
7. *Politische Steuerung*: Enthospitalisierung soll auch ein kommunalpolitisches Thema werden, über das nicht unter »Ausschluss der Öffentlichkeit« entschieden wird.
8. *Außenkontrolle* ist notwendig, um die Orientierung der Arbeit an den Interessen der Betroffenen sicherzustellen, z. B. über Medien- und Kulturarbeit, Patientenbeauftragte, Nutzerarbeitskreise sowie die verstärkte Zusammenarbeit mit Betroffenen- und Angehörigenverbänden[42].

Dörner (1991, 195ff) betont, dass es der politische Wille, alle KlientInnen ohne Ausnahme in die Stadt zurückzuholen, die daraus folgende regionale Versorgungsverpflichtung der freien Träger und die Ausbildung differenzierter Wohnangebote waren, die zum Gelingen dieses Prozesses beigetragen haben. Zukünftiger Entwicklungsbedarf wird weniger bei den Menschen mit Behinderung und viel eher auf der Seite des Hilfesystems gesehen. Ähnlich ist auch die Einschätzung von Kruckenberg, Fabian et. al.:

> „Es gibt keinen ‚harten Kern' geistig behinderter oder chronisch psychisch kranker Menschen, die nicht aus dem Krankenhaus entlassen und in die Gemeinde eingegliedert werden können.
>
> Es gibt allerdings noch viele ‚harte Schalen' personeller und institutioneller Verkrustungen, deren Auflösung oder Veränderung schwieriger ist als die Eingliederung der Langzeitpatienten." (1995, 334).

### *2.1.3 Zusammenfassung*

Es lässt sich also eine erste Argumentationsfigur herausarbeiten, in der ein strukturbezogenes Denken dominiert. Die angestrebten Veränderungen zielen auf einen Umbau des Hilfesystems insgesamt – nicht nur auf bestehende Einrichtungen, sondern auf den Aufbau alternativer Versorgungsstrukturen und damit auch auf eine sozialpolitische Verankerung (Droste 2000, 128ff). Zum Teil werden diese Veränderungen explizit in den „Wandel vom traditionellen institutionsbezogenen zugunsten eines personenzentrierten Planungsdenkens" (Droste 2000, 130) bzw. in der Zielsetzung „Hilfesysteme klientenzentriert – nicht institutionzentriert – zu organisieren" (Kruckenberg, Fabian et al. 1995, 8) verortet.

Die konkreten Veränderungen bekommen vor diesem Hintergrund den Charakter von Mitteln zur Umsetzung einer personalen Orientierung mit dem Ziel, dass „sich die Angebote auf Bedarfslagen vor Ort, und nicht umgekehrt die Adressaten auf je vorhandene Angebote einzustellen haben und sich diesen unterordnen müssen" (Beck 2007a, 27). Es geht nicht darum, zu fragen, „ob der Betroffene besser zu Angebot A oder Angebot B passt" (Beck

[42] Diese eher strukturell-politischen Aspekte sind ausführlich in Kruckenberg (1999) dargelegt.

2004, 70), sondern darum, „wie der Bedarf am besten erfüllt wird – ob und wie eine Einrichtung dies tun kann, ob und welche Kooperationen oder Qualifikationen dafür nötig sind" (a.a.O.). Das verdeutlicht, dass De-Institutionalisierung mehr bedeutet als den Umzug in eine andere Wohnform oder auch die Auflösung eines Klinikbereichs. Sie müsste sich vielmehr als Umbau des kompletten Hilfesystems im Sinne einer personalen Orientierung niederschlagen.

Anzumerken ist zudem, dass sich bereits hier eine Eigentümlichkeit des Diskurses zeigt: Das von Dörner eingeforderte Beginnen von De-Institutionalisierungsprozessen mit den »Schwächsten«, »Schwierigsten«, »Therapieresistenten« (Dörner 1999, 318; Weber 2004, 223) durchzieht *alle* Argumentationsfiguren (wie eine Art Mantra). Ziel ist es, das Eintreten eines „Selektionseffekts" (Glasenapp 2010, 189) zu verhindern. Das ist insofern bemerkenswert, als genau dieser Selektionseffekt in der Praxis immer wieder beobachtet werden kann (Lindmeier & Lindmeier 2011, 145f)[43].

## 2.2 Inhaltlich-pädagogische Argumentationsfigur

Im weitaus größten Teil der Quellen wird jedoch nicht rein strukturbezogen argumentiert, sondern der Begriff De-Institutionalisierung auch inhaltlich gefüllt. Schlüsselbegriffe für diese Argumentationsfigur sind Integration, Normalisierung, Lebensqualität, Selbstbestimmung und Selbstverantwortung (Kruckenberg 1991, 209; Kruckenberg, Fabian et al. 1995, 6ff). Leitend ist dabei die Erkenntnis, dass formale Veränderungen alleine nicht ausreichend sind, Enthospitalisierung also immer mit Veränderungen in der Arbeitsweise einhergehen muss (Gromann-Richter 1991b, 148). Im folgenden werden die einzelnen Ansätze kurz vorgestellt und danach ihre Gemeinsamkeiten diskutiert.

### *2.2.1 Auflösung der Klinik Kloster Blankenburg II*

Im Zusammenhang mit der Schließung der Klinik Kloster Blankenburg sind auf der Ebene der inhaltlich-pädagogischen Argumentationsfigur der klientInnenbezogene Teil der Analyse von Kruckenberg, Fabian et. al (1995), vor allem aber der von Gromann-Richter herausgegebene Band „Was heißt hier Auflösung? Die Schließung der Klinik Blankenburg" (Gromann-Richter 1991c) zu nennen. Kruckenberg, Fabian et al. benennen die positiven Auswirkungen dieser Umstellung. Es gab

> „im Durchschnitt positive, in diesem Ausmaß nicht erwartete Entwicklungen in fast allen untersuchten Bereichen [...]. Der Fortschritt an Selbständigkeit der Gestaltungsmöglichkeiten des eigenen Lebens ist ohne Zweifel mit einem Gewinn an Lebensqualität verbunden" (Kruckenberg, Fabian et al. 1995, 313)[44].

[43] In der Praxis hat z. B. das »Ambulantisierungsprogramm« in Hamburg mit dieser Problematik zu kämpfen (Arbeitsgemeinschaft der freien Wohlfahrtsverbände (AGfW), Bundesverband privater Anbieter sozialer Dienste e.V. (bpa) et al. 2005, 8; Hamburger LAG für behinderte Menschen 2008, 4f).

[44] Die Untersuchungen zu Blankenburg haben jedoch nicht den Charakter einer Begleituntersuchung,

Obwohl sich – in der Arbeit mit stark »verhaltensauffälligen« und aggressiven KlientInnen – immer noch Schwierigkeiten zeigen (a.a.O., 181), gehen die Forscher davon aus,

> „daß jeder Patient über kurz oder lang aus dem Krankenhaus in ein ambulant-komplemtäres Hilfesystem entlassen werden kann, wenn dieses personenzentriert organisiert und materiell und personell angemessen ausgestattet ist" (a.a.O., 334).

Zusätzlich zu der Arbeit von Kruckenberg, Fabian et al. versammelt der von Gromann-Richter herausgegebene Sammelband (1991c) verschiedene eher praxisnahe Berichte, die sich zu großen Teilen – aber nicht ausschließlich – auf die Veränderungen des pädagogischen Handelns sowie die im Prozess entstandenen Konflikte beziehen.

Der Aufsatz „*Was hat sich an unserer Arbeitsweise verändert?*" (Gromann-Richter 1991b) fokussiert auf die Veränderungen des pädagogischen Handelns. Leitend ist dabei die Erkenntnis, dass räumliche Veränderungen alleine nicht ausreichend sind, es braucht vielmehr auch Veränderungen in der Arbeitsweise. Diese beziehen sich auf (für die Aufzählung: a.a.O., 148ff)

1. das *Menschenbild* im Sinne einer grundsätzlichen Anerkennung der Person und Würde sowie um eine individualisierte Unterstützung. Die alltägliche Lebensführung soll – sowohl für MitarbeiterInnen als auch für KlientInnen – beeinflussbar sein.
2. *Normalisierung als veränderte Arbeitshaltung*, vor allem als „Methode zur Veränderung von Mitarbeiterverhalten" (a.a.O., 150). Förderung soll sich auf die Interessen der KlientInnen beziehen, »Verhaltensauffälligkeiten« werden als Wechselwirkung mit der Umwelt interpretiert.
3. *Organisationsstrukturen* müssen sowohl verlässlich als auch flexibel und ohne zentrale Versorgungsstruktur aufgebaut sein. Es braucht Verständigungsprozesse über Entscheidungskompetenzen, Zugang zu Ressourcen usw..
4. *Unterstützung für Mitarbeiter* soll geleistet werden, um Überlastung zu vermeiden. Die geschieht über das Sichern des Betreuungsschlüssels; die deutliche Formulierung von Erwartungen; Zugang zu Ressourcen für Einzelteams; Arbeitszeitregelungen; Aus- und Fortbildung; ein positives Klima, das Sicherheit im Ansprechen von Konflikten ermöglicht sowie regelmäßige und verbindliche Informationen.

In Bezug auf die Debatte um De-Institutionalisierung ist der Beitrag von Gromann-Richter auf der praktisch-methodischen Ebene anzusiedeln, da er vor allem Konkretisierungen hinsichtlich des pädagogischen Handelns benennt. Diesem methodischen Ansatz stehen die Arbeiten von Halfmeyer und Möller gegenüber, die die Veränderungen des Handelns und

---

sondern waren als Nachuntersuchung angelegt. Es lassen sich aus ihnen also streng genommen keine Aussagen über Veränderungen ableiten, sondern lediglich über den Zustand nach der Auflösung der Klinik (Kruckenberg 1999, 133).

aus der Perspektive der betroffenen MitarbeiterInnen sowie grundlegende Konflikte im Prozess thematisieren (Halfmeyer 1991; Möller 1991). Möller berichtet von den Erfahrungen der Enthospitalisierungsstation, auf der eine neue Arbeitsweise eingeführt wurde mit dem Ziel, den KlientInnen einen Zugang zu sich selbst, ihren Ängsten und Wünschen zu ermöglichen (Möller 1991, 45f). Entscheidend war dabei, die KlientInnen in die Prozesse einzubeziehen: „Die Patienten sollten von den letztendlich sie betreffenden Überlegungen und Planungen, aber auch Befürchtungen, Aggressionen und Phantasien der Mitarbeiter nicht ausgeschlossen bleiben" (Möller 1991, 42). So gelang es,

> „überaus ängstliche, unselbständige, willensschwache und bevormundete Menschen als Persönlichkeiten angesprochen und soweit ermutigt zu haben, daß sie heute durchaus selbstbewußt und oftmals geradezu emanzipiert ihr Leben [...] in die Hand nehmen" (a.a.O., 50).

In diesem Beitrag deutet sich jedoch an, dass es im Prozess „heftige Grundsatzstreitigkeiten um die Arbeit, aber vor allem um die Motive und Ziele der Mitarbeiter der »Enthospitalisierungsstation« gegeben hat" (a.a.O., 39) und sich insbesondere die »alten« MitarbeiterInnen durch die Umsetzung des Auflösungsbeschlusses in ihrer Arbeit vernichtend kritisiert fühlten (a.a.O., 41). Wie Halfmeyer verdeutlicht, entstand bei den »alten« MitarbeiterInnen das Gefühl, dass

> „ihnen zu Beginn der Diskussion von ihnen fremden Leuten, die zudem noch besser ausgebildet waren, fertige Konzepte vorgesetzt wurden" (Halfmeyer 1991, 33).

Dies führte zu Gruppenbildung und verhärteten Fronten zwischen »alten« und »neuen« MitarbeiterInnen (a.a.O., 29), in denen sich die alten MitarbeiterInnen

> „alleingelassen [fühlten] in der Entwicklung einer neuen Sichtweise, die es ihnen erlaubt hätte, auch die eigene Position kritisch und mit konstruktiven Änderungsideen zu betrachten" (a.a.O., 35, Bearbeitung DF).

Halfmeyer kommt zu dem Schluss, dass der Schnittpunkt zweier Epochen in der Behindertenhilfe auch das Selbstbewusstsein der MitarbeiterInnen zerschnitten hat (a.a.O., 35). Der Konflikt nahm derartig scharfe Ausmaße an, dass die »alten« MitarbeiterInnen versuchten, „die Patienten zum Bleiben zu bewegen" (a.a.O., 31) oder Zweifel bei Angehörigen zu bestärken. Die Folgen einer solchen Einflussnahme verdeutlicht wiederum Möller:

> „Für den größten Teil der Patienten bedeutete dies, daß sie es sich gar nicht erlauben konnte, auch nur den Wunsch zu entwickeln, das System verlassen zu wollen, ohne Schuldgefühle und Angst zu verspüren" (Möller 1991, 41).

Hier zeigt sich, dass der Konflikt zwischen den Gruppen z. T. massiv negative Auswirkungen auf die Lebensrealität der KlientInnen hatte. Deutlich wird also a) wie wichtig Veränderungen des pädagogischen Handelns sind und b) dass diese sich nicht »von selbst«

einstellen. De-Institutionalisierungsprojekte bedeuten immer auch Kritik an der vorherigen Arbeitsweise, daher ist es eine zentrale Aufgabe, MitarbeiterInnen auf der Weg der »Entwicklung einer neuen Sichtweise« zu begleiten. Andernfalls drohen entweder Konflikte zwischen verschiedenen Gruppen oder im schlimmsten Fall eine komplette Blockade des Prozesses – i. d. R. ausgetragen auf dem Rücken der KlientInnen.

### *2.2.2 Enthospitalisierung und Empowerment*

Der Enthospitalisierungs-Ansatz von Theunissen lässt sich nicht an einem konkreten Projekt festmachen. In einem Zeitraum von mehr als 20 Jahren hat er sich immer wieder mit dem Thema befasst und Übersichtsartikel, programmatische Schriften und empirische Analysen verfasst (u. a. Theunissen 1982; 1996a, 1998, 2007a, 2007b, 2007c)[45].

Hoffmann – und in der Folge auch Theunissen – differenzieren formale und inhaltliche Enthospitalisierung: Formale Enthospitalisierung steht für strukturelle Veränderungen, inhaltliche Enthospitalisierung bezieht sich hingegen auf die Ebene des konkreten Handelns (Hoffmann 1999, 21; vgl. auch Tabelle 3)[46].

| Formale Enthospitalisierung | Inhaltliche Enthospitalisierung |
|---|---|
| räumliche + funktionale Integration | soziale Integration |
| Dezentralisierung | normaler Lebensrhythmus |
| Regionalisierung | angemessene Beziehungen zwischen Geschlechtern, Partnerschaft |
| häusliches Wohnen in der Gemeinde | Assistenz |
| partnerschaftlich-demokratische Strukturen | Mit- und Selbstbestimmung |
| | Emanzipation und Autonomie |
| | Respektierung der Person, Aktivitätsmöglichkeiten außerhalb des Wohnbereichs, Angebote zur Krisenbewältigung |
| | Gesundheitsförderung |

*Tabelle 3: Formale und inhaltliche Enthospitalisierung (Hoffmann 1999, 21, eigene Bearbeitung)*

[45] In diesem Zusammenhang sollen auch die Arbeiten von Hoffmann diskutiert werden, die in Zusammenarbeit mit Theunissen entstanden oder unter seiner Herausgeberschaft veröffentlicht wurden (Hoffmann 1998, 1999; Theunissen & Hoffmann 1998).

[46] Drostes Unterscheidung zwischen strukturell-organisatorischen und fachlich konzeptionellen Aspekten der Enthospitalisierung (2000, 128ff) folgt der gleichen Logik. Allerdings koppelt Droste insbesondere die strukturellen Veränderungen an den „Wandel vom traditionellen institutionsbezogenen zugunsten eines personenzentrierten Planungsdenkens“ (a.a.O., 130).

Diese Differenzierung ermöglicht es, Enthospitalisierungsprozesse sowohl auf der formalen als auch auf der inhaltlichen Ebene einzuschätzen – und evtl. zu unterschiedlichen Bewertungen zu kommen[47]. Das öffnet den Blick für die Erkenntnis, dass

> „nicht die Größe der Einrichtungen [ausschlaggebend ist], sondern der persönliche Lebensraum mit seinen Implikationen für die Selbstverwirklichung der Bewohner [...].
> Das bedeutet, dass eine gemeindenahe häusliche Wohnung [...] keine Garantie für eine gelungene Enthospitalisierung bietet, wenn nicht gleichzeitig inhaltliche Enthospitalisierungsprozesse statthaben" (a.a.O., 22, Bearbeitung DF).

Kernpunkt des Verständnisses ist dabei der Gedanke des »Empowerments«, dass „Betroffene als ›Experten in eigener Sache‹ ihre Angelegenheiten selbst(bestimmt) in die Hand nehmen" (Theunissen 1998, 62) und an den sie betreffenden Entscheidungen mitwirken:

> „Entscheidend ist, daß nicht mehr ausschließlich für die Person gedacht, geplant und gehandelt wird, sondern daß von ihr aus und mit ihr zusammen ein zukunftsorientierter Lebensplan [...] erstellt wird" (a.a.O., 84).

Konkretisierungen dieser Konzeption erfolgen dabei hauptsächlich bezogen auf die Situation in den neuen Bundesländern (Hoffmann 1998; Theunissen 1992; Theunissen & Hoffmann 1998). Diese stellte sich Anfang der 90er Jahre als „katastrophal" (Theunissen 1992, 680) dar. Als alternative Struktur einer wohnortnahen Versorgung von Menschen mit geistiger Behinderung werden Verbundsysteme angeregt. Da die (Wieder-)Eingliederung von Menschen mit geistiger Behinderung jedoch ein längerer Prozess ist, sollen auch interne Anstaltsreformen angestrebt werden (a.a.O., 686). Die Differenzierung formaler und inhaltlicher Aspekte zieht also zwei Folgen nach sich:

1. Neben dem Auszug aus/der Auflösung von Anstalten tritt als zweite Strategie die innere Reform.
2. Formale und inhaltliche Aspekte lassen sich tendenziell unabhängig voneinander betrachten, so dass es zu sehr unterschiedlichen Einschätzungen kommen kann.

### *2.2.3 Weitere Ansätze*

Neben den Arbeiten zur Blankenburg-Schließung sowie der Konzeption von Theunissen lassen sich weitere Quellen benennen, die im Kern der gleichen Argumentationsfigur folgen und hier zumindest in Kürze vorgestellt werden sollen. Es sind die Arbeiten von

- Gaedt (z. B. 1987, 1995), denen eine Sonderposition im Diskurs zukommt;
- Dalferth, die im Zusammenhang mit den Veränderungen der »Dr. Loew´schen Einrichtungen« entstanden sind (Dalferth 1998, 2000);

[47] Obwohl Hoffmann an dieser Stelle eine „Dialektik von Form und Inhalt" (Hoffmann 1999, 22) einführt, wird diese eher konstatiert als ausformuliert: Es wird darauf verwiesen, *dass* ein Zusammenhang existiert, *wie* dieser konkret aussieht, bleibt ungeklärt.

- Doste zu den „fachlich-konzeptionellen Aspekte der Enthospitalisierung" (2000, 132ff);
- Glasenapp, sofern es den praxisbezogenen Teil seiner Arbeit betrifft (2010, 193ff) sowie
- Grebe & Lindmeier (Grebe & Lindmeier 2010, 21ff).

In Gaedts Konzept der »Orte zum Leben« zur Vermeidung der Entstehung von Schwerbehindertenzentren (z. B. 1987, 1995) ist die Strategie innerer Reformen am deutlichsten ausgeprägt. Vor dem Hintergrund einer (Kosten-)Politik, in der v. a. die »leichter behinderten Menschen« von den Veränderungen profitieren sowie einer sehr pessimistischen Einschätzung bezüglich der Möglichkeiten zur Integration von Menschen mit Behinderung setzt er auf die Reform von Großeinrichtungen zu »Orten zum Leben« (Gaedt 1995, 65ff). Gaedts Kritik an einer segregierenden Praxis innerhalb der De-Institutionalisierung ist dabei nicht unberechtigt, seine Schlussfolgerung, den Auszug in die Gemeinde komplett abzulehnen, ist im Hinblick auf die damit verbundenen Lebenschancen jedoch problematisch. Stattdessen müsste es – mit Dörner gesprochen – darum gehen, „mit den schwierigsten und abgelehntesten Bürgern einer Region zu beginnen und gerade hier am meisten zu investieren" (Dörner 1999, 318).

Die Arbeiten von Dalferth befassen sich mit eben diesem Thema: dem Auszug einer Gruppe von Menschen mit sog. schwerer geistiger Behinderung sowie »Verhaltensauffälligkeiten«, (auto-)aggressivem Verhalten und »Doppeldiagnosen« aus einem Heim (Dalferth 1998, 242) – also dem Personenkreis, der oft *nicht* Teil von Enthospitalisierungsbestrebungen ist. Neben einigen formalen Aspekten benennt er als relevante Faktoren (Dalferth 2000, 93ff):

1. die Orientierung am Normalisierungsprinzip in Verbindung mit dem »Therapeutischen Milieu«: Die Betreuung richtet sich an den individuellen Bedürfnissen der KlientInnen aus, was Auswirkungen auf Ausstattung, Räumlichkeiten, Einrichtungsgegenstände, Tagesstruktur und Betreuungsaktivitäten hat. Ziel ist es, das für die jeweiligen KlientInnen erforderliche Maß an Schutz und Sicherheit, Kommunikations-, Rückzugs- und Betätigungsmöglichkeiten bereitzustellen, anstatt ihnen „die Pseudonormalität einer Durchschnittswohnung zuzumuten" (Dalferth 1998, 248).
2. das Verständnis von »Verhaltensauffälligkeiten«. Diese lassen sich

   > „nicht einfach als persönliche Charakteristika [...] begreifen, sondern sie repräsentieren sowohl Erfahrungen des individuellen Umgangs mit Angst und Aggression wie des institutionellen Umgangs mit Verhaltensweisen, die als verbliebene Kommunikationsäußerungen häufig nicht erkannt werden" (Dalferth 1998, 243).

   Die Akzeptanz der KlientInnen darf dabei nicht von ihrem Verhalten abhängig gemacht werden, auf restriktive Maßnahmen muss verzichtet werden. Stattdessen gilt es, alternative Verhaltensweisen zu entwickeln (Dalferth 2000, 93ff).

3. die Unterstützung der MitarbeiterInnen im Prozess der Enthospitalisierung – insbesondere die Absicherung der Arbeitsplätze (Dalferth 1998, 244, 2000, 94). Es zeigte sich, dass „die Bemühungen um die Mitarbeiter im Zentrum stehen müssen, um dauerhaft mehr Lebensqualität für die Bewohner absichern zu können“ (Dalferth 2000, 203). Dies beinhaltet die Zusammenarbeit mit Fachdiensten, ein effektives Krisenmanagement sowie Angebote zur Reflexion der eigenen Tätigkeit (Dalferth 1998, 246, 2000, 97, 201).

Der Artikel von Grebe & Lindmeier „Verbesserung der Lebensqualität durch Leben in der Gemeinde?“ (2010) bezieht sich in seiner Einschätzung eines Enthospitalisierungsprozesses in Rheinland-Pfalz auf das Konzept der Lebensqualität. Die Benennung der relevanten Dimensionen Interaktionen im Wohnbereich; materielle Struktur; soziale Netze; allgemeines Leben; Akzeptanz in der Bevölkerung sowie Arbeitszufriedenheit (a.a.O., 21ff) weisen dabei im Kern auf eine inhaltlich-pädagogische Argumentationsfigur hin. Außergewöhnlich ist die Betonung von Umfeldfaktoren, die sich in den Dimensionen »Teilnahme am gesellschaftlichen Leben« und »Akzeptanz in der Bevölkerung« niederschlägt. Die Bezugnahme auf das Konzept der Lebensqualität bietet hier also die Möglichkeit einer Perspektiv-Erweiterung.

Die Arbeit von Glasenapp zum »De-Institutionalisieren« nimmt einen Sonderstatus ein: Auf theoretischer Ebene folgt der Autor eher einer reflexiven Argumentationsfigur – zumindest referiert er die Erkenntnisse ihrer Vertreter (2010, 143ff) –, die konkrete Projektbeschreibung (formale Veränderungen durch Aus-/Umzug, Ausbau von Mitbestimmung, neues Rollenverständnis der MitarbeiterInnen) weist jedoch auf eine inhaltlich-pädagogische Argumentationsfigur hin (a.a.O., 196ff).

### *2.2.4 Gemeinsame Linien der inhaltlich-pädagogischen Argumentationsfigur*

Trotz unterschiedlicher Schwerpunktsetzungen lassen sich alle diese Ansätze unter einer *inhaltlich-pädagogischen Argumentationsfigur* zusammenfassen, da sie sich aus einer Kombination ähnlicher Grundprinzipien zusammensetzen. Diese Grundprinzipien sind:

1. *Rekurs auf formale Bedingungen*: Trotz der Dominanz inhaltlicher Aspekte bleiben strukturelle Bedingungen weiter im Blick, z. B. in der Differenzierung von inhaltlicher und formaler Enthospitalisierung. Formale Enthospitalisierung kann dabei als Element der strukturbezogenen Argumentationsfigur gekennzeichnet werden, inhaltliche Enthospitalisierung zielt stärker auf die Ebene des pädagogischen Handelns. Damit geht auch die Ausdifferenzierung der Strategien einher: Neben den Auszug aus/der Auflösung von Anstalten tritt als zweite Strategie die innere Reform.

2. *Individualisierung der Unterstützung & Ausrichtung an Bedarfen*: Auf der Basis der Anerkennung der Person und Würde des Einzelnen erfolgt die Individualisierung der Unterstützung – z. B. auf der Basis des Normalisierungsprinzips (Dalferth 2000, 99f; Gromann-Richter 1991b, 148). Werkzeuge zur Umsetzung dieser Ausrichtung sind personenbezogene Planungsinstrumente (Jahns 1991), verstanden v. a. als Instrument zur Planung des pädagogischen Handelns im Rahmen *eines bestimmten Hilfesettings* und weniger als Instrument zur Gestaltung von Hilfearrangements insgesamt.
3. *»Verhaltensauffälligkeiten« als sinnvolle Äußerungen*: In engem Zusammenhang mit der Ausrichtung der Unterstützung an individuellen Bedarfen steht die Prämisse, »Verhaltensauffälligkeiten« als Wechselwirkungen mit der Umwelt und somit als sinnvolles Verhalten, bzw. als »Institutionsartefakte« zu interpretieren (Dalferth 1998, 243ff, 2000, 199; Gromann-Richter 1991b, 150ff; Theunissen 1998, 75). Um diese Erfahrungen in der Lebensgeschichte freizulegen, braucht es Verfahren der verstehenden oder rehistorisierenden Diagnostik (Theunissen 1998, 78).
4. *Selbst- und Mitbestimmung*: Zur inhaltlichen Neu-Ausrichtung zählen auch der Ausbau von Selbst- und Mitbestimmungsmöglichkeiten und der Einflussnahme auf die alltägliche Lebensführung (Gromann-Richter 1991b, 149). Betroffene werden als »Experten in eigener Sache« angesehen (Theunissen 1998, 62). Statt einer Planung über bzw. für die Person, soll „von ihr aus und mit ihr zusammen" gearbeitet werden (a.a.O., 84).
5. *Beziehungsgestaltung – Thematisierung von Macht & Abhängigkeit*: Es ist klar ersichtlich, dass Veränderungen dieser Art Auswirkungen auf die Beziehungen zwischen MitarbeiterInnen und KlientInnen haben. Waren diese vor den Veränderungen nach einem fürsorglich-behütenden Modell gestaltet, treten nun Begleitung und Teilhabe in den Vordergrund – auf der „Basis einer partnerschaftlichen Beziehung" (Jahns 1991, 167). Dennoch bleibt deutlich, dass eine Abhängigkeit vorliegt, die auch nicht verdrängt werden darf, denn die

   > „Verleugnung von Abhängigkeit und vor allem jede Ausnutzung dieser Situation durch nicht behinderte Menschen, insbesondere professionelle Helfer, verhindert Entwicklung von Selbstvertrauen und Selbständigkeit" (Gromann-Richter 1991b, 150).

6. *Fokussierung auf MitarbeiterInnen*: Die Betonung der Veränderungen des pädagogischen Handelns rückt die MitarbeiterInnen und deren „entscheidende Rolle [...] für die Lebensqualität der Bewohner" (Kruckenberg, Fabian et al. 1995, 182, Bearbeitung DF) in den Fokus. Einerseits werden dabei neue Anforderungen an sie gestellt, andererseits zeigt sich, dass auch sie in den Veränderungsprozessen unterstützt und begleitet werden müssen.

- Veränderte Anforderungen beziehen sich auf eine veränderte Arbeitshaltung, die sich aus fachlichen Prinzipien speist (z. B. dem Normalisierungsprinzip) und den Ansprüchen an Individualisierung, an verstehende Zugänge sowie an Selbst- und Mitbestimmung gerecht wird.
- Die Quellen zur Schließung der Klinik Kloster Blankenburg verdeutlichen die Herausforderungen in diesem Prozess: Ängste, das »Entwicklung einer neuen Sichtweise«, Konflikte im Team usw.

Deutlich wird also einerseits der Stellenwert, der dem Handeln der MitarbeiterInnen beigemessen wird: „Eine Reform kann nicht besser sein als die Reformer selbst" (Theunissen 1998, 86f). Andererseits zeigt sich die grundlegende Problematik, dass De-Institutionalisierung immer eine Kritik an der Arbeitsweise bedeutet und es daher eine zentrale methodische Aufgabe ist, MitarbeiterInnen auf diesem Weg zu begleiten.

Diese Ergänzung um inhaltlich-pädagogische Aspekte lässt sich als *Verschiebung* in der Diskussion kennzeichnen. Die Aufmerksamkeit verschiebt sich weg von den strukturellen Bedingungen hin zu inhaltlichen Fragestellungen. Die Betonung pädagogisch-inhaltlicher Komponenten kann als zweite Argumentationsfigur gekennzeichnet werden. Auffällig ist, dass mit dieser Verschiebung der Bezug zur personalen Orientierung weitgehend verloren geht. Die Orientierung an den Bedarfen wird i. d. R. lediglich auf der Ebene des pädagogischen Handelns diskutiert und nicht mehr im Bezug auf das Hilfesystem insgesamt. Die meisten Arbeiten bewegen sich dementsprechend auf der Handlungsebene im Rahmen der gegebenen Settings.

### 2.3 Begriffliche Ausdifferenzierung: Enthospitalisierung, Umhospitalisierung und De-Institutionalisierung

Im deutschsprachigen Raum dominiert bis in die 90er Jahre der Enthospitalisierungsbegriff, danach kommt es zunehmend zu begrifflichen Differenzierungen. Hoffmann (1999, 19) und Theunissen (2007c, 383f) definieren Enthospitalisierung v. a. im Zusammenhang mit Fehlplatzierung und Hospitalisierungsgefahr. Beides wird in Verbindung gebracht mit den

> „mit einer psychiatrischen Unterbringung verbundenen isolierenden und depersonalisierenden, menschenunwürdigen Lebensbedingungen, in denen die Bedürfnisse betroffener Menschen keine ausreichende Berücksichtigung finden" (Hoffmann 1999, 17).

Enthospitalisierung steht dementsprechend für die „Ausgliederung nicht stationär behandlungsbedürftiger Menschen mit Behinderungen oder chronisch psychisch Kranken aus hospitalisierenden Einrichtungen" (Theunissen 2007c, 384) und umfasst neben strukturellen Veränderungen auch soziale, pädagogische und therapeutische Maßnahmen (a.a.O.). In ähnlicher Form findet sich diese Definition auch bei Droste (2000, 126).

Während Enthospitalisierung also die *Folgen* einschränkender Lebensbedingungen beleuchtet, zielt De-Institutionalisierung auf deren *Ursachen* (Glasenapp 2010, 148). De-Institutionalisierung bezieht sich auf »Institutionalisierung« als zentrales Problem[48], bei Hoffmann (einseitig) verstanden als nicht vorhandene Trennung von Lebensbereichen unter autoritären Bedingungen in Verbindung mit ungleicher Machtverteilung (1999, 18f)[49]. Das Ziel liegt in der Überwindung institutioneller Strukturen und Systeme, der Entwicklung von Versorgungsalternativen, der Veränderung von Macht- und Gewaltstrukturen sowie der Aufhebung von Verobjektivierung (Hoffmann 1999, 17ff; Theunissen 2007c, 384). Hoffmann siedelt die Begriffe nah beieinander an, sie können als „zwei Seiten desselben Prozesses verstanden werden“ (Hoffmann 1999, 25): Es geht in beiden Fällen um die größtmögliche Realisierung von Normalisierung und Integration[50].

Aus diesen unterschiedlichen Problemwahrnehmungen ergeben sich dementsprechend auch leicht unterschiedliche Aufgaben: Enthospitalisierung steht primär für den Auszug von Menschen aus hospitalisierenden Einrichtungen, De-Institutionalisierung hingegen bezieht sich auf die Entwicklung von Versorgungsalternativen, die Veränderung von Macht- und Gewaltstrukturen sowie strukturelle Veränderungen der Institutionen[51]. Um zu verdeutlichen, dass nicht die Größe einer Einrichtung alleine entscheidend ist, wird als dritter Begriff *Umhospitalisierung* eingeführt. Umhospitalisierung liegt vor, wenn zwar ein Auszug aus Krankenhäusern erfolgt, aber erneut eine Unterbringung in Einrichtungen mit hospitalisierendem Charakter erfolgt und die Verbesserung der Lebensqualität ausbleibt (a.a.O., 21f).

Andere Autoren grenzen die Begriffe stärker voneinander ab: Dörner kennzeichnet den Begriff Enthospitalisierung als „Etikettenschwindel zwecks egoistischem Machterhalt der Mächtigen zu Lasten der Ohnmächtigen“ (1999, 311), der fast unweigerlich zu Umhospitalisierung führt. Aus diesen Gründen spricht er vom „Ende der Enthospitalisierung“ (a.a.O.) und zieht den Begriff der De-Institutionalisierung vor, den er im politischen Prozess der Nutzung bürgerlicher Freiheitsrechte verortet (a.a.O., 311ff). Auch Lachwitz bezieht sich in einer Auseinandersetzung mit der Situation der »neuen« Bundesländer auf Grund- und

---

48 Zum Institutionenbegriff vgl. auch S. 91ff.

49 Hoffmann entfaltet die Begriffe unterschiedlich stark: Enthospitalisierung wird eingeführt, inhaltlich differenziert sowie von Umhospitalisierung abgegrenzt. Erst danach wird De-Institutionalisierung eingeführt, ohne weiter differenziert zu werden. Das kann als Hinweis gelesen werden, dass bei ihr Enthospitalisierung der zentrale Begriff ist (Hoffmann 1999, 17ff).

50 Theunissens Position bezüglich des De-Institutionalisierungsbegriffs verändert sich: In seinem Beitrag zu »Hospitalisierung/Enthospitalisierung« (Theunissen 2007c) fasst er Institutionalisierung als negative Kategorie und Enthospitalisierung und Deinstitutionalisierung als „zwei Seiten einer Medaille“ (a.a.O., 384). In den im gleichen Jahr erschienen Beiträgen zu »Deinstitutionalisierung« und »Enthospitalisierung« kritisiert er eine grundsätzliche Ablehnung des Institutionsbegriffs (Theunissen 2007a, 67) und plädiert für eine stärkere Differenzierung (Theunissen 2007b, 95).

51 Hoffmann weist hier jedoch auf Unterschiede im Sprachgebrauch hin: in Amerika steht »deinstitutionalization« für die Auflösung von Anstalten (Hoffmann 1999, 24).

Menschenrechte (Lachwitz 1994, 206ff)[52]. Ähnlich argumentiert auch Jantzen, der verdeutlicht, dass sich die Strukturen »totaler Institutionen« nicht mit dem Auflösen/Verlassen einer Anstalt überwinden lassen und „mit Übergang in eine gemeindenahe Versorgungskette Deinstitutionalisierung und Enthospitalisierung keineswegs automatisch stattfinden" (Jantzen 2003, 287). Da mit dem Begriff Enthospitalisierung zudem Assoziationen zu Hospitälern und Großeinrichtungen verbunden sind und der Eindruck vermittelt wird, das Verlassen von Großeinrichtungen führe zwangsläufig zu Enthospitalisierung, bevorzugt er den Begriff der De-Institutionalisierung (a.a.O. 155f).

Jantzen fasst Institutionen als das Ergebnis von Machtübertragung, bei fehlender sozialer Kontrolle können sie sich zu »totalen Institutionen« entwickeln. De-Institutionalisierung zielt dementsprechend auf den Abbau des totalen Charakters und die Wiederherstellung von Menschen- und Bürgerrechten (Jantzen 2007, 149f). Um der Prozesshaftigkeit des Geschehens besser gerecht zu werden, verwendet Weber den Begriff des „De-Institutionalisierens" (Weber 2004, 15). Dieser Prozess muss

> „eingebettet sein […] in eine Reflektion über den Gegenstand, d. h. eine Auseinandersetzung mit den (sozialen) Wirkweisen, die (geistige) Behinderung konstruieren" (a.a.O., 19f, Bearbeitung DF).

Die begriffliche Ausdifferenzierung verdeutlicht, dass ein unterschiedliches Verständnis des Problems unterschiedliche Strategien und Veränderungsimpulse nach sich zieht. Der Begriffswechsel von Enthospitalisierung zu De-Institutionalisierung kann als *zweite Verschiebung* gefasst werden. Dabei treten wiederum andere Aspekte in den Vordergrund: Fragen von Macht und Abhängigkeit wurden bereits im Zusammenhang mit Enthospitalisierung diskutiert, auch die Auseinandersetzung mit gewaltsamen Strukturen erfolgte bereits (z. B. Theunissen 1996b). Die Kopplung an den Institutionenbegriff sowie an Bürger- und Menschenrechte rückt diese Fragen jedoch ins Zentrum. Zudem dominierte bis zu diesem Zeitpunkt ein lineares Verständnis von De-Institutionalisierung. Die Veränderungen führen – wenn es nicht zu Umhospitalisierung kommt – linear zu einer Verbesserung der Lebenssituation und -qualität. Schwierigkeiten werden zu großen Teilen der Vergangenheit zugeordnet (Franz 2004, 89f). Diese lineare Struktur wird mit der Betonung der Problematik von Macht und Abhängigkeit ebenfalls in Frage gestellt.

---

[52] Lachwitz nutzt an dieser Stelle den Begriff Enthospitalisierung, aber er verändert, bzw. *verschiebt* die Argumentation, indem er die Verstöße gegen Grund- und Menschenrechte thematisiert.

## 2.4 Reflexive Argumentationsfigur

Was an dieser Stelle als »reflexive« Argumentationsfigur gefasst wird, umfasst verschiedene Ansätze, die sich im Sinne der zweiten Verschiebung primär mit Fragen von Macht und Gewalt befassen und diese reflexiv zu bearbeiten versuchen. Dazu zählen

- an prominenter Stelle Arbeiten von Jantzen zur De-Institutionalisierung (Jantzen 1996, 1998, 1999, 2002, 2003, 2007),
- Webers Arbeiten zum »De-Institutionalisieren« (2004, 2005)
- sowie der theoretischen Teil der Arbeit von Glasenapp (2010, 143ff)[53].

### *2.4.1 De-Institutionalisierung in der evangelischen Stiftung Lilienthal*

In den 90er Jahren des 20. Jahrhunderts hat Wolfgang Jantzen die Veränderungen in der evangelischen Stiftung Lilienthal begleitet. Die – auch von innen formulierte – Kritik an der Einrichtung bezog sich auf drei Punkte:

> „(1) Eine Kritik totaler Institutionen verbunden mit der Forderung nach Deinstitutionalisierung, (2) die Forderung nach demokratischer Erneuerung der Einrichtung und (3) die Forderung, von einer lebensgeschichtlichen Orientierung an Bedürfnissen und Möglichkeiten der Bewohner auszugehen" (Jantzen 2003, 77).

Es kam jedoch weder zur Auflösung der Einrichtung noch zum Um- oder Auszug in gemeindeintegrierte Wohnformen, vielmehr stand die Situation in den Wohngruppen der Großeinrichtung im Mittelpunkt. Im Sinne einer inneren Reform sollte die Einrichtung „Ausgangspunkt einer radikalen Umkehr und der Wiedergewinnung der Lebensperspektive der Betroffenen sein" (a.a.O., 11). Besonderes Augenmerk sollte dabei auf die Menschen mit »schwerer Behinderung« – die als schwer hospitalisierte Menschen gefasst werden – gelegt werden (a.a.O., 38). Methodisch stand das Handeln der MitarbeiterInnen sowie deren Situation und Funktion in Veränderungsprozessen im Mittelpunkt.

Um die Veränderungen in Lilienthal und die eingesetzten Interventionsformen zu verstehen, ist es in einem ersten Schritt notwendig, sich mit dem theoretischen Grundlagen von Jantzens Analyse vertraut zu machen. Aus diesen leiten sich dann das Verständnis von De-Institutionalisierung und die zum Einsatz gebrachten Methoden und Interventionskonzepte ab.

[53] Glasenapp folgt jedoch nur auf theoretischer Ebene einer reflexiven Argumentationsfigur (2010, 143ff), die konkrete Projektbeschreibung (formale Veränderungen durch Aus-/Umzug, Ausbau von Mitbestimmung, neues Rollenverständnis der MitarbeiterInnen) weist hingegen auf eine inhaltlich-pädagogische Argumentationsfigur hin (a.a.O., 196ff).

#### 2.4.1.1 *Theoretische Grundlagen*

Jantzen (1998, 109ff; auch: Jantzen 2003; Jantzen, Lanwer-Koppelin et al. 1999) kritisiert die vorherige Praxis der De-Institutionalisierung, die aus seiner Perspektive in verschiedene Sackgassen führt: Einerseits führt die rein emotional-humanitäre Fassung der Aufgabe dazu, der Subjektlogik der Betroffenen nur dann zu folgen, wenn diese nicht erneut mit abweichendem Verhalten reagieren. Andererseits erfolgt eine positivistische Objektivierung, in der das Individuum aus dem Blick gerät[54]. Beide Sackgassen erklären sich aus der Nichtbearbeitung des Problems von (struktureller) Gewalt. Die Argumentation entfaltet sich in vier Schritten:

1. *Totale Institutionen*: Strukturen »totaler Institutionen« (Goffman 1973, 305) werden i. d. R. mit Großeinrichtungen gleich gesetzt und damit potenziell immer auf »die Anderen« projiziert. Diese müssen jedoch analytisch auf die eigene Situation angewandt werden, um vorhandene Gewaltmechanismen aufzudecken (Jantzen 1999, 206, 2003, 303). Totale Institutionen zeichnen sich aus durch

   > „eine weitgehende Außerkraftsetzung aller Bereiche von Privatheit und die Verbindung von sonst getrennten Lebenssphären [...] unter einem Plan und kontrolliert durch Hausordnungen, Menschenbilder und soziale Konstruktionen der Herrschenden" (Jantzen 1999, 206f).

   In Empathiezirkeln und Looping-Prozessen kommt es dabei immer wieder zu massiven Angriffen auf das Selbst der KlientInnen, auf die diese mit Rückzug, Kompromisslosigkeit, Kolonisierung oder Konversion reagieren. Die analytische Kategorie der »totalen Institution« ermöglicht es, „Mikrostrukturen von Gewalt und Herrschaft und ihre Integration in das Leben der Unterworfenen [...] zu dechiffrieren" (Jantzen 1998, 113).

2. *Strukturelle Gewalt*: Die bisherige De-Institutionalisierung beschränkt sich auf den Abbau offener Gewalt, blendet aber die dahinter liegende, strukturelle Gewalt aus (Jantzen 1999, 208)[55]. Strukturelle Gewalt ist indirekte, vermittelte Gewalt, „die häufig als Naturereignis, als Schicksal oder als sozialer Sachzwang erscheint" (Jantzen 2003, 305), z. B. in der Konstruktion eines »harten Kerns«. Dieser ist jedoch nicht biologisch, sondern sozial begründet (a.a.O., 164) und erklärt sich aus der Lebensgeschichte der (Anstalts-)BewohnerInnen:

---

[54] Dies geschieht sowohl in einer verkürzt verstandenen »Normalisierung«, die Menschen in die »Normalität« entlässt, ohne auf ihre besonderen Bedarfe zu achten (Jantzen 1997, 53ff), als auch in der Argumentation, Menschen mit Behinderung sollten besser in reformierten Anstalten verbleiben, da die Gesellschaft für sie nicht bereit sei, wie sie in Gaedts Konzept einer reformierten Anstalt als »Ort zum Leben« auftaucht (Gaedt 1987, 1995).

[55] Diese können im Behindertenbereich besondere Dramatik entfalten, da Menschen mit schwerer Behinderung z. T. Alltagssituationen weniger kontrollieren können und daher schneller als Gewalt wahrnehmen (Jantzen 2003, 304).

> „Ersichtlich ist es die Anstalt mit ihren Akten der Gewalt, ist es überhaupt Gewalt in der Lebensgeschichte, welche jenen Folgen produziert, die wir zunächst leichthin dem Defekt zuschreiben" (Jantzen 2003, 66).

Bezogen auf die »Verhaltensauffälligkeiten« der KlientInnen bedeutet dies, z. B. Autoaggressivität nicht mehr als Folge eines »Defekts« zu interpretieren, sondern „als höchst normale und für die Insassen sinnvolle Resultate des Einrichtens in einer Welt der extremen Beschränkungen" (a.a.O).

3. *Ungleicher Tausch*: Strukturelle Gewaltverhältnisse werden durch das aufrecht erhalten, was Jantzen (unter Berufung auf Bourdieu) als »ungleichen Tausch« beschreibt. Berufliches pädagogisches Handeln erscheint altruistisch, real handelt es sich aber um Austauschbeziehungen unter ungleichen Machtverhältnissen. Es kommt zur Vortäuschung einer „fiktive[n] Brüderlichkeit in höchst ungleichen Austauschbeziehungen" (Jantzen 2003, 307).
4. *paternalistische Stellvertretung*: Die doppelte Stellung der MitarbeiterInnen in einem pädagogischen und einem institutionellen Feld erfordert sowohl eine die KlientInnen anerkennende als auch eine institutionell-ökonomische Arbeit:

> „Dieser Widerspruch drückt sich aus in der paternalistischen Haltung des Unterdrückens bei gleichzeitiger Wohltätergesinnung, eine Haltung, die auf der Seite der Insass/innen eine die Unterdrücker anerkennende, wenn nicht sogar liebende Anpassung in den Unterdrückungsrahmen verlangt" (Jantzen 2003, 84).

Paternalismus steht dabei für

- den Anspruch, die Interessen anderer besser beurteilen zu können als diese selbst;
- den Anspruch moralischer Überlegenheit;
- die Bekundung von Wohltäterschaft;
- die Nachahmung von Eltern-Kind-Beziehungen;
- die Kriminalisierung bei Überschreiten der Grenzen;
- die Überprüfung der Würdigkeit, Leistungen zu erhalten sowie
- eine sentimentale Selbstdefinition, die in Terror umschlagen kann, sobald sich ihr Objekt als undankbar erweist (a.a.O., 308ff).

#### *2.4.1.2 Verständnis von De-Institutionalisierung und Interventionsformen*

Ausgehend von dieser Analyse wird deutlich, dass sich die gewaltsamen Strukturen totaler Institutionen nicht mit dem Auflösen/Verlassen einer Anstalt überwinden lassen. Die Grundvoraussetzung für De-Institutionalisierung besteht darin, anzuerkennen, dass „die institutionalisierten und hospitalisierten Menschen Opfer von Gewalt sind" (Jantzen 2003, 68), deren „Symptome wie selbstverletzendes Verhalten, Aggressionen und Stereotypen [...] ein Resultat der Wirkweise von (totalen) Institutionen [sind]" (Jantzen 1999, 207, Bearbeitung DF). Daraus ergibt sich die Grundannahme, dass „jeder Mensch entwicklungsfähig ist, und folglich auch und gerade schwere und sehr schwere geistige Behinderung einen Anspruch auf Eingliederungshilfe begründet" (Jantzen 2003, 137).

De-Institutionalisierung muss folglich konzipiert werden als „als Beendigung von Krieg als Gesellschaftszustand und zugleich als Aufbau friedlicher Verhältnisse" (a.a.O., 57). Da sich strukturelle Gewalt jedoch an vielen Stellen des gesellschaftlichen Lebens nicht abschaffen lassen wird, besteht die einzige Möglichkeit darin, „eine reflexive Haltung zu einem anderen Umgang mit ihr" (a.a.O., 305) einzuführen:

> „Insofern findet der Prozess der Deinstitutionalisierung im eigenen Kopf statt: In der Auflösung von Verdinglichungen, in der Rehistorisierung der Situation, in der reflexiven Bearbeitung unserer eigenen Wegmach- und Todeswünsche, bezogen auf behinderte Menschen und letztlich alle, die anders sind als wir" (Jantzen 2007, 157).

Die konkreten Interventionsmethoden bezogen sich v. a. darauf, an den Lebensgeschichten der BewohnerInnen anzusetzen, z. B. über Fachberatungen (Jantzen 2003, 78ff). Dies führte zu einem

> „weitgehende[n] Umdenken, in dessen Zentrum jetzt die sog. schwerstbehinderten und schwerstverhaltensgestörten Menschen stehen, die nunmehr als schwerst Hospitalisierte begriffen werden" (Jantzen 2003, 61; Bearbeitung DF).

Die Fachberatungen verfolgten zwei Zielsetzungen: Zum Einen ging es darum, die (Lebens-)Geschichten der BewohnerInnen und die in ihnen enthaltenen Erfahrungen mittels *rehistorisierender Diagnostik* zu erschließen: „Nicht der Defekt interessiert, sondern die Auswirkung der Defektes auf die Entwicklung der Persönlichkeit" (Jantzen 2003, 63). Was vorher als unveränderlicher »Defekt« oder als »Wesenhaftigkeit« erschien, kann als Folge sozialer Verhältnisse neu gedeutet werden. Darüber wird eine pädagogische Handlungsfähigkeit überhaupt erst wieder hergestellt. Dementsprechend geht es auch nicht darum, technisches Wissen zu vermitteln, sondern um ein systematisches Neuverständnis der Situation (a.a.O., 79).

Zum anderen ging es in den Fachberatungen darum, „die subjektive Perspektive der Mitarbeiter/innen ernst zu nehmen, ihre Erfahrungen in den Mittelpunkt zu stellen" (a.a.O.., 70). Zentral sind dabei die Unterstützung der MitarbeiterInnen sowie das Aufrechterhalten einer wechselseitigen Anerkennungsbeziehung, die Jantzen „***als Schlüssel zur Deinstitutionalisierung***" (Jantzen 2003, 70, Hervorhebung i. O.) bezeichnet. Damit verbunden ist ein Anspruch an Loyalität, dessen Kern darin besteht,

„im Umgang mit den MitarbeiterInnen jenes egalitäre und brüderliche Element zu praktizieren, daß jene selbst zum Bezugspunkt ihrer Arbeit mit den BewohnerInnen machen sollten. Dies ist natürlich etwas völlig anders [sic!] als Verbrüderung und setzt asymmetrische Nähe und Distanz voraus" (Jantzen 2003, 89, Bearbeitung DF).

Rehistorisierung alleine bringt jedoch keine Handlungsalternativen hervor, diese müssen im Rahmen der Fachberatung entwickelt werden (a.a.O., 64f). Dabei gilt es

„den Horizont dieser neuen Sichtweise annehmen zu können, welcher die Asymmetrie und Offenheit der Begegnung in den Mittelpunkt stellt. Alles, was ich tue, um einen behinderten Menschen wieder in den sozialen Status seiner Vernunft setzen zu können, kann sich gegen mich kehren. Und ich kann auch zu dumm, zu unfähig sein, die Situation kann so fürchterlich verfahren sein, daß ich nichts ändern kann. Den neuen [...] Standpunkt anzunehmen, bedeutet aber nichts anderes als mit dieser Angst leben zu müssen" (a.a.O., 89)

Neben den Fachberatungen nennt Jantzen als weitere Anforderung das Wiederherstellen persönlicher statt technisch-formaler Verantwortung und den Abbau von Bürokratisierung (a.a.O., 71). Bürokratische Strukturen führen zu einem Absinken persönlicher Verantwortung. Das begünstigt Distanzierungsmechanismen, in denen vorhandene Gewalt emotional neutralisiert werden kann (a.a.O., 308). Allerdings steht dieser Problemanalyse kein Bearbeitungsvorschlag gegenüber: Es wird lediglich deutlich, dass die (Wieder-)Herstellung persönlicher Verantwortung an Veränderungen in der Binnenstruktur gekoppelt ist (a.a.O., 71), wie diese aussehen sollen, bleibt jedoch unklar.

### *2.4.2 De-Institutionalisieren als Prozess*

Ähnlich wie Jantzen hat auch Weber (2004) einen „Prozess[...] des De-Institutionalisierens [...] innerhalb der Struktur einer Großeinrichtung" (Weber 2004, 15, Bearbeitung DF) begleitet und wissenschaftlich ausgewertet. Im Zentrum seines Interesses steht „das Spannungsfeld zwischen biologischen oder neurologischen Gegebenheiten und den sozialen Konstruktionen von Behinderung" (a.a.O., 185) verbunden mit dem Grundgedanken, „dass die soziale Umwelt [und damit auch die »Institution«] die psychischen Funktionen des Menschen in entscheidender Weise prägt, ausgestaltet und hervorbringt" (a.a.O., 18, Bearbeitung DF).

Weber kritisiert den bisherigen Diskurs als zu eng, die Assoziation von Enthospitalisierung zu »Hospital« suggeriert, dass innerhalb von Großeinrichtungen keine Enthospitalisierung stattfinden kann. De-Institutionalisierung meint dann lediglich die „Überwindung einer speziellen Form des Wohnens, [...] in einer anstaltsmäßig organisierten Umgebung" (a.a.O., 16). Eine Veränderung äußerer Strukturen ist jedoch alleine nicht ausreichend, De-Institutionalisierung muss vielmehr „eingebettet sein [...] in eine Reflektion über den Gegenstand, d. h. eine Auseinandersetzung mit den (sozialen) Wirkweisen, die (geistige) Behinderung konstruieren" (a.a.O., 19), um auch Menschen mit »schwerer Behinderung« Teil dieses Prozesses werden zu lassen. Die Wortschöpfung des *De-Institutionalisierens* wählt Weber, um der Prozesshaftigkeit des Geschehens besser gerecht zu werden (a.a.O., 15) also zu verdeutlichen, „dass De-Institutionalisieren ein Weg und kein Ziel ist" (a.a.O., 227). Eine solche erweiterte Konzeption des De-Institutionalisierens speist sich aus verschiedenen Quellen (für die Aufzählung, a.a.O., 223f):

1. Die *Disability Studies* verweisen auf soziale Konstruktion von Behinderung;
2. Die *materialistische Behindertenpädagogik* ermöglicht eine Erweiterung des Begriffs der *Isolation*.
3. Die *kulturhistorische Schule* befasst sich mit der sozialen Bedingtheit psychischer Funktionen,
4. *Neurobiologische Erkenntnisse* schließlich verweisen auf den Zusammenhang von Beziehungserfahrungen und Gehirnentwicklung.

Zentrale These ist, dass Behinderung im Kern Isolation bedeutet (a.a.O., 192). Die Zielsetzung des De-Institutionalisierens besteht dementsprechend in der Aufhebung von kultureller, sprachlicher und dialogischer Isolation – unabhängig von der konkreten Wohnform (a.a.O. 22f). Weber führt in einer „erweiterten Konzeption des De-Instiutionalisierens" zudem die Implementierung von Assistenz-Modellen an, die als Vehikel dienen können, um die klassischen (Macht-)Strukturen von Einrichtungen zu verändern (a.a.O., 203ff).

Konkret wurde ein Fortbildungs- und Beratungsprogramm durchgeführt, das sich mit den Themenbereichen Menschenbild und geistige Behinderung; Aggressionen; Vom Erklären zum Verstehen (individuelle Lebensgeschichte); Kommunikation und Lebensraumgestaltung befasst (a.a.O., 83ff). Aus der Konzeption eines Fortbildungsprogramms als Interventionsmaßnahme lässt sich zweierlei ablesen: Erstens wird implizit deutlich, dass dem professionellen Handeln der MitarbeiterInnen ein sehr hoher Stellenwert eingeräumt wird – andernfalls macht die Konzeption einer Fortbildungsreihe als Umsetzung von De-Institutionalisierung wenig Sinn. Zweitens lässt sich ablesen, dass die Inhalte der Veranstaltungen so etwas wie die Kerne der De-Institutionalisierung (in der konkreten Einrichtung) darstellen[56].

[56] Die Konkretisierung der erweiterten Konzeption von De-Institutionalisierung – in einer Kombination aus a) sich Zeit lassen; b) die Qualität der Arbeit in den Institutionen neu gestalten; c) die »Insassen« wahl- und entscheidungsfähig machen; d) Rehistorisierung wagen; e) Gewaltverhältnisse abbauen; f) neue Formen des Wohnens ermöglichen g) Verlagerung von Aktivitäten aus den Institutionen heraus (Weber 2004, 224ff) – liest sich dabei wie eine Erweiterung der inhaltlich-pädagogischen Argumentationsfigur um die Elemente »Rehistorisierung« und »Abbau von Gewaltverhältnissen«.

### *2.4.3 Zusammenfassung*

Es lässt sich also eine dritte Argumentationsfigur herausarbeiten, die De-Institutionalisierung primär als Prozess der Reflexion von Gewaltstrukturen fasst. Als Gemeinsamkeiten dieser Argumentationsfigur lassen sich benennen:

1. *Zurückstellung formaler Bedingungen*: In den jeweils konkret begleiteten Projekten geht es nicht um Aus-/Umzug, sondern um Unterstützung in bestehenden Strukturen. Strukturbezogene Fragen bleiben nicht aus, wenn als Ziele des Reformprozesses z. B. Entbürokratisierung und Dezentralisierung genannt werden oder auf strukturelle Konsequenzen aus der Umsetzung von Assistenzmodellen hingewiesen wird. Sie stehen aber noch weniger im Fokus der Analyse als in der inhaltlich-pädagogischen Argumentationsfigur.
2. *»Geistige Behinderung« als soziale Konstruktion*: Ausgangspunkt der Arbeiten ist ein Verständnis von geistiger Behinderung als sozialer Konstruktion, die sich im Kern aus struktureller Gewalt (Jantzen) bzw. Isolation (Weber) zusammensetzt und zum Mythos eines »harten Kerns« führt. De-Institutionalisierung hat dementsprechend die „Aufhebung kultureller, sprachlicher und dialogischer Isolation" (Weber 2004, 224) und die Bewusstmachung und Reflexion von Gewaltverhältnissen zum Ziel.
3. *Reflexives Verständnis von De-Institutionalisierung*: Unter den o. g. Bedingungen kann nicht davon ausgegangen werden, dass sich gewaltsame Strukturen mit dem Auflösen/Verlassen einer Anstalt überwinden lassen. Es braucht einen reflexiven Umgang mit den Problemen struktureller Gewalt/Isolation. Ein solches Verständnis von De-Institutionalisierung bedeutet eine Auseinandersetzung mit den eigenen Einstellungen und Ideen, weshalb „der Prozess der Deinstitutionalisierung im eigenen Kopf statt[findet]" (Jantzen 2007, 157, Bearbeitung DF).
4. *Fortbildung und Beratung als Intervention*: Die sich aus einem solchen Verständnis ableitenden Interventionsformen fokussieren die Sichtweisen und das Handeln von MitarbeiterInnen in Form von Fortbildung, Fachberatung und rehistorisierender Diagnostik. Kern der Intervention ist es,
   a) »Verhaltensauffälligkeiten« als sinnvolles Verhalten zu reinterpretieren. Rehistorisierung ermöglicht, die (Lebens-)Geschichte der BewohnerInnen wieder zu erschließen und deren Handeln als Reaktion auf eine „Welt extremer Beschränkungen" (Jantzen 2003, 66) zu lesen. Handeln ist aber – im Gegensatz zu Natur oder Schicksal – prinzipiell veränderbar. Über die Rehistorisierung kann also pädagogische Handlungsfähigkeit wieder hergestellt werden. Bei Weber nimmt dies die Gestalt von Fortbildungen zu Themen wie Menschenbild und »geistige Behinderung«; Aggressionen; »Vom Erklären zum Verstehen« an.

b) die subjektive Perspektive von MitarbeiterInnen zur Geltung kommen zu lassen. In der Arbeit mit ihnen sollen dabei die Prinzipien zur Anwendung kommen, die diese auch in ihrer Arbeit anwenden sollen. Die Anerkennung und Unterstützung der MitarbeiterInnen stellt dabei die entscheidende Schnittstelle für das Gelingen von Deinstitutionalisierung dar. Weber führt zudem die Implementierung von Assistenz-Modellen an (Weber 2004, 226ff). Gemeinsam ist diesen Formen, dass sie nicht auf die Vermittlung technischen Wissens, sondern auf ein systematisches Neuverständnis der Situation zielen (Jantzen 2003, 79). Dieses ermöglicht einen reflexiven Zugang zum eigenen Handeln.

Durch die zweite *Verschiebung* werden in dieser Argumentationsfigur Elemente aus der bisherigen Diskussion aufgenommen und in einen veränderten theoretischen Zusammenhang (von Gewalt und Isolation) gestellt. Auffällig ist dabei die Diskrepanz von einer Analyse, die sich auf struktureller Ebene bewegt (Thematisierung von totalen Institutionen, struktureller Gewalt) in Verbindung mit der Ansiedlung der Interventionen auf Handlungsebene (in Fortbildungen und Beratungen). Strukturelle Veränderungen werden – wenn überhaupt – nachgeordnet thematisiert. Jantzen benennt dies lediglich in der Forderung, moralische Verantwortung an die Stelle technisch-formaler Verantwortung treten zu lassen (Jantzen 2003, 71). Weber deutet zumindest an, dass Assistenz-Modelle Veränderungen auf konzeptioneller und struktureller Ebene nach sich ziehen müssten. In den bestehenden Einrichtungen sei das Machtgefälle jedoch zu groß, um dies umzusetzen (Weber 2004, 205ff).

## 2.5 Re-Institutionalisierung statt De-Institutionalisierung?

An verschiedenen Stellen (zuletzt Brachmann 2011; auch Schädler 2004) wurden Vorstöße gemacht, die den Diskurs um De-Institutionalisierung kritisieren und stattdessen auf eine »Re-Institutionalisierung« der Behindertenhilfe hinwirken. Die Problemwahrnehmung eines institutionszentrierten Hilfesystems wird dabei durchaus geteilt (Brachmann 2011, 16) und auch die Richtung der Reformen ist ähnlich wie in der De-Institutionalisierungsdebatte:

> „Einerseits haben sie [die Organisationen des Wohnens] bisher die erforderlichen grundlegenden strukturellen und funktionalen Anpassungsleistungen nicht erbracht; andererseits stoßen die handlungsleitenden Prinzipien ihrer pädagogischen Arbeit, also die institutionalisierten sonderpädagogischen Leitvorstellungen, zunehmend auf eine veränderte gesellschaftliche Realität, der sie in ihrer herkömmlichen Form immer weniger gerecht werden können" (a.a.O., 32, Bearbeitung DF).

Jedoch wird De-Institutionalisierung mit der „Auflösung von Institutionen" (Schädler 2004, 3) gleichgesetzt, statt dieser wird eine „Umgestaltung der Wohneinrichtungen" (Brachmann 2011, 304) im Rahmen einer „Neubestimmung ihrer Funktion" (a.a.O., 18), gefordert. Zu dieser Einschätzung gelangen die Autoren, indem sie

a) einen „Institutionenbegriff der Heilpädagogik" (Schädler 2004, 3) unterstellen, der »Institution« mit einer konkreten Einrichtung gleichsetzt und dementsprechend De-Institutionalisierung mit Auflösung gleichsetzt. Obwohl diese Kritik angesichts des Diskurses in der Behindertenpädagogik nicht ganz unberechtigt ist (zur verkürzten Rezeption des Institutionenbegriffs in der Behindertenpädagogik: Beck & Greving 2011, 31f; Jantzen 1998, 113f), ist sie doch insgesamt überzogen. Sie ignoriert weite Teile des Diskurses und kommt darüber dann selbst zu einer verkürzten Einschätzung.

b) die in der De-Institutionalisierungsdebatte vertretenen Ansätze auswerten. Diese Arbeiten werden aufgrund ihrer Kritik am Hilfesystem gewürdigt, aber hinsichtlich ihrer Lösungsansätze als nicht überzeugend eingeschätzt:

> „Grundsätzlich gilt, dass die aktuelle De-Institutionalisierungsdebatte bisher keine überzeugenden, praktikablen Lösungen hervorgebracht hat. Das gilt insbesondere für die Forderung nach einer radikalen De-Institutionalisierung der Wohneinrichtungen im Sinne einer vollständigen Auflösung der Wohnstätten mit stationären Angeboten" (Brachmann 2011, 72).

Problematisch an den Lösungsvorschlägen ist eine dichotome und einseitig wertende Unterscheidung »ambulant versus stationär«, in der dem ambulanten Bereich einseitig und verkürzt ausschließlich positive Aspekte unterstellt werden (a.a.O., 73f). Obwohl auch diese Kritik nicht ganz unberechtigt ist, zeigt sich hier eine Verkürzung in der Argumentation: Brachmann ignoriert alle (!) Arbeiten, die mit anderen Begriffen als De-Institutionalisierung operieren: Damit geraten sowohl Erkenntnisse aus den Enthospitalisierungsprozessen als auch Reformen, die z. B. im Zusammenhang mit dem Normalisierungsprinzip durchgeführt worden, komplett aus dem Blick. Vor dem Hintergrund der Arbeiten zur Blankenburg-Auflösung (vgl. S. 57ff, 60ff) oder den Arbeiten von Thimm zur Neu-Gestaltung von Unterstützungsstrukturen (zuletzt Thimm & Wachtel 2002) ist die These »mangelnder Lösungsansätze« unhaltbar. Ganz abgesehen davon ist es m. E. Schlichtweg sachlich falsch, angesichts einer (sic!) Komplettauflösung einer Großeinrichtung in Deutschland die These zu vertreten, De-Institutionalisierung sei mit Auflösung gleichzusetzen (Zur Problematik des De-Institutionalisierungsbegriffs bei Brachmann s. auch Jantzen 2011, 303ff).

Vor diesem Hintergrund bieten sowohl die vorgetragene Kritik an der De-Institutionalisierungsdebatte als auch die Erkenntnis, das »Offene Hilfen« zu einem gewissen Grad institutionalisiert sein müssen (Schädler 2004, 4ff, sinngemäß auch Brachmann 2011, 73) kaum neue Erkenntnisse. Betrachtet man die Bedingungen für eine gelungene Re-Institutionalisierung, namentlich

- konsequente sozialräumliche Ausrichtung;
- die Schaffung regionaler Verbundsysteme und neuer Strukturen;
- die Schaffung von Anerkennungsverhältnissen sowie
- die Unterstützung lebenslanger Bildungsprozesse (a.a.O., 306)

löst sich die angebliche Unterscheidung zwischen De- und Re-Instituionalisierung vollends auf. De-Institutionalisierung – wenn sie in den Wandel hin zu einer personalen Orientierung einbettet wird – bedeutet eben nicht Auflösung und ist auch kein Selbstzweck, sondern vielmehr *Mittel zur Etablierung eines personenorientierten Hilfesystems* im Sinne seiner „reflexive[n] Institutionalisierung" (Beck & Greving 2011, 60, Bearbeitung DF):

> „Deinstitutionalisierung […] ersetzt keine konkreten professionellen Hilfen und Angebotsstrukturen, die manchmal auch eine gewisse Betriebsgröße haben müssen, um für spezifische Bedarfslagen verlässliche Hilfen anbieten zu können" (Beck 2002b, 198).

Es geht vielmehr um die Ausrichtung von Hilfen und Hilfestrukturen an den individuellen Bedarfen, den sozialen Netzwerken und den sozialen Räumen, in denen die Menschen leben (Franz, Lindmeier et al. 2011, 100ff).

## 2.6 Zusammenfassung: die »verlorene Spur« personaler Orientierung

Es lassen sich also grundsätzlich drei Argumentationsfiguren beschreiben: eine strukturbezogene, eine inhaltlich-pädagogische sowie eine reflexive. Der Übergang zwischen diesen Figuren wurde formal als zweifache *Verschiebung* gekennzeichnet (von Strukturen zu Inhalten, von pädagogischen zu machtanalytischen Fragen). Jede dieser Verschiebungen ergänzt und bereichert den bisherigen Diskurs. Auf einer inhaltlichen Ebene lassen sie sich kennzeichnen als

a) Übergang von einem linearem zu einem reflexiven und zirkulären Verständnis: In der inhaltlich-pädagogischen Argumentationsfigur wird von einem linearen Zusammenhang von (einmaligen) Veränderungen und einer Erhöhung der Lebensqualität ausgegangen. Die reflexive Argumentationsfigur etabliert hingegen ein Verständnis, das von andauernden Spannungsfeldern ausgeht. Diese werden trotz aller Bemühungen um De-Institutionalisierung bestehen bleiben und müssen dementsprechend v. a. der Reflexion zugänglich gemacht werden (Franz 2004, 85ff).

b) eine Bewegung weg von strukturellen Aspekten bis in die Mikrostrukturen des Handelns. Die inhaltlich-pädagogische und die reflexive Argumentationsfigur benennen dabei sehr differenziert die Anforderungen an das pädagogische Handeln. Allerdings gerät mit dieser Konzentration die Betrachtung struktureller Bedingungen in den Hintergrund. Die reflexive Argumentationsfigur greift in der Analyse ein strukturelles Denken wieder auf, siedelt ihre Intervention jedoch weiter auf der Handlungsebene an.

Es gilt daher, die handlungsbezogenen Erkenntnisse der inhaltlich-pädagogischen und der reflexiven Argumentationsfigur um strukturbezogene Erkenntnisse zu erweitern und dabei insbesondere die »verlorene Spur« personaler Orientierung wieder aufzunehmen. Die Konzentration auf das pädagogische Handeln vor Ort führt dazu, dass v. a. die funktionale und sozialräumliche Ausrichtung personaler Orientierung aus dem Blick geraten sind. De-Institutionalisierung bedeutet mehr als Aus- oder Umzug, aber auch mehr als die Veränderung des Handelns oder die reflexive Bewusstmachung von Machtstrukturen. Es geht um „die Einführung neuer inhaltlicher *und* organisatorischer Regelungsprinzipien" (Beck 2002b, 198, Bearbeitung DF). Sie ist ein vielschichtiger Prozess, der sowohl die Rahmenbedingungen von Hilfe, ihre Organisation, das konkrete Handeln und die Einstellungen der Beteiligten betrifft. Auf praktischer Ebene besteht die Aufgabe darin, es – trotz der oft notwendigen Fokussierung auf eine Komponente – nicht zu Verkürzungen kommen zu lassen. Welche Folgen ein solches »breites« Verständnis von De-Institutionalisierung sowohl für die Strukturen des Hilfesystems als auch für das Handeln in diesen Strukturen hat, soll im Folgenden behandelt werden.

## 3 Auswirkungen und Folgen personaler Orientierung

Aus der grundlegenden Ausrichtung personaler Orientierung sowie aus der Debatte um die De-Institutionalisierung lassen sich veränderte Anforderungen an Einrichtungen und Dienste ableiten. Diese lassen sich zusammenfassen als (für die Aufzählung: Beck 2002b, 198, Bearbeitung DF):

- *personale Ausrichtung*: Ausrichtung der Leistungen an den Bedarfen
  - Ermöglichung individueller Lebenswege und Entwicklungsmöglichkeiten auf der Basis von Hilfeplanung
  - Förderung der Kompetenzen, Selbstbestimmung und Partizipation behinderter Menschen
  - Dezentralisierung, Abbau von Hierarchien, Reflexion von Machtbeziehungen, verbindliche AdressatInnenbeteiligung
  - Qualitätsentwicklung
- *funktionale Ausrichtung*
  - Aufgabenbegrenzung v. a. stationärer Einrichtungen
  - Förderung von Selbsthilfe und sozialem Engagement
  - Stützung und Entlastung der Familien.
- *sozialräumliche Ausrichtung*: Regionalisierung & Vernetzung
  - Verknüpfung (teil-)stationärer Angebote mit wohnortnahen, offenen Strukturen
  - Verknüpfung besonderer Dienste mit allgemeinen Hilfen und Diensten

- Abbau von Barrieren und Benachteiligungen im öffentlichen Leben
- Förderung objektiver Lebensbedingungen, die mit denen Nichtbehinderter vergleichbar sind.

Diese Anforderungen sind zu großen Teilen dem Programm eines Dienstes zuzuordnen (also dem, »was« getan werden soll). Bezogen auf die Fragestellung der Arbeit gilt es nun, dies pädagogisch-handlungsbezogen zu wenden. Da pädagogisches Handeln in der Behindertenhilfe aber zudem i. d. R. innerhalb eines sozialen Dienstes – also einer Organisation – stattfindet, muss dies als Rahmenbedingungen des Handelns mit in Betracht gezogen werden (also geklärt werden, »in welchem Rahmen« all dies stattfindet): Es geht um ein „Zusammenwirken von Programm-, Personal- und Organisationsstruktur" (Beck 1994, 164). Eine eigenständige Betrachtung der organisatorischen Ebene erweist sich als sinnvoll, weil

> „nicht alles Geschehen in (behinderten-)pädagogischen Diensten und Einrichtungen [...] gänzlich anderen Regeln [folgt], eher können dort auch viele als ‚spezifisch', wahrgenommene Probleme als organisationstypisch bezeichnet werden" (Beck & Greving 2011, 64, Bearbeitung DF).

Dabei ist es sinnvoll, sich in einem ersten Schritt nochmals mit dem Handlungsauftrag sozialer Dienstleistungen im Zusammenhang mit Behinderung vertraut zu machen – der »Bearbeitung sozialer Probleme« „anhand der Selektionsregel von Norm und Abweichung" (Beck 1994, 160). Aus dieser – reichlich diffusen – Formulierung des Handlungsauftrags ergeben sich einige Problemstellungen. Grundsätzlich zählt die Formulierung einer klaren Zieldefinition zu den Standardmerkmalen einer Organisation (Preisendörfer 2008, 62ff): „Organisationen verfolgen also bestimmte Ziele und sie entwickeln und realisieren Programme und Produkte, welche zur Zielerreichung geeignet sind" (Oberholzer 2011, 110)[57]. In der Behindertenhilfe herrscht jedoch eine Situation, in der Organisationen i. d. R. nicht einer, sondern mehreren – z. T. divergierenden – Zweckbestimmungen unterliegen:

> „Während die Organisationszwecke also bspw. auf die Reproduktion von bestimmten gesellschaftlichen Strukturen oder Versorgungsprinzipien ausgerichtet sind (bleiben), entwickelt sich (scheinbar) eine organisationale Praxis, welche das Ziel verfolgt, die Voraussetzungen für eine autonome und geglückte Lebensführung bei angemessener Integration in soziale Systeme und ausreichender Teilhabe an gesellschaftlichen Gütern zu schaffen" (Oberholzer 2011, 111).

---

[57] Es zeigt sich jedoch, dass sie diese Funktion oft nicht erfüllen können: Sie erweisen sich als weniger eindeutig als angenommen, sind eventuell widersprüchlich, werden von den Individuen nicht unbedingt geteilt usw. (Preisendörfer 2008, 62ff).

In einer Studie zum „Komplexitätsmanagement neuer Dienstleistungen“ (Oberholzer 1999) verdeutlicht Oberholzer die Problematik von theoretischen Bezügen (die sich zu organisationalen Programmen verdichten), die auf Integration und Normalisierung ausgerichtet sind auf der einen und einer segregierenden gesellschaftlichen Realität auf der anderen Seite (a.a.O., 141)[58].

Bereits die Grundstruktur sozialer Dienstleistungen mit ihren mehrfachen Zweckbestimmungen entzieht sich also in gewissem Maße der Organisation. Da aber die „Bearbeitung von hochkontingenten Problemen [...] weder gefördert noch prämiert [wird]“ (Oberholzer 2011, 111, Bearbeitung DF), ist bereits auf dieser Ebene die Organisation sozialer Dienste problematisch, sie werden daher auch als „defizitäre Organisationen“ (Beck 1994, 158) gekennzeichnet. Aus dieser Situation ergeben sich verschiedene Folgeprobleme

a) das Fehlen eines klaren Handlungsauftrags kann zu Legitimationsproblemen führen (Beck 1994, 162f);
b) es fehlt an klaren Ziel-Mittel-Relationen, was mit dem Begriff des Technologiedefizits beschrieben wird (a.a.O, 160ff);
c) „Zweck-, Ziel- und Interessenkonflikte sind vorprogrammiert (Oberholzer 2011, 111, Bearbeitung DF) und
d) „Konfliktorte bleiben meist die eigentlichen person- und interaktionsbezogenen Dienstleistungen selber“ (a.a.O.), die Konflikte verlagern sich „in die Beziehung zwischen Helfenden (Wohninstitution) und Klienten“ (Oberholzer 1999, 141).

Es lassen sich also bereits auf der grundlegenden Ebene der Organisation von Dienstleistungen verschiedene Schwierigkeiten benennen, die – und dafür sind die Ausführungen Oberholzers sehr hilfreich – oft die Gestalt von Konflikten in der Dienstleistungserbringung selber annehmen.

Im Folgenden werden die aus dem Diskurs um personale Orientierung abgeleiteten Anforderungen zweifach reformuliert: einerseits als Anforderungen an Organisationen und Institutionen, die den Rahmen für das Handeln der MitarbeiterInnen darstellen (3.1) und andererseits als Anforderungen an das professionelle (behinderten-)pädagogische Handeln selbst (3.2).

---

[58] Vgl. dazu auch die Frage der Institutionalisierung von »Behinderung«, S. 91ff sowie Fazit und Ausblick, S. 230ff.

### 3.1 Auswirkungen auf Einrichtungen und Dienste

Analytisch lassen sich Einrichtungen und Dienste als »Organisationen« fassen. Eine Betrachtung der Auswirkungen personaler Orientierung aus der *Perspektive der Organisation* ermöglicht, sowohl Chancen als auch Grenzen der Veränderungen präzise zu benennen. Der Wandel hin zur personalen Orientierung kann also als *organisationaler Wandel* gefasst werden. Jedoch ist die Beschreibung von Veränderungsprozessen mit den Mitteln Organisations-(oder auch Institutions-)Theorien nicht unproblematisch: Beide Begriffe zielen primär darauf, die Entstehung von Stabilität und Ordnung zu erklären und gerade *nicht* darauf, Fragen nach Wandel und Veränderung zu behandeln (Gukenbiehl 2006, 144). Die Auslöser für Veränderungsprozesse werden in der Organisationssoziologie oft in der Umwelt der Organisationen angesiedelt, Veränderungen kommen tendenziell von »außen«[59]. Mögliche Auslöser für Veränderungen sind (für die Aufzählung: Preisendörfer 2008, 133ff):

a) auf der Ebene der Aufgabenumwelt die individuellen und kollektiven Akteure, zu denen Austauschbeziehungen unterhalten werden: Kunden, Dienstleister, Kooperationspartner usw.;
b) auf der Ebene des organisationalen Felds der Zweig oder die Branche, in der die Organisation angesiedelt ist sowie
c) auf der Ebene der globalen Umwelt die gesamtwirtschaftlichen, rechtlichen und gesellschaftlichen Rahmenbedingungen (Preisendörfer 2008, 74f).
d) Der Neo-Institutionalismus weist im Zusammenhang mit Wandlungsprozessen auf das Problem mangelnder Legitimität hin (a.a.O., 146). Organisationen haben die Möglichkeit, sich durch eine Strukturangleichung an die veränderten Umstände anzupassen, um so ihre Legitimität wieder herzustellen. Gelingt dies nicht, kann es dazu kommen, dass Selektionsprozesse einsetzen, die mittelfristig dazu führen, dass die Organisation »stirbt«.

Der Wandel zur personalen Orientierung hat Elemente all dieser Bereiche: Die Ansprüche der »Kunden« an die Organisation verändern sich, KlientInnen und Angehörige haben andere Vorstellungen, was eine »gute« Unterstützung ausmacht (a). Das organisationale Feld verändert sich durch neue Unterstützungs- und Finanzierungsformen wie ambulante Dienste, FEDs, AWGs, persönliches Budget usw. (b). Auf der Ebene der Rahmenbedingungen erzeugen sozialrechtliche Veränderungen Handlungsdruck (c), was sich insgesamt verdichtet zu einem Problem mangelnder Legitimität der »alten« Versorgungsstrukturen (d). All dies erzeugt massiven Handlungsdruck in den Organisationen.

---

[59] Beck & Greving merken dazu an, dass für Veränderungsprozesse „sowohl das Umfeld als Bedingungen innerhalb der Organisation [...] relevant sind, große Veränderungen aber eher von außen als von innen bewirkt werden" (Beck & Greving 2011, 59, Bearbeitung DF).

Die Analyse von Umweltfaktoren alleine ist jedoch nicht hinreichend, um Wandlungsprozesse zu beschreiben. Selbst wenn sie ihr Auslöser sind, können sie die Prozesse nicht selbst vollziehen:

> „keine Reform, kein Wandel setzt sich auf der Handlungsebene um, wenn er von den davon Betroffenen nicht gewollt wird – von den Fach-, ebenso wie von den Verwaltungskräften, den Adressaten und ihren Angehörigen wie den Wissenschaftlern und Politikern" (Beck & Greving 2011, 62).

Im Folgenden wird es zuerst darum gehen, mit Mitteln der Organisationssoziologie zu klären, welche konkreten Auswirkungen die Anforderungen personaler Orientierung auf Organisationen haben (3.1.1). Da neben organisatorischen auch *institutionelle* Aspekte von Bedeutung sind, müssen diese gesondert betrachtet werden (3.1.2)[60]. Im dritten Schritt liegt der Fokus dann auf der Frage, welche Auswirkungen diese Veränderungen auf das Handeln haben (3.1.3).

### *3.1.1 Wandel auf der Ebene der Organisation*

Welche Gestalt der Wandel zur personalen Orientierung auf der Innenseite der Organisation annimmt, soll im Folgenden untersucht werden. Dies geschieht unter Bezugnahme auf die Anforderungen der Individualisierung der Unterstützung bzw. Ausrichtung an Bedarfen, des Abbaus von Hierarchien und der Vernetzung mit der Gemeinde.

#### *3.1.1.1 Individualisierung der Unterstützung/Ausrichtung an Bedarfen*

Eine der zentralen Anforderungen im Rahmen personaler Orientierung ist die Ausrichtung von Angeboten und Leistungen an der Lebenslage und damit am individuellen Bedarf (Beck & Greving 2011, 65). In der Analyse der De-Institutionalisierungsdebatte zeigte sich, dass dieser Anspruch z. T. auf das pädagogische Handeln reduziert wurde (vgl. S. 60ff). Dafür gilt er selbstverständlich *auch*, beschränkt sich aber nicht darauf, sondern umfasst das Hilfearrangement als Ganzes.

Die Anforderung, flexibel auf – sich potenziell verändernde – Bedarfe zu reagieren, steht im Spannungsfeld zur Orientierung von Organisationen auf die Aufrechterhaltung von Sicherheit und Stabilität (Gukenbiehl 2006, 144). Der Erfolg von Organisationen beruht darauf, dass „sie in ihrem Handeln verlässlich und berechenbar" (Preisendörfer 2008, 142) sind. Dies zieht die Ausbildung von Routinen und eine gewisse „strukturelle Trägheit" (a.a.O.) nach sich. Leistungen von Organisationen lassen sich also prinzipiell nur in begrenztem Maße flexibilisieren, werden der Handlungsauftrag oder die damit verbundenen Berufsrolle zu diffus, wird die Organisation handlungsunfähig (Beck & Greving 2011, 65):

---

[60] Wobei institutionsbezogene Aspekte nachrangig behandelt werden, der Schwerpunkt liegt in diesem Kapitel auf Fragen der Organisation.

> „Institutionen und Organisationen arbeiten um so effizienter, je klarer ihre Leistungszusammenhänge [...] sind und je besser sie ihre Umwelt ihren Erfordernissen unterordnen können [...]. Eine an den Bedürfnissen der Adressaten und an alltäglicher Lebensführung ausgerichtete Organisation muss nicht nur ihre Flexibilität enorm steigern, sondern auch die Komplexität der Leistungszusammenhänge, denn die Problemlagen sind nicht mehr einseitig und reduktionistisch zu bestimmen" (Beck 2002a, 58).

Obwohl hier also eine nicht leicht zu bearbeitende Herausforderung auf die entsprechenden Organisationen zukommt, kann sich an dieser Stelle nicht auf die Position zurückgezogen werden, eine Orientierung an Bedarfen sei aufgrund der Arbeitsweise von Organisationen grundsätzlich nicht möglich. Die mangelnde Flexibilität in der Behindertenhilfe ist weniger systematisch begründet als vielmehr eine Folge der Anbieterdominanz, verstanden als „Kontrolle der Leistungsträger und -erbringer, über die Definition, was als Problem gilt, wie es zu lösen ist und wie Erfolg zu definieren ist" (Beck & Greving 2011, 60). Zielsetzung ist also ein „Durchbrechen der bisherigen Anbieterdominanz" (a.a.O.,). Die damit verbundenen Herausforderungen – für Organisationen *und* für MitarbeiterInnen – verdeutlichen Budde & Früchtel: „Um an der Außenseite [...] so flexibel sein zu können, muss eine Organisation auf ihrer Innenseite äußerst stabil gebaut sein" (2006, 39, Bearbeitung DF).

Auf der Ebene der Umsetzung sind hier v. a. die Verfahren zur Erhebung des individuellen Hilfebedarfs zu nennen. Sollen sich Einrichtungen und Dienste an Bedarfen ausrichten, müssen sie zuallererst bekannt sein. Dementsprechend müsste der Bedarfserhebung eine immense Bedeutung zukommen, sie ist wesentlich mehr als eine organisatorische Pflichtübung. Entscheidend ist jedoch, die Erhebung *nicht ausschließlich* auf die Ebene des pädagogischen Handelns zu beziehen, sondern daraus *auch* Folgen für die Rahmenbedingungen der Hilfe abzuleiten. In diesem Fall würden sich nicht mehr KlientInnen den Dienstleistungen anpassen, vielmehr würde gelten: „Jede individuelle Hilfeplanung führt über eine Organisationsentwicklung zu individuellen Arrangements" (Früchtel & Budde 2010, 58). Der Hilfeplanung kommt somit „eine herausragende Bedeutung als Instrument der Qualitätsentwicklung zu" (Beck 2002a, 32).

#### *3.1.1.2 Dezentralisierung/Abbau von Hierarchien*

Sollen sich Leistungen an Bedarfen und Interessen der Betroffenen orientieren, ist unmittelbar evident, dass die Betroffenen in der Lage sein müssen, Einfluss darauf zu nehmen. Dazu müssen

a) Elemente der politischen Partizipation aufgenommen, verankert und ausgebaut werden – wie Heimbeiräte, Interessenvertretungen usw. (Beck & Greving 2011, 67) und

b) die Entscheidungsstrukturen der Einrichtungen und Dienste insgesamt dezentralisiert werden, da Hierarchisierung, Zentralisierung und Bürokratisierung die Chancen auf hochwertiges pädagogisches Handeln verringern (Beck 2004, 66)[61].

Dezentralisierung und der Abbau von Hierarchien gehen also Hand in Hand, in diesem Sinne bedeutet De-Institutionalisierung v. a. „die Aufhebung unzweckmäßiger Zwänge und Regeln“ (Beck 2007a, 29). Der Abbau von Hierarchien – oder formal ausgedrückt, asymmetrischen Interaktionsmustern – trifft jedoch auf zwei Problemlagen: Einerseits ist »Hilfe« ein grundsätzlich asymmetrisches Interaktionsmuster (vgl. S. 26ff) und andererseits funktionieren Organisationen nicht ohne Hierarchie.

Die Organisation von Hilfe führt dazu, dass die Beteiligten sich in festgeschriebenen Rollen gegenübertreten: KlientInnen auf der einen, MitarbeiterInnen auf der anderen Seite[62]. Dementsprechend ist für professionelle „Behindertenpädagogik hierarchisch gewährte und gesellschaftlich organisierte Hilfe ein konstitutives Moment“ (Beck & Greving 2011, 52). Die Anforderung, bedarfsgerechte Hilfen anzubieten, ist hingegen tendenziell auf symmetrische Interaktionsstrukturen angewiesen, die in Konflikt zu den hierarchischen Strukturen von Organisationen treten können (Beck 1994, 163)[63]. Aus handlungstheoretischer Perspektive formuliert bedeutet die Etablierung einer Organisation immer

> „einen Verzicht auf individuelle Entscheidungsautonomie [...]. Bedingt durch die Notwendigkeit kollektiver Entscheidungen ist die Begründung und Ausübung von Macht und Herrschaft ein Merkmal, das fast per definitonem mit korporativen Akteuren [d. h. Organisationen] verknüpft ist“ (Preisendörfer 2008, 34, Bearbeitung DF).

Auch aus systemtheoretischer Perspektive kann Hierarchie als grundlegender Modus von Organisationen beschrieben werden (Schimank 2002, 31):

> „Paradoxerweise entspricht also erst eine erhebliche – keine unbegrenzte – Verselbständigung der Organisation gegenüber ihren Mitgliedern deren auf die Organisation gerichteten Interessen“ (Schimank 2002, 47).

---

[61] (De-)Zentralisierung bezieht sich dabei weniger auf einen räumlichen als vielmehr auf einen *organisatorischen* Zusammenhang: *Zentralisierung* bedeutet, „mehrere Dinge organisatorisch so zusammenzufassen, dass sie von einer zentralen Stelle aus gemeinsam verwaltet und geleitet werden“ (Dudenredaktion 1997). Dezentralisierung ist demnach die „Übertragung von Funktionen u. Aufgaben auf verschiedene [untergeordnete] Stellen“ (a.a.O., Abkürzung und Klammer im Original). Es geht also um eine Verlagerung von Entscheidungs- und Leitungsstrukturen.

[62] In informellen Hilfesettings sind diese Rollen nicht auf Dauer festgeschrieben, weshalb es perspektivisch zu einer Umkehr der Asymmetrie kommen kann. Die Festschreibung der Rollen durch die Organisation verhindert diesen Ausgleich (Luhmann 2005b, 138ff).

[63] Thimm hat diese Forderung nach der „Etablierung symmetrischer personaler Kommunikation“ (Thimm 1978, 309) zum übergeordneten Ziel der Behindertenhilfe erklärt. Alle anderen Ziele bekommen angesichts dessen den Charakter von Mitteln. Bei Beck erhält diese Anforderung die Bezeichnung der „kommunikationstheoretische[n] Prämisse“ (Beck 1994, 220, Bearbeitung DF).

Damit ist nicht gesagt, dass sich Zentralisierung, Hierarchie und Asymmetrie an keiner Stelle von Organisationen abbauen lassen. Vielmehr gilt es – gerade aufgrund der zugrunde liegenden Problematik – nach Wegen zu suchen, diese Veränderungen zu ermöglichen. Wie Beck & Greving verdeutlichen, zeigt sich, dass eine zentrale Steuerung v. a. bei starren und gleichbleibenden Problemlagen effektiv ist. Bei komplexen und sich verändernden Aufgaben (wie der Erfüllung individueller, sich verändernder Bedarfe) ist hingegen eine dezentrale Steuerung überlegen. Sie eröffnet mehr Möglichkeiten, sich an Bedarfen auszurichten (Beck & Greving 2011, 67).

#### *3.1.1.3 Regionalisierung und Vernetzung mit der Gemeinde*

Wenn Angebote und Leistungen anschlussfähig sein sollen an Lebenswelt und Alltag der Betroffenen, folgt daraus zwingend, dass diese Leistungen wohnortnah angeboten werden müssen. Damit sind – im Sinne einer sozialräumlichen Ausrichtung – immer auch Fragen des Zusammenlebens insgesamt angesprochen. Eine solche „Gestaltung des Gemeinwesens“ (Thimm 2005, 327) bedeutet die Umsetzung von Kooperation und Koordination auf sozialräumlicher Ebene. Thimm formuliert dies für den Kinder- und Jugendbereich als Kooperation zwischen Schulen, Gesundheits-, Sozial- und Jugendämtern, schulpsychologischen, schul- und fachärztlichem Dienst, Frühförderung, Arbeitsämtern, Kammern, Betrieben und Erziehungsberechtigten (Thimm 2001, 356). Umgesetzt werden kann dies nur, wenn es nicht bei zufälliger Kooperation bleibt, sondern Koordination und Planung auf regionaler Ebene erfolgen. Die „Planung regionaler Integrationskonzepte [muss] vor dem Hintergrund der gesamten Behindertenhilfestruktur erfolgen“ (a.a.O., 357, Bearbeitung DF) und darüber hinaus auch andere Dienste einbeziehen.

Dies wird unter dem Begriff der »Vernetzung« in vielen sozialen Arbeitsfeldern intensiv diskutiert (exemplarisch Bauer & Otto 2005; Otto & Bauer 2005). Angesichts komplexer und sich verändernder Bedarfslagen soll sie eine ganzheitliche Versorgung im Sinne der KlientInnen ermöglichen (Bauer 2005, 23) obwohl nicht endgültig geklärt ist, ob und wie Vernetzung gefördert, gemanagt und gesteuert werden kann (a.a.O.). Sollbruchstellen des Prozesses sind

- die Frage der strukturellen Verankerung der Vernetzung[64] – gelingt diese nicht oder nur ungenügend, bleibt es tendenziell bei labiler anlass- und einzelfallorientierter Kooperation – sowie
- die Zusammenarbeit verschiedener Berufsgruppen mit Unterschieden in Selbstverständnis, Handlungslogik und Prioritätensetzung (Bauer 2005, 21ff).

[64] Wie eine solche strukturelle Verankerung aussehen kann, zeigt sich theoretisch bei Schubert (Schubert 2005).

Für die Behindertenhilfe hat in diesem Zusammenhang in den letzten Jahren das Konzept der Sozialraumorientierung an Bedeutung gewonnen (einführend: Franz & Beck 2007; auch: Früchtel & Budde 2010; Kessl 2011; Weisser 2010)[65]. Der Ansatz liefert wertvolle Hinweise für Vernetzungsprozesse gerade, indem eine *fallbezogene* und eine *fallunbezogene* Dimension ausdifferenziert werden: In der fallbezogenen Dimension geht es um die Arbeit mit den Stärken und Ressourcen sowie um eine flexible Organisation der Dienstleistung, in der fallunspezifischen Dimension um die Nutzung sozialer Netzwerke sowie um eine raumbezogene Steuerung sozialer Arbeit (Budde & Früchtel 2006, 29, Abbildung 1). Hinte (2002, 15f) differenziert die fallunspezifische Dimension weiter aus in fallspezifische Ressourcennutzung und fallunspezifische Arbeit. *Fallspezifische Ressourcennutzung* geht vom Individuum aus, richtet sich aber primär darauf, die Potenziale sozialer Netzwerke zu nutzen. In der *fallunspezifischen Arbeit* steht im Mittelpunkt, die Kenntnisse eines sozialen Raums zu erschließen und „lebensweltliche Kapazitäten unabhängig von einem Fall aufzuspüren" (a.a.O., 16)[66]. Ähnliche Differenzierungen finden sich auch im Konzept des Case-Managements (Bauer 2005, 29).

In Begriffen der Organisationssoziologie ausgedrückt, berührt dies die Frage nach der Grenzziehung zwischen Organisation und Umwelt. Diese Grenzziehung – also die binäre Unterscheidung zwischen Drinnen und Draußen, Mitglied oder Nichtmitglied – ist eines der zentralen Definitionsmerkmale von Organisationen (Treibel 2006, 34ff)[67]. Auch einer Öffnung hin zur Gemeinde sind also gewisse Grenzen gesetzt. Organisationen sind zwar über ihre Umwelt beeinflusst, ihr Funktionieren basiert auf Prozessen der Adaption an sich verändernde Umweltbedingungen (Preisendörfer 2008, 135). Dennoch muss festgehalten werden, dass

---

[65] Wobei nicht davon ausgegangen werden kann, dass es sich dabei um »einen« Ansatz handelt. Es existieren vielmehr verschiedene, durchaus kontrovers diskutierte Varianten nebeneinander. Grob einteilen lassen sich diese anhand einer Unterscheidung in eher sozialarbeiterisch (z. B. Budde, Früchtel et al. 2006; Hinte 2009, 2012; Hinte, Litges et al. 1999) und eher sozialwissenschaftlich (z. B. Kessl 2011; Kessl, Reutlinger et al. 2005; Projekt Netzwerke im Stadtteil 2005) geprägte Ansätze (Franz, Lindmeier et al. 2011, 105).

[66] Sowohl Hinte als auch Budde & Früchtel warnen allerdings davor, Sozialraumorientierung ausschließlich als räumliches Prinzip zu interpretieren. Gerade auf der fallspezifischen Ebene ist die Orientierung am *Willen der Betroffenen* durchaus geeignet, eher traditionelle Konzepte sozialer Arbeit in Frage zu stellen (Budde & Früchtel 2006, 27ff; Hinte 2005, 151ff) . Daher müssen die räumlichen Aspekte des Konzepts immer mit Elementen politischer Partizipation zusammen gedacht werden.

[67] Die Frage der Mitgliedschaft ist keineswegs rein akademischer Natur: Wer als Mitglied der Organisation gefasst wird und wer nicht, hat Folgen für Selbstverständnis, Ziele und Einflusschancen (Preisendörfer 2088, 61). Bezogen auf den vorliegenden Gegenstand wäre durchaus zu fragen, ob z. B. die BewohnerInnen einer Wohngruppe als Teil der Organisation oder als »Kunden« – und damit Umwelt der Organisation – gefasst werden.

> „je vielfältiger und intensiver die Interaktionen mit anderen [...] lebensweltlichen Systemen und ihren Kulturen [sind], desto wahrscheinlicher die Konfrontation mit mitunter nicht anschlussfähigen [...] Bedeutungssystemen" (Oberholzer 2011, 114, Bearbeitung DF).

Vernetzungen führen für Organisationen also zu „einer erheblichen Komplexitätssteigerung im organisationalen Arbeitsfeld, welche schlussendlich tradierte Systemidentitäten in Frage stellt" (a.a.O.). Vernetzungen sind also keine leichte Aufgabe für Organisationen (die zudem in ihrem »Hoheitsbereich« erhalten bleiben müssen, um handlungsfähig zu bleiben).

#### *3.1.1.4 Veränderungen von Organisationen als Regel-Veränderung*

Aus einer Perspektive, die nicht inhaltlich, sondern methodisch geprägt ist (sich also nicht auf das »Was«, sondern das »Wie« von Veränderungen bezieht), wird deutlich, dass all diese Veränderungen als *Regel-Veränderungen* wirksam werden müssen. Organisationen beruhen als soziale Systeme „auf der operativen Basis von Entscheidungen" (Luhmann 1997, 830), diese nehmen i. d. R. den Charakter von Regeln an. Regeln „beschreiben typischerweise, von wem welche Handlungen in welchen Situationen auf welche Art und Weise ausgeführt werden sollen" (Schulz & Beck 2002, 119). Das impliziert ein weites Verständnis von Regeln und umfasst Strategien, Abläufe, Stellenbeschreibungen, Dienstpläne usw. (a.a.O.).

Die Betrachtung von Organisationen als Regelsysteme ist für den vorliegenden Zusammenhang zudem bedeutsam, weil Regeln vermittelnd zwischen dem konkreten Handeln und den Rahmenbedingungen angesiedelt sind: Es ist ihr Ziel, das Handeln zu »verregeln«, also Auswirkungen auf der Handlungsebene zu entfalten. Sie sind supraindividuelle Momente im organisationalen Geschehen (a.a.O., 146):

> „Organisatorische Regeln sind offensichtlich auf einer Ebene oberhalb von Individuen angesiedelt. Sie sind in beträchtlicher Weise unabhängig von spezifischen Akteuren und bleiben weiter bestehen, selbst wenn ihre Schöpfer die Organisationen verlassen haben" (a.a.O.).

Aus der Funktion, Problemlösungen »auf Dauer zu stellen«, ergibt sich zwangsläufig eine gewisse Dekontextualisierung. Regeln verdeutlichen die gemachten Erfahrungen, aber nicht mehr die Ereignisse, die zu ihnen geführt haben (a.a.O., 146). Als solche „dekontextualisierte Artefakte der Vergangenheit" (a.a.O) geraten sie schnell in den Verdacht bürokratischen Überbaus. Ihre Veränderung kann verschiedene Formen annehmen: die Veränderung/Abschaffung bestehender Regeln oder die Schaffung neuer Regeln (a.a.O., 127)[68]. Jede angepasste Regel stellt Stabilität dabei wieder her (auch eine veränderte Regel ist eine Regel).

---

[68] Gemäß dem regelbasierten Charakter von Organisationen braucht es daher eine Regel zur Veränderung von Regeln: Es muss geklärt sein, wer unter welchen Umständen welche Regeln wie verändern kann.

Dementsprechend ist auch die Veränderung von Organisationen im Wandel zur personalen Orientierung als Veränderung von Regeln rekonstruierbar. Aufgrund der Ausrichtung an Bedarfen müssen diese jedoch entwicklungsoffen formuliert sein, so dass sie neuen Situationen angepasst werden können:

> „neue[...] Regeln müssen im Sinne reflexiver Institutionalisierung und Organisation Erfahrungen in sich [...] tragen, die Entwicklung ermöglichen, für die Adressaten ebenso wie für die Mitarbeiter" (Beck & Greving 2011, 65)

Oberholzer beschreibt die bewusste Auseinandersetzung mit eigenen organisationalen Lernprozessen als Möglichkeit, ein erhöhtes Problembearbeitungspotenzial zu erreichen (Oberholzer 2011, 115). Die Organisationen der Behindertenhilfe müssen also reflexive und lernende Organisationen werden, die vor der Herausforderung stehen, das Spannungsfeld zwischen Flexibilisierung und Lebensweltorientierung auf der einen und der Gewährung verlässlicher Hilfen auf der anderen Seite auszutarieren (Beck & Greving 2011, 66).

### *3.1.2 Zur Institutionalisierung von »Behinderung«*

Neben den eindeutigen und klar zu fassenden, organisatorischen Veränderungen stehen mit dem Begriff der De-Institutionalisierung auch Fragen der Institutionalisierung von »Behinderung« im Raum. Die Bearbeitung dieser Fragen wird erschwert durch den in der Behindertenpädagogik vorherrschenden Institutionenbegriff im Sinne einer (i. d. R. Groß- oder Komplex)-Einrichtung[69]. Dieser greift jedoch zu kurz, da es bei Institutionen – wie Beck & Greving (2011, 31ff) verdeutlichen – „über die materielle Einheit hinaus wesentlich um Regeln im menschlichen Zusammenleben geht" (Beck & Greving 2011, 31). Eine Institution ist also weitaus mehr als eine Großeinrichtung oder eine Anstalt. Es handelt sich vielmehr um „historisch und kulturell bedingte soziale Handlungs- und Strukturzusammenhänge" (Beck & Greving 2011, 32). Institutionen benennen den

> „Abschluss der Entwicklung und Durchsetzung von Regeln im Sinne ihrer gesellschaftlichen Anerkennung, und zwar Regelungen insbesondere für bedeutsame Bereiche des menschlichen Zusammenlebens und hieran geknüpfte Handlungserwartungen" (Beck & Greving 2011, 31).

Die zentrale Bedeutung von Regeln für den Begriff Institution verdeutlicht die Nähe zum Organisationsbegriff. Gleichzeitig verweist das Merkmal „bedeutsame[r] Bereiche des menschlichen Zusammenlebens" (a.a.O., Bearbeitung DF) auch auf »Hilfe«: „Das Helfen

---

[69] Die oftmals verkürzte Verwendung des Begriffs in der Behindertenpädagogik ist auf die Rezeption von Goffmans Arbeiten zu »totalen Institutionen« zurückzuführen (Beck & Greving 2011, 31; Goffman 1973). Ausnahmen bilden die Arbeiten von Jantzen (1998, 2003), Weber (2004), Beck & Greving (2011) und Brachmann (2011), die sich explizit mit verschiedenen Institutionentheorien auseinandersetzen.

[...] ist generell ein zentrales Lebensproblem und von daher hochrelevant für Institutionalisierung" (Beck & Greving 2011, 50). Es ist die Stärke des Institutionenbegriffs, auf diese grundlegenden Muster zu verweisen, das gilt auch für »Behinderung«:

> „Institutionen prozessieren den Konsens, Behinderung als Tatbestand sozialer Hilfe anzuerkennen; der Konsens impliziert jedoch normative Begrenzungen durch die Definition und das Ziel der Hilfe und er legitimiert die ‚Entlastungs'funktion, also die Separierung. [...] Wenn also die Separierung behinderter Menschen und eine defizitäre Sichtweise auf sie legitimiert ist und sich durchgesetzt hat, wirkt sie ständig weiter handlungs- und identitätssichernd für diejenigen, die sie hervorbringen und auf diejenigen, denen dieser Sinn als unabweisbar oder unhinterfragt gegenüber steht" (Beck & Greving 2011, 56f).

Damit ist der Kern dessen benannt, was als »Institution Behinderung« bezeichnet werden kann: eine defizitäre Sichtweise verbunden mit einer Separierung vom normalen Leben. Kommt es in diesem Zusammenhang zudem zu einer Ontologisierung des Status´ »Behinderung«, kann dies zu Beschädigungen der Identität führen: Je stärker die Verdinglichung und „je mehr Handlungssicherheit von hierauf basierenden Interventionen versprochen wird, je stärker diese soziale Identität der Berufsrolle auch die Ich-Identität stärkt, als desto bedrohlicher werden Veränderungen der Organisation und Kritik empfunden" (Beck & Greving 2011, 58; auch Goffman 1973). De-Institutionalisierung muss daher daher als ein „Aufbrechen der Verdinglichung als Humanisierungsprozess [...] [und ein] Reflexiv-Werden dieser Prozesse (reflexive Institutionalisierung) [gefasst werden]" (Beck & Greving 2011, 58, Bearbeitung DF). Damit sind eben jene Themen angesprochen, die in der De-Institutionalisierungsdebatte im Rahmen der reflexiven Argumentationsfigur behandelt wurden (vgl. S. 71ff).

### *3.1.3 Folgen für die Handlungsebene*

Die bisherigen Ausführungen dieses Kapitels waren auf organisatorisch-institutioneller Ebene angesiedelt. Bevor im nächsten Punkt das pädagogische Handeln direkt ins Zentrum der Analyse gestellt wird, werden zunächst die Auswirkungen der organisatorischen Veränderungen auf das Handeln diskutiert. Dies kann als Verbindungsstück zwischen den eher organisationsbezogenen Erkenntnissen dieses Kapitels und den eher handlungsbezogenen Erkenntnissen des nächsten Kapitels angesehen werden.

Organisationen entwickeln ein gewisses »Eigenleben«, d. h. sie entfalten unabhängig von konkret handelnden Personen Wirkung (Beck & Greving 2011, 56). Schimank beschreibt diesen Effekt als „Fiktion akteurloser Sozialität" (Schimank 2002, 41ff). Es gehört zu ihren

Grundmerkmalen, dass sie Handlungsmöglichkeiten einschränken, indem sie Handeln systematisieren, verregeln und somit vorhersehbar machen[70]. Mit Luhmann lassen sich die die Auswirkungen dieser Verregelung als »konditionierte Mitgliedschaft« beschreiben:

> „Jeder kann immer auch anders handeln und mag den Wünschen und Erwartungen entsprechen oder auch nicht – *aber nicht als Mitglied einer Organisation*. Hier hat er sich durch Eintritt gebunden und läuft Gefahr, die Mitgliedschaft zu verlieren, wenn er sich hartnäckig querlegt. Die Lösung des Problems [...] liegt darin, daß die Mitgliedschaft konditioniert werden kann, und dies nicht nur mit Bezug auf dem Eintrittsakt, sondern als Bedingung der Aufrechterhaltung des Status" (Luhmann 1997, 829).

Allerdings können organisatorischen Vorgaben das Handeln nicht bis ins letzte Detail bestimmen, Personen sind immer »nur« über Rollen in die Organisation eingebunden (Beck & Greving 2011, 56). Schimank weist darauf hin, dass der Blick auf die formalen Vorgaben lediglich eine Partialbeschreibung des organisationalen Geschehens einfängt, die allerdings denjenigen Teil umfasst, der „eine Organisation als Organisation ausmacht" (Schimank 2002, 44). Ausgeblendet wird dabei jedoch die Mikropolitik von Organisationen, die sich in informellen Strukturen – und oft in Interaktionen – abspielt (a.a.O., 42). Sofern es also z. B. Möglichkeiten zur Distanzierung von der »organisatorischen Rolle« gibt, ist also nicht der gesamte Handlungsspielraum erfasst – sondern nur derjenige Teil, der diese Rolle betrifft. In diesem Sinne sind organisatorische Bedingungen in der Lage, Handlungsmöglichkeiten zu eröffnen oder eben einzuschränken – aber sie können die Handlungsmöglichkeiten nicht vollständig determinieren. Im Folgenden soll daher untersucht werden, welche Auswirkungen die Ausrichtung an den Bedarfen, der Abbau von Hierarchien und die Vernetzung auf das Handeln haben können.

Die *Ausrichtung an Bedarfen* verweist auf der Handlungsebene auf die zentrale Stellung der individuellen Hilfeplanung. Die „Art und Weise, wie der individuelle Bedarf verstanden und erfüllt wird, welche subjektiven und welche objektiven Effekte er also hat" (Beck 2006, 186), ist die Basis sowohl für die konkreten Hilfen als auch deren Organisation. Die Erhebung des Hilfebedarfs wird somit zur zentralen Schaltstelle des Hilfesystems. Was hier nicht erfasst wird, kann keine Wirkungen entfalten. Die Erhebung dieses Bedarfs muss mehr umfassen als individuelle Kompetenzen (bzw. den Mangel an solchen). Er ist vielmehr Mittel zur

[70] Wobei die Frage nach dem Zusammenhang von Handlungen und Strukturen im Rahmen dieser Arbeit nicht einmal ansatzweise erschöpfend beantwortet werden kann. Sie ist vielmehr eine *der* zentralen Fragestellungen der Soziologie – diskutiert unter dem Schlagwort des Zusammenspiels von Handlungs- und Systemtheorie (Allmendinger & Hinz 2002; Beck & Greving 2011; Nolte 1999) .

„Herstellung gleicher Lebenschancen und muss final auf die Förderung der selbstbestimmten Lebensführung, den Abbau von Benachteiligung und sozialer Isolierung gerichtet sein. Er ist eine in wesentlichen Teilen soziale, nie von Umfeldfaktoren unabhängige, relative und normative Kategorie" (Beck 2002a, 51)[71].

Dementsprechend muss jede Bedarfserhebung auch zwei wesentliche Komponenten enthalten – die umfassende Erhebung des Bedarfs *und* die Analyse der Bedingungen des Umfeldes (für die Aufzählung: a.a.O., 51f):

1. Die *umfassende Erhebung des Bedarfs* muss erfolgen sowohl mit Blick auf eine gemeindeintegrierte und selbstbestimmte Lebensführung als auch in Anerkennung der höheren Angewiesenheit auf Hilfe bei der Bedarfsbefriedigung. Dies beinhaltet auf einer zeitlichen Achse den Blick in Vergangenheit und Zukunft:

   „Einen Hilfebedarf *unabhängig von institutionellen Bedingungen und der Berücksichtigung seiner historischen Gewordenheit* [...] sowie ohne *Zielperspektive* [...] zu erheben, mündet in eine reduzierte Widerspiegelung dessen, was dem Menschen aktuell an Hilfen zur Verfügung steht" (a.a.O., 52, Hervorhebungen im Original).

   Das bedeutet

   - im Hinblick auf die *Vergangenheit*, dass Bedarfe biografisch bedingt sind. Handlungsstrategien sind immer durch bisher Gelerntes geprägt. Die Bedarfserhebung muss daher mehr als eine Abfrage biografischer Daten sein, sie erfordert Kompetenzen in Verfahren der Biografiearbeit oder Rehistorisierung – also die Fähigkeit, biografische Daten zu interpretieren und in Zusammenhänge zu stellen (Jantzen 2005).
   - im Hinblick auf die *Zukunft*, dass ein Bedarf nicht »an sich« erhoben werden kann, sondern immer nur im Hinblick auf persönliche Einschätzungen und Ziele[72]. Hierfür bieten sich insbesondere alternative Verfahren der Hilfeplanung wie z. B. die »persönliche Zukunftsplanung« an (Doose 2000; Lindmeier & Meyer 2005). Dabei besteht die Herausforderung darin, sich auf das Erleben der KlientInnen einzulassen, deren Referenzrahmen anzunehmen und nicht mit professionellem Wissen über ein »gutes Leben« oder die »richtige« Vorgehensweise zu überfrachten[73].

---

[71] Zur Verbindung von »Hilfebedarf« zu den Konzepten der Lebenslage und Lebensqualität, vgl. auch S. 48ff.

[72] Ein aus der Außenperspektive erkannter »Mangel« kann in der Innenperspektive als nicht einschränkend erlebt werden, dementsprechend u. U. auch kein Ziel von Veränderungen sein. Aus diesem Mangel trotzdem eine Hilfeleistung abzuleiten, braucht sehr gute und schwerwiegende Gründe (z. B. eine Gefährdung der Gesundheit oder der eigenen Sicherheit).

[73] Damit sind zweifelsohne Anforderungen formuliert, die die Grenzen persönlicher Toleranz erreichen oder eventuell überschreiten können. Nicht ohne Grund gibt es Verfahren, die den KlientInnen einen Advokaten zur Seite stellen, der sich ausschließlich für deren Interessen einsetzt. Ein möglicher Interessens- oder Wertekonflikt darf aber nicht als Begründung herangezogen werden, um sich dieser Anforderung zu entziehen.

2. Eine *Analyse des näheren oder weiteren Umfelds* muss erfolgten, weil sich ein Teil des »individuellen« Bedarfs auch als rein umfeldbezogener Handlungsbedarf entpuppen kann. Hilfebedarfe konstituieren sich immer im Verhältnis zu räumlichen Bedingungen und sozialen Beziehungen. Beide können für Teilhabe hinderliche oder förderliche Wirkungen entfalten. In diesem Sinne ist jede Konzeption von Hilfebedarf auch eine Konzeption von sozialem Unterstützungsbedarf (a.a.O., 51f). Auch im »Jetzt« bleibt der Hilfebedarf also nicht nur auf das Innenleben einer Person beschränkt. Hilfebedarf ist eine individuelle, aber keine individualistische Kategorie (ausführlich zur Frage der sozialräumlichen Dimension von Hilfebedarf: Franz & Beck 2007, 13ff).

Eine solche Konzeption des Bedarfs an Hilfen ist jedoch nicht ohne weiteres operationalisierbar: Bedarfe stehen immer in komplexen Zusammenhängen mit sozialen und gesellschaftlichen Faktoren, was zu sehr vagen Kategorien führen kann. Zudem gibt es auch nicht eine »richtige« Konzeption von Hilfebedarfskategorien, sondern immer mehrere Möglichkeiten, Lebensbereiche anzuordnen. Damit einher geht, dass *jede* kategoriale Ordnung blinde Flecken aufweist, weil sie bestimmte Aspekte betont und andere vernachlässigt (Franz 2007, 4)[74]. Daher ist im Umgang mit Bedarfskonzeptionen (sowie ihren Konkretisierungen in Hilfeplänen) immer eine kritische Distanz zu wahren. Sie sollten als offene Arbeitskonzepte begriffen werden, die Hilfestellung bei der Ordnung einer übermäßig komplexen Realität bieten (Beck 2002a, 43; Franz 2007, 4). Die Anerkennung von offenen, sich (prinzipiell unvorhersehbar und) prozesshaft entwickelnden Bedarfen erhöht dabei die Handlungsunsicherheit und damit den Reflexionsbedarf auf Seiten der MitarbeiterInnen (Eisenberger 1999, 167).

Zudem überdauern in vielen Bedarfskonzeptionen doch noch Momente einer Defizitorientierung (Lemke & Schuck 2002, 89). Sie legen den Fokus primär auf das, was eine Person braucht, was sie (noch) nicht kann, wobei Unterstützung benötigt wird: „Erhoben wird die fehlende Kompetenz, vorhandene wird oft nicht benannt" (Beck 2002, 55). Die grundsätzlich geforderte Hinwendung zu Ressourcen und Kompetenzen kann hier vordergründig erfüllt werden und dennoch kann die Defizitorientierung unter der Oberfläche fortdauern.

Der *Abbau von Hierarchien* bzw. die Dezentralisierung von Entscheidungsstrukturen bedeutet einen Zuwachs an Entscheidungsmöglichkeiten auf Seiten der MitarbeiterInnen, erfordert aber andererseits die Integration von Elementen politischer Partizipation in die Arbeit. Am besten lassen sich diese beiden Bereiche in der Form einer Analogie denken: In der Form, in der KlientInnen Mitbestimmungsmöglichkeiten im Rahmen der Hilfen brau-

---

[74] Dem Problem blinder Flecke könnte nur durch eine unendliche Operationalisierung begegnet werden, die aber einen totalen Zugriff auf die Lebensführung nach sich zieht. Dieser wäre ethisch nicht zu rechtfertigen und zudem wenig sinnvoll, da ungeklärt bliebe, welche dieser Bedürfnisse sich überhaupt mittels professioneller Hilfe befriedigen lassen (Beck 2002a, 37f).

chen, um ihre Lebensqualität zu sichern, brauchen auch MitarbeiterInnen „institutionelle Entscheidungsspielräume“ (Schiller 1994, 104), um Selbstbestimmung und Teilhabe zu fördern. Darüber hinaus gilt es, Verfahren der politischen Partizipation in Einrichtungen und Diensten zu stärken – Aufgaben für MitarbeiterInnen wären hier die Moderation von Versammlungen, die Bestärkung der KlientInnen in der Wahrnehmung ihrer Rechte usw.[75]. Fragen der Förderung von Mitbestimmung und politischer Partizipation werden im Zusammenhang mit den Anforderungen an das professionelle Handeln ausführlich erörtert (vgl. S. 109ff).

Die Anforderung der *Vernetzung* bedeutet für das Handeln der MitarbeiterInnen, sowohl in der Planung als auch der Durchführung von Hilfen, anschlussfähig zu sein an die räumlichen und sozialen Kontexte, in denen die Menschen leben. Es geht darum,

> „dass sich die professionelle Identität zwar wesentlich an der Erfüllung eines personalen Bedarfs orientiert, aber die Leistungen selber weitaus stärker als bisher auf das ökologische und soziale Umfeld gerichtet sein müssen“ (Beck & Greving 2011, 63).

Hinweise auf die hierzu notwendigen Kompetenzen liefern z. B. Konzepte der Netzwerkarbeit (Bullinger & Nowak 1998; Nestmann 1991), der Sozialraumorientierung (Franz & Beck 2007; Früchtel & Budde 2006a, 2006b; Früchtel, Budde et al. 2007) und des Case-Managements (Fachgruppe Case Management der DGS 2004; Löcherbach 1988). Zum einen geht es dabei um Wissen über soziale Beziehungen und deren Status als „wesentliche[...] Vermittlungsstruktur für individuelle Lebensqualität“ (Beck 1994, 264) sowie um die Begrenzungen, denen professionelle Hilfen unterliegen – insbesondere im Bereich emotionaler Unterstützung. Zum Anderen geht es um Kenntnisse über sozialräumliche Ressourcen – also sowohl Dienstleister als auch Initiativen oder Schlüsselpersonen im Stadtteil oder der Gemeinde (Franz & Beck 2007, 37ff). Nestmann verdeutlicht die Vielfältigkeit einer solchen Ausrichtung auf das Umfeld anhand der unterschiedlichen damit verbundenen Ziele (für die Aufzählung: Nestmann 1991, 45ff):

1. Verbesserung der Unterstützung/Versorgung in existierenden sozialen Netzwerken;
2. Ergänzung vorhandener Kontakte/Neu-Schaffung von Kontakten;
3. Netzwerkförderliche Voraussetzungen in Gemeinden schaffen;
4. Qualifizierung zu Netzwerkgestaltung, -aufbau und -erhaltung;
5. Stärkung der Netzwerkorientierung professioneller Versorgungssysteme;
6. Verknüpfung professioneller und nicht-professioneller Netzwerke;

[75] Wobei zu bedenken ist, dass MitarbeiterInnen diese Aufgaben nicht immer vollständig erfüllen können. Sie sind eben nicht nur dem Wohl der KlientInnen, sondern auch ihrem Arbeitgeber gegenüber verpflichtet. Es ist i. d. R. sinnvoller, die Unterstützung von Heimbeiräten, Interessenvertretungen usw. durch externe UnterstützerInnen zu begleiten.

7. Sicherung von sozialen Netzwerken und sozialer Unterstützung sowie
8. Stützung der Unterstützer[76].

Auf der methodischen Ebene erfordert dies einen Umgang mit Netzwerkkarten bzw. mit niederschwelligen Verfahren der Sozialraumanalyse (ausführlich zu den Themen Netzwerk und Sozialraum: Franz & Beck 2007, 13ff). In der praktischen Arbeit kann das v. a. bedeuten, einen signifikanten Teil seiner Arbeitszeit *nicht* mit den KlientInnen zu verbringen, sondern mit Menschen zu sprechen, die normalerweise keine oder wenig Berührungspunkte mit Menschen mit Behinderung haben (Franz 2011b, 91ff)[77].

Ergebnis all dieser Bemühungen wird sein, dass die Handlungssicherheit von MitarbeiterInnen erst einmal abnehmen wird, weil Aufgaben komplexer werden und der Handlungsauftrag individueller und diffuser erscheint. Anders gesagt:

> „Die Effektivität der Organisation im Feld des pädagogischen Handelns ist gebunden an Interaktion, Partizipation und die Förderung von Selbstbestimmung und -verantwortung bei Sicherstellung sozialer Verantwortung und solidarischer Beziehungen, an die normative Bestimmung des Leistungszusammenhanges und das begründete Menschenbild. Ihre Effektivität wird zugleich beschränkt durch das Technologiedefizit, Legitimations- und Kontingenzprobleme, mangelnde Rationalisierbarkeit, Grenzen der Flexibilisierung bei gleichzeitiger Begrenzung der funktionalen Differenzierung" (Beck & Greving 2011, 66).

Um in einem Handlungsfeld tätig zu sein, das in derartigem Ausmaß von Komplexität und Kontingenz gekennzeichnet ist, braucht es daher

> „reflexive Teamkompetenzen, die den Wechsel von Perspektiven zum Routinegeschäft machen und so Mitarbeiter unterstützen, das Wissen immer wieder einzuklammern, das sie routiniert handeln lässt [...] [sowie] Führungskräfte, die ein solches plurales Sinn- und Wandlungssystem autorisieren [...] und Mitarbeiter unterstützen, die Verunsicherung entstrukturierter Praxis auszuhalten" (Budde & Früchtel 2006, 39, Bearbeitung DF).

[76] Anhand dieser Aufzählung wird nochmals deutlich, dass sich die Ausrichtung auf Netzwerke nicht nur auf das Handeln von MitarbeiterInnen beschränkt, sondern auch in Aufgabenprofilen und Organisationsstrukturen repräsentiert sein muss. Auch auf der Ebene der Dienste müssen Voraussetzungen geschaffen werden, die es möglich machen, diese Anforderungen in die Tat umzusetzen.

[77] Früchtel & Budde (2010) verdeutlichen, dass die Behindertenhilfe ihren Handlungsauftrag aus sich heraus streng genommen nicht erfüllen *kann*: „Hilfeprofessionen [können] unendlich viel, aber sie können nicht integrieren [bzw. inkludieren]. Das können nur die Bürger(innen), aber die haben die Hilfeleistung treuhänderisch den Hilfeprofessionen überlassen" (a.a.O., 55, Bearbeitung DF).

## 3.2 Folgen für das professionelle pädagogische Handeln

Die Erkenntnisse zu den veränderten Anforderungen an MitarbeiterInnen speisen sich aus verschiedenen Quellen: Neben empirischen Berichten über die Folgen vollzogener Veränderungen stehen programmatische »Übersetzungen« neuer Konzepte in pädagogisches Handeln, Untersuchungen zu Arbeitszufriedenheit sowie Arbeiten zu grundlegenden Fragen des professionellen Handelns[78]. Diese Beiträge erfolgen zudem vor dem Hintergrund einer Vielzahl unterschiedlicher theoretischer Bezüge, auf sehr unterschiedlichen Abstraktionsniveuaus und unter wechselseitiger Bezugnahme aufeinander (z. B. wenn zur Klärung der Veränderungen des Handelns unter dem Leitbild Selbstbestimmung auf Aspekte des Diskurses um professionelles Handeln eingegangen wird).

Um im Rahmen dieser vielschichtigen Diskussion zu einer systematischen Darstellung zu gelangen, wurden auch hier verschiedene Spezifikationen vorgenommen. Diese werden im Folgenden kurz vorgestellt (und dabei eine Einordnung der Quellen vorgenommen), bevor die Darstellung der analytischen Ergebnisse erfolgt: Im ersten Schritt erfolgte eine Konzentration auf handlungsbezogene Beiträge (diese Spezifikation bezieht sich insbesondere auf die Diskussion um professionelles Handeln). Sie schlägt sich nieder als Konzentration auf den Begriff *Professionalität.* Nittel (2004, 347ff) ordnet die verschiedenen Varianten des Professions-Begriffs unterschiedlichen Ebenen soziologischer Forschung zu:

- Profession befasst sich als *Strukturbegriff* auf der Makro-Ebene mit Fragen gesellschaftlicher Arbeitsteilung,
- Professionalisierung bezieht sich als *Prozessbegriff* auf der Meso-Ebene auf Veränderungen in der Zeit. Diese lassen sich weiter differenzieren in *kollektive* Prozze der Verberuflichung von Handlungsfeldern (Meso-Ebene) und individuelle Prozesse der Ausbildung und des »Hineinwachsens in den Beruf«. Letzteres hat Dlugosch (2005, 28) als »professionelle Entwicklung« gekennzeichnet (Mikro-Ebene).
- Professionalität beschreibt als *handlungsbezogener Begriff* auf der Mikro-Ebene eine gekonnte Beruflichkeit. Diese lässt sich fassen als Ensemble von Ideen und Haltungen, das den Ansprüchen an das professionelle Handeln in einem Feld gerecht werden (Wüllenweber 2007, 17). Greving definiert sie als „eine begründete und fachlich gekonnt durchgeführte berufliche Handlung" (2011, 18). Es ist diesem Handeln eigen, dass es sich aus einer Kombination von Wissen, Tun und den »soft skills« der handelnden Person zusammensetzt (Greving & Ondracek 2009, 28)[79].

---

[78] Im Sinne der Spezifikationen der Fragestellung (vgl. S. 16ff) wurden dabei lediglich Texte behandelt, die sich entweder explizit dem Handlungsfeld Wohnen zuordnen lassen oder die auf einem Abstraktionsniveau angesiedelt sind, das es erlaubt, die Ergebnisse auf verschiedene Handlungsfelder zu beziehen. Die Vielzahl von Arbeiten, die sich mit den Veränderungen des professionellen Handelns in schulischen Kontexten befassen (z. B. Benkmann 2001; Lindmeier 2000, 2009; Moser, Schäfer et al. 2010; Reiser 1996, 1998, 2005, 2006), waren nicht Teil der Analyse.

[79] In Bezug auf die Frage, ob pädagogischen/helfenden Berufen der Status einer Profession zugesprochen

In einem zweiten Schritt wurden auf analytischer Ebene empirische und theoretische Arbeiten unterscheiden, von denen sich jeweils ein Teil auf Veränderungsprozesse bezieht und ein Teil dies nicht tut. Im Einzelnen differenzieren sich die Arbeiten in:

1. Empirische Arbeiten, die retrospektiv die Auswirkungen konkreter Reformen auf das Handeln erfassen. Dazu gehören die Arbeiten von
   - Schiller (1994), der exemplarisch veränderte Anforderungen an MitarbeiterInnen im Zusammenhang mit dem Normalisierungsprinzip formuliert;
   - Rückholdt (1999), der aus der Perspektive eines Organisationsberaters und Supervisors[80] die Rolle von MitarbeiterInnen in Veränderungsprozessen beleuchtet;
   - Eisenberger (1999), der veränderte Arbeitsbedingungen in den neuen Bundesländern im Zusammenhang untersucht;
   - Droste (2000), die sich im Zusammenhang mit der Enthospitalisierung mit der veränderten Rolle von MitarbeiterInnen befasst;
   - Bensch & Klicpera (2000, 2002), die die Veränderungen in der Rolle von MitarbeiterInnen angesichts der Reformprozesse in der Behindertenhilfe untersuchen[81].
   - Hahn, Fischer, Klingmüller et al., die sich mit der Situation von MitarbeiterInnen im Zusammenhang mit dem Aufbau neuer Wohnsettings für Menschen mit schwerer Behinderung befassen (Hahn, Fischer et al. 2004)[82]. Sie fassen die MitarbeiterInnen „im Kräftespiel der Variablen, die zum Gelingen des Realisierungsprozesses beitragen, [...] [als] wahrscheinlich die wichtigste Einflussgröße" (Hahn, Fischer et al. 2004, 303, Bearbeitung DF), bzw. als „'Gelenkstellen' der Realisierung einer stadtteilintegrierten Wohnsituation" (Hahn, Fischer et al. 2004, 348).

werden sollte, zeigt sich dabei der einseitige Bezug auf *strukturbezogene* Fragen: Selbst wenn diesen Berufen der Status einer Profession nicht zugesprochen wird, können sich sowohl Professionalisierungsschübe ereignen als auch spezifische Handlungsmuster ausbilden, die als »Professionalität« gefasst werden können. Bereits Oevermann unterscheidet zwischen Professionalisierungsbedürftigkeit auf der Einen und faktischer Professionalisiertheit auf der anderen Seite (Oevermann 1996, 135ff).

[80] vgl. Informationen zu den AutorInnen in Eisenberger, Hahn et al. (1999, 363)

[81] Die Untersuchung bezog sich auf Einrichtungen in Österreich (Bensch & Klicpera 2002, 64). Aufgrund der relativ allgemeinen Anlage lassen sich die Ergebnisse m. E. jedoch auf die Situation in Deutschland übertragen.

[82] Das WISTA-Projekt begleitete den Aufbau von mehreren Wohngruppen für Menschen mit schwerer Behinderung in Berlin (Hahn, Fischer et al. 2004).

- Loeken & Windisch (Loeken & Windisch 2009), die sich empirisch mit der Frage nach beruflichen Kompetenz in der außerschulischen Behindertenhilfe unter den Leitbildern Normalisierung, Selbstbestimmung, Empowerment und Inklusion befassen.
- Glasenapp (2010), der in seiner Arbeit zum Deinstitutionalisieren nicht nur die Veränderungen bei KlientInnen, sondern auch bei MitarbeiterInnen untersucht.

Inhaltlich fokussieren diese Arbeiten v. a. den Zusammenhang zwischen den Lebensbedingungen der KlientInnen und den Arbeitsbedingungen von MitarbeiterInnen sowie die reflexive Anwendung des organisatorischen »Programms« (Selbstbestimmung, Partizipation, Normalisierung usw.) auf die Situation der MitarbeiterInnen. Zusätzlich wird auf der Prozessebene deutlich, dass Veränderungen Angst und Unsicherheit auslösen können, die im ernst genommen werden und bearbeitet werden müssen (z. B. im Rahmen von Supervision).

2. Empirische Arbeiten, die sich mit den Bedingungen für Arbeitszufriedenheit von MitarbeiterInnen befassen. Dazu zählen

- eine von Neumann herausgegebene Untersuchung zur Situation von MitarbeiterInnen (Neumann 1988). Sie zielte auf eine „Humanisierung des Arbeitslebens" (Wacker 1988, 85) .
- eine Studie von Seifert (1997a), die sich u. a. mit der Wechselbeziehung zwischen Lebensqualität und Arbeitszufriedenheit befasst (a.a.O., 266). Im Zentrum vom Arbeitszufriedenheit steht dabei

> „die Erfüllung der Bedürfnisse nach Sinnhaftigkeit der Arbeit, nach Kooperation, nach Kompetenz sowie nach Eigenverantwortlichkeit und Mitsprache [...]. Gleichermaßen bedeutsam sind die jeweiligen Rahmenbedingungen, die sich motivationsfördernd oder belastend auswirken können. Dazu zählen unter anderem die Größe und Zusammensetzung der Gruppe und vor allem die Personalsituation" (a.a.O., Bearbeitung DF).

Inhaltlich verweisen diese Arbeiten auf die Notwendigkeit von Selbst- und Mitbestimmungsmöglichkeiten auf Seiten der MitarbeiterInnen. Hinzu kommen möglichst klare Aufgabenverteilungen und Entscheidungsstrukturen sowie befriedigende Beziehungen zu KollegInnen und KooperationspartnerInnen.

3. Programmatische Arbeiten, die Veränderungen des Handelns oder des Selbstverständnisses von MitarbeiterInnen benennen. Dazu zählen die Arbeiten von

- Rock (1996), die die Auswirkungen der Orientierung an Selbstbestimmung auf die professionellen HelferInnen untersucht. Im Zentrum stehen dabei einerseits die Neufassung der Beziehungen zwischen professionellen HelferInnen und KlientInnen und andererseits die Veränderung von Rahmenbedingungen (Rock 1996, 223f).

- Schablon (2009a, 2009b), der sich in seiner Untersuchung zu Community Care auch mit den veränderten Anforderungen an MitarbeiterInnen befasst. Im Zentrum steht dabei die Nachrangigkeit professioneller und behindertenpädagogischer Hilfen (Schablon 2009a, 38).
- Loeken (2000, 2005) bzw. Loeken & Windisch (Loeken & Windisch 2005, 2008, 2009), die sich in ihren Arbeiten mit veränderten Anforderungen an (behinderten-)pädagogisches Handeln durch die Orientierung an neuen Leitzielen befassen.

Es zeichnet diese Texte aus, dass immer wieder Bezugnahmen auf das Themenspektrum des professionellen Handelns vorgenommen werden. Oft geschieht das jedoch nicht systematisch, vielmehr werden einzelne Bezugspunkte gewählt, um sie auf behindertenpädagogische Arbeitsfelder zu beziehen.

4. Theoretische Arbeiten, die sich mit Grundfragen und -anforderungen von professionellem Handeln im Rahmen sozialer Dienstleistungen befassen[83]. Dazu zählen Arbeiten, die sich
   - mit grundlegenden Merkmalen professionellen Handelns befassen, z. B. von Schütze (1996), Stichweh (1992, 1996), Merten & Olk (1996), Oevermann (1996) und Ferchhoff (2011).
   - mit den spezifischen Merkmalen sozialpädagogischer Handlungsfelder befassen und versuchen, den gemeinsamen Kern *aller* Handlungsfelder sozialer Arbeit zu finden (Dewe 2005, 257). Dazu zählen neben den Arbeiten von Dewe et al. (Dewe 2005; Dewe, Ferchhoff et al. 2001; 2005) auch Texte von Müller, Busse und Becker-Lenz (Becker-Lenz, Busse et al. 2011; Müller & Becker-Lenz 2008).
   - explizit mit den Anforderungen und Strukturproblemen behindertenpädagogischen Handelns befassen, z. B. von Moser (2003, 2005; Moser, Loeken et al. 2008), Dlugosch (2005, 2009a, 2009b), Wüllenweber (2007) und Greving (Greving 2011; Greving & Ondracek 2009)[84].

[83] Meines Erachtens erfolgt an dieser Stelle die ausführlichste und ertragreichste Debatte über die Anforderungen an das berufliche Handeln in der Erziehungswissenschaft. Für den vorliegenden Zusammenhang ist sie jedoch nicht unproblematisch, da oft eine – nicht explizierte – Konzentration auf akademische Berufe vorliegt, die systematisch große Teile beruflichen Handelns in der Behindertenhilfe ausblendet: (Heil-)ErzieherInnen, pflegende oder therapeutische Berufe, ungelernte Kräfte usw.

[84] Moser konstatiert noch im Jahr 2003 ein sehr ernüchterndes Fazit zum Diskurs um professionelles Handeln in der Behindertenpädagogik: „[P]rofessionstheoretische Überlegungen [sind] hier erst in Ansätzen vorhanden [...]. Weitgehend werden Tugendlehren [...] aus dem Feld der Berufsethik in die Disziplin transportiert" (Moser 2003, 81f, Bearbeitung DF). Obwohl diese Einschätzung durch die Beiträge verschiedener AutorInnen (Dlugosch 2009a, 2009b; Greving 2011; Greving & Ondracek 2009; Horster, Hoyningen-Süess et al. 2005; Moser, Loeken et al. 2008) heute wahrscheinlich anders ausfallen müsste, kommt auch Greving im Jahr 2011 noch zu dem Schluss, dass der Diskurs in der Behindertenpädagogik noch nicht sehr weit fortgeschritten ist (Greving 2011, 13).

Für die Darstellung der Ergebnisse bietet sich diese Strukturierung jedoch nicht an. Zum einen lassen sich durch die gegenseitigen Bezugnahmen Redundanzen nicht vermeiden und gleichzeitig nötigen sie immer wieder zu Vorgriffen auf Zusammenhänge, die noch nicht eingeführt wurden. Beides ist einer systematischen Darstellung nicht zuträglich. Anstatt sich also in der Darstellung an den Quellen zu orientieren, folgt sie vielmehr anhand der Logik der *Erkenntnisse*, die diese hervorbringen. Diese Erkenntnisse lassen sich – analog zum Verfahren in der Auswertung der De-Institutionalisierungsdebatte (vgl. S. 53ff) – zu Argumentationsfiguren verdichten. Diese Figuren nehmen die Form von Thesen an, die etwas über die *Bedingungen des Handelns* aussagen, aus denen sich dann Folgen für dieses Handeln ableiten lassen:

- Das *Verständnis des »Falls«* prägt das Handeln (3.2.1).
- Das *Programm und die Strukturen der Organisation* prägen das Handeln (3.2.2).
- Das *Rollenkonzept* der MitarbeiterInnen prägt das Handeln (3.2.3).
- Die Besonderheiten des *professionellen Handelns im Rahmen pädagogischer Dienstleistungen* prägen das Handeln (3.2.4).

### *3.2.1 Das Verständnis des »Falls« prägt das Handeln*

Ein erster Argumentationsstrang befasst sich mit der Frage, wie eigentlich der »Fall« des pädagogischen Handelns wahrgenommen wird. Das umfasst

- sämtliche Auseinandersetzungen mit dem Menschenbild, das dem pädagogischen Handeln zu Grunde liegt,
- Arbeiten, die sich mit dem Konzept des »Fallverstehens« befassen sowie
- die Forderung, das pädagogische Handeln stärker an sozialen Netzen und Räumen auszurichten (vgl. dazu S. 96ff).

Ganz grundlegend ist dabei eine bereits im Zusammenhang mit der De-Institutionalisierungsdebatte genannte Anforderung zu nennen – die Anerkennung der Subjekthaftigkeit und Entwicklungsfähigkeit jedes Menschen (ohne sie ist *pädagogisches* Handeln auch gar nicht zu denken), z. B. bei Schiller als Abkehr von

- „ausschließlich medizinisch-pflegerischen Hilfen zugunsten einer pädagogisch-therapeutischen Orientierung“ (Schiller 1994, 103),
- einer Wahrnehmung des Menschen als primär medizinischem Fall. Er soll vielmehr „in seinem subjektiven Person-Sein, seiner Persönlichkeit ernst“ (a.a.O.) genommen werden.

Loeken & Windisch fassen diese Forderung in der Formulierung zusammen,

> „die bisherige Institutionen-, Defizit- und Förderorientierung sowie professionelle Macht zu Gunsten von kooperativem und dialogischem Denken und Handeln und der Orientierung an den Wünschen und Interessen der Betroffenen abzulösen" (Loeken & Windisch 2005, 193).

Dazu zählt auch die Forderung, »Verhaltensauffälligkeiten« als Strategien der Problembewältigung zu sehen (z. B. Droste 2000, 134f). Dies erfordert ein zugrundeliegendes Menschenbild, das auf Gemeinsamkeiten fokussiert und auch Menschen mit schwerer Behinderung einbezieht (Hahn, Fischer et al. 2004, 552f).

Netzwerkarbeit schließlich umfasst mehr als die Wahrnehmung des Falls, da sie sich nicht nur die Planung und Diagnostik, sondern auch auf die Gestaltung von Hilfesettings bezieht. Sie wird an dennoch an dieser Stelle erwähnt, da es im ersten Schritt um die Frage geht, welches Menschenbild vorliegt und ob bzw. in welchem Ausmaß die sozialräumlichen Beziehungen und Netzwerke eines Menschen als relevante Kontextbedingungen angesehen werden (dazu ausführlich: Franz & Beck 2007, 13ff).

Die Frage, wie die Lebenssituation der KlientInnen wahrgenommen wird und in welchem Kontext die im pädagogischen Handeln zu bearbeitenden Probleme zu deuten sind, wird – v. a. in der Sozialpädagogik – unter dem Stichwort des Fallverstehens diskutiert. Müller & Becker-Lenz benennen die angemessene Deutung einer Fallproblematik als eine der zentralen Herausforderungen:

> „Dies bedeutet einerseits rekonstruktionslogisch die Besonderheit der Fallstruktur erfassen zu können und andererseits in der Lage zu sein, subsumtionslogisch einen Fall auf bestimmte abstrakte Kategorien zu beziehen" (Müller & Becker-Lenz 2008, 38).

Im Fallverstehen müssen also einzelfallbezogene Aspekte und theoretisches/empirisches Wissen zueinander in Beziehung gesetzt werden. Zudem begründen sich aus der Wahrnehmung des Falls Auswahl und Einsatz von Methoden und Interventionsstrategien (a.a.O., 31f).

Wie zentral die Frage des Menschenbildes und der Interpretation des »Falls« für das päd agogische Handeln ist, lässt sich anhand der Analysen Mosers zum veränderten Handlungsauftrag der Behindertenpädagogik nachvollziehen (Moser 2000, 2003, 2005). In einer historischen Analyse zeigt sie, dass die Ausdifferenzierung eines behindertenpädagogischen Handlungsfeldes über a) das Herausstellen der »Besonderheit« des Klientels und b) die Bezugnahme auf eine bestimmte Einrichtungsform erfolgte (Moser 2000, 45, 2003, 13)[85]. »Behinderung« wird dabei zum Zentralbegriff und zum Ausgangspunkt einer diffe-

[85] Moser differenziert schulische und außerschulische Handlungsfelder. Für die außerschulischen Felder diagnostiziert sie ein „professionsbezogen eher ungeklärte[s] Verhältnis zur Sozialpädagogik" (Moser 2003, 13, Bearbeitung DF). Die schulischen Handlungsfelder sind über die Ausbildung der spezifischen

renten und speziellen Pädagogik (Moser 2000, 52). Erfolgt die Legitimation über den Behinderungsbegriff, erklärt sich, dass dessen Infragestellung die gesamte Disziplin betrifft. Moser verdeutlicht dies am Beispiel der Paradigmendiskussion, in der

> „der Frage nachgegangen [wird], ob die Sonderpädagogik als zentrale Kategorie den Behinderungsbegriff benötigt, ob dieser eine vor allem defizitäre Perspektive auf die so etikettierten Schüler und Schülerinnen nach sich zieht oder ob dieser – und mithin Sonderpädagogik als Disziplin und Profession – gar gänzlich verzichtbar sei" (Moser 2003, 7, Bearbeitung DF).

Kommt der Behindertenpädagogik also ihre „zentrale Differenz" (Moser 2003, 158) abhanden, weil die Bezugnahme auf eine fraglos als »behindert« gekennzeichnete Klientel nicht mehr möglich ist und/oder die zur Unterstützung dieser Klientel gegründeten Einrichtungen in der Kritik stehen, führt dies zu Verunsicherungen im professionellen Selbstverständnis. Es muss neu geklärt werden, wodurch sich Behindertenpädagogik auszeichnet, was sie von anderen »Pädagogiken« unterscheidet und wie sie sich legitimiert. Es ist zu klären, ob alternativ eine spezifische „Handlungsweise als professionelles Differenzierungsmerkmal" (Moser 2005, 92) verwendet werden kann. Die Frage, was eine behindertenpädagogische Professionalität ausmacht, wird v. a. entlang zweier Themen behandelt:

a) dem Status des – lange Zeit handlungsleitenden – Prinzips der Stellvertretung und Anwaltschaft (3.2.1.1) sowie
b) der Spezifik behindertenpädagogischen Handelns (3.2.1.2).

#### *3.2.1.1 Anwaltschaft und Stellvertretung (Behindertenpädagogik I)*

Steht im Kern des behindertenpädagogischen Selbstverständnisses ein »besonderes« Klientel – das sich zudem durch eine »besonderen Angewiesenheit« auszeichnet, so liegt es nahe, daraus das Prinzip der Anwaltschaft als zentralen Fixpunkt abzuleiten (Moser 2003, 75; 2000, 53) und als konstitutiv für das Fach zu sehen (wie z. B. bei Benkmann 2001, 91)[86]. Zudem sind Anwaltschaft und Stellvertretung historisch gesehen wichtige Impulsgeber gewesen, da durch sie überhaupt erst die Bildsamkeit von Menschen mit Behinderung diskutiert werden konnte. Die Übernahme dieser „ethische[n] Dimension als Professionsmerkmal" (Moser 2000, 50) entsprach also einem wichtigen Teil der Tätigkeit. Anwaltschaft bedeutet die Übernahme von Verantwortung für die Würde der anvertrauten Menschen und erfüllt somit eine pädagogische und gesellschaftspolitische Aufgabe (Ackermann 2004, 346; auch Moser 2000, 53).

---

Berufsgruppe (Hilfs- und später Sonderschullehrer) deutlich stärker über die Lehrerprofession beeinflusst (a.a.O.).

[86] Zudem ist das Konzept keines, was ausschließlich in der Behindertenpädagogik diskutiert wird, sondern ist auch in der sozialen Arbeit oder der Therapie bekannt. Allerdings stellt sich das Problem in der Behindertenpädagogik „häufig in zugespitzter Form, da ein Teil der sonderpädagogischen Klientel lebenslang einen besonderen Unterstützungsbedarf hat" (Loeken 2000, 205). Somit kann die „unzureichende Klientenautonomie unter Umständen [...] auf Dauer gestellt" (Moser 2003, 73) werden.

Dennoch bringt ein solches Prinzip Probleme mit sich, wenn es undifferenziert zum Professionsmerkmal erhoben wird: Es betont einseitig die Verpflichtung gegenüber den KlientInnen und blendet das doppelte Mandat des professionellen pädagogischen Handelns aus (vgl. S. 116ff). Das lässt konstitutive Widersprüche des Fachs in den Hintergrund treten, z. B. die Verquickung berufspolitischer Interessen mit der Kennzeichnung eines »besonderer« Klientels. Zudem kritisieren Betroffenenverbände, dass der Modus der Anwaltschaft zu oft zu Bevormundung oder Stellvertreterschaft führt. Beide zeichnen sich durch ein expertokratisches und paternalistisches Selbstverständnis aus, die Bedürfnisse der Betroffenen besser zu kennen als diese selbst (Ackermann 2004, 346; Loeken 2000, 203f). Moser weist darauf hin, dass mit der Übernahme des Prinzips der Anwaltschaft die *Disziplin* Behindertenpädagogik ein Begründungsmuster der *Profession* reproduziert (Moser 2000, 47), anstatt „in kritischer Distanz die Begründungsfigur des professionellen Wissens zu identifizieren und aus Sicht der Disziplin kritisch zu hinterfragen" (Ackermann 2004, 348). Normativ-ethisch geprägtes Handeln – in der Praxis notwendig und richtig – kann nicht zum Spezifikum einer wissenschaftlichen Disziplin erhoben werden, insbesondere wenn dieses auch noch mit dem Modus stellvertretender Anwaltschaft verquickt ist (Moser 2000, 51). Für die Praxis folgt daraus, dass es einen reflexiven Umgang mit dem Problem sowie einen differenzierten Blick braucht, um fassen zu können, bei welcher Person welches Maß an Vertretung in welchen Bereichen nötig ist, anstatt sich naiv auf die Seite der KlientInnen zu schlagen (Loeken 2000, 203ff)[87].

Greving & Ondracek sehen Fragen der *Stellvertretung* durchaus als Grundaspekt professionellen Handelns in der Behindertenpädagogik. Diese realisiert sich als stellvertretende Deutung im Rahmen des Fallverstehens – im Sinne einer von den KlientInnen zu verifizierenden Hypothese. Die Stellvertretung bezieht sich hierbei v. a. auf das KlientInnen nur begrenzt zur Verfügung stehende Fachwissen. Darüber hinaus kann es aber auch zu *stellvertretendem Agieren* kommen, obwohl die KlientInnen an der Problembearbeitung kooperativ mitwirken. Dieses stellt jedoch immer einen Eingriff in die Autonomie der KlientInnen dar und bedarf daher im Nachhinein immer der Reflexion (Greving & Ondracek 2009, 38ff). Der aufgeklärte und reflexive Umgang mit dem Problem der Stellvertretung bildet also durchaus so etwas wie einen Kern behindertenpädagogischer Professionalität. Die Problematik von stellvertretendem Handeln bei gleichzeitiger Ausrichtung auf Selbstbestimmung und Teilhabe muss aber

[87] Damit ist nicht gesagt, dass es keine Handlungsfelder oder -situationen gibt, in denen stellvertretendes, Handeln gefragt ist. So weisen z. B. Dahme & Wohlfahrt darauf hin, dass in Zeiten der Ökonomisierung des Sozialen insbesondere die Sozialverbände gefordert sind, wieder eine »Anwaltsfunktion« zu übernehmen – allerdings in veränderter Form „Anwaltschaft hieße dann, die Klienten zu unterstützen und zu befähigen, ihre Interessen zu artikulieren und politisch durchzusetzen" (Dahme & Wohlfahrt 2009, 171). Aus einer rein stellvertretenden Tätigkeit wird in diesem Fall also ein gemeinsames Bemühen um den Ausbau politischer Partizipationsmöglichkeiten.

a) differenziert wahrgenommen werden: Es ist zu klären für wen, unter welchen Umständen und zu welchen Bedingungen, in welchen Bereichen und für welchen Zeitraum welches Ausmaß an Stellvertretung notwendig ist;
b) als ein nicht aufzulösenden Spannungsfeld (und damit als Problem) des Handelns reflektiert werden sowie
c) erweitert werden um den Auf- und Ausbau umfassender politischer Partizipationsmöglichkeiten der KlientInnen.

Eine solch differenzierter und reflexiver Umgang mit der Frage der Anwaltschaft und Stellvertretung ist aber *nicht* gleichzusetzen mit einer Setzung von Anwaltschaft als dem zentralen Handlungsprinzip »der« – auch nicht weiter differenzierten – Behindertenpädagogik.

*3.2.1.2 Handlungsmodus versus Handlungsauftrag (Behindertenpädagogik II)*

Ein zweiter Diskussionsstrang, der sich an der Frage entzündet, was Behindertenpädagogik eigentlich als *Behinderten*pädagogik auszeichnet, befasst sich mit der Frage eines spezifischen Handlungsmodus, z. B. bei Christian Lindmeier (2000, 171ff). Argumentationen, die behindertenpädagogisches Handelns als eigenen Modus pädagogischen Handelns interpretieren, basieren i. d. R. auf der grundlegenden Annahme einer Besonderheit des Klientels. Aus der »Schwere der Behinderung« oder der »eingeschränkten Kommunikation« leitet sich die Sonderform des *behinderten*pädagogischen Handelns ab. Dieses wird qualitativ von »anderem« pädagogischem Handeln unterschieden.

Letzten Endes begründet sich dabei aus einem »besonderen Klientel« eine »besondere Pädagogik« – damit wird die von Moser kritisierte Argumentationslogik wiederholt (Moser 2000, 52). Greving & Ondracek gehen hingegen davon aus, dass behindertenpädagogisches Handeln aus den gleichen Elementen wie pädagogische Handeln insgesamt besteht, einzelne Elemente jedoch eine besondere Gewichtung erhalten (Greving & Ondracek 2009, 36). Dennoch machen auch sie die Differenz zwischen behindertenpädagogischen und anderen Arbeitsfeldern am Klientel fest: Zwar steht nicht die »Behinderung« im Vordergrund, sondern vielmehr die Tatsache, es mit »hoffnungslosen Fällen« zu tun zu haben (Greving & Ondracek 2009, 29), nichtsdestotrotz erfolgt die Legitimation des Handelns über das Klientel.

Moser wählt einen Zugang, der sich auf das Aufgabenfeld anstatt auf das Klientel bezieht (Moser 2005, 89). Als *Handlungsauftrag* der Behindertenpädagogik macht sie für schulische Zusammenhänge die „Herstellung und Sicherung von Inklusion aller im Erziehungssystem – durch Absicherung von Heterogenität" (a.a.O., 94) aus. Damit wäre behindertenpädagogisches Handeln kein anderer Handlungstypus als »normal«-pädagogisches Handeln, sondern ist subsidiär eingebunden in die allgemeinen Organisationsformen des Erziehungssystems zur Bearbeitung tendenzieller Exklusion (Moser 2003, 160):

> „Dies hätte für die Sonderpädagogik zur Folge, der vielzitierten Ausgangslage ‚Behinderung als intervenierende Variable im Erziehungs- und Bildungsprozess' (Bleidick) eine funktional-aufgabenbezogene Bestimmung gegenüberzustellen: Exklusionsvermeidung im doppelten Sinne, nämlich bezogen auf das Erziehungssystem selbst wie auch auf andere gesellschaftliche Teilsysteme" (Moser 2003, 161).

Dlugosch gelangt zu einem ähnlichen Ergebnis:

> „Konzeptualisiert sich die Sonderpädagogik nicht als besondere [...] Pädagogik, [...] sondern als Perspektive, welche dazu verhilft, eine Problemlösung innerhalb des Rahmens der allgemeinen Pädagogik zu begünstigen, folgt daraus eine andere Schwerpunktbildung der Tätigkeit." (Dlugosch 2005, 36)

Eine solche Kennzeichnung von Behindertenpädagogik über ihren Handlungsauftrag, bzw. über ihre Perspektive hätte verschiedene Folgen (für die Aufzählung: Dlugosch 2005, 38f; Moser 2005, 93f, Bearbeitung DF):

a) Die Spezifik behindertenpädagogischen Handelns löst sich weitgehend auf. Ins Zentrum rücken eher kommunikative Fähigkeiten der Fall(re)konstruktion sowie interpretierende Potenziale.

b) Die Ableitung eines behindertenpädagogischen Handlungsauftrags aus der Zuordnung zu einer bestimmten Institutionsform (Sonderschule, Wohneinrichtung, WfbM) ist nicht mehr zu halten. Der Handlungsauftrag entsteht vielmehr aus einer problematisch gewordenen (Lebens- oder Lern-)Praxis.

c) Dementsprechend wird aus einer institutionalisierten Entlastung zunehmend eine kommunikativ vermittelte Hilfe zur Selbsthilfe, Handlungsmodus wäre primär der der Beratung (betrifft v. a. das Schulsystem).

c) Die Tätigkeit zielt nicht mehr ausschließlich auf ein einzelnes Individuum und dessen Kompetenzen, sondern auf die gesamte Lebenspraxis. Neben den Betroffenen kommen auch die exkludierenden Organisationen und die dort Tätigen in den Blick (Moser 2005, 93). Das würde auch bedeuten, das Handeln weniger als duale Beziehung (professionelle HelferInnen und KlientInnen), sondern eher als trianguläres Bündnis zwischen KlientInnen, Professionellen und VertreterInnen der in Frage stehenden Lebenspraxis zu konzipieren[88]. Hier schließen wiederum Fragen der Netzwerk- und Sozialraumorientierung an (Franz & Beck 2007).

Behindertenpädagogisches Handeln wäre in diesem Fall eher professionelles Handeln »zweiter Ordnung«, das eine rehabilitierende Aufgabe für eine – akut gefährdete – Praxis übernehmen würde (Moser 2003, 160; Dlugosch 2005, 38). Eine solche Bestimmung von

[88] Ähnlich argumentiert auch Reiser, wenn er die Veränderungen der sonderpädagogischen Berufsrolle mit dem Begriffswechsel „**vom Anwalt des Kindes zur Mehrparteilichkeit**" (Reiser 1996, 183, Hervorhebung i. O.) fasst. Auch hier ist eine eindeutige Fürsprecher-Rolle nicht mehr aufrecht zu erhalten.

Behindertenpädagogik würde diese in die Nähe der sozialen Arbeit rücken (Moser 2003, 161). Auch für diese lässt sich der Arbeitsauftrag „Exklusionsvermeidung, Inklusionsvermittlung und Exklusionsverwaltung" (Dewe & Otto 2005, 1404) formulieren.

Im Handlungsfeld »Wohnen« schlägt sich dies nieder als eine Verschiebung des Handlungsfokus – weg von einer isolierten Wahrnehmung der KlientInnen hin zu einer problematisch gewordenen Lebenspraxis:

> „Der geistig behinderte Mensch steht nicht mehr alleine im Mittelpunkt der Unterstützung, sondern die Mitbürger, die sozial engagierten Menschen sowie das gesamte Agieren im Sozialraum haben einen deutlich höheren Stellenwert bekommen" (Schablon 2009b, 324).

Schablon formuliert die Folgen einer solchen Konzeption für das Handeln:

- die *Einbindung freiwilligen bürgerlichen Engagements*: Die Rolle der Fachkräfte verschiebt sich dabei zu der von MultiplikatorInnen. Als neue Aufgabe kommt die Steuerung und Qualifikation der freiwilligen HelferInnen auf sie zu. Dabei muss die unterstellte bürgerliche Hilfsbereitschaft evaluiert, gefördert und gepflegt werden.
- Daher wird die *Sozialraumarbeit* zu einem wichtigen Bestandteil des neuen Aufgabenprofils. Dazu zählen der Auf- und Ausbau von Netzwerken von Menschen mit Behinderung sowie die Nutzung von/Kooperation mit regulären Angeboten.
- Die MitarbeiterInnen müssen die NutzerInnen in ihrer *Rolle als BürgerInnen* – mit gleichen Rechten und Pflichten – akzeptieren. Den NutzerInnen muss Gelegenheit gegeben werden, diese kennenlernen und sich darin zu erleben, die MitarbeiterInnen sollen Zugänge zur politischen Partizipation aufzeigen (Schablon 2009b, 304f, eigene Bearbeitung).

Entgegen einer oberflächlichen Sichtweise bedeutet diese Umstellung jedoch nicht, dass keine professionelle Unterstützung mehr benötigt wird:

> „Hier ist ein *Umbau anstatt eines Abbaus* von Professionalität gefordert. Sie verlagert sich in andere Bereiche: sie kümmert sich auch um die, die unterstützend helfen, und sie muss mit ihren pädagogischen Angeboten den Nutzer unterstützen, seine Bürgerrolle auszufüllen" (Schablon 2009b, 325).

Das bedeutet auch, im Zweifelsfall mehr Zeit mit Menschen zu verbringen, die wenig Berührungspunkte mit Menschen mit Behinderung haben – in erster Linie das weitere Wohnumfeld (Pieda & Schulz 1990, 20), also die Anwohner bzw. die Nachbarschaft (Eisenberger 1999, 161ff; Hahn, Fischer et al. 2004, 348ff)[89].

[89] Diese Argumentation darf jedoch nicht zur Begründung von Sparmaßnahmen herangezogen werden. Es geht um die Frage, welche Formen der Unterstützung sich eigentlich wie am besten erbringen lassen, also darum, möglichst qualitativ hochwertige Hilfen anzubieten und nicht um die Frage, was diese eigentlich kosten und ob sich diese Kosten u. U. senken ließen. Auch hier besteht die Gefahr von Neu-

### *3.2.2 Das Programm und die Strukturen der Organisation prägen das Handeln*

Eine zweite Argumentationsfigur befasst sich mit einer strukturellen Analogie zwischen dem organisatorischen *Programm*, den organisatorischen *Bedingungen* (die analytisch als Entscheidungen bzw. Regeln zu fassen sind) und den Kompetenzen des *Personals:*

> „In dem Maße, indem die latente Zielstruktur sozialer Dienste keine starre, bürokratische Organisationsstruktur erlaubt, muß auch die Handlungskoordination und die Personalstruktur an diese Problematik anschließen" (Beck 1994, 164).

Dieses „Zusammenwirken von Programm-, Personal- und Organisationsstruktur" (a.a.O.) besagt, dass die Prinzipien des organisatorischen Programms (hier: Förderung von Selbstbestimmung und Teilhabe) sich a) in Strukturen/Regeln und b) in Qualifikationen und Handlungsspielräumen des Personals niederschlagen müssen. Bereits 1988 formulieren Kolbe, Trost et al.:

> „Für die Arbeitszufriedenheit ist die Übereinstimmung von Aufgabenstellung und Entscheidungskompetenz von großer Bedeutung, d. h. Möglichkeiten der (Mit-)Entscheidung müssen für die Arbeitnehmer dort bestehen, wo sie für ihre eigene Tätigkeit wichtige Probleme und relevante Fragen der Organisation betreffen [...]. Die aus Chancen zur Mitsprache und -bestimmung resultierenden Handlungsspielräume, die den einzelnen Betreuern zur Verfügung stehen, werden diesen wiederum verstärkt die Möglichkeit eröffnen, Selbständigkeit und Unabhängigkeit der behinderten Bewohner nicht nur zuzulassen, sondern zu fördern" (Kolbe, Trost et al. 1988, 321).

Schiller formuliert die Anforderung ähnlich:

> „Der Weg zur Befähigung von geistig behinderten Menschen zu eigenen Entscheidungen, zur Durchsetzung eigener Wünsche und Bedürfnisse setzt institutionelle Entscheidungsspielräume der Mitarbeiter voraus.
>
> Daraus ergeben sich konkrete Anforderungen an Institutionen und Mitarbeiter gleichermaßen. Die Institutionen sind gehalten, Mitarbeiter ernst zu nehmen, gezielte Mitarbeiterführung zu betreiben und diese in geeignete Führungs- und Beteiligungsformen einzubinden" (Schiller 1994, 104).

Das bedeutet im Alltag, dass „Entscheidungen jeweils soweit unten wie möglich gefällt werden – nur wenn eine Entscheidungsvollmacht [...] auf einer bestimmten Ebene nicht gesehen wird, wird sie von der höheren Ebene wahrgenommen" (Schiller 1994, 112, Bearbeitung DF). Im WISTA-Projekt heißt es,

> „dass jene Betreuer/-innen bestmöglich zu einem selbstbestimmten Leben der Bewohner/-innen beitragen können, die selbst weitgehende Entscheidungskompetenzen und Freiheitsräume in ihrem beruflichen Handeln haben" (Hahn, Fischer et al. 2004, 349ff)[90].

---

Kontextuierungen im Zusammenhang mit Ökonomisierungsprozessen (vgl. S. 33ff).

[90] Zur Notwendigkeit der Beteiligung von MitarbeiterInnen auch Richardt (1998, 191, 202), Rückholdt (1999, 211f), Eisenberger (1999, 161ff) und Glasenapp (2010).

Rock (1996) präzisiert und differenziert diese Anforderungen unter der Leitfrage, welche Folgen das Leitbild der Selbstbestimmung für das pädagogische Handeln hat. Als relevante Handlungsfelder nennt sie (für die Aufzählung: Rock 1996, 224ff):

- aktives Zuhören als Grundvoraussetzung,
- einen transparenten *Zugang zu* sowie aktive Unterstützung bei *Kritik und Beschwerden*,
- die *Partizipation an Planungs- und Entscheidungsprozessen*,
- die *Initiierung und Unterstützung kollektiver Interessenvertretung und Selbsthilfe* sowie
- die Teilnahme am *politischen Prozess* (Rock 1996, 224ff).

Dabei sind jedoch Rahmenbedingungen vorzuhalten, die eine individuelle Betreuung und Unterstützung erleichtern: überschaubare Gruppengrößen, ein Personalschlüssel, der Einzelaktivitäten zulässt sowie ein hochwertiges und handhabbares Konzept der Hilfeplanung (a.a.O., 68).

Zusätzlich zu diesen konkreten Anforderungen lässt sich auf einer allgemeineren Ebene eine Analogie zwischen der Lebensqualität der BewohnerInnen und der Arbeitszufriedenheit der MitarbeiterInnen benennen (Eisenberger 1999, 168ff; Glasenapp 2010; Hahn, Fischer et al. 2004, 349f; Seifert 1997a, 355ff). Am deutlichsten zeigt sich diese in der Formulierung: „Je höher die Arbeitsqualität der Mitarbeiter, desto höher die Lebensqualität der Bewohner“ (Hahn, Fischer et al. 2004, 357). Hahn et al. benennen dabei als Voraussetzungen für Arbeitszufriedenheit (für die Aufzählung: a.a.O. 349ff):

- MitarbeiterInnen mit den Arbeitsaufgaben entsprechender *Qualifikation*;
- dienstliche geregelte *Unterstützungsmaßnahmen* (z. B. Supervision) – insbesondere im Umgang mit »schwierigen Verhaltensweisen«;
- ein *päd- bzw. andragogisches Konzept*, um Sicherheit und Halt zu vermitteln;
- *Zusammenarbeit* sowohl zwischen den einzelnen Berufsgruppen als auch mit den Eltern und Angehörigen;
- *gegenseitige Unterstützung* und ein gutes Kommunikationsklima in den Wohngruppen;
- *effektive Strukturen der Arbeitsorganisation* (Regelung der Verantwortlichkeit, klare Kommunikationsstrukturen) sowie
- ein *Menschenbild*, das auf Gemeinsamkeiten anstatt auf Unterschiede fokussiert (Hahn, Fischer et al. 2004, 349ff).

Unter Bezugnahme auf Seifert (1997a, 355ff) lässt sich diese Auflistung ergänzen durch:

- angemessene *Rahmenbedingungen*;
- *Sinnhaftigkeit* der Arbeit, die erlebt wird, wenn die Arbeit „zum Wohlbefinden der Bewohner beiträgt, wenn die Bewohner auf Zuwendung reagieren und wenigstens kleine Entwicklungsfortschritte zeigen" (Seifert 1997a, 357);
- *Unabhängigkeit*, verstanden als „Autonomie in der pädagogischen Arbeit und Mitsprache bei Entscheidungen, die die Bewohner und Mitarbeiter betreffen" (Seifert 1997a, 358)[91].

Aus der Untersuchung von Glasenapp wird deutlich, dass sich häufig diejenigen MitarbeiterInnen auf Veränderungsprozesse einlassen, die mit der aktuellen Situation unzufrieden sind – also grundsätzlich schon kritisch gegenüber der etablierten Praxis stehen:

> „Das Deinstitutionalisieren scheint damit eine gute Gelegenheit für die unzufriedenen Professionellen zu sein, ihr Potenzial als konstruktiv Unzufriedene einzubringen und davon zu profitieren" (Glasenapp 2010, 285).

Vor diesem Hintergrund erklärt sich die Erkenntnis, dass sich bei einer Veränderung der Arbeitssituation auch die Zufriedenheit der MitarbeiterInnen erhöht (Glasenapp 2010, 248f)[92].

### *3.2.3 Das Rollenkonzept der MitarbeiterInnen prägt das Handeln*

Gemäß der von Beck eingeführten Regel des „Zusammenwirken[s] von Programm-, Personal- und Organisationsstruktur" (Beck 1994, 164, Bearbeitung DF) stellt sich neben der Frage nach den Arbeitsstrukturen auch die nach den Rollenanforderungen an MitarbeiterInnen (a.a.O., 163), wenn diese als „Aufbauhelfer/-innen und Unterstützer/-innen für ein selbstbestimmtes Leben" (Eisenberger 1999, 162) tätig werden sollen bzw. kontrollierende Muster durch emanzipatorisch wirkende Ansätze ersetzen sollen (Droste 2000, 134f). Dementsprechend betont eine dritte Argumentationsfigur v. a. die Veränderungen in der Rolle und im Selbstverständnis von MitarbeiterInnen. Diese können nicht vonstatten ge-

[91] Als hinderlich haben sich erwiesen: Belastung in der Zusammenarbeit mit Angehörigen, eine Diskrepanz zwischen eigenem Anspruch und Realität, spezifische Verhaltensweisen der BewohnerInnen sowie das breite – und tendenziell uferlose – Aufgabenfeld. Können die Belastungen nicht mehr durch befriedigende Interaktionen oder persönliche Ressourcen aufgefangen werden, droht Burnout (Seifert 1997a, 357f). Bensch & Klicpera nennen als Auslöser für Belastungen im Arbeitsleben hohe Verantwortung bei unklaren Anforderungen, geringe Erfolgserlebnisse und ungünstige Arbeitszeiten (2000, 124).

[92] Glasenapp befasst sich detailliert mit der Situation von MitarbeiterInnen in Veränderungsprozessen. Er untersucht u. a. die subjektive Bewertung der Arbeitsbedingungen, die Auswirkungen der Veränderungsprozesse auf die Arbeitszufriedenheit, die Veränderungen des Kontrollerlebens durch die erweiterten Spielräume sowie die Veränderungen im professionellen Selbstbild (Glasenapp 2010, 192). Allerdings sind sowohl die theoretischen Annahmen als auch die empirische Umsetzung problematisch: *Theoretisch* erfolgt m. E. eine zu starke Bezugnahme auf Produktions- (anstatt auf Dienstleistungs-)Prozesse (a.a.O., 87ff) sowie eine zumindest zu hinterfragende Gleichsetzung von Arbeitsbedingungen in Krankenhäusern mit denen in Wohneinrichtungen (a.a.O., 93ff). *Methodisch* bringt die Entscheidung, ausschließlich hypothesengestützte quantitative Verfahren einzusetzen, eine Engführung mit sich, die der Komplexität des Gegenstands nicht angemessen ist (Franz 2012, 89).

hen, ohne „die zugrunde liegenden Denk- und Verhaltensmuster – und damit die Haltung aller Beteiligten – [zu] fokussieren" (Glasenapp 2010, 27, Bearbeitung DF). Die Arbeiten von Bensch & Klicpera (2001, 2002) zeigen dabei, dass eine Auseinandersetzung mit neuen Konzepten durchaus Auswirkungen auf das Selbstverständnis hat:

> „Viele Mitarbeiter sehen sich mittlerweile eher weniger in rein pädagogischen Rollen [...], sondern eher in Rollen, die die Selbständigkeit der Klienten unterstreichen [...]. Darüber hinaus pflegen viele eher einen partnerschaftlichen Betreuungsstil, der durch einen egalitären Umgang geprägt wird. [...] Dieser Wandel ist in den Wohneinrichtungen, die auf eine größere Selbständigkeit der Bewohner setzen [...] offensichtlicher, lässt sich allerdings auch in den traditionelle [sic!] Wohnformen nachweisen" (Bensch & Klicpera 2002, 67f, Bearbeitung DF)[93].

Der Reflexion der eigenen Rolle sowie dem (Wieder-)Erlangen von Rollenklarheit werden dabei zentrale Bedeutung zugesprochen. Das Rollenverständnis steht in direktem Bezug zum „Bild [...], das die professionelle Fachkraft vom Nutzer hat" (Schablon 2009b, 322), daher darf „die professionelle Beziehung nicht vernachlässigt und die Bedeutung verlässlicher emotionaler Bindungen nicht unterschätzt werden" (Schablon 2009b, 325).

Hahn et. al sprechen von einer „*Sensibilisierung gegen Verletzungen der Menschenwürde, gegen Fremdbestimmung und Machtmissbrauch*" (Hahn, Fischer et al. 2004, 552, kursiv im Original). Wie Rock festhält, stehen die professionellen HelferInnen dabei vor der Herausforderung, die Einschränkung ihrer eigenen Machtposition aktiv zu unterstützen. Dies erfordert auf Seiten der MitarbeiterInnen eine ständige Reflexion des professionellen Handelns sowie auf Seiten des Dienstes die Anpassung der Rahmenbedingungen, um die Machtverhältnisse zu verändern und die Reflexion des Handelns zu ermöglichen (Rock 1996, 223f). Daran verdeutlicht sich nochmals, dass die Praxis der Unterstützung zwar durch die MitarbeiterInnen mitgeprägt wird, aber eben auch durch die Rahmenbedingungen bestimmt wird, unter denen diese Tätigkeit stattfindet (Bensch & Klicpera 2000, 124). Die Fokussierung auf Fragen der Haltung – sowie Macht, Abhängigkeit, Paternalismus usw. – weist auf eine ähnliche Argumentationsfigur hin wie die reflexive Argumentationsfigur in der De-Institutionalisierungsdebatte (vgl. S. 71ff).

Auch Loeken & Windisch fassen die Neukonzeption des pädagogischen Handelns v. a. als eine Verschiebung von Machtverhältnissen. Diese ist notwendig,

> „um professionelle Machtstrukturen mit ihren paternalistischen Tendenzen und soziale Ungleichheit zementierenden Folgen abzubauen sowie den Forderungen Betroffener nach Selbstbestimmung und Gleichheit nachzukommen" (Loeken & Windisch 2005, 198).

---

[93] Dieser positive Befund differenziert sich bei genauerer Betrachtung. So kritisieren die MitarbeiterInnen z. B. selbst, dass sie vergleichsweise viel Zeit mit organisatorischen Tätigkeiten verbringen (fast 40 %). Es sei diese Zeit, die ihnen dann fehle, um individuenbezogen mit den KlientInnen zu arbeiten (Bensch & Klicpera 2002, 66).

Allerdings besteht der Verdacht, die „Antinomien, widersprüchliche[n] Handlungsstrukturen und Machtstrukturen unter dem Deckmantel einer neuen Begrifflichkeit zu verschleiern" (Loeken & Windisch 2005, 199, Bearbeitung DF). Loeken & Windisch verdeutlichen dies am Beispiel der Rezeption des Assistenz-Begriffs: Ursprünglich als Gegenentwurf zu klassischer »Betreuung« in traditionellen Unterstützungsformen entworfen, wird der Begriff durch die etablierte Behindertenpädagogik übernommen und droht, inhaltlich entwertet zu werden (Loeken 2005, 121f; Loeken & Windisch 2005, 194). Im Kern des Assistenz-Begriffs steht genau die Frage nach einer Veränderung vorherrschender Machtstrukturen (Loeken & Windisch 2005, 194). Es geht um:

- „Veränderung von Normen im pädagogischen Interaktionsverhältnis,
- Aufdecken und Reflexion von struktureller Gewalt und fremdbestimmten Strukturen in Hilfeprozessen,
- andere inhaltliche Ausrichtung der Hilfen und neue Begrifflichkeiten professionellen Handelns" (Loeken & Windisch 2005, 194f).

Insbesondere in der Unterstützung von Menschen mit geistiger Behinderung besteht der Verdacht, dass sich die dort vorherrschenden Hilfeformen von dem, was ursprünglich mit »Assistenz« gemeint war, „im Hinblick auf vorhandene Hierarchien grundsätzlich unterscheiden" (Loeken & Windisch 2005, 195)[94]. Sämtliche Versuche der Ausweitung des Assistenzbegriffs „als übergreifende Bezeichnung für behinderungsbezogene professionelle Hilfen im Auftrag einer behinderten Person" (Loeken & Windisch 2005, 195) laufen darauf hinaus, dass es zu keiner Veränderung der traditionellen Machtstruktur kommt (a.a.O., 196). Die Unterstützung ist vielmehr zu fassen als

> „Balanceakt zwischen Assistenz im Sinne von instrumentellen, praktischen Hilfen, zurückhaltendem Abwarten und Beraten einerseits und pädagogischen Interventionen im Sinne anregender Unterstützung bis hin zu strukturierenden Hilfen und im Ausnahmefall sogar im Sinne von stellvertretendem Handeln andererseits" (Loeken & Windisch 2005, 197).

Diese Problematik lässt sich nicht durch eine simple Umetikettierung des Handelns als »Assistenz« auflösen, sie muss vielmehr der Reflexion zugänglich gemacht werden. Um ihr besser gerecht zu werden, schlagen Loeken & Windisch den Aufbau von Unterstützungsbündnissen vor. Unterstützungsbündnisse werden – anders als persönliche Assistenz – nicht ausschließlich im Auftrag von Betroffenen erbracht, sondern stehen im Spannungsfeld zwischen der Orientierung an deren Interessen und den eher gesellschaftlich formulierten Ansprüchen an z. B. Bildung oder Förderung (Loeken & Windisch 2005, 197). Die zentrale Handlungsaufgabe besteht darin, zu entscheiden, wann welche Form der Intervention (in wessen Mandat) eigentlich angemessen ist. Unterstützungs-

[94] Loeken & Windisch weisen allerdings darauf hin, dass in der Praxis der Behindertenhilfe längst eine solche Gleichsetzung der Begriffe stattgefunden hat. Es geht also eher darum, zu verdeutlichen, welche Folgen diese nach sich zieht und welches Potenzial dabei verloren geht (Loeken & Windisch 2005, 195).

bündnisse basieren aber – und das ist das entscheidende Moment – auf einer grundsätzlichen Zustimmung des Betroffenen. Form und Inhalt des Bündnisses können und müssen ausgehandelt werden, z. B. im Rahmen des Hilfeplans, der die Form eines Unterstützungsvertrags annehmen könnte,

> „der Aufgaben, Rechte und Pflichten der Beteiligten festlegt, und darüber hinaus eine Haltung bzw. Selbstverpflichtung des Professionellen beinhaltet, die Autonomie des Gegenübers zu respektieren und Chancen für selbstbestimmte Entscheidungen zu eröffnen" (Loeken & Windisch 2005, 198).

Ein solcher Vertrag könnte Absprachen enthalten zu den Handlungsoptionen für KlientInnen, dem Recht auf Ablehnung von Angeboten, der Organisation von Angeboten sowie Bedingungen und Formen von Interventionen mit einschränkenden Wirkungen (Loeken & Windisch 2005, 198). Darüber könnten Auftrag, Grenzen und »unerwünschte Nebenwirkungen« des Handelns transparent gemacht werden (Loeken 2005, 128). Im Gegensatz zu einem proklamierten Handeln ausschließlich »im Auftrag der KlientInnen« bestünde in einem solchen Bündnis zumindest die Möglichkeit, die einschränkenden Wirkungen von Interventionen offen zu legen – und damit der Kommunikation und Reflexion zugänglich zu machen. Allerdings bliebe zu klären, ob und wie diese Bündnisse unter Bedingungen von a) institutionell-organisatorischer Eingebundenheit und b) nur bedingt freiwilliger Teilnahme der KlientInnen zustande kommen können. Dazu bräuchte es professionelle Reflexivität und die Fähigkeit, Selbstbestimmung auch innerhalb eines Prozesses zu sichern, der KlientInnen zeitweilig in Abhängigkeit bringt (Loeken 2000, 207).

An dieser Stelle zeigt sich eine Verbindung hin zu ethisch geprägten Fragestellungen. So plädieren z. B. Müller & Becker-Lenz (2008, 36ff) für einen *spezifischen Berufsethos* in der sozialen Arbeit, der sich an Autonomie und Integrität der KlientInnen, Mitwirkung sowie einer Bezugnahme auf Wissenschaft und die bestehende Rechtsordnung orientiert[95]. Dies beinhaltet die Gestaltung von Arbeitsbündnissen auf der Basis von Freiwilligkeit; den Umgangs mit der Gleichzeitigkeit von diffusen und spezifischen Beziehungsanteilen; die Ausrichtung auf Hilfe zur Selbsthilfe (und damit die Notwendigkeit der Mitwirkung der KlientInnen); das Erkennen von Übertragungsphänomenen sowie die – *im* Arbeitsbündnis eindeutige (und einseitige) – Loyalität gegenüber den KlientInnen (Müller & Becker-Lenz 2008, 36ff)[96]. In eine ähnliche Richtung zielt auch die Diskussion um einen berufsethischen

[95] Die Orientierung auf die Rechtsordnung wird an dieser Stelle weniger als eine Durchsetzung staatlicher Vorgaben verstanden, sondern betont eher, dass a) Fragen sozialer Gerechtigkeit immer gesamtgesellschaftlich behandeln werden müssen und nicht auf eine Berufsgruppe »abgewälzt« werden können und b) im Falle einer Nicht-Übereinstimmung zwischen der Gesetzeslage und den berufsethischen Positionen auf eine Gesetzesänderung hinzuwirken wäre (Müller & Becker-Lenz 2008, 36f).

[96] Der Status des Konzepts der »Arbeitsbündnisse« wird dabei kontrovers diskutiert. Während sie für Oevermann (1996, 114ff) die Basis des professionellen Handelns darstellen (formuliert unter Bezugnahme auf eine – nicht unproblematische – Analogie zum therapeutischen Handeln), kritisieren Dewe, Ferchhoff et. al, dass bei Oevermann „das Selbstverständnis des professionalisiert Handelnden und beson-

Eid in der Behindertenpädagogik, die sich – basierend auf der Wahrnehmung eines „Defizit[s] an ethisch verantwortetem Handeln im Bereich der Heilpädagogik" (Hahn 2008, 162, Bearbeitung DF) – u. a. mit Fragen der Diskriminierung, Macht und Gewalt befasst (Meier 2008, 69). Auch Dlugosch (2009b) kombiniert die Anforderungen an das professionelle Handeln mit ethischen Fragestellungen. Bezug nehmend auf Honneth (z.B. 2003) fasst sie das Problem der »Anerkennung« im professionellen Handeln als mögliches weiteres „Strukturmoment von Professionalität" (Dlugosch 2009a, 255, unter Bezugnahme auf Combe & Helsper 2002)[97].

ders die legitimationsideologischen Komponenten dieses Selbstverständnisses mit der Realität ihres Handelns tendenziell in eins gesetzt" (Dewe, Ferchhoff et al. 2001, 45) werden. Empirische Auseinandersetzungen mit der Konstruktion »Arbeitsbündnis« weisen darauf hin, dass diese „allenfalls im Sinne eines Fluchtpunktes" (Müller 2011, 148) bzw. „als Orientierung, als regulative Idee" (Schneider 2011, 160) professionellen Handelns gesehen werden muss und weniger als dessen Ausgangsbasis.

[97] Da mit dem Thema Professionalität *immer* auch die Frage nach »richtigem« Handeln verbunden ist, sind ethische Fragestellungen notwendiger Bestandteil des Diskurses. Es ist allerdings auffällig, wie wenig diese in direktem Zusammenhang mit Professionalität diskutiert werden. Das könnte a) darauf hinweisen, dass es eine Art technokratischer Unterströmung im Diskurs gibt, in der es letztendlich doch um Standardisierung und Verregelung geht. Mosers Anmerkung zu den Elementen der Tugendlehre im Diskurs (Moser 2003, 81f) ließe sich jedoch b) in der Richtung deuten, dass es notwendig ist, sich im ersten Schritt von ethischen Fragestellungen freizumachen, um überhaupt die Strukturkerne und -probleme des professionellen Handelns freizulegen.

### *3.2.4 Die Besonderheiten des professionellen Handelns im Rahmen sozialer Dienstleistungen prägen das Handeln*

Neben diesen eher handlungsfeldbezogenen Argumentationen lässt sich auch eine dritte Argumentationsfigur ableiten, die sich eher auf die *Spezifika des professionellen Handelns (im Rahmen sozialer Dienstleistungen)* bezieht[98]. Diese Figur lässt sich weiter ausdifferenzieren in Ansätze, die sich auf die *allgemeinen* Handlungsbedingungen beziehen und Ansätze, die sich eher mit *spezifisch sozial- oder behindertenpädagogischen* Fragen befassen.

Im Bezug auf das professionelle Handeln lassen sich aus der Vielzahl theoretischer Ansätze folgende Merkmale herausarbeiten:

1. Professionelles Handeln findet immer im Rahmen einer „unauffhebbaren Interaktionsbasis" (Schütze 1996, 232) statt. Mit dieser gehen eine interaktive Dichte und mehr oder weniger große Intimität einher. Das gilt auch, wenn „der quantitativ größte Teil [...] in Abwesenheit des Klienten vollzogen wird" (Stichweh 1996, 62), da diese Tätigkeiten der Vor-/Nachbereitung der Interaktionen dienen. Aus der Interaktionsbasis folgt, dass die Effektivität des Handelns immer von der Ko-Produktion der KlientInnen abhängig ist. Ohne sie kann die Leistung nicht stattfinden (Merten & Olk 1996, 570).
2. Das Handeln findet in strukturierter Form statt, den Beteiligten werden feste *Leistungs- und Komplementärrollen* (Unterstützer/Assistent – Klient/Kunde) zugewiesen. Dadurch wird die Rollenstruktur festgeschrieben: Auf der einen Seite stehen die professionell Handelnden, auf der anderen Seite die Adressaten in individualisierten Rollen als »Einzel-Fall« – ein Rollentausch ist nicht vorgesehen (Stichweh 1996, 59ff). Da »Hilfe« ein grundlegend asymmetrisches Handlungsmuster ist, wird damit auch diese Asymmetrie einseitig festgeschrieben (vgl. dazu auch Einleitung, S. 26ff),
3. Trotz dieser Vorstrukturierung bleibt professionelles Handeln aber »Handeln«. Als solches entzieht es sich vollständiger Planung oder einseitiger Steuerung. Die anzuwendenden Verfahren sind nur schwach standardisierbar, das Handeln ist durch das Technologiedefizit gekennzeichnet (Dlugosch 2005, 31f; Ferchhoff 2011, 200). Daher kann professionelles Handeln Herausforderungen

   > „auch nicht primär kausaladäquat im Sinne von Ableitungen, Rezeptologien etc. bearbeiten und versuchen, quasi ‚einzig richtige' Problem*lösungen* bereitzustellen. Professionelle [...] bearbeiten ihre Probleme eher sinnadäquat [...] und versuchen keine Problemlösungen, sondern Problem*deutungen* anzubieten" (Ferchhoff 2011, 202).

[98] Weitaus der größte Teil der Arbeiten bezieht sich dabei entweder auf Fragen des professionellen Handelns *oder* auf das Handeln im Rahmen sozialer Dienste. Die weitgehende Unverbundenheit der Diskurse ist umso verwunderlicher, wenn man sich vor Augen führt, wie ähnlich die aus ihnen gewonnenen Erkenntnisse gelagert sind.

4. Daraus ergibt sich, dass professionelles Handeln keine Technik, sondern eine *Beziehungspraxis* ist, die aus mehr als der beruflichen Leistungsrolle besteht (Oevermann 1996, 109ff). Insbesondere die mit dem Handeln verbundene Unsicherheit lässt sich kaum rollenförmig bearbeiten, dazu braucht es ein erfahrungsbasiertes persönliches Handlungsrepertoire (Dlugosch 2005, 33). Daher sind im professionellen Handeln auch immer Aspekte der persönlichen Identität der Handelnden aufgehoben (Ferchhoff 2011, 202).
5. Neben der Handlungsunsicherheit besteht aber immer auch *Handlungsdruck*. Es ist charakteristisch für den professionell Handelnden, dass er „immer etwas tun muß, also sich nicht nicht entscheiden kann" (Oevermann 1996, 132). Auch das erklärt sich durch die Interaktionsbasis.
6. Für professionelles *pädagogisches* Handeln ist es zudem kennzeichnend, dass es zielgerichtetes Handeln ist, das auf die *(Wieder-)Herstellung von Autonomie* gerichtet ist. Dennoch ist es durch die klaren Leistungs- und Komplementärrollen in eine asymmetrische Struktur eingebunden, die diesem Ziel entgegen stehen kann. Aufgabe professionellen pädagogischen Handelns ist daher die Sicherstellung der Autonomie bei faktischer Asymmetrie (Loeken 2000, 205).
7. Neben der Orientierung auf konkrete Individuen vollzieht sich professionelles Handeln immer in gesellschaftlichem Auftrag und ist an Werte geknüpft, z. B. die Sicherung des Nachwachsens der nächsten Generation oder die Versorgung und Kontrolle »sozial abweichender« Personengruppen. Diese Aspekte zielen auch immer auf die Stabilisierung der Gesellschaft. Dementsprechend ist es ist mit einem doppelten Mandat ausgestattet (Schütze 1996, 240). Der von Oberholzer beschriebene Konflikt zwischen divergierenden Zweckbestimmungen der Organisation (2011, 111), kehrt hier also auf der Ebene des Handelns als »doppeltes Mandat« wieder.
8. Zudem besteht ein weiterer Aspekt des professionellen pädagogischen Handelns darin, dass es i. d. R. *organisatorisch eingebunden* statt. Insbesondere die Felder der sozialen Arbeit und der Behindertenpädagogik hängen eng mit der Entstehung des Wohlfahrtstaats zusammen und sind somit in sozialpolitische und organisatorische Zusammenhänge eingebunden[99]. Die Folgen dieser organisatorischen Rahmung sind zwiespältig: Auf der einen Seite ermöglichen sie eine Entlastung des Handelns, indem Komplexität reduziert wird. Auf der anderen Seite bedeutet eine organisatorische Einbindung grundsätzlich eine Einschränkung des Handelns, es besteht die Gefahr der Verselbstständigung organisatorischer Verfahren (Schütze 1996, 221ff).

[99] Diese müssen allerdings analytisch unterschieden werden: Die sozialpolitischen Rahmenbedingungen sind auf der Ebene der gesellschaftlichen Teilsysteme angesiedelt, organisatorische Rahmenbedingungen auf der Ebene der Organisation (Merten & Olk 1996, 588).

Die Erkenntnisse, die sich aus der Auseinandersetzung mit sozialen Dienstleistungen ergeben, sind strukturell ähnlich gelagert. Soziale Dienstleistungen bezeichnen einen Teil der Leistungen, die im Rahmen sozialer Dienste erbracht werden und zwar denjenigen, der *personenbezogen* erbracht wird – im Unterschied zu auch erbrachten Verwaltungstätigkeiten (Beck 1994, 133ff). In der Diskussion lassen sich dabei *funktionstheoretische* von *interaktionstheoretischen* Ansätzen unterscheiden: Funktionstheoretische Ansätze definieren die Funktion sozialer Dienstleistungen makrotheoretisch als Gewährleistung gesellschaftlicher Normalzustände und durchschnittlich erwartbarer Identitätsstrukturen (Schaarschuch, Flösser et al. 2005, 270f)[100], interaktionstheoretische Ansätze fragen mikrosoziologisch nach besonderen Merkmalen der Interaktion im Rahmen sozialer Dienstleistungen (a.a.O, 271f). Gross & Badura nennen benennen dabei als Merkmale (für die Aufzählung: Gross & Badura 1977, 363ff):

- soziale Dienstleistungen funktionieren klientInnengebunden, klientInnenintensiv und basieren auf dem in-actu-Prinzip: Die Dienstleistung stellt ein immaterielles Gut dar, welches in einem Akt produziert und konsumiert wird. Daher ist die Erbringung der Dienstleistung auf die die aktive Beteiligung der KlientInnen angewiesen, die Ko-Produzenten der Leistung werden. Ohne sie bleiben Effektivität und Effizienz unbestimmbar.
- Sie beziehen sich auf Bedürfnisse, die sich einer standardisierten Bearbeitung zu großen Teilen entziehen. Daher lassen sie sich wenig rationalisieren; es gibt wenig Erkenntnisse über die „Treffsicherheit' von Maßnahmen" (Gross & Badura 1977, 363).

Beck greift diese Erkenntnisse auf und führt sie weiter: Sie fasst die geringe Standardisierbarkeit und die mangelnden Kenntnisse über Ziel-Mittel-Relationen unter dem Begriff des Technologiedefizits zusammen. Zudem folgert sie aus dem In-actu-Prinzip und der Gebundenheit an die KlientInnen die Bindung der Dienstleistung an interaktive und kommunikative Prozesse (Beck 1994, 160ff). Schaarschuch, Flösser et. al nehmen den Gedanken der Ko-Produktion in radikalisierter Form wieder auf, indem sie den »Konsument« sozialer Dienstleistungen zugleich als „Produzent seines eigenen Lebens [...], dem die Tätigkeit des Professionellen strukturell nachgeordnet sein muss" (2005, 272) konzipieren. Das Verhältnis von Produzent und Ko-Produzent wird hier umgedreht, die Adressaten stehen im Zentrum, der sozialen Dienstleistung wird dabei die Rolle der Ko-Produktion zugesprochen.

---

[100] Die relativ offene Begriffsbestimmung zieht diverse Probleme nach sich: Es kann immer wieder zu Legitimationsproblemen kommen (Beck 1994, 162f), zudem kann durch die gesellschaftlichen Entwicklungen der letzten Jahrzehnte immer weniger von »Normalzuständen« ausgegangen werden (Schaarschuch, Flösser & Otto 2005, 270f).

Es lassen sich also verschiedene Kernmerkmale des (professionellen) Handelns im Rahmen sozialer Dienste festhalten:

1 Pädagogisches Handeln ist interaktives Handeln in intimen Kontakten. Die Inteaktionsbasis des Handelns zieht einen Mangel an einseitiger Steuerbarkeit nach sich.
2 Das Handeln ist formal vorstrukturiert, die handelnden Personen stehen sich in Leistungs- und Komplementärrollen gegenüber. Allerdings gehen sie nicht restlos in diesen Rollen auf, die persönliche Identität der Teilnehmenden ist ebenfalls relevant.
3. Die pädagogische Struktur und die daraus folgenden festgelegten Rollen ziehen eine strukturelle Asymmetrie nach sich. Diese erweist sich als problematisch, da das Handeln inhaltlich auf Autonomie/Selbstbestimmung ausgerichtet ist.
4. Das doppelte Mandat des Handelns (Ausrichtung des Handelns einerseits auf den gesellschaftlichen Auftrag zur Bearbeitung von sozialer Abweichung und andererseits auf das Wohlbefinden des Individuums) kann Wert- und Loyalitätskonflikte nach sich ziehen.
5. Das Handeln ist massiv gekennzeichnet durch ein Technologiedefizit. Damit verbunden ist eine Handlungsunsicherheit bei gleichzeitig nicht aufzulösendem Handlungsdruck.
6. Da das Handeln Einschnitte in die Selbstbestimmung der KlientInnen nach sich ziehen kann, bedarf es der Legitimation. Diese ist ebenso wie die Effektivität des Handelns von der Ko-Produktion und Einbeziehung der KlientInnen abhängig.
7. Das Handeln findet innerhalb von Organisationen/sozialen Diensten statt, die als Einschränkung des Handelns wahrgenommen werden können, da sie zur Einzelfallbezogenheit des Handeln und zur Interaktionsbasis in Widerspruch treten können.

Das Zusammenspiel dieser Anforderungen bringt es mit sich, dass das professionelle Handeln typischerweise in verschiedene Antinomien und Widersprüche eingebettet ist:

- Orientierung an gesellschaftlichen Zentralwerten versus Orientierung am individuellen Wohlergehen des KlientInnen, im »doppelten Mandat« (Schütze 1996, 240),
- wissenschaftlich-theoretische Erkenntnisse versus (Lebens-)Praxis der KlientInnen und Alltagswissen und damit distanzierte Analyse versus intuitive Erfassung der Situation (Merten & Olk 1996, 577)
- wissenschaftlich-kausales Erklären versus individuelles Fallverstehen (Oevermann 1996, 126ff).

Professionelles Handeln bedeutet, diese Aspekte in Balance zu halten und ihre widersprüchliche Einheit nicht zu einer Seite hin zerfallen zu lassen. Das würde entweder technokratisches Expertentum oder die Übernahme einer unhinterfragten Position als Sprachrohr der KlientInnen nach sich ziehen (Oevermann 1996, 155f)[101]. Zur Bearbeitung eines derartig strukturierten Handlungsfeldes sind vor allem *reflexive Kompetenzen* notwendig, in denen das professionelle Wissen als relationales Wissen zum Einsatz kommen kann.

#### *3.2.4.1 Professionelles Handeln als relationales und demokratisches Handeln*

Dewe verortet das professionelle pädagogische Handeln zwischen „allgemeiner Wissensapplikation und individuellem Fallverstehen" (Dewe 2005, 260). Damit einher geht eine Anforderung einer situativ immer wieder herzustellenden Professionalität als dem strukturellen Ort für die Vermittlung von Theorie und Praxis (a.a.O., 257f). Grundsätzlich fassen Dewe, Ferchhoff et al. professionelles Handeln als

> „*Unterstützungsangebot für die Bewältigung lebenspraktischer Krisen, das keine perfekten Lösungen anzubieten hat, sondern die Fähigkeit des Klienten zur Problembearbeitung ergänzt*" (2001, 32, kursiv im Original).

Damit ist es sehr grundlegend als subsidiäres Handeln gekennzeichnet, das lediglich zum Einsatz kommt, wenn eine Lebenspraxis problematisch geworden ist. Das Unterstützungsangebot zielt auf „eine Erhöhung von Handlungsoptionen, Chancenvervielfältigung und die Steigerung von Partizipations- und Zugangsmöglichkeiten" (Dewe & Otto 2005, 1400). Wesentlicher Bestandteil dieser Handlungspraxis ist der Zugriff auf „relativ abstrakten, Laien nicht zugänglichen Sonderwissensbestand[...] sowie einer praktisch erworbenen hermeneutischen Fähigkeit der Rekonstruktion von Problemen defizitären Handlungssinns" (a.a.O., 1407, Bearbeitung DF). Das Handeln bezieht sich auf

> „komplexe, prinzipiell ganzheitlich zu betrachtende soziale (also nicht technische) Problemfälle [...], die sich wegen ihrer situativen Dichte, Kontextabhängigkeit, Spezifität usw. grundsätzlich nicht standardisieren lassen" (a.a.O., 1408, Bearbeitung DF).

Aus einer solchen Perspektive realisiert sich Professionalität im Verhältnis zwischen Wissen, Können und Reflexion (a.a.O., 1405) und zwar in drei Aspekten:

---

[101] Diese Form unhinterfragter Solidarität missachtet das gesellschaftliche Mandat professionellen Handelns, leugnet die unterschiedliche gesellschaftliche Position der Beteiligten und ihre wechselseitige Fremdheit und verschleiert so die tatsächliche Struktur der professionellen Beziehung. Eine Folge ist in der Regel die Verniedlichung/Verkindlichung der KlientInnen (Oevermann 1996, 155ff; Schütze 1996, 249f).

a) Handeln auf Wissensbasis in einer *Relationierung* von Theorie und Praxis,

b) der Notwendigkeit des *Handelns in Ungewissheit* sowie

c) einem *reflexiven Handlungstypus*.

Mit der *Relationierung* von Theorie und Praxis erfolgt eine doppelte Distanzierung: sowohl von Modellen expertokratischer Wissensanwendung als auch von der Idee eines wissenschaftsfernen Handelns, das sich ausschließlich aus persönlichen Erfahrungen, Gewissheiten und Empathie speist (Dewe, Ferchhoff et al. 2001, 7). Diese Relationierung realisiert sich in der Konzeption des Fallverstehens als hermeneutische, „auf konkrete Fälle bezogene[r] Deutungs- und Handlungskompetenz" (Dewe & Otto 2005, 1412, Bearbeitung DF):

> „Für professionalisiertes Handeln ist nicht wissenschaftbasierte Kompetenz als solche konstitutiv, sondern vielmehr die situativ aufzubringende Fähigkeit und Bereitschaft, einen lebenspraktischen Problemfall kommunikativ auszulegen, indem soziale Verursachungen rekonstruiert werden, um dem Klienten aufgeklärte Begründungen für selbst zu verantwortende lebenspraktische Entscheidungen anzubieten und subjektive Handlungsmöglichkeiten zu steigern" (Dewe & Otto 2005, 1413)[102].

Ein solches Wissen wird verstanden als *„eigenständiger Bereich* zwischen praktischem Handlungswissen, mit dem es den permanenten Entscheidungsdruck teilt, und dem systematischen Wissenschaftswissen, mit dem es einem gesteigerten Begründungszwang unterliegt" (a.a.O., 1419, kursiv im Original). Der konkrete Fallbezug dieses Wissens bringt also die Notwendigkeit *situativer* Wissensanwendung mit sich – das Handeln kann sich nicht in technischer Regelanwendung erschöpfen. Daher ist »nicht-Wissen« konstitutives Moment professionellen Handelns, „der Professionelle [muss] die Spannung zwischen nicht-Wissen und Wissen handelnd bewältigen (a.a.O., 1414, Bearbeitung DF)[103].

Aus dem Gegenüber des Anspruchs (wissenschaftlichen) Wissens auf rationale Problemlösung auf der einen Seite und den Aushandlungsprozessen im Rahmen der konkreten Lebenssituation auf der anderen Seite ergibt sich ein Gegensatz, der oft als Theorie-Praxis-Dilemma charakterisiert wird. Die einzige Möglichkeit, diese (scheinbare) Distanz zu

---

[102] Im Unterschied zu einem klassischen Verständnis des »Einzelfalls« wird hier jedoch von »Fall« als einer rekonstruktiven sozialwissenschaftlichen Kategorie ausgegangen, die sich an sozialen Kontexten wie Familien, Primärgruppen oder Organisationen orientiert und damit die personalen Interaktionsbeziehungen überschreitet (Dewe & Otto 2005, 1413f). Der »Fall« ist also nicht identisch mit einer konkreten Person, die im Zentrum einer Leistung steht. Er beschreibt vielmehr die (Re-)Konstruktion einer problematisch gewordenen Lebenssituation im Rahmen institutionalisierter und professionalisierter Kontextbedingungen (Dlugosch 2005, 35).

[103] Darüber hinaus verdeutlicht sich an dieser Stelle, dass eine solche handlungsbezogene Kompetenz nur *im Handeln* generiert wird (Dewe & Otto 2005, 1416). Daraus folgt, dass sie auch nur dort – und nur bedingt in Ausbildungszusammenhängen – erlernt werden kann.

überbrücken, besteht darin, den Professionalitätsbegriff *demokratisch* zu fassen (a.a.O., 1417). Die professionelle Praxis muss rückgebunden werden an die Rechte und Interessen der KlientInnen:

> „Aus systematischer Sicht scheint eine optimale Abstimmung der Handlungsperspektive darin zu liegen, dass statt einer unbestimmt bleibenden »Klientenorientierung« die Notwendigkeit zur politischen Partizipation der Klienten bei der Herstellung der Dienstleistung sowie die professionelle Selbstreflexion des Handelns wahrgenommen wird" (a.a.O.).

Professionelles Handeln wird auch in dieser Hinsicht *relationales Handeln* – in Relation zu den KlientInnen *und* zum Entscheidungsträger. Ein solches Verständnis von Professionalität verdeutlicht, dass dies nur im Zugriff auf reflexive Wissensbestände über Lebensumstände, kommunikative Bindungen, soziale Vernetzungen und den Ausbau struktureller Teilhaberechte geschehen kann. Das viel diskutierte Theorie-Praxis-Dilemma löst sich in diesem Verständnis in die *Aufgabe* auf, diese beiden Wissensformen in Relation zueinander zu stellen (a.a.O., 1419).

Diese Form der Relationierung und Kontextualisierung von Wissen verweist wiederum auf *(Selbst-)Reflexivität* als „zentrale Komponente in der professionellen Arbeit" (a.a.O., 1420). In dieser Reflexivität – verstanden als die Kompetenz, zu wissen, was man tut (und warum) – liegt die Chance einer den Berufsfeldern *angemessenen* Professionalität, die sich ihnen aber nicht *anpasst*´(Dewe 2005, 262f)[104]. Wüllenweber ergänzt, dass erst dann von Professionalität gesprochen werden kann, wenn das Handeln „über die Erfahrung und die Intuition als ‚alltägliches Verstehen' hinausgeht und systematisch disziplinäres und wissenschaftliches Wissen integriert" (Wüllenweber 2009, 484). Für Müller (Bezug nehmend auf Giesecke 1996, 393) ist pädagogisches Handeln insgesamt „ohnehin keine spezielle Art zu handeln, sondern eine besondere Art Handeln reflektierend zu verantworten" (Müller 2011, 154).

Allerdings kann diese professionelle Handlungslogik in Widerspruch zur Logik organisationsbezogenen Handelns treten (Dewe 2005, 260)[105]. So kann die arbeitsteilige Struktur von Organisationen zur Einzelfallbezogenheit des professionellen Handelns in Widerspruch treten, das Operieren in festgesetzten Zeit- und Kostenrahmen zu schablonenartiger Problembearbeitung führen, die den konkreten Interaktionen nicht gerecht wird, zudem besteht die Gefahr der Verselbstständigung organisatorischer Verfahren (Schütze 1996, 224). Das kann eine Orientierung an linear-kausalen Zusammenhängen, Informations-

[104] Mit dieser Anforderung von Reflexivität als zentraler Komponente geht auf der praktischen Ebene allerdings die Notwendigkeit einher, „Zeiten und Orte für ein Nachdenken ohne direkten Handlungszwang" (Dewe, Ferchhoff et al. 2001, 25) in die Arbeitsstrukturen einzubetten.

[105] Dewe spricht von organisationsbezogenem Handeln, bezieht sich an dieser Stelle aber v. a. auf betriebswirtschaftliches Handeln, das primär an Wirtschaftlichkeit und Gewinn ausgerichtet ist, was für das professionelle Handeln bedeutet, unter der Bedingung von Ressourcenknappheit zu agieren (Dewe 2005, 261).

sicherheit und Machbarkeit nach sich ziehen, die dem Technologiedefizit und den Unsicherheitspotenzialen professionellen Handelns nicht gerecht wird. Es gilt also, die beiden Rationalitätsmuster nicht zu verwechseln: Die Organisation kann das *Verfahren* der Dienstleistungserbringung steuern, nicht die Dienstleistung selbst, da diese in Interaktionen erbracht wird (a.a.O., 261f). Anders gesagt:

> „Professionelle Handlungskonstellationen sind nur durch Professionalität bearbeitbar. Dagegen sind die Ebenen der Kontrolle, der organisatorischen Verankerung und Formalisierung der Sozialarbeit durch Professionalität ihrerseits nur begrenzt erreichbar, da sie die Ebenen des Organisationshandelns verkörpern" (Dewe 2005, 261).

Zudem kann nicht von einem linearen Zusammenhang ausgegangen werden: So werten Merten & Olk das systematische Wissen und die persönliche Berufserfahrung höher als den Einfluss der Organisation (Merten & Olk 1996, 582). Deutlich wird aber, dass das Handeln auf ein Mindestmaß an autonomen Entscheidungsmöglichkeiten angewiesen ist und daher daher nur bedingt in hierarchischen Strukturen funktioniert (Ferchhoff 2011, 203).

Zusammenfassend lässt sich festhalten, dass die Begriffe Relationierung, Reflexivität und Demokratie im Kern einer (Neu)Fassung des Professionalitätsbegriffs stehen. Zentrale Bedeutung hat dabei die strukturelle Förderung von Partizipationsmöglichkeiten der KlientInnen (Dewe & Otto 2005, 1417):

> „Angezielt wird [...] eine demokratisch legitimierte, reflexive Professionalität als tatsächlich relevante Voraussetzung für mehr Effektivität und Qualität der personalisierten sozialen Dienstleistung" (a.a.O., 1418).

Es zeigt sich also, dass sich die aus der De-Institutionalisierungsdebatte abgeleiteten Erkenntnisse mit den Begriffen professionellen Handelns reformulieren lassen:

1. Die Anforderung, sich im Handeln nicht mehr nur auf Individuen zu beziehen, sondern auf Individuen in ihren sozial-räumlichen Bezügen, kann als Veränderung des Fallverstehens gelesen werden.
2. Die Forderung des Ausbaus von Entscheidungs- und Mitbestimmungsmöglichkeiten im Sinne politischer Partizipation spiegelt sich in der Forderung, den Professionalitätsbegriff nicht nur reflexiv, sondern auch demokratisch zu füllen. Die systematische Rückbindung an die Interessen und Rechte der KlientInnen ist – neben der Reflexion – die einzige Möglichkeit, die Ungewissheitsproblematik pädagogischen Handelns zumindest zu bearbeiten.

Die bisherigen Erkenntnisse sind jedoch in gewisser Weise eingeschränkt. Für eine systematische Fassung des Professionalitätsbegriffs sind sie zwar sehr ergiebig, beschränken sich jedoch

a) auf formale Beschreibungen, die einer inhaltlichen Füllung bedürfen: es ist z. B. nur formuliert, *dass* es theoretisch erworbenes Wissen braucht. Wie dieses Wissen strukturiert sein müsste und was zentrale Wissensbestände sind, ist damit noch nicht gesagt.
b) implizit auf ein Bild der KlientInnen, das einen Teil der Menschen, mit denen es die Behindertenpädagogik zu tun hat, ausschließt: Es wird zumindest von Sprachfähigkeit, wenn nicht von der Fähigkeit zur Teilnahme an rationalen Diskursen (Habermas 1999a, 1999b) ausgegangen. Die konkrete Ausgestaltung von Unterstützungsbündnissen – bzw. die damit verbundenen Schwierigkeiten – dürfte sich jedoch – je nach pädagogischem Setting – massiv unterscheiden.

Es ist daher notwendig, diese eher abstrakt-formalen Beschreibungen auf der Ebene des Handlungsfeldes »Behindertenpädagogik« zu konkretisieren.

*3.2.4.2 Spezifizierungen (Behindertenpädagogik III)*

Die meisten Arbeiten, die sich in behindertenpädagogischen Kontexten mit Fragen der Professionalität befassen, kommen zu dem Schluss, dass behindertenpädagogisches Handeln nicht als eigener Handlungsmodus zu fassen ist,

- sondern sich durch einen veränderten Handlungsauftrag von anderem pädagogischen Handeln unterscheidet (Moser 2005, 89) bzw.
- in dem sich die Herausforderungen pädagogischen Handelns „in zugespitzter Form [zeigen], da ein Teil der sonderpädagogischen Klientel lebenslang einen besonderen Unterstützungsbedarf hat sowie ihre Artikulationsmöglichkeiten partiell eingeschränkt ist [sic!] oder die Artikulation einer besonderen Entschlüsselung bedarf" (Loeken 2000, 205, Bearbeitung DF) und das Handeln dementsprechend
- eine veränderte Gewichtung/Bedeutung erfährt (Greving & Ondracek 2009, 38).

Nichtsdestotrotz bleibt es bei der Grundeinschätzung, es mit pädagogischem Handeln zu tun zu haben. Die daraus gewonnenen Erkenntnisse decken sich dann weitgehend mit denen zum professionellen Handeln:

- als Handeln in widersprüchlichen Anforderungen zwischen Assistenz, zurückhaltendem Abwarten, Beraten einerseits und pädagogischen Interventionen andererseits (Moser, Loeken et al. 2008, 85);
- als Handeln in widersprüchlichen Anforderungen bzw. Paradoxien (Loeken 2000, 204f, 2005, 129) in der Balance zwischen Stellvertretung und Selbstbestimmung, zwischen der Verpflichtung gegenüber KlientInnen und der Gesellschaft (Loeken 2005, 126f);

- als Handeln, das gekennzeichnet ist durch
    - Beziehung, Prozessualität und Kommunikation (Interaktionsbezug),
    - die Kombination von Fachwissen und Verstehen in der stellvertretenden Deutung aufgehoben im Fallverstehen sowie auch hier
    - das Handeln in Paradoxien: Beziehung versus Methodenanwendung; Autonomie versus Abhängigkeit; Respekt versus Aufgabe; Wissen versus Verbergen, Erziehung versus Therapie; Gleichwertigkeit versus Machtausübung usw. (Greving & Ondracek 2009, 36ff, eigene Bearbeitung).

Dementsprechend wird der „Umgang mit widersprüchlichen Anforderungen und Paradoxien [...] als konstitutiv für die sozial- bzw. behindertenpädagogische Berufsrolle" (Loeken 2005, 127, Bearbeitung DF) gesehen. Greving & Ondracek betonen die Unauflöslichkeit der das Feld prägenden Widersprüche, Professionalität zeigt sich daher nicht in deren Auflösung, sondern vielmehr im Umgang mit ihnen (Greving & Ondracek 2009, 41). Aus diesem ergibt sich als zweite Anforderung die Orientierung auf die Prozesshaftigkeit des Handelns und der *Umgang mit Ungewissheit* (Loeken 2000, 201). Professionalität zeichnet sich durch die Einsicht aus, dass das Nicht-Wissen ihren irreduziblen Kern ausmacht – anders gesagt, es geht weniger um Wissen an sich, als um das Verhältnis zum Wissen (Dlugosch 2005, 31).

Eine spezifisch behindertenpädagogische Relevanz enthält der von Greving & Ondracek angesprochene Punkt des stellvertretenden Agierens, das in diesem Arbeitsfeld trotz der grundlegenden Angewiesenheit auf die Ko-Produktion durch die KlientInnen nicht ganz ausgeschlossen werden kann. Als solches ist es immer mit Unsicherheiten verbunden und bedarf daher der Reflexion (Greving & Ondracek 2009, 39f). An anderer Stelle (Greving 2011) wählt Greving einen Zugang, der sich weniger an klassischen Merkmalen professionellen Handelns festmacht, sondern vielmehr die Wissensbereiche behandelt, die zu einer behindertenpädagogischen Professionalität zählen (für die Aufzählung: a.a.O. 22ff):

1. Die *konstruktivistische* Dimension bezieht sich auf erkenntnistheoretische Grundlagen. Sie soll verdeutlichen, dass »Behinderung« als soziale Konstruktion – und nicht als Merkmal einer Person – gefasst werden muss.
2. Die *historische* Dimension bezeichnet das Wissen darum, dass sich das Selbst- und das Aufgabenverständnis historisch entwickelt haben.
3. Die *anthropologisch-ethische* Dimension kennzeichnet die Notwendigkeit ethischer Positionierungen: Was macht ein »gutes Leben« aus und wie muss »richtiges« Handeln aussehen, wenn es sich daran orientieren soll?
4. Die *semiotisch-sprachliche* Dimension fragt nach den Begriffen, die das Fach nutzt, um die Personen oder Lebenssituationen zu kennzeichnen.

5. Die *organisatorische* Dimension bezeichnet Wissen um die Strukturen des Hilfesystems und deren Veränderungen.
6. Die *methodologische* Dimension befasst sich mit der Frage, welche Methoden (aus welchen Gründen) in der Behindertenpädagogik zum Einsatz kommen.
7. Die *Ausbildungsdimension* verweist auf die sehr uneinheitlichen Ausbildungen im Bereich der Behindertenpädagogik.

Für Fragen, die sich auf die *Professionalität* im engeren Sinne beziehen, sind v. a. die semiotisch-sprachliche, die organisatorische, die methodologische und die Ausbildungsdimension von Bedeutung. Sie bilden die Grundlagen, aus denen sich dann konkrete Methoden und Techniken der Arbeit speisen (a.a.O., 29f). Greving bezieht sich hier m. E. weniger auf die Professionalität insgesamt als vielmehr auf den Teilaspekt des professionellen Wissens: die Frage, über welche Art von Wissen in behindertenpädagogischen Feldern Tätige verfügen müssen[106]. Damit wäre eine weitere Spezifik behindertenpädagogischer Professionalität benannt – sie bezieht sich auf eine bestimmte Sorte Wissen. Dieses weist durchaus Überschneidungen mit anderen Arbeitsfeldern auf, braucht aber bestimmte Schwerpunkte, um die Lebenssituation von Menschen mit Behinderung zu analysieren und angemessene Interventionsformen zu konzipieren. In diesem Sinne lässt sich die Aufzählung Grevings als konkretisierende Ergänzung zu den eher abstrakt-allgemeinen Bestimmungen von Dewe oder Müller lesen (vgl. S. 120ff).

Was die Frage angeht, wie viel dieser theoretischen Konzeption als »gelebte Professionalität« im Alltag präsent ist, sind die Einschätzungen eher skeptisch: Greving & Ondracek gehen davon aus, dass Wissen oft eher intuitiv angewandt wird und es darüber zu einer „Verfestigung zufälliger Lösungen, zur Überbetonung von individuellen Erfahrungen und zwangsläufig auch zu einem Wechselbad zwischen ‚gut' und ‚schlecht' hinsichtlich des beruflichen Handelns und seiner Ergebnisse" (Greving & Ondracek 2009, 36) kommt. Wüllenweber kommt zu einer ähnlichen Einschätzung:

> „Eine eher geringe Bedeutung haben Fachtheorien und -konzepte. Dies trifft selbst auf ausgebildete Fachkräfte (z. B. Heilerziehungspfleger) zu. Bestimmte Theorien oder Konzepte (z. B. das Normalisierungsprinzip oder Empowerment) sind zwar mehr oder weniger bekannt, eine dominante Handlungsorientierung haben sie anscheinend nur dann, wenn sie zu lebensstilgeprägten Haltungen, subjektiven Theorien und zur eigene [sic!] Intuition passen" (Wüllenweber 2009, 479).

[106] Wobei in diesem Zusammenhang zu fragen wäre, ob nicht eine bestimmte Sorte Grundwissen über Syndrome usw. vonnöten wäre. Die Erkenntnis, dass es sich bei Syndromen um Konstruktionen handelt (Greving 2011, 23), befreit ja noch nicht von der Notwendigkeit, trotzdem etwas über diese zu wissen.

Es besteht die Möglichkeit, dass sich an dieser Stelle die dem Diskurs inhärente Konzentration auf akademische Berufe »rächt«[107]. Damit wird auf diskursiver Ebene eine Engführung vorgenommen, die der Breite an Qualifikationen im Handlungsfeld nicht gerecht wird. Loeken & Windisch haben herausgearbeitet, dass im Handlungsfeld Wohnen der Behindertenhilfe lediglich 1/5 der MitarbeiterInnen über eine akademische Ausbildung verfügen (2008, 206). Dementsprechend müssten Arbeitsaufgaben und die dafür benötigten Kompetenzen differenziert behandelt werden. Während arbeitsfeldübergreifend das jeweilige Fachwissen, Methodenkompetenz (IHP und Dokumentation), soziale Kompetenzen sowie Selbstkompetenz von Bedeutung sind (a.a.O., 262f), unterscheiden sich die Anforderungen je nach konkretem Arbeitsfeld immens: Auf AkademikerInnen bezogen stehen bei den *stationär erbrachten wohnbezogenen Hilfen* Führungs- und Leitungs- sowie betriebswirtschaftliche Kompetenzen im Mittelpunkt, in *ambulanten Settings* hingegen die Organisation und Absicherung von Hilfsangeboten sowie konkrete Unterstützung der KlientInnen. Im Bereich *persönlicher Assistenz* geht es um die Beratung des Assistenznehmers, die Koordination von bzw. den Umgang mit den Assistenzkräften, sowie um das Wissen bezüglich sozialrechtlicher Bedingungen und spezifischer Bedarfslagen (Loeken & Windisch 2009, 256ff)[108]. In

> „Arbeitsfeldern, in denen pädagogische Fachkräfte mit akademischem Abschluss fast ausschließlich oder zu einem hohen Anteil mit Aufgaben des Managements sozialer Dienstleistungen betraut werden, [sind] Führungs-/ Leitungs-/ Koordinationskompetenzen [...] Planungs- und Organisationskompetenzen, hohe kommunikative Kompetenzen sowie Moderations- und Konfliktmanagementkompetenzen in besonderem Maße gefordert" (Loeken & Windisch 2009, 265, Bearbeitung DF).

Loeken & Windisch weisen hier also auf eine – oft vernachlässigte – Ausdifferenzierung des Arbeitsfeldes hin: Die Frage nach den Anforderungen an das Handeln muss genau genommen nach beruflichem Abschluss bzw. nach dem Einsatzgebiet im Arbeitsfeld differenziert werden.

Es wäre also zu fragen, ob sich nicht ein Großteil der Diskurses an Bedingungen orientiert, die im Handlungsfeld nicht – oder nur in geringem Ausmaß – vorhanden sind (z. B. akademische Berufsausbildungen, die mit einer bestimmten Form der Wissensvermittlung einhergehen) und somit »am Gegenstand vorbeigeht«. Meines Erachtens steht aber weniger die Frage der Berufsausbildung an sich als vielmehr die der Rahmen- (und Arbeits-)bedingungen vor Ort im Mittelpunkt. Es braucht einen Vermittlungsort, eine Stelle, an der (nicht

[107] Wie z. B. bei Moser et al., die sich in ihrer Arbeit auf „pädagogische[...] Fachkräfte[...] mit akademischen Qualifikationen" (Moser, Loeken et al. 2008, 83, Bearbeitung DF) beschränken.

[108] Sie verdeutlichen dabei auch, dass der Diskurs um die Qualität des (pädagogischen) Handelns überlagert wird von den Ökonomisierungstendenzen im sozialen Bereich. Die ökonomische Entwicklung im sozialen Bereich hat u. a. eine Verdichtung der Arbeit nach sich gezogen, mit der ein Ansteigen der Verwaltungsaufgaben sowie des Dokumentationsdrucks einhergehen (Loeken & Windisch 2009, 253ff).

zwingend wissenschaftliches, aber dennoch im weiteren Sinne theoretisches) Wissen und die Alltagspraxis miteinander in Verbindung treten, denn fachliches Wissen kann nur lebendig werden – und bleiben –, wenn es zur Anwendung kommt. Für Dewe geschieht dies im Fallverstehen. Dabei bleibt es aber bei einer abstrakten Beschreibung, es bleibt weitgehend unklar, wie sich dieses Fallverstehen in konkrete Arbeitsabläufe einbinden lässt. Die Möglichkeit, dies dem persönlichen Stil der jeweiligen MitarbeiterInnen zu überlassen, erscheint mir dabei als der falsche Weg. Die Möglichkeit, sich mit fachlichen Fragen auseinanderzusetzen muss vielmehr in die Rahmenbedingungen und die konkreten Arbeitsabläufe eingelassen sein: z. B. in Hilfeplanung, Fallbesprechungen oder Supervisionen.

## 4 Ergebnissicherung: Anforderungen an MitarbeiterInnen

Ziel der vorangegangenen Kapitel war es, a) die zentralen Begründungs- und Argumentationslinien personaler Orientierung und b) deren Folgen für die Ebene des pädagogischen Handelns nachzuzeichnen. Dabei wurden drei Schritte unternommen: die Analyse des Diskurses um De-Institutionalisierung und Enthospitalisierung; eine organisationssoziologische Reformulierung der Anforderungen an Dienste und Einrichtungen (inkl. einer Untersuchung der Auswirkungen auf das Handeln) und die Analyse direkt handlungsbezogener Arbeiten. Die Ergebnisse dieser drei Schritte sollen im Folgenden zusammenfassend und zusammenhängend betrachtet werden.

Im ersten Schritt wurde das *Programm* »personale Orientierung« beschrieben, also die Frage geklärt, auf welche Veränderungen diese zielt. Die Analyse mündete in der Formulierung dreier Argumentationsfiguren:

1. eine *strukturbezogene*, die die Strukturen des Hilfesystems insgesamt in den Blick nimmt, deren inhaltliche Ausgestaltung aber eher offen lässt;
2. eine *inhaltlich-pädagogische*, die sich mit den Veränderungen des pädagogischen Handelns befasst und auf die Verbesserung von Lebensqualität zielt sowie
3. eine *reflexive*, die De-Institutionalisierung v. a. als reflexive Bearbeitung von Macht- und Gewaltstrukturen versteht.

Im zweiten Schritt wurden die Auswirkungen auf Einrichtungen und Dienste sowie die Auswirkungen auf das Handeln untersucht:

- Die aus der *Individualisierung* der Unterstützung resultierenden Anforderungen an Flexibilität stehen in deutlicher Spannung zur grundlegenden stabilisierenden Funktionsweise von Organisationen. Dieser Anforderung sind also auf der Ebene der Organisation Grenzen gesetzt. Auf der Handlungsebene übersetzt sich dies primär in die Anforderung, Hilfebedarfe umfassend und in die Tiefe gehend zu erheben. Darüber hinaus ist ganz praktisch damit zu rechnen, dass die erbrachten Leistungen flexibler erbracht werden müssen (z. B. im Hinblick auf den Zeitpunkt der Leistungserbringung).

- Der *Abbau von Hierarchien* korrespondiert mit dem grundlegenden Merkmal von Organisationen als hierarchischen Strukturen. Vonnöten ist eine Umstellung auf dezentrale (Entscheidungs-)Strukturen, da diese a) sich verändernden Bedarfslagen angemessener sind und b) die Chance bieten, unnötige Hierarchien abzubauen. Auf der Handlungsebene übersetzt sich dies in die Anforderung, die Möglichkeiten der Mitbestimmung für KlientInnen (und MitarbeiterInnen) systematisch zu stützen und zu fördern.
- Die *Vernetzung mit der Gemeinde* schließlich steht in Verbindung zur Frage der Grenzziehung zwischen Organisation und Umwelt. Auch hier muss deutlich sein, dass die Möglichkeiten von Organisationen, sich zu vernetzen, strukturell begrenzt sind. Auf der Handlungsebene übersetzt sich die Anforderung in die Orientierung an den formellen und informellen Netzwerken, in denen die Menschen leben.
- In einer eher *institutionsbezogenen* Analyse zeigte sich, dass das Verständnis dessen, was mit »Behinderung« gemeint ist, wesentlich zu der Frage beiträgt, welche Formen Hilfen annehmen sollen/müssen. Auf der Handlungsebene übersetzt sich das in eine Arbeit am Behinderungsverständnis und dem zugrundeliegenden Menschenbild.

Im dritten Schritt erfolgte dann eine Analyse direkt handlungsbezogener Arbeiten, die sich theoretisch oder empirisch mit den veränderten Anforderungen an MitarbeiterInnen befassen. Die zentralen Argumentationslinien verweisen auf:

- die Bedeutung des »*Fallverstehens*«: Darunter fällt alles, was als Wahrnehmung und Kontextualisierung des Falls gefasst werden kann, wie das Verständnis von Behinderung oder die Orientierung auf Ressourcen und auf Netzwerke.
- die Auswirkungen von *Programm* und *Organisationsstruktur*: Es besteht dabei eine Analogie zwischen dem Handeln der MitarbeiterInnen und ihrer eigenen Situation. Die Förderung von Selbstbestimmung und Partizipation ist auf eigene Partizipationsmöglichkeiten angewiesen.
- das *Rollenkonzept* und Selbstverständnis der MitarbeiterInnen: Hier steht eine Verschiebung von Machtverhältnissen im Mittelpunkt. Damit verbunden ist a) eine Abkehr von paternalistischen Fürsorge-Prinzipien hin zu einer Orientierung auf Autonomie und Integrität, aber b) auch immer das Wissen, die Asymmetrie pädagogischen Handelns nie ganz auflösen zu können.

- die Bedingungen, unter denen *professionelles Handeln* stattfindet (Kontingenz, Technologiedefizit). Strategien, diese Problematik zu bearbeiten, müssen einerseits reflexiv, andererseits partizipativ angelegt sein.

Die Erkenntnisse dieser drei analytischen Schritte lassen sich nun zueinander in Beziehung setzen. Die Argumentationsfiguren (strukturell, inhaltlich-pädagogisch, reflexiv) haben dabei (an-)ordnende Funktion, d. h. sie stellen die Folie dar, vor deren Hintergrund die Ergebnisse betrachtet werden sollen (für eine Übersicht vgl. Tabelle 4):

1. Der *strukturbezogenen Argumentationsfigur* lassen sich die eher organisationsbezogenen Erkenntnisse zuordnen. Die organisationssoziologische Reformulierung verdeutlichte dabei einerseits die damit verbundenen Schwierigkeiten: Flexibilität, der Abbau von Hierarchien, die Vernetzung lassen sich in Organisationen nicht endlos betreiben. Hierüber werden die Grenzen dessen aufgezeigt, was Organisationen zu leisten in der Lage sind.

   Andererseits zeigt die Analyse einen deutlichen Zusammenhang zwischen Strukturen und den Handlungsmöglichkeiten der MitarbeiterInnen. Organisationsstrukturen stellen Handlungsbedingungen dar, die das Handeln zwar nicht determinieren, aber eben »bedingen«, anordnen, mehr oder weniger wahrscheinlich machen. Fachliche Standards wie die Ausrichtung an Bedarfen, Netzwerken und die Förderung von Partizipationsmöglichkeiten müssen

   a) sich in den organisatorischen Bedingungen widerspiegeln, wenn sie nachhaltig wirksam werden sollen und

   b) prinzipiell auch für MitarbeiterInnen zugänglich sein. Es braucht also Partizipationsmöglichkeiten für KlientInnen *und* für MitarbeiterInnen.

   Zudem zeigte sich, dass sich Konflikte in den Ziel- und Zweckbestimmungen der Organisation auf der Handlungsebene niederschlagen können. In diesem Sinne kann also von einer Verbindung zwischen strukturbezogenen und inhaltlich-pädagogischen Argumentationen ausgegangen werden.

2. Da das pädagogische Handeln im Zentrum der *inhaltlich-pädagogischen Argumentationsfigur* steht, ist es nicht weiter verwunderlich, dass sich der weitaus größte Teil der veränderten Anforderungen hier ansiedeln lässt. Die strukturbezogene Argumentationsfigur verdeutlicht jedoch, dass fachliche Anforderungen strukturelle Orte brauchen, d. h. in die Arbeitsstrukturen vor Ort eingebunden sein müssen. Sie dürfen nicht ausschließlich dem persönlichen Engagement der MitarbeiterInnen überlassen werden, denn dann laufen sie Gefahr, im Alltag unterzugehen. Die Anforderungen umfassen im einzelnen

- ein gegenstandsangemessenes *Fallverstehen*, dessen Basis Menschenbild und Behinderungsverständnis bilden. Das Fallverstehen umfasst in diesem Sinne aber z. B. auch Fragen der Netzwerkarbeit oder Sozialraumorientierung.

  Struktureller Ort des Fallverstehens ist die individuelle Hilfeplanung. Diese entfaltet dabei nicht nur Folgen auf der Handlungsebene, sondern ist im Sinne einer Ausrichtung an individuellen Bedarfen auch immer Ausgangspunkt für Organisationsentwicklung. In diesem Sinne ist sie also der Vermittlungsort zwischen den Organisationsstrukturen und dem konkreten Handeln.

- einen Ausbau an strukturellen *Partizipationsmöglichkeiten* für KlientInnen (und damit immer *auch* für MitarbeiterInnen) – das betrifft insbesondere Mitbestimmungsmöglichkeiten vor Ort. Auch dieser Aspekt erfüllt mehrere Funktionen: Einerseits können Partizipationsmöglichkeiten die Kontingenz pädagogischen Handelns abbauen und damit dem Technologiedefizit entgegen wirken, zum anderen sind sie ein Mittel im Abbau von Hierarchien und der Verschiebung von Machtverhältnissen.

  Struktureller Ort für diesen Bereich sind formell geregelte Mitbestimmungsmöglichkeiten – also Wohnbeiräte, Interessenvertretungen oder geregelte (und für die Betroffenen nachvollziehbare und nutzbare) Beschwerdeverfahren. Daneben braucht es ein generelles Klima, das es ermöglicht, formell oder informell Einfluss zu nehmen, d. h. die Gewissheit, gehört und ernst genommen zu werden.

3. In der *reflexiven Argumentationsfigur* werden der Diskussion weniger neue Inhalte hinzugefügt als vielmehr vorhandene Inhalte neu interpretiert und dadurch in den Vordergrund gerückt. Weder die Kontingenz pädagogischen Handelns noch die grundlegende Asymmetrie formal strukturierter Hilfebeziehungen lassen sich endgültig auflösen. In beiden Fällen handelt es sich um *zu bearbeitende* Spannungsfelder. Die Anerkennung dieser Unauflöslichkeit bringt die Notwendigkeit der Reflexion des Handelns mit sich – auch hier in *strukturierter* Form. Das zudem immer wieder auftretende Problem des faktisch stellvertretenden Handelns bei gleichzeitiger programmatischer Ausrichtung des Handelns auf Selbstbestimmung und Teilhabe rückt zudem Fragen von (struktureller) Gewalt, Macht und Abhängigkeit im Mittelpunkt. Hier gilt es, sowohl das Verständnis von Behinderung als auch das der eigenen Rolle kritisch zu hinterfragen.

   Struktureller Ort für Reflexivität *kann* z. B. eine Teambesprechung sein, sofern a) das Klima im Team dies zulässt und b) diese nicht durch ein hohes Maß an organisatorischen Aufgaben in einem Ausmaß durch Handlungsdruck geprägt ist, das es unmöglich macht, ein handlungsentlastendes Klima zu schaffen. Ein handlungsentlasteter Ort im engeren Sinne sind z. B. Supervisionen oder Fortbildungangebote – letztere jedoch nur, sofern sich sie sich nicht ausschließlich auf das Erlernen neuer »Techniken« beziehen.

| Argumentationsfigur | Inhalte der Argumentationsfigur | Folgen auf der Handlungsebene |
|---|---|---|
| Strukturbezogen | Umbau des Hilfesystems | Abbau von Hierarchien durch Mitbestimmung |
| | Aufbau alternativer Strukturen | Vernetzung mit der Gemeinde durch Netzwerkarbeit |
| | KlientInnenzentrierung | Flexibilität der Leistungen durch IHP |
| Inhaltlich-pädagogisch | (Rekurs auf formale Bedingungen) | Fachliche Standards in Strukturen & Handeln übersetzen |
| | Individualisierung | Individuelle Hilfeplanung |
| | Verhaltensauffälligkeiten als sinnvolle Äußerungen | Fallverstehen (Wahrnehmen und »in Kontext setzen« der Lebenssituation) |
| | Selbst- und Mitbestimmung | Ausbau der strukturellen Partizipationsmöglichkeiten (Mitbestimmung) |
| | Thematisierung von Macht & Abhängigkeit | Neu-Bestimmung der Rolle als MitarbeiterInnen |
| | Fokussierung auf MitarbeiterInnen | |
| Reflexiv | Zurückstellung formaler Bedingungen | |
| | »Geistige Behinderung« als soziale Konstruktion | Reflexion von »Behinderung« als Folge von Isolation/struktureller Gewalt |
| | Reflexives Verständnis | Unauflösbarkeit pädagogischer Spannungsfelder (Kontingenz und Technologiedefizit) – Reflexive Bearbeitungsstrategie |
| | Fortbildung und Beratung als Intervention | |

*Tabelle 4: Zusammenfassende Darstellung Anforderungen an MitarbeiterInnen in drei Argumentationsfiguren*

Abschließend soll in diesem Kapitel nochmals die in der Einleitung bereits erwähnte Frage nach dem Verhältnis von Behindertenpädagogik zu sozialer Arbeit angesprochen werden. Da sich der behindertenpädagogische Handlungsauftrag verschiebt – weg von einem »besonderen« Klientel und hin zur Bearbeitung von Exklusionsrisiken – stellt sich die Frage der Abgrenzung zwischen den Bereichen neu (sie kann eben nicht mehr an einem eindeutig definierten Klientel festgemacht werden). Unter der Perspektive eines finalen Behinderungsbegriffs und einer Ausrichtung des Handelns auf Partizipation ist die Abgrenzung zwischen sozialer Arbeit und Behindertenpädagogik nicht mehr ganz trennscharf[109].

Dabei gilt es, sich in einem ersten Schritt ins Gedächtnis zu rufen, dass es sich um eine historische und weniger um eine systematische Unterscheidung handelt: Müller (2006) thematisiert die gemeinsamen Wurzeln von Behinderten- und Sozialpädagogik, die Ausdifferenzierung zweier getrennter Felder erfolgte eher der Logik unterschiedlicher, versäulter Leistungserbringung als den Lebenslagen und Bedarfen der betroffenen Menschen[110]. In diesem Sinne ließe sich die relativ strikte Versäulung des Hilfesystems als eine Folge von Anbieterdominanz lesen und weniger als eine Unterteilung, die einer klaren Systematik folgt. Wenn es sich aber um ein Problem handelt, das durch Anbieterdominanz entsteht, ist unmittelbar evident, dass eine personale Orientierung des Hilfesystems auch auf dieser Ebene Wirkung entfalten muss.

Wird der Versuch unternommen, sich weder auf das Klientel noch auf die Leistungserbringung als differenzierende Merkmale zu berufen, lässt sich die Unterscheidung m. E. an zwei Merkmalen festmachen:

1. Struktur und Ausformung des professionellen Wissens unterscheiden sich. Das Fallverstehen als Kern professionellen Handelns verweist auf die Notwendigkeit »gegenstandsangemessenen« Wissens, also eines Wissens, welches ermöglicht, die Lebenssituation von Menschen unter den bestimmten Bedingungen adäquat einzuschätzen. Neben grundlegendem Wissen über Fragen der Partizipation (konkretisiert in den Themen soziale Netzwerke, Sozialräume sowie Selbst- und Mitbestimmung) ist hier auch spezifisches Wissen über konkrete Syndrome, Lebenssituationen usw. zu nennen. Auf dieser spezifischen Ebene unterscheidet sich das professionelle Wissen, das im Bereich »Behinderung« vonnöten ist, deutlich von der sozialen Arbeit.

[109] Sofern man sich nicht ausschließlich auf die Ebene der Leistungserbringung beziehen will und die Leistungen durch ihre Einbettung in die jeweiligen Gesetzbücher vornehmen möchte. Zudem ist selbst diese nicht immer trennscharf, z. B. in der Abgrenzung von Leistungen für Kinder und Jugendliche.

[110] Das hängt auch damit zusammen, dass die Leistungen für Menschen mit Behinderung erst nach und nach für jede Personengruppe erstritten werden mussten.

2. Zweites differenzierendes Merkmal ist m. E. die Tatsache, es in der Behindertenpädagogik i. d. R. mit dauerhaften Arrangements zu tun zu haben. Diese verändern sich zwar in Quantität und Qualität im Laufe der Zeit, grundsätzlich ist aber von dauerhaften Partizipationserschwernissen auszugehen. Die dauerhafte Einschränkung der Partizipationsmöglichkeiten ist auch im SGB IX eines der abgrenzenden Merkmale: „Menschen sind behindert, wenn ihre körperliche Funktion, geistige Fähigkeit oder seelische Gesundheit mit hoher Wahrscheinlichkeit *länger als sechs Monate* von dem für das Lebensalter typischen Zustand abweichen" (SGB IX, § 2, Bearbeitung DF)[111]. Die dauerhafte – und unter Umständen auch umfassende – Angewiesenheit auf Unterstützung kann also sowohl das Legitimationsproblem als auch das Technologiedefizit verschärfen. Grundprobleme pädagogischen Handelns treten – insbesondere in der Arbeit mit Menschen mit schwerer Behinderung – besonders deutlich auf. Damit wäre der Unterschied zwischen Lebenssituationen, die im Rahmen sozialer Arbeit oder Sozialpädagogik bearbeitet werden und solchen, die eher in klassischen behindertenpädagogischen Settings auftauchen, jedoch ein gradueller und kein prinzipieller. Als solcher wäre er auch immer wieder Gegenstand von Aushandlungen, was den Lebenssituationen der betroffenen Menschen – die ja nicht in den Kategorien »Behindertenpädagogik« versus »soziale Arbeit« denken – durchaus angemessener wäre als eine Verteilungslogik anhand eines scheinbar eindeutig zu identifizierenden Klientels.

[111] So ist z. B. die in der Behindertenpädagogik immer wieder diskutierte Problematik der Notwendigkeit stellvertretenden Handelns bei gleichzeitiger Ausrichtung auf Autonomie grundsätzlich auch in anderen Handlungsfeldern präsent, z. B. der frühkindlichen Bildung, der Altenhilfe oder der Psychiatrie. Jedoch ist in diesen Feldern die Handlungsfähigkeit i. d. R. *temporär* eingeschränkt, d. h. sie ist *noch nicht, nicht mehr* oder *vorübergehend nicht* vollständig ausgeprägt. Es wird aber im Prinzip davon ausgegangen, dass die Betroffenen einer Stellvertretung entweder zu einem späteren Zeitpunkt retrospektiv zustimmen würden oder dies eventuell zu einem früheren Zeitpunkt explizit getan haben. Eine solche Legitimation im Vor- oder Nachhinein kann in der Behindertenpädagogik ausbleiben.

# TEIL II: METHODOLOGIE UND METHODIK

Das folgende Kapitel hat das Ziel, die methodologische Einbettung des empirischen Teils der Arbeit, die konkreten methodischen Entscheidungen in der Vorbereitung und Auswertung der Datenerhebung sowie die Rahmendaten der empirischen Erhebung selbst zu benennen und darüber intersubjektiv nachvollziehbar zu machen. Die Positionierung des Kapitels in der Gliederung zwischen den theoretischen und den empirischen Analysen gibt dem Kapitel zudem die Funktion eines »Winkelstücks«, in dem zu klären ist, wie sich die theoretischen Erkenntnisse zu den empirischen Fragestellungen verhalten.

Das Vorgehen dieses Kapitels kann dabei als Absteigen vom Abstraktem zum Konkreten verstanden werden: Den Beginn machen die methodologischen Grundlagen (1), die sich mit den *Prinzipien* qualitativer Forschung befassen. Darauf folgen die methodischen Entscheidungen bezüglich der Erhebung und Auswertung der Daten, die als Konkretisierungen dieser Grundlagen gefasst werden können und die *Regeln* des methodischen Handelns beschreiben (2). Dritter Punkt ist dann die Beschreibung des empirischen *Vorgehens* selbst – angefangen bei der Erstellung der Leitfäden über die Datenerhebung bis hin zur Auswertung (3).

## 1 Methodologische Grundlagen

Der empirische Teil der vorliegenden Arbeit ist als qualitative Studie angelegt, deren primäres Ziel es ist, die subjektive Sichtweise von MitarbeiterInnen auf ihr Arbeitsfeld (sowie dessen Veränderungen) zu erheben. Im Laufe des konkreten Vorgehens zeigte sich dann, dass über die subjektive Sichtweise von MitarbeiterInnen hinaus auch Kontextbedingungen ihrer Tätigkeit erhoben werden mussten (konkret in der Form von Interviews mit Leitungskräften), um den Gegenstand angemessen zu beschreiben.

Qualitative Sozialforschung hat sich mittlerweile als eigenständiger methodologischer Zugang etabliert (grundlegend: Flick 2007, 22ff; Hoffmann-Riem 1980; Kleining 1982, 1991). Daher wird an dieser Stelle darauf verzichtet, die Angemessenheit eines qualitativen Zugangs *an sich* zu begründen und gegenüber einer Methodologie, die quantitativ geprägter Forschung verpflichtet ist, abzugrenzen. Stattdessen wird innerhalb des Diskurses um qualitative Methoden geklärt, welches methodologische Verständnis der Arbeit zugrundeliegt und welche Entscheidungen auf der Ebene der Erhebungs- und Auswertungsmethoden dies nach sich zieht. Statt einer Abgrenzung nach außen erfolgt der Zugang zu den konkreten Forschungsmethoden also über eine Ausdifferenzierung nach innen. Als Folie zur Aufarbeitung der grundlegenden methodologischen Einbettung dienen dabei die Merkmale und

„**Kennzeichen qualitativer Forschung** [...]:

- Gegenstandsangemessenheit von Methoden und Theorien
- Perspektive der Beteiligten und ihre Vielschichtigkeit
- Reflexivität des Forschers und der Forschung
- Spektrum der Ansätze und Methoden qualitativer Forschung
- Verstehen als Erkenntnisprinzip
- Fallrekonstruktion als Ansatzpunkt
- Konstruktion von Wirklichkeit als Grundlage
- Text als empirisches Material"

(Flick 2007, 97, Bearbeitung DF).

Diese werden in einem ersten Schritt kurz beschrieben, bevor im zweiten Schritt eine Anwendung auf das konkrete Forschungsvorhaben erfolgt:

*Gegenstandsangemessenheit* bezieht sich auf die Anforderung, als Bezugspunkt für die Auswahl der Methoden Forschungsgegenstand und Fragestellung zu wählen: Qualitative Methoden „sind auf besondere Weise in den Forschungsprozeß eingebettet und auch am sinnvollsten unter einer prozeßbezogenen Perspektive zu verstehen und zu beschreiben" (Flick 1995, 9). Die Prozessbezogenheit verweist darauf, dass methodische Entscheidungen nicht völlig frei getroffen werden können. Vielmehr gilt es, diese sowohl in Bezug auf die Fragestellung als auch den Forschungsgegenstand immer wieder zu überprüfen und ggf. anzupassen oder zu variieren (Flick 2007, 27). Der Zugang über die Prozessbezogenheit verweist dabei darauf, dass anstehende Entscheidungen immer von anderen – bereits getroffenen – Entscheidungen abhängen, z. B. lassen sich sehr spezifisch erhobene Daten nicht mit einem sehr offenen Verfahren auswerten.

Das Kennzeichen, sich auf die *Perspektive der Beteiligten* zu beziehen (a.a.O., 28), verweist auf die Notwendigkeit, soziale Tatsachen nicht rein nach von außen angelegten Maßstäben, sondern vielmehr von innen heraus zu erklären. Die *Vielschichtigkeit der Perspektiven* verdeutlicht, dass es eben nicht nur *eine* Perspektive der Beteiligten gibt, sondern diese zwischen Individuen oder zwischen Gruppen durchaus differieren kann. Dies korrespondiert mit dem Merkmal des *Verstehens als Erkenntnisprinzip*: Theorie und Emprie können nicht in ein »Prüfverhältnis« gestellt werden, Forschungsmethoden zielen weniger darauf, Bekanntes – in Hypothesen gefasst – zu prüfen, sondern sind eher explorativ angelegt und versuchen, sich der Perspektive der Beteiligten verstehend anzunähern (a.a.O., 27). Bei Hoffmann-Riem konkretisiert sich dies als Prinzip der Offenheit:

> „Das Prinzip der Offenheit besagt, daß die theoretische Strukturierung des Forschungsgegenstands zurückgestellt wird, bis sich die Strukturierung des Forschungsgegenstands durch die Forschungssubjekte herausgebildet hat" (Hoffmann-Riem 1980, 343).

Für die vorliegende Arbeit bedeutet dies, es nicht mit einem hypothesenprüfenden Verfahren zu tun zu haben, sondern im Rahmen der empirischen Analyse Antworten auf offen formulierte Fragen zu finden. Damit ist auch immer die Erkenntnis verbunden, es bei Wissenschaft nicht mit einem Abbild von Realität zu tun zu haben, sondern vielmehr mit einer *Konstruktion von Wirklichkeit*:

> „In den rekonstruierten Fällen (bzw. Typologien) sind jeweils unterschiedliche Konstruktionen der Wirklichkeit erhalten: Subjekte konstruieren über ihre Sicht auf ein bestimmtes Phänomen einen Ausschnitt ihrer Wirklichkeit; in Gesprächen und Diskursen werden Phänomene interaktiv hergestellt und Wirklichkeit darüber konstruiert" (Flick 2007, 96).

Ansatzpunkt der analytischen Arbeit ist dabei immer die Rekonstruktion von »Fällen«. Dabei ist jedoch zu beachten, dass der Begriff »Fall« eine Konstruktion durch den Forschenden beschreibt. Das, was mit »Fall« benannt wird, ist eine *analytische* – und keine substanzielle – Kategorie. Auch wenn es es immer wieder die Tendenz gibt, mit »Fällen« die Lebenssituation einzelner Menschen zu beschreiben (Fatke 1997, 61), gilt:

> „Was dabei als Fall verstanden wird – das Subjekt und seine Sicht, eine lokal-zeitlich umgrenzte Interaktion oder ein spezifischer sozialer oder kultureller Kontext, in dem ein Geschehen sich entfaltet –, hängt dabei von der theoretischen Position ab, mit der der Fall untersucht wird" (Flick 2007, 96).

Wird dieser Gedanke konsequent weitergeführt, kann grundsätzlich davon ausgegangen werden, dass sich das, was als »Fall« gefasst wird, im Laufe eines Forschungsprozesses durchaus verändern kann. Der Begriff »Fall« wäre in diesem Fall also eine formale Bezeichnung der zum jeweiligen Zeitpunkt im Fokus stehenden Analyseeinheit.

Das *Spektrum der Ansätze und Methoden qualitativer Forschung* (a.a.O., 29) zieht es nach sich, weitere Eingrenzungen in der Auswahl der Methoden vorzunehmen: Qualitative Forschung beruht nicht auf einem einheitlichen methodischen Verständnis, vielmehr stehen die Analyse subjektiver Sichtweisen, der Ablauf von Interaktionen sowie die Rekonstruktion von Strukturen sozialer Felder nebeneinander. Dementsprechend steht die Perspektive der Beteiligten nicht immer im Mittelpunkt, wenn z. B. in der Ethnomethodologie grundlegende soziale Strukturen erforscht werden, die den Beteiligten gar nicht zwingend bewusst sind (a.a.O., 86). In der vorliegenden Arbeit bilden subjektive Theorien den Schwerpunkt der Erhebung und Auswertung – die Perspektive der MitarbeiterInnen, ihr Selbstverständnis, ihre Wahrnehmung von Veränderungsprozessen usw. stehen im Mittelpunkt. In einer sekundären und damit nachgelagerten Perspektive geht es auch um die Strukturen, die das Handeln in diesen Feldern prägen.

Letzten Endes ist qualitative Forschung durch die Erkenntnis geprägt, es mit *Texten als empirischem Material* zu tun zu haben. Gegenstand der empirischen Analyse im engeren Sinne kann nicht das untersuchte Phänomen sein, auch nicht die Datenerhebung selbst (also z. B. das geführte Interview). Gegenstand der Analyse kann immer nur das sein, was vorliegt: eine verschriftlichte Form der Datenerhebung, i. d. R. transkribierte Interviews, Forschungsnotizen oder Beobachtungsprotokolle. Das ist die Basis, auf der die Analyse und Rekonstruktion subjektiver Wirklichkeiten vorgenommen werden kann.

Insgesamt gilt es dabei, Forschungsprozesse *reflexiv und zirkulär* zu gestalten (a.a.O., 29, 124). Zirkularität verweist darauf, Datenerhebung und -auswertung ineinander zu verschränken, also nach einer Phase der Datenerhebung und Auswertung erneut in eine Phase der Datenerhebung zu treten (Flick 2007, 124ff; Kleining 1982, 243f). Für den konkreten Prozess bedeutet das, Entscheidungen über den nächsten Schritt der Forschung immer erst nach der Auswertung des vorhergehenden Schrittes vorzunehmen. Insgesamt entsteht so ein reflexiver Forschungsprozess, der auch seinen eigenen Verlauf immer wieder thematisiert und ins Feld rückmeldet.

Auf der Basis dieser grundlegenden Merkmale qualitativer Forschung lassen sich folgende Entscheidungen und Eingrenzungen nachzeichnen:

1. *Formulierung einer offenen Fragestellung*: In einem hypothesenprüfenden Verfahren wäre aus den theoretischen Erkenntnissen ein »Anforderungskatalog« formuliert worden. Dieser wäre in einem zweiten Schritt operationalisiert worden (inkl. Bildung von Indikatoren für eine »gelungene Implementation«) und in einem dritten Schritt – z. B. mittels eines Fragebogens – der empirischen Überprüfung zugänglich gemacht worden. Auf der Basis einer offenen Gesamtfragestellung muss hingegen ein anderes Vorgehen zum Einsatz kommen (zu den unterschiedlichen Vorgehensweisen: Flick 2007, 128). Für den empirischen Teil der Arbeit (bzw. für dessen ersten Teil), lauten die Fragestellungen:
   - Welche Anforderungen nehmen MitarbeiterInnen in Wohneinrichtungen/wohnbezogenen Diensten der Behindertenhilfe selbst als handlungsrelevant wahr?
   - Welche Einschätzungen haben die MitarbeiterInnen zu zentralen »Instrumenten/Verfahren« ihres Handlungsfeldes?
   - Welche Veränderungen nehmen sie in ihrem Arbeitsfeld wahr?
2. Die Berücksichtigung der *Perspektive der Forschungssubjekte* in Verbindung mit der primären Konzentration auf *subjektive Theorien* legt den Zugang über verbale Daten nahe. Das – sich in Interaktionen realisierende – pädagogische Handeln vor Ort wäre hingegen eher einer Beobachtung zugänglich gewesen. Die Entscheidung, zwei Abteilungen eines Trägers zu vergleichen, legte jedoch die Nutzung von Daten nahe, die einem solchen Vergleich grundsätzlich zugänglich sind. Daher boten sich „teilstandardisierte Interviews" (Flick 2007, 223) an[112].

[112] Grundsätzlich wäre eine teilnehmende Beobachtung als weiterer Untersuchungsschritt durchaus denkbar gewesen, eine intensive Untersuchung des Handelns vor Ort hätte aber – schlicht aus Ressourcen-

3. Die *Vielschichtigkeit der Perspektiven* – z. B. zwischen MitarbeiterInnen und Leitungskräften – sowie die (nachgelagerte) *Betrachtung struktureller Fragen* macht eine Rahmung der ersten Interviews notwendig. Daher wurden zwei Forschungsphasen durchgeführt: In Forschungsphase I wurden die Sichtweisen von MitarbeiterInnen in beiden Abteilungen des Trägers erhoben. Im Sinne eines reflexiven Erkenntnisprozesses (vgl. 5.) wurden diese in einer zweiten Forschungsphase ergänzt durch Interviews mit Leitungskräften (in denen zudem ein thematischer Schwerpunkt auf strukturelle Fragen gelegt wurde).
4. Das Verständnis des *»Falls« als rekonstruktiv-analytischer* Kategorie prägte die Auswertung der Daten: Was zu einem bestimmten Zeitpunkt die Auswertungseinheit der Arbeit ist, verändert und verschiebt sich im Übergang von einer zur nächsten Analyse-Ebene. Zu Beginn steht die Struktur einzelner Interviews im Vordergrund, zu späteren Zeitpunkt verschiebt sich das bis hin zum Vergleich zweier Dienste.
5. Aufgrund der Anforderung, den *Erkenntnisprozess reflexiv* zu gestalten, wurden die Daten der ersten Interviewreihe ausgewertet, analysiert, in Bezug zu theoretischen Erkenntnissen gesetzt und im Feld rückgemeldet, bevor grundsätzlich über Durchführung sowie spezifisch über Form und inhaltliche Ausgestaltung einer zweiten Forschungsphase entschieden wurde.

In der empirischen Arbeit wird die zirkuläre Bewegung von Datenerhebung, Auswertung und Dokumentation insgesamt zweimal durchlaufen. Für die Darstellung lässt sich ein solcher »Forschungszirkel« idealtypisch in fünf Phasen unterteilen.

1. Die *Vorbereitung des Feldzugangs* hat inhaltliche, methodische und formale Komponenten. *Inhaltlich* umfasst sie die Erschließung relevanter Literatur für den speziellen Bereich, *methodisch* die Auswahl von Methoden und Techniken der Datenerhebung (z. B. Erstellung eines Leitfadens) und *formal* Terminabsprachen, das Einholen von Genehmigungen und die Weitergabe von Informationen an das Feld.
2. In der Feldphase erfolgt der *Zugang zum Feld* und die eigentliche Datenerhebung. Prinzipiell kann eine Feldphase aus einzelnen Terminen für Interviews bis hin zu einem mehrwöchigen Aufenthalt im Feld für eine Beobachtung bestehen (in diesem Fall handelte es sich um mehrtägige Aufenthalte »im Feld« mit jeweils ein bis

gründen – mit einer Konzentration auf einen der beiden Bereiche einhergehen müssen. Der sicherlich nicht zu unterschätzende Gewinn an Tiefe wäre aber deutlich auf Kosten der Breite der Analyse gegangen. Da die vergleichende Analyse zweier so unterschiedlicher Bereiche m. E. mehr Möglichkeiten eröffnet, die Auswirkungen der Rahmenbedingungen auf das Handeln in den Blick zu nehmen, wurde auf den Einsatz eines Beobachtungsverfahrens verzichtet.

drei Interviewterminen pro Tag). Nach der eigentlichen Datenerhebung erfolgt die Datenaufbereitung und die »Übersetzung« der auditiven Daten (Aufzeichnungen der Interviews im mp3-Format) in textuelle Daten (Transkription).

3. Danach folgt die *Phase der Auswertung* der erhobenen Daten. Basis der Auswertung ist dabei das Interview-Transkript. In der Auswertung wurde mit einer mehrschrittigen Auswertungsstrategie gearbeitet, in deren Kern ein kodierendes Verfahren steht (technisch unterstützt durch die Software MAXQDA, die zur Auswertung qualitativer Daten erstellt wurde).
4. Auf die Auswertung der Daten im engeren Sinne folgt die *Dokumentation und Verschriftlichung*. Der Verlauf des Forschungsprozesses wird ebenso dargestellt wie die Ergebnisse der Datenauswertung und die Einbettung in theoretische Zusammenhänge.
5. Der letzte Schritt liegt in der *Reflexion* des Forschungszirkels. In diesem werden eventuell aufgetretene Schwierigkeiten sowie der Zusammenhang zwischen dem einzelnen Forschungszirkel und dem Gesamtzusammenhang der Arbeit thematisiert. Aus den Ergebnissen dieser reflexiven Arbeit wird der nächste Zirkel konzipiert, was in die erneute Vorbereitung des Feldzugangs mündet.

## 2 Methoden der Untersuchung

Im Folgenden sollen die konkreten Methoden der empirischen Untersuchung beschrieben und begründet werden. Dabei erfolgt eine Unterscheidung in die Methoden der Daten*erhebung* und der *-auswertung*.

### 2.1 Erhebungsmethoden: Leitfadengestützte Interviews

Nach der grundsätzlichen Entscheidung, in Forschungsphase I verbale Daten zu erheben, stand die Frage im Mittelpunkt, welches Verfahren am besten geeignet ist, die Fragestellung zu bearbeiten. Auf ein komplett standardisiertes Verfahren wurde dabei verzichtet, da

> „in der relativ offenen Gestaltung der Interviewsituation die Sichtweisen des befragten Subjekts eher zur Geltung kommen als in standardisierten Verfahren oder Fragebögen" (Flick 2007, 194).

Da in der Erhebung durchaus auch *individuelle Einschätzungen* zur Geltung kommen sollten, schieden gruppenbezogene Verfahren (wie z. B. eine Gruppendiskussion) aus, es geht also um klassische, individuenbezogene Interviewverfahren. Die zentrale Anforderung an qualitative Interviews besteht dabei in der Balance zwischen der Berücksichtigung der subjektiven Sichtweise auf der einen und des strukturierten Erkenntnisinteresses von Forschung auf der anderen Seite. Es geht um die Kombination „ein[es] hohe[n] Maß[es] an Offenheit und Nicht-Direktivität mit einem hohen Niveau der Konkretion und der Erfassung detaillierter Informationen" (Hopf 2004, 351, Bearbeitung DF). Welches konkrete Verfahren der Fragestellung angemessen ist, lässt sich dabei anhand der Frage klären, ob die Interviews eher auf subjektive Erfahrungsweisen insgesamt oder auf begrenzte Wissensbestände zielen:

> „Geht es um die Analyse subjektiver Erfahrungsweisen über die Zeit, die fokussiert auf den Verlauf [...] mit Bezug auf die Person des Interviewten, so sind etwa erzählungsorientierte Interviews die Methode der Wahl. Geht es dabei eher um konkrete und begrenzte Wissensbestände, beispielsweise die Abläufe eines Entscheidungsprozesses in einer Organisation, wobei die Person des Interviewten weniger interessiert, ist das leitfadenorientierte Experteninterview zu empfehlen" (Flick 2006, 227).

Die Interviews der Forschungsphase I lassen sich dieser Aufteilung nicht ohne weiteres zuordnen. Einerseits handelt es sich bei MitarbeiterInnen ganz eindeutig um ExpertInnen, sie sind „*RepräsentantInnen* einer Organisation oder Institution" (Meuser & Nagel 1991, 444, kursiv i. O.), die „Auskunft über ihr eigenes Handlungsfeld geben" (a.a.O., 445):

> „Der Kontext, um den es hier geht, ist ein organisatorischer oder institutioneller Zusammenhang, der mit dem Lebenszusammenhang der darin agierenden Personen gerade nicht identisch ist und in dem sie nur einen ‚Faktor' darstellt" (Meuser & Nagel 1991, 442).

Mit dieser Konzentration auf den organisatorischen Zusammenhang geht jedoch eine weitgehende Ausblendung persönlicher Aspekte einher:

> „Persönliche Motive, sich dem Arbeitsgebiet zuzuwenden, sind hingegen [...] für das Handeln als Experte irrelevant. [...] In der Bestimmung des Expertenbegriffs [...] tritt die Person des Experten in seiner biographischen Motiviertheit in den Hintergrund, wird stattdessen der in den Funktionskontext eingebundene Akteur zum Gegenstand der Betrachtung" (Meuser & Nagel 2003, 485, Bearbeitung DF).

Für den vorliegenden Zusammenhang ist diese Engführung methodologisch nicht unproblematisch. Berufliches pädagogischen Handeln zeichnet sich dadurch aus, dass eben *nicht* lediglich professionelles Wissen und »Funktionskontexte« relevant sind, sondern es darüber hinaus auch immer auch Handeln »als ganze Person« ist (vgl. S. 116ff). Das Verfahren muss also – im Sinne der Gegenstandsangemessenheit – dieser doppelten Struktur bzw. dem changierenden Gegenstand gerecht werden:

- Zum einen ist der Gegenstand des Interviews die pädagogische Arbeit – oder ein Konstrukt wie »Hilfeplanung«, dann geben MitarbeiterInnen als ExpertInnen Auskunft über diesen Gegenstand.
- Zum anderen sind auch die MitarbeiterInnen, ihre Situation und Erfahrungen Gegenstand des Interviews, dann sind die MitarbeiterInnen eher als Betroffene anzusehen.

Diese Dopplung durch eine Trennung des Erhebungsverfahrens aufzulösen (eine Erhebung, in der es um die persönlichen subjektiven Aspekte geht und eine, in der es um die Arbeit selbst geht) hätte das Problem nicht gelöst: Es ist vielmehr notwendig, das Erhebungsverfahren so zu konzipieren, dass es der »Doppelfunktion« der MitarbeiterInnen – als Individuen mit subjektiven Ideen und Sichtweisen immer auch Repräsentant einer Organisation zu sein – gerecht wird [113].

Daher wurde ein Verfahren gewählt, für das sich auch der Begriff des „teilstandardisierten Interviews" eingebürgert hat (Flick 2007, 223)[114]. Der ursprüngliche Leitfaden sah eine analytische Trennung vor: Der erste Teil hatte eine stärker narrative Struktur und ermöglichte den MitarbeiterInnen, ihre eigene Sichtweise und ihre subjektiven Theorien darzulegen. Der zweite Teil war stärker vorstrukturiert und befasste sich mit bestimmten Aspekten der pädagogischen Arbeit, die als Kernelemente personaler Orientierung verstanden wurden. Auch wenn diese klare Trennung nach den Probeinterviews zugunsten einer deutlicheren Fokussierung der Fragen aufgegeben wurde, bleibt die Grundidee einer Kombination unterschiedlicher Verfahren bestehen. Der Leitfaden der Forschungsphase I konstituiert sich dabei aus Elementen folgender Verfahren:

1. Die Strukturierung des Leitfadens insgesamt (sowie auch die interne Struktur der einzelnen Fragebereiche) orientiert sich am Verfahren des fokussierten Interviews: Zu Beginn stehen eher offene Fragen, im Laufe des Interviews werden diese dann konkreter und strukturierter (Flick 1995, 95ff). Dementsprechend liegt im vorderen Teil des Leitfadens die Betonung tendenziell auf den subjektiven Theorien, während der hintere Teil des Interviews eher als ExpertInneninterview angelegt ist.
2. Der eher offene Teil des Leitfadens, der an den subjektiven Theorien der InterviewPartnerInnen ansetzt, orientiert sich am Konstrukt-Interview nach König bzw. König & Volmer (König 2005; König & Volmer 1999, 114ff).
3. Der spezifische Teil des Leitfadens, der sich mit den konkreteren Aspekten des Handelns befasst, orientiert sich an den ExpertInneninterviews von Meuser & Nagel (Meuser & Nagel 1991, 2003):

[113] Es besteht dabei die Möglichkeit, dass ExpertInneninterviews – die ja explizit für Forschung im Rahmen von Organisationen – entwickelt wurden, sich implizit an Organisationen aus dem Produktionssektor ausrichten und deren Prämissen für Forschung in Organisationen aus dem Dienstleistungssektor relativ unhinterfragt übernommen wurden. Es wäre allerdings zu prüfen, ob nicht veränderte Bedingungen, die die »Produktion« von Dienstleistungen nach sich zieht, auch Auswirkungen auf das Erhebungsverfahren haben müssten.

[114] Wobei der Begriff alleine wenig aussagekräftig ist, was an der negativen Begriffsbestimmung liegt: Er sagt nur aus, dass es sich *weder* um ein vollständig standardisiertes *noch* um ein nicht-standardisiertes Interview handelt. Es ist also zu klären, an welcher Stelle welche Form und welcher Grad von Systematisierung und Standardisierung gewählt wurde.

> „Von Interesse sind ExpertInnen als FunktionsträgerInnen innerhalb eines organisatorischen oder institutionellen Kontextes. Die damit verknüpften Zuständigkeiten, Aufgaben, Tätigkeiten und [...] Erfahrungen und Wissensbestände sind die Gegenstände des ExpertInneninterviews" (Meuser & Nagel 1991, 444, Bearbeitung DF).

Was »ExpertInnen« als solche auszeichnet, hängt dabei von mehreren Faktoren ab. Grundsätzlich unterscheiden Meuser & Nagel (1991, 445) in Zentral- und Randstellung von ExpertInnen. Für die Forschungsphase I trifft der erste Fall zu, die MitarbeiterInnen wurden befragt als ExpertInnen, die Auskunft über *ihr eigenes Handlungsfeld* geben. Auf die Forschungsphase II trifft der zweite Fall zu, die GesprächspartnerInnen gaben Auskunft zu einem dritten Gegenstand: dem Handeln und den Handlungsbedingungen der MitarbeiterInnen.

Insgesamt realisiert sich der Status als ExpertInnen

- über *beruflich* relevantes Wissen (Meuser & Nagel 2003, 485), die Gesprächspartner sind RepräsentantInnen einer Organisation. In diesem Sinne bezieht sich der Status immer auf „eine im jeweiligen Feld vorab erfolgte und institutionell-organisatorisch zumeist abgesicherte Zuschreibung" (a.a.O., 486).
- über die »Sorte« des Wissens, über das sie verfügen: „Gegenüber dem Spezialisten, dessen Arbeitsgebiet und Problemlösungskompetenz von einem [...] Vorgesetzten relativ genau umrissen wird und dessen Tätigkeit starken Kontrollen unterliegt, zeichnet sich der Experte durch eine relative Autonomie aus" (a.a.O., 485)[115].
- nur in Relation zur Fragestellung, er verdankt sich „im methodologischen Sinne dem jeweiligen Forschungsinteresse" (a.a.O., 484).

ExpertInneninterviews könne aus verschiedenen Gründen misslingen: wenn

- die ExpertInnen das Interview blockieren oder sich herausstellt, dass sie keine ExpertInnen sind;
- der Interviewer zum Mitwisser aktueller Konflikte wird, indem der/die Interview-PartnerIn über Interna und nicht über das Thema des Interviews spricht;
- es auf Seiten des/der Interview-PartnerIn zu einem Changieren zwischen den Rollen »Experte« und »Privatmensch« kommt, so dass wenig Erkenntnisse über den Experten gewonnen werden (Meuser & Nagel 1991, 449f).

Grundsätzlich folgt die Erstellung des Interview-Leitfadens dabei der Logik, die Fragen *so offen wie möglich und so spezifisch wie nötig* zu formulieren. Auch bei den spezifischeren Themen sollen die MitarbeiterInnen grundsätzlich eine Möglichkeit zur eigenen Strukturie-

[115]Genau genommen verweist die Struktur des pädagogischen Handelns lediglich darauf, dass pädagogische MitarbeiterInnen als ExpertInnen angesprochen werden *müssten*. Ob das Arbeitsfeld ihnen diese – fachlich gebotene – relative Autonomie wirklich zur Verfügung stellt, kann streng genommen nicht vorausgesetzt werden, sondern müsste Teil der empirischen Erhebung sein.

rung des Gegenstands haben. Für das konkrete Verfahren schlagen König & Volmer vor, in jedem Themenblock eine möglichst offene Eingangsfrage zu formulieren, die den GesprächspartnerInnen die Möglichkeit zur eigenen Strukturierung bietet. Darüber hinaus gibt es einen Katalog möglicher Nachfrage-Kategorien, um ggf. die Antwort auf die Eingangsfrage zu ergänzen (König & Volmer 1999, 150).

> „Der Gesamtverlauf des Interviews ist somit durch Leitfragen und Nachfragekategorien, durch freie Erzählphasen und gezieltes Nachfragen bestimmt" (König & Volmer 1999, 159).

Eine besondere Funktion kommt dabei der Eingangsfrage zu. Sie eröffnet das Gespräch und gibt den MitarbeiterInnen Gelegenheit, einen Erzählfluss aufzunehmen und »sich warm zu reden« (König & Volmer 1999, 149). Für die Forschungsphase I wurde dafür eine Frage nach dem beruflichen Werdegang (Ausbildung und bisherige Arbeitsstationen) gewählt.

Die Interviews in der Forschungsphase II waren methodologisch weniger problematisch: Da hier Leitungskräfte zum Handeln der (pädagogischen) MitarbeiterInnen und zu anderen Gegenständen wie den Veränderungen des Hilfeplanverfahrens befragt wurden, lag keine Doppelstruktur vor. Die Leitungskräfte geben nicht – bzw. nur in sehr geringem Ausmaß – über ihr *eigenes* Handlungsfeld Auskunft, sondern sie sprechen über einen äußeren Gegenstand und berichten über Kontexte des Handelns (sie sind also ExpertInnen in »Randstellung«). Aus diesen Gründen konnten die Interviews der Forschungsphase II als klassische ExpertInneninterviews konzipiert werden.

## 2.2 Auswertungsstrategie: Zusammenfassen, Kodieren, Verschriftlichen

In der Auswertung der Daten kamen verschiedene Schritte zum Einsatz, die sich zu einer *Auswertungsstrategie* zusammenfügen. Als Auswertungsstrategie wird „eine Zusammenstellung verschiedener, für die [...] Analyse geeigneter Auswertungstechniken verstanden" (Schmidt 2004, 448, Bearbeitung DF). Von den Auswertungs*techniken* (z. B. dem offenen Kodieren) lassen sich dann *Verfahren* – also die konkret vorgenommenen Arbeitsschritte – unterscheiden.

Zum Einsatz kam eine Kombination der Auswertungsstrategien für ExpertInneninterviews einerseits und dem thematischen Kodieren andererseits: Beides sind mehrschrittige Strategien, in denen ein Wechsel der Perspektive weg von der Einzelfall-Ebene hin zu überindividuellen, gruppenbezogenen Erkenntnissen erfolgt und deren Kern eine Kodier-Technik bildet. Eine Gegenüberstellung der Verfahren zeigt dabei deutliche Parallelen auf (Tabelle 5):

| Auswertung von ExpertInneninterviews | thematisches Kodieren |
|---|---|
| Transkription und Paraphrase | Kurzbeschreibung des Falls (knappe Darstellung der zentralen Themen) |
| Kodieren der einzelnen Interviews | vertiefende Analyse des einzelnen Falls mittels Kodierung |
| thematischer Vergleich über einzelne Interviews hinweg | vergleichende Analyse auf Basis fallbezogener Kategoriensysteme auf Gruppen-Ebene |
| soziologische Konzeptualisierung (Generalisierung auf empirischer Ebene) | Entwicklung einer thematischen Struktur |
| theoretische Generalisierung (Verbindung von Theorie und Empire) | |

*Tabelle 5: Auswertung von ExpertInneninterviews vs. thematisches Kodieren (Flick 2007, 402ff; Meuser & Nagel 2003, 488f, Bearbeitung DF)*

Neben einigen formalen Differenzen[116] besteht der primäre Unterschied in der Frage, *zu welchem Zeitpunkt und zu welchen Bedingungen* die Ebene des Einzelfalls verlassen wird und vergleichende Analysen erfolgen sollen. Im thematischen Kodieren steht dabei die individuelle Auswertung stärker im Vordergrund, die vergleichende Analyse erfolgt hier auf der Basis komplett ausgearbeiteter Kodierungen auf Einzelfall-Ebene (Flick 2007, 404f). In der Auswertung von ExpertInneninterviews steht die über-individuelle Auswertung stärker im Vordergrund, die Einzelfall-Ebene kann früher – und auf der Basis nicht fertig ausgearbeiteter Kategorien-Systeme – verlassen werden (Meuser & Nagel 2003, 488). Die Techniken, die in der Auswertung zum Einsatz kamen, werden im folgenden kurz vorgestellt und danach ausführlich diskutiert:

1. *Transkription*: Grundlage der Auswertung waren vollständige Interview-Transkripte. Auf ein aufwändiges Notationssystem wurde jedoch verzichtet, die Transkription „orientiert sich an den Normen der geschriebenen Sprache“ (Kowal & O´Connell 2010, 441). Im Vordergrund steht trotz der personenbezogenen Aspekte primär das, *was* die MitarbeiterInnen berichten und weniger, *wie* sie das tun. Gemäß des Grundsatzes, dass „nur solche Merkmale des Gesprächsverhaltens transkribiert werden, die auch tatsächlich analysiert werden“ (a.a.O., 444), wurde daher auf die

[116] Diese beziehen sich vor allem auf Vor- und Nachbereitung der Datenauswertung: Das thematische Kodieren beschränkt sich auf die *Auswertung empirischer* Daten. Der Begriff »Auswertung« verweist darauf, es mit bereits aufbereiteten (d. h. transkribierten) Daten zu tun zu haben, der Begriff »empirisch« beschränkt die Strategie auf empirisch gewonnene Erkenntnisse. Im Unterschied dazu umfasst die Auswertungsstrategie von ExpertInneninterviews sämtliche Schritte von der Aufbereitung der Daten (Transkription) bis zur Verbindung von Theorie zu Empirie (theoretische Generalisierung).

Transkription von Pausen, Stimmlagen und anderen protoverbalen (z. B. lachen) und nonverbalen Elementen verzichtet. Damit sind sie natürlich auch nicht Gegenstand der Interpretation (Meuser & Nagel 1991, 455).

2. *Kurzbeschreibung des Einzelfalls*: Es wurden Zusammenfassungen für jedes Interview angefertigt, die als sehr komprimierte Paraphrasen dienten. Jedes Interview wurde dabei als einzelner »Fall« betrachtet. Funktion der Zusammenfassungen war, die Eigenlogik der Interview-PartnerInnen zu rekonstruieren, einen schnellen Zugang zu den Interviews zu bieten und den gesamten Einzelfall im Auge behalten zu können.
3. *Kodieren der einzelnen Interviews*: Zu Beginn wurde jedes Interview offen kodiert. Danach wurden diese Kodierungen – soweit möglich – den Überkategorien, die sich aus den Themen des Leitfadens ergeben, zugeordnet. Abschließend wurde nach offenen, widersprüchlichen, sich der Leitfadenlogik entziehenden Aspekten gesucht.
4. *Thematischer Vergleich*: Nachdem alle Interviews einzeln kodiert waren, kam es zu einem thematischen Vergleich. Hier wird die Ebene des Einzelfalls verlassen, die Logik des Leitfadens tritt in den Vordergrund. Analyseeinheit dieses Auswertungsschrittes sind nicht mehr die einzelnen Interviews, sondern die jeweiligen Dienste (ambulanter Dienst/stationäre Einrichtung). Diese werden zuerst jeweils für sich analysiert und danach zueinander in Beziehung gesetzt und unter der Fragestellung betrachtet, ob sich die Ergebnisse gleichen, gegenseitig ergänzen oder widersprechen.
5. *Verschriftlichung der Ergebnisse*: Die Kodierung im engeren Sinne stellt einen wesentlichen Abschnitt der Datenauswertung dar, ist jedoch nicht mit der Auswertung insgesamt zu verwechseln. Diese setzt sich in der Verschriftlichung der Erkenntnisse fort. In der vorliegenden Arbeit wurde ein Verfahren eingesetzt, das sich »in Schichten« von den konkreten Aussagen entfernt und darüber den Abstraktionsgrad der Ergebnisse schrittweise erhöht. Analyseeinheit ist dabei der exemplarisch untersuchte Ausschnitt des Gesamtangebots des Kooperationspartners (in diesem Sinne handelt es sich bei der Arbeit um eine »Einzelfallstudie«).

Grundsätzlich wurde in Forschungsphase I und II die gleiche Auswertungsstrategie angewendet. Forschungsphase I erforderte dabei – aufgrund des breiteren Zuschnitts der Interviews und der größeren Anzahl – ein aufwändigeres Verfahren: Die zentrale Problemstellung ergab sich dabei aus der Spannung zwischen der Leitfaden-Struktur einerseits und der Strukturierung durch die Forschungssubjekte andererseits. Es bestand die Gefahr einer »Auswertungsfalle«, in der Aussagen von InterviewpartnerInnen naiv als Eigenstrukturierung durch die Subjekte übernommen wurden, ohne zu hinterfragen, ob diese nicht durch die Logik des Leitfadens geprägt sind. König weist in diesem Zusammenhang darauf hin, dass ein Interview eine asymmetrische Kommunikationssituation ist:

> „Im Interview will der Interviewer vom Interviewpartner etwas wissen [...]. Ein Interview ist somit kein gleichberechtigtes Gespräch, wo jeder Gesprächspartner seine Ideen einbringt, sondern es gibt einen, der Fragen stellt und einen, der sich darauf einlässt und die Fragen beantwortet" (König 2005, 96, Bearbeitung DF).

So sehr also die Eigenstrukturierung durch die Forschungssubjekte als relevant für die Datenauswertung angesehen wird, so gilt selbst bei den offensten Interview-Verfahren: Die Eigenstrukturierung des Gegenstands durch die Subjekte kommt nur im Kontext des Interviews zustande, Aussagen werden getätigt, *weil* das Interview stattfindet. Es wäre also höchst problematisch, unhinterfragt davon auszugehen, es bei den Antworten komplett mit Eigenstrukturierungen durch die Forschungssubjekte zu tun zu haben. Vordergründig würde damit zwar ihrer Strukturierung entsprochen, die im Hintergrund liegende – und durch den Leitfaden vorgegebene – Struktur würde dabei jedoch ignoriert.

Dennoch kann auch nicht komplett auf die Gegenstrategie ausgewichen werden, in der die Interviews starr anhand der Kategorien des Leitfadens ausgewertet werden. Das würde beinhalten, die Strukturierung durch die Subjekte zu vernachlässigen und ihnen die vorgegebene Logik »überzustülpen«. Der Leitfaden bringt es bereits mit sich, dass bestimmte Themen stark betont werden, die eventuell in den Relevanzsetzungen der MitarbeiterInnen weniger Gewicht erhalten würden (Schmidt 1997, 566). Bilden diese den einzigen Bezugspunkt der Auswertung, wird die Chance vergeben, in der Analyse neue Aspekte oder Zusammenhänge aufzudecken.

Notwendig war daher eine Technik, die beidem gerecht werden konnte. In der Erarbeitung dieser Auswertungstechnik erfolgten Experimente mit verschiedenen Varianten: Ursprünglich sollte versucht werden, sich bei den thematischen Fragen (nach Hilfeplanung, Teamarbeit usw.) an die Struktur des Leitfadens zu halten und bei Fragen, die eine eigene Einschätzung ohne thematische Vorgabe verlangten (»Was finden Sie das wichtigste?«) von einer Strukturierung durch die Subjekte auszugehen. Dies erwies sich jedoch als unhaltbar, da sich in einem Satz Leitfaden- und Eigenstruktur abwechseln oder überschneiden können. Eine weitere Variante, die Interviews zweimal auszuwerten und einmal die Leitfadenlogik und einmal die Eigenstruktur zu betonen, wurde zum einen aus ökonomischen Gründen verworfen. Zum anderen hätte diese Variante das in den Interviews angelegte Spannungsverhältnis jeweils nach einer Seite hin aufzulösen versucht. Gerade dieses Spannungsverhältnis macht die Interviews jedoch aus und sollte in der Auswertung bearbeitet und produktiv gewendet anstatt einseitig aufgelöst zu werden. Daher wurde ein – auf den ersten Blick paradox anmutendes – Set von Auswertungsregeln formuliert:

1. Grundsätzlich wurde davon ausgegangen, dass in allen Antworten Eigenkonstruktionen und subjektive Sinngebungen der Forschungssubjekte vorhanden sind. Aufgrund der vorgegebenen Struktur des Leitfadens können diese jedoch nicht naiv als Eigenstrukturierung gelesen werden. Solange es also keine Hinweise auf das Gegenteil gibt, muss davon ausgegangen werden, dass Themen im Interview behandelt werden, weil sie Teil des Leitfadens sind.
2. Eine Eigenstrukturierung muss also sichtbar werden, um Gegenstand der Analyse sein zu können, d. h. es müssen sich dafür deutliche Anzeichen im Text finden lassen. Damit ist *nicht* gesagt, dass keine Eigenstrukturierung vorliegt, wenn sie nicht sichtbar ist. Sie wird lediglich von der Struktur des Leitfadens überlagert und kann daher nicht nicht Gegenstand der Analyse sein. Es ist also Teil des analytischen Vorgehens, diese Eigenstrukturierungen freizulegen.

Es geht an dieser Stelle nicht darum, dass die Forschungssubjekte »beweisen« müssen, dass sie ihren Gegenstand selbst strukturieren – das tun sie ständig. Vielmehr muss in der Auswertung *nachvollziehbar* werden, dass es sich um eine Strukturierung durch die Subjekte handelt. Die Beweislast liegt beim Forschenden, nicht bei den Forschungssubjekten. Anzeichen für eine solche Eigenstrukturierung waren:

1. Die Frage zielt auf eine eigene Bewertung, Einschätzung usw. In diesem Fall fordert die Leitfadenlogik die Eigenstrukturierung aktiv ein.
2. Die MitarbeiterInnen kennzeichnen eine Textpassage sprachlich als Teil ihrer eigenen Konstruktion. Anzeichen wären Sätze wie: „Was ich mir so denke", „Wie ich das sehe".
3. Antworten liegen »quer« zu den Kategorien des Leitfadens, erstes Anzeichen dafür ist dabei Irritation. Sie verweist darauf, dass in einer Textpassage etwas steckt, was noch nicht nachvollzogen werden kann.

Ein weiterer Schritt, um das Dilemma von Eigenstrukturierung versus Leitfadenlogik zu bearbeiten, war die Aufteilung der Datenauswertung in verschiedene Schritte. Zu Beginn stand dabei eher die Eigenlogik der Subjekte im Mittelpunkt, in den späteren Schritten eher (durch die Interviews verfeinerte und veränderte) Kategorien, die sich aus dem Leitfaden ergeben.

### *2.2.1 Auswertung auf Einzelfall-Ebene: Transkription, Kurzbeschreibungen und Kodierung einzelner Interviews*

Erster Auswertungsschritt qualitativer Interviews ist i. d. R. die Transkription. Es handelt sich dabei jedoch nicht um eine »realistische« Abbildung des Interviewgeschehens, sondern immer schon um eine erste Konstruktion durch den Forschenden. In der »Übersetzung« von auditiven in textuelle Daten werden Entscheidungen über Art, Umfang und

Detailgrad der Informationen getroffen, die das weitere Vorgehen prägen. Die Verwendung von MAXQDA zur Auswertung machte zudem weitere strukturierende Maßnahmen notwendig. MAXQDA verwendet im Standardmodus keine Zeilennummerierung, sondern kennzeichnet lediglich Absätze der Interviews (vgl. Transkripte im Anhang). Bei sehr langen Antworten – die sich durchaus über eine Seite ziehen können – hätte dies dazu geführt, die entsprechenden Textstellen wie die sprichwörtliche »Nadel im Heuhaufen« in den Antworten suchen zu müssen. Um dies zu vermeiden, erfolgte bereits in der Transkription das Einfügen von Absätzen, wenn eine Antwort mehr als einen thematischen Schwerpunkt hatte. Dabei handelt es sich aber um einen ersten Auswertungsschritt, denn die Frage, was als »thematischer Schwerpunkt« betrachtet wird, ist weniger Teil der empirischen Daten und vielmehr von der Perspektive des Forschenden abhängig.

Grundlage der Auswertung waren in der vorliegenden Arbeit immer Komplett-Transkriptionen. Damit unterscheidet sich das Vorgehen von der Auswertung von ExpertInneninterviews, in der die „Transkription der gesamten Tonbandaufnahme nicht der Normalfall" (Meuser & Nagel 2003, 488) ist. Grundlage bei ExpertInneninterviews ist eher die Paraphrase, ausgehend von dieser werden einzelne Teile des Interviews transkribiert. Transkript und Paraphrase stehen dabei tendenziell in einem sich gegenseitig *ersetzenden* Verhältnis. Da damit jedoch die Gefahr einher geht, bereits in der Transkription wesentliche Informationen zu verlieren, wurden alle Interviews komplett transkribiert.

Erster Auswertungsschritt im engeren Sinne war eine *Kurzbeschreibung des Einzelfalls*, wie sie im thematischen Kodieren vorgesehen ist (Flick 2007, 403). Die Kurzbeschreibung ist eine stark verdichtete und paraphrasierende Zusammenfassung jedes Interviews, in der zwar die narrative Struktur des Textes aufgebrochen wurde, aber die Strukturierungen der InterviewpartnerInnen (also die Zusammenhänge, die sie selbst zwischen Bereichen herstellen) erhalten bleiben. Transkription und Kurzbeschreibung stehen hier also in einem sich gegenseitig *ergänzenden Verhältnis.* Der Fokus der Kurzbeschreibungen liegt dabei – ähnlich wie in der Paraphrase bei Auswertung von ExpertInneninterviews – auf den *thematischen Einheiten* des Interviews: Thematische Einheiten gehören inhaltlich zusammen, können aber aus über den Text verstreuten Passagen bestehen – z. B. wenn am Ende eines Interviews nochmals eine Frage aufgegriffen wird, die ganz am Anfang bereits thematisiert wurde oder wenn ein Interview-Partner immer wieder auf ein bestimmtes Thema zu sprechen kommt (Meuser & Nagel 1991, 453). Um die Textmenge zu reduzieren, wurden Techniken der qualitativen Inhaltsanalyse – und hier insbesondere der zusammenfassenden Inhaltsanalyse – „Auslassung, Generalisierung, Konstruktion, Integration, Selektion, Bündelung" (Mayring 2010, 472) eingesetzt[117]. Das eingesetzte Verfahren bestand aus den folgenden – z. T. mehrfach durchgeführten Arbeitsschritten:

- Entfernung sämtlicher Phrasen, Füllwörter, Einführungssätze;
- Zusammenführen von mehrfach getätigten Äußerungen an einer Stelle (damit auch Auflösung der Sequenzialität des Textes);
- Zusammenfassen der zentralen Aussagen zu den Leitfaden-Kategorien und anderen thematischen Einheiten;
- wenn möglich: Herausarbeiten eines »Erzählbogens«, unter dem sämtliche Themen des Interviews gefasst werden können[118].

Die Zusammenfassungen dienten dazu, einen schnellen Zugang zu den Interviews zu ermöglichen und deren wesentliche Inhalte festzuhalten – und zwar primär in der Logik der Subjekte und erst sekundär in der Logik des Leitfadens. Die Kurzzusammenfassungen wurden dann in einem weiteren Schritt mit stichpunktartigen Überschriften versehen (Meuser & Nagel 1991, 457f). Diese Überschriften wurden unter dem Stichwort »Kernthemen des Interviews« in die Übersichtstabellen übernommen (vgl. die Tabellen 7 und 8 zu Rahmendaten der Interviews).

Nachdem dieser Schritt für alle Interviews durchlaufen war, erfolgte die *Kodierung der Interviews auf Einzelfall-Ebene* – ein Schritt, der sowohl im thematischen Kodieren als auch der Auswertung von ExpertInneninterviews vorgesehen ist (s. u.). Die Kodierung auf Einzelfall-Ebene im ersten Schritt war notwendig, da – unter bestimmten Umständen – zusätzliche Kodierungen vorgenommen wurden, die über die Kategorien des Leitfadens hinausgingen. Es bestand die Gefahr, dass diese bei einem sofortigen thematischen Vergleich untergegangen und somit der weiteren Analyse nicht zugänglich gewesen wären.

Funktion des Kodierens ist im ersten Schritt „das Aufdecken, Freilegen oder Kontextualisieren der enthaltenen Aussagen" (Flick 2007, 387), im zweiten Schritt dann ihre Zusammenfassung und Kategorisierung. Im *Kodieren* „werden dem empirischen Material Begriffe

---

[117]Diese Orientierung umfasste jedoch lediglich die *Technik* der Reduktion und bezog sich nicht auf das *Verfahren* an sich. Es wurde nicht mit einem streng inhaltsanalytischen Verfahren gearbeitet. Insbesondere das Kodierungsverfahren der Inhaltsanalyse war m. E. für die Auswertung der vorliegenden Interviews nicht geeignet. Mayring verweist selbst darauf, dass die Inhaltsanalyse nicht geeignet ist, wenn die dort eingesetzte Form der induktiven Kategorienbildung die Auswertung einschränkt und empfiehlt die Verschränkung von inhaltsanalytischen und offeneren Verfahren (Landeswohlfahrtsverband Hessen 2010) .

[118]So zeigte sich z. B. in Interview S2, dass der Gesprächspartner die Antworten auf fast alle Fragen in der Form eines »das würden wir machen, wenn wir Ressourcen hätten«-Arguments beantwortete. Dies kann als »Erzählbogen« des Interviews gelesen werden, unter den sich fast alle Aussagen subsumieren lassen (vgl. Zusammenfassung des Interviews S2 im Anhang).

bzw. Kodes zugeordnet" (a.a.O., 388). Die Einheiten der Kodierung waren dabei *Textpassagen.* Als Textpassage wird eine sprachliche Sinneinheit verstanden, i. d. R. ein Satz, Teilsatz oder Halbsatz. Größtmögliche Sinneinheit, die zusammenhängend kodiert wurde, war eine komplette Antwort. Zumeist umfasst diese einen Absatz, in Ausnahmefällen kann auch eine Zwischenfrage durch den Interviewer dazu gerechnet werden – wenn sich sowohl die Textpassage vor als auch nach der Zwischenfrage auf denselben Inhalt beziehen.

Nach der Kodierung der Interviews folgt eine zweite Phase, in deren Mittelpunkt die Freilegung der in den Kodes enthaltenen Ordnung steht. Dieser Prozess wird als *Kategorisierung* beschrieben. Sie steht für die

> „Zusammenfassung von solchen Begriffen [Kodes] zu Oberbegriffen und die Herausarbeitung von Beziehungen zwischen Begriffen und Oberbegriffen bzw. Kategorien und Oberkategorien" (a.a.O., 388, Bearbeitung DF).

Grundlage der Kodierung war dabei das Verständnis, dass sich die Kodierregeln dem Material anpassen müssen und nicht umgekehrt. Auswertungsregeln konnten außer Kraft gesetzt oder verändert werden, *sofern* das Material dafür gute Gründe lieferte. Es wurde – mit Ausnahme der Leitfaden-Kategorien – darauf verzichtet, Kodes a priori zu definieren. Die Funktion des Kategoriensystems ist *nicht*, das Material unter einer bestimmten Ordnung zu präsentieren, sondern vielmehr die dem Material inhärente Ordnung interpretativ zu erschließen. Wie Schmidt anmerkt, können

> „Auswertungskategorien [...] nicht oder zumindest nicht ausschließlich schon vor der Erhebung bestimmt und festgelegt werden. Die Kategorien lassen sich vielmehr häufig erst aus dem erhobenen Material heraus entwickeln" (Schmidt 1997, 547).

Grund für die Notwendigkeit, Kategorien in der Auseinandersetzung mit dem Material zu bilden, ist die Offenheit qualitativer Forschungsmethoden, die zwei Formen annehmen kann: „technische und theoretische Offenheit" (Schmidt 1997, 547). *Technische* Offenheit beschreibt die Tatsache, dass Leitfäden zwar die Themen der Interviews (und damit auch die groben Kategorien der Auswertung) vorgeben, die Fragetechnik jedoch so offen ist, dass sie eigene Schwerpunktsetzungen durch die Interview-PartnerInnen einfordert. Es kommt also vor, dass

> „sich die wichtigen Textpassagen [...] nicht immer im direkten Kontext der gestellten Frage [befinden]; die vom Interviewer eingebrachten Aspekte werden häufig erst nach einiger Zeit ausführlicher aufgegriffen oder tauchen in der Antwort auf eine andere Frage innerhalb eines ganz anderen Kontextes (wieder) auf" (Schmidt 2004, 450, Bearbeitung DF).

In dieser Phase des offenen Kodierens kamen die Kurzbeschreibungen der Fälle nochmals zum Einsatz. Die in diesen vorgenommene Strukturierung anhand thematischer Einheiten ermöglichte, die durch die Interview-PartnerInnen hergestellten Zusammenhänge offen zu legen. Darüber konnte eine zu enge Führung auf die Leitfaden-Kategorien vermieden werden. Die offene Kodierung zielte dabei darauf,

> „dem Material keine deutenden und ordnenden Kategorien von außen aufzudrängen und überzustülpen. Es kommt vielmehr darauf an, die Formulierungen der Befragten aufzugreifen und herauszufinden, welchen Sinngehalt sie damit verbinden" (Schmidt 1997, 548).

Über die technische Offenheit hinaus verweist die *theoretische* Offenheit darauf, Kategorien nicht nahtlos aus der Theorie abzuleiten: Kategorien „können allenfalls vor der Erhebung entworfen werden, sollen jedoch im Verlauf der Erhebung [und Auswertung] verfeinert und überarbeitet oder durch neue Kategorien ersetzt oder ergänzt werden" (Schmidt 1997, 548, Bearbeitung DF). Die (Weiter-)Entwicklung der Kodes erfolgte in diesem Schritt über das Anfertigen von Kode-Memos, in denen Unklarheiten, Fragen, Assoziationen usw. festgehalten wurden (Flick 2007, 388).

Insgesamt kam im Kodierungsverfahren eine Kombination von induktivem und deduktivem Vorgehen zum Einsatz. Die erste Phase des offenen Kodierens erfolgte induktiv, die Kodierung verfolgte das Ziel, den Sinn einer Textpassage in komprimierter Form wiederzugeben. Dabei wurde textnah vorgegangen, nach Möglichkeit die Terminologie der Interview-PartnerInnen aufgegriffen (Meuser & Nagel 2003, 488) und im besten Falle »invivo-Kodes« (Flick 2007, 391) verwendet. In diesem Fall konnte eine Formulierung aus dem Interview direkt zur Benennung der Kodierung verwendet werden. Diesem offenen Verfahren des *„Entwickeln[s] von Auswertungskategorien am Material*" (Schmidt 1997, 558, Bearbeitung DF) wurde in einem zweiten Schritt die Struktur des Leitfadens gegenübergestellt. Die dort behandelten Themen stellen „Vorformulierungen der theorierelevanten Kategorien" (Meuser & Nagel 1991, 454) bzw. „Übersetzungen der Kategorie-Entwürfe in Fragen und einzelne Frageaspekte" (Schmidt 1997, 550) dar. In der Auswertung wurden sie als »Leitfaden-Kategorien« gekennzeichnet, die die Funktion von Überkategorien einnahmen: Im konkreten Verfahren

> „werden zunächst alle Textstellen identifiziert, die sich – im weitesten Sinne – der Kategorie zuordnen lassen: Die einzubeziehenden Textstellen beschränken sich ausdrücklich nicht auf Interviewpassagen, in denen auf die der Kategorie entsprechenden Leitfaden-Frage geantwortet wird" (Schmidt 1997, 557).

Textpassagen konnten dabei durchaus mehrfach zugeordnet werden, denn „ob einer Passage einer oder mehrere Kodes zugeordnet werden, hängt davon ab, wie viele Themen jeweils angesprochen werden" (Meuser & Nagel 2003, 488). Wenn also – wie in Interview A1 – der Interviewpartner die Hilfeplanung vor allem als Möglichkeit zur Reflexion des Handelns beschrieben wird (vgl. Zusammenfassung des Interviews A1 im Anhang), wurde die entsprechende Textstelle sowohl unter »Hilfeplanung« als auch unter »Reflexionsmöglichkeiten« kodiert.

Bereits im offenen Kodieren kommt es zur Gruppierung zusammenhängender Kodes, die mit einer übergeordneten Kategorie versehen werden. Deren Formulierung ist notwendigerweise abstrakter als im ersten Schritt – weil diese Kategorie nicht mehr nur einen, sondern bereits eine Mehrzahl von Kodes umfassen muss (Flick 2007, 391). Darüber kommt es zu einer Verfeinerung, Veränderung und Überarbeitung der Leitfaden-Kategorien. Mittels dieses Verfahrens ließ sich ein Großteil der Aussagen der Interview-PartnerInnen zuordnen.

### *2.2.2 Übergreifende Auswertung: Vergleichende Analyse und Verschriftlichung*

Eine Analyse, die darauf gezielt hätte, individuelle Sichtweisen abzubilden und verschiedene (auf einzelne Individuen bezogene) Einzelfälle darzustellen, wäre an dieser Stelle beendet. Die empirische Arbeit zielte jedoch auf übergreifende Zusammenhänge. Ziel war es,

> „das Überindividuell-Gemeinsame herauszuarbeiten, Aussagen über Repräsentatives, über gemeinsam geteilte Wissensbestände, Relevanzstrukturen, Wirklichkeitskonstruktionen, Interpretationen und Deutungsmuster zu treffen" (Meuser & Nagel 1991, 452).

Das »Überindividuell-Gemeinsame« muss hier jedoch in einem weiten Sinne verstanden werden. Auch Aussagen, die sich unterscheiden, ergänzen oder im Extremfall sogar widersprechen, können als ein »Gemeinsames« gefasst werden. So können sie z. B. verschiedene Positionen in einem – zwischen verschiedenen Polen aufgespannten – Feld markieren oder die verhärteten Fronten eines Konflikts beschreiben. Das »Gemeinsame« ist also nicht Ausgang, sondern vielmehr Fluchtpunkt der Analyse.

Im Sinne einer Ausarbeitung dieses »Überindividuell-Gemeinsamen« erfolgte als insgesamt dritter Auswertungsschritt der *thematische Vergleich*. In der Auswertung von ExpertInneninterviews wird dabei die Ebene des Einzelfalls verlassen, die Analyse orientiert sich primär an der gesamten thematischen Struktur (Meuser & Nagel 1991, 459f)[119]. Auf der Grundlage der Leitfaden-Kategorien wurden Kodes aus verschiedenen Interviews verglichen und zueinander in Beziehung gesetzt. Auf der Ebene des konkreten Verfahrens entspricht dieser Schritt dem *axialen Kodieren*. Beim axialen Kodieren werden aus der Gesamtheit der vorliegenden Kodes diejenigen ausgewählt, „deren weitere Ausarbeitung am vielversprechendsten erscheint" (Flick 2007, 393) – die »Achsenkategorien«. In der vorliegenden Arbeit umfasste das die Leitfaden-Kategorien, aber z. B. auch eine Kategorie wie

---

[119] Dieser Schritt steht in Differenz zum thematischen Kodieren: Dort wird die thematische Struktur anhand eines Einzelfalls entwickelt, mit einem zweiten Fall abgeglichen und überarbeitet, auf der Grundlage dessen mit einem dritten Fall abgeglichen usw. (Flick 2007, 404).

»Ökonomisierung«, da Aussagen zu diesem Bereich alle Interviews durchzogen (vgl. S. 209ff, 212ff). Die Achsenkategorie „wird in den Mittelpunkt gestellt, und ein Beziehungsnetz wird um sie herum ausgearbeitet“ (Böhm 2010, 479). Das Verfahren zielt v. a. auf

> „das Ermitteln von Beziehungen (Relationen) zwischen der Achsenkategorie und den damit in Beziehung stehenden Konzepten in ihren formalen und inhaltlichen Aspekten [...]. Die Achsenkategorie wird in ihren zeitlichen und räumlichen Beziehungen, Ursache-Wirkungs-Beziehungen, Mittel-Zweck-Beziehungen, argumentativen, motivationalen Zusammenhängen ausgearbeitet" (Böhm 2010, 479, Bearbeitung DF).

Kern des axialen Kodierens ist die *Rekonstruktion von Relationen*, es geht darum, Bezüge „zwischen Kategorien zu entdecken und zu entwickeln“. Diese Relationen lassen sich fassen als ursächliche Bedingungen; Kontexte bzw. intervenierende Bedingungen; Handlungsstrategien oder Konsequenzen (Flick 2007, 394, Abbildung; Schmidt 1997, 533). Diese Beziehungen können unterschiedlich geartet sein, z. B. „zwischen Ober- und Unterkategorien (hierarchisch), aber auch zwischen Begriffen auf derselben Ebene“ (Flick 2007, 388), wie z. B.

- konkrete Beschreibungen, die inhaltlich deutlich differieren, sich aber auf das gleiche, abstrakte Prinzip beziehen;
- unterschiedliche Beispiele für eine übergeordnete Kategorie;
- sich scheinbar widersprechende Aspekte, die sich aber als »zwei Seiten einer Medaille« oder als widerstreitende Positionen in einem Konflikt entpuppen.

Da in diesen relationierenden Achsenkategorien nun a) mehr als nur ein Kode aufgehoben ist und diese sich b) auf mehrere Interviews beziehen, sind diese notwendig abstrakter gehalten als direkt aus dem Text übernommene Kodes. Es ist ihre Funktion, übergreifend und verallgemeinernd zu wirken. Dabei ist jedoch darauf zu achten, dass der Bedeutungsumfang der in ihnen enthaltenen Kodes nicht verkürzt wird. Im besten Fall haben sie daher analytische oder metaphorische Qualität. Wenn möglich, kann auch weiterhin auf die Formulierungen der Interview-PartnerInnen zurückgegriffen werden (Meuser & Nagel 1991, 460). Ziel der Auswertung war, Kategorien immer so abstrakt wie nötig und so konkret wie möglich zu benennen.

Das Kodieren und Kategorisieren kann also insgesamt gekennzeichnet werden als Wechselspiel von

- eher induktivem »Anordnen« der Kodes als „Entwicklung von Begriffen, Kategorien und Beziehungen aus dem Text“ (Flick 2007, 394) und
- eher deduktiver „Überprüfung gefundener Begriffe, Kategorien und Beziehungen am Text, vornehmlich an anderen Passagen oder Fällen als denjenigen, aus denen sie entwickelt wurden“ (a.a.O.).

Aus diesem Wechselspiel entsteht Schritt für Schritt ein hierarchisch strukturiertes Kategoriensystem (König & Volmer 1999, 163). Zuerst bezieht sich dieses auf die Interviews aus den jeweiligen Diensten, Ziel war die Herausarbeitung jeweils einer „thematischen Struktur" (Flick 2007, 404) für die beiden untersuchten Abteilungen. Diese bildete die Basis der vergleichenden Analyse

> „d. h. der Herausarbeitung von Gemeinsamkeiten in und Unterschieden zwischen den verschiedenen Untersuchungsgruppen. Dadurch wird die soziale Verteilung der Perspektiven auf den untersuchten Gegenstand analysiert und überprüft" (Flick 2007, 405)[120].

Aufgrund dieser Konzentration auf den Vergleich thematischer Strukturen wurde darauf verzichtet, mittels des selektiven Kodierens eine Kernkategorie zu formulieren – wie es im theoretischen Kodieren üblich ist (a.a.O., 396ff). Die Herausarbeitung *einer* Kernkategorie erschien nicht sinnvoll, da die Leitfaden-Interviews

- nicht *einen* zentralen Gegenstand hatten, sondern sich über verschiedene Inhalte erstreckten,
- in zwei Abteilungen geführt wurden, die miteinander verglichen werden sollten
- und zudem die Interview-PartnerInnen sowohl als ExpertInnen als auch als ganze Person angesprochen waren[121].

Nun stellt die Kodierung zwar das Herzstück der Datenauswertung dar, darf jedoch nicht mit ihr in eins gesetzt werden. Vielmehr stellt die *Verschriftlichung der Ergebnisse* einen eigenen analytischen Schritt dar. Sie nötigt den Forschenden dazu, einen Text mit einer linearen Argumentationsstruktur aufzubauen – ein Merkmal, über welches ein Kategorien-System nicht verfügt. Darüber setzt sich im Schreiben der Erkenntnisprozess fort[122]. Das angewendete schichtenanalytische Verfahren arbeitete sich »Schicht für Schicht« entlang der Hierarchie des Kategoriensystems ausgehend von den konkret-textnahen Kategorien immer weiter zu den eher allgemeineren Kategorien. Damit sollte eine typische Problematik der Auswertung qualitativer Daten schreibend überbrückt werden: die Diskrepanz zwischen sehr spezifisch-detaillierten empirischen Daten einerseits und der Notwendigkeit,

---

[120] Wobei darauf hingewiesen werden muss, dass die Formulierung »Gemeinsamkeiten in und Unterschiede zwischen den verschiedenen Untersuchungsgruppen« die Komplexität des Gegenstands verkürzt: Gemeinsamkeiten können auch zwischen Gruppen existieren, Unterschiede (im Sinne von Ausdifferenzierungen) auch innerhalb einer Untersuchungsgruppe.

[121] Auf der Ebene des Einzelfalls wäre eine Analyse einer Kernkategorie durchaus möglich, im Sinne der Fragestellung aber nicht zielführend gewesen. Am nächsten kommt ihr die Herausarbeitung des »Erzählbogens« im Rahmen der Zusammenfassungen der Interviews. Diese kann allerdings – aufgrund des geringeren analytischen Anteils in der Herausarbeitung und Formulierung – lediglich den Anspruch eines ersten Hinweises auf eine solche Kernkategorie erheben.

[122] Genau genommen gilt dies für *alle* Formen wissenschaftlichen Arbeitens. Oft bringt die Verschriftlichung einen Erkenntniszuwachs mit sich, d. h. der Erkenntnisprozess ist nicht vorher abgeschlossen und wird eins zu eins verschriftlicht. Vielmehr *vollzieht sich* der Erkenntnisprozess auch noch im Schreiben.

aussagekräftige und anschlussfähige Ergebnisse zu produzieren, andererseits. Das Verfahren entspricht den Techniken des Erstellens einer *thematischen Struktur* im thematischen Kodieren bzw. der *soziologischen Konzeptualisierung* in ExpertInneninterviews (Flick 2007, 404; Meuser & Nagel 2003, 489f). Zielsetzung ist die Generalisierung der empirischen Ergebnisse:

> „Die Abstraktionsebene ist die der *empirischen Generalisierung*. Es werden Aussagen über Strukturen des Expertenwissens getroffen. Die Anschlußmöglichkeit an die theoretische Diskussion ist gegeben, die Verallgemeinerung bleibt aber auf das vorliegende empirische Material begrenzt, auch wenn sie in einer Begrifflichkeit geschieht, die in diesem selbst nicht zu finden ist" (Meuser & Nagel 2003, 489, Bearbeitung DF).

Das Verfahren besteht aus einer Mehrzahl von analytischen Schritten, die je nach Komplexität des Gegenstands leicht variiert und sich an den Ebenen des Kategoriensystems orientiert. Im Schreibprozess bildet dabei die jeweils untergeordnete Ebene die Texgrundlage für den nächsten analytischen Schritt. In abstrakter Form sind die Schritte in Tabelle 6 dargestellt.

| | |
|---|---|
| Ebene 1 | *Beschreibung thematischer Einheiten*<br>Textgrundlage: Kodierung der Interviews in MAXQDA |
| Ebene 2 | *Analyse* der thematischen Einheiten zur einer Gesamtstruktur des Bereichs<br>Textgrundlage: Beschreibung thematischer Einheiten auf Ebene 1 |
| Ebene 3 | Zusammenfassende Analyse in übergeordneter Kategorie<br>Textgrundlage: Analyse der thematischen Einheiten auf Ebene 2 |
| Ebene 4 | Erneute zusammenfassende Analyse in übergeordneter Kategorie<br>Textgrundlage: Analyse auf Ebene 3 |
| Ebene 5 | Erneute zusammenfassende Analyse... |

*Tabelle 6: Arbeitsschritte der »Schichtenanalyse« (abstrakt)*

Mittels eines solchen Verfahrens kann »Schicht für Schicht« eine Reformulierung der Erkenntnisse in verdichtender und abstrahierender Form erfolgen. Dadurch entfernen sie die Ergebnisse zwar immer weiter vom konkreten Gegenstand der Interviews, werden aber zunehmend anschlussfähiger an theoretische Erkenntnisse, weil sie abstrakter und allgemeiner formuliert werden. Zudem bietet das Verfahren den Vorteil, dass der Prozess des Erkenntnisgewinns transparent bleibt. Die Endergebnisse der Analyse lassen sich bis hin zu den Codes, aus denen sie ursprünglich entstanden sind, zurückverfolgen. Das konkrete Verfahren ist unter dem Punkt »Datenauswertung« exemplarisch an einem Strang des Kategoriensystems erläutert (vgl. S.175ff).

Der abschließende Schritt in der Auswertung von ExpertInneninterviews ist die *theoretische Generalisierung.* Die Darstellung der Daten erfolgt hier – im Unterschied zur Konzeptualisierung – aus einer theoretisch informierten Perspektive (Meuser & Nagel 2003, 489). Dieser Schritt ist streng genommen nicht mehr Teil der *empirischen* Analyse, da er sich auf den Zusammenhang zwischen Theorie und Empirie bezieht. Dennoch bildet die theoretische Generalisierung den Abschluss des Empirie-Kapitels und verbindet die empirischen Ergebnisse aus Teil III mit den theoretischen Erkenntnissen aus Teil I.

## 3 Vorbereitung, Durchführung und Auswertung der Erhebung

Standen in den bisherigen Ausführungen die methodologischen Prinzipien und die methodischen Schritte im Mittelpunkt, wird es im Folgenden darum gehen, das konkrete Vorgehen in der Datenerhebung und die in diesem Zusammenhang getroffenen Entscheidungen zu erläutern. Das betrifft die Erstellung der Interviewleitfäden, die Datenerhebung vor Ort sowie die Auswertung der Daten. Der Forschungsprozess lässt sich dabei

> „als Weg von der Theorie zum Text und als Weg vom Text zur Theorie skizzieren, deren Schnittpunkt in einem spezifischen Forschungsdesign die Erhebung verbaler oder visueller Daten und ihre Interpretation sind" (Flick 1995, 22).

Der »Weg von der Theorie zum Text« kann dabei als *Konkretisierung* gefasst werden: Fragestellungen werden in Methoden sowie in der Erstellung von Leitfäden in konkrete Fragen übersetzt. Die empirische Erhebung selbst ist der Schnittpunkt mit der Praxis vor Ort. Es ist in diesem Zusammenhang sinnvoll, »Fragestellungen« und »Fragen« zu unterscheiden (Friedrichs 1980, 230):

- Fragestellungen sind erkenntnisleitend, sie benennen das Erkenntnisinteresse des Forschenden und sorgen für eine Strukturierung des Leitfadens.
- Fragen sind die konkreten Teile des Leitfadens, also die in einem Interview tatsächlich formulierten Fragen.

Die Auswertung der Daten folgt der umgekehrten Bewegung. Es geht um eine zunehmende *Abstraktion* von konkretem Geschehen vor Ort, von konkreten Aussagen der Interview-PartnerInnen hin zu Aussagen, die anschlussfähig an theoretische Erkenntnisse sind. Die Herstellung dieses Anschlusses ist der »Weg vom Text zur Theorie«.

### 3.1 Entwicklung der Interview-Leitfäden

Die Zielsetzung der Arbeit, die empirische Analyse nicht als (notwendig defizitär erscheinenden) Prüfstein für die Theorie zu verwenden, zog ein verändertes methodologisches Vorgehen nach sich: Es wurden *nicht* Hypothesen oder Fragestellungen aus der Theorie abgeleitet, die dann die Grundlage für die Erstellung der Interviewleitfaden bildeten. Den

Kern der Forschungsphase I bildete vielmehr die *Perspektive der MitarbeiterInnen*. Damit ist impliziert, dass es sich um deren subjektive Wahrnehmungen und Einschätzungen handelt. In dieser Forschungsphase sollte die Fragestellung also nicht auf bestimmte Entscheidungsstrukturen oder Regelungen vor Ort zielen, sondern immer auf die Perspektive der MitarbeiterInnen auf einen bestimmten Sachverhalt. In der ursprünglichen Fassung des Leitfadens lauteten die empirisch zu beantwortenden Fragestellungen daher:

- Wie beschreiben die MitarbeiterInnen ihre Arbeit, was ist für sie der zentrale Kern?
- Welche Begriffe nutzen Sie, um die Prozesse, in denen sie tätig sind, zu beschreiben?
- Was gibt ihnen Orientierung in ihrem Alltag, wie erfüllen sie Ihre Aufgaben?
- Welche Veränderungen nehmen sie in ihrem Arbeitsfeld wahr? Welche Aspekte stehen für sie dabei im Mittelpunkt?

Auf der Basis dieser Fragestellungen wurde ein sehr offen gehaltener Leitfaden entworfen, der viel Raum für subjektive Bewertungen und Einschätzungen ließ und weitgehend auf thematische Vorgaben (wie z. B. konkrete Fragen zum Thema Hilfeplanung) verzichtete. Im Rahmen zweier Probeinterviews beim Kooperationspartner (jeweils eines in den beteiligten Diensten) zeigten sich jedoch, dass diese – aus methodologischer Perspektive sinnvoll erscheinende – inhaltliche Offenheit bei den Interview-PartnerInnen zu großer Unsicherheit führte. Aus dieser Unsicherheit ergab sich in den Probeinterviews eine Zurückhaltung auf Seiten der Interview-PartnerInnen, so dass sich die Probeinterviews als nicht allzu ergiebig für die Beantwortung der Fragestellung erwiesen. Die darauf folgende Reflexion der Probeinterviews führte zu der Annahme, dass die Offenheit des Leitfadens weniger als eine Einladung zu eigener Strukturierung verstanden wurde, sondern auf Seiten der Interview-PartnerInnen eher Intransparenz erzeugte. Es muss m. E. davon ausgegangen werden, dass diese wahrgenommene Intransparenz Zweifel und Unsicherheiten bezüglich der Intention des Forschenden und der weiteren Verwendung der Daten nach sich zog[123]. Daher wurde der Leitfaden im Anschluss an die Probeinterviews deutlich überarbeitet und an vielen Stellen konkretisiert. Das bedeutete, Fragen einzubeziehen, die sich nicht ausschließlich auf das Erleben der MitarbeiterInnen bezogen, sondern vielmehr auf einen »dritten Gegenstand«, zu dem sie befragt wurden. Die Entscheidung fiel dabei auf Bereiche, die aus der Perspektive des Forschenden unter dem damaligen Kenntnisstand als relevante Bereiche für die Frage nach dem Wandel zur personalen Orientierung gelten konnten und sich speisten aus:

[123] Vermutlich bis hin zu dem Verdacht, dass der Forschende »im Auftrag« des Trägers handeln könnte und die Interviews dementsprechend Konsequenzen nach sich ziehen könnten – wenn nicht für die MitarbeiterInnen selbst, dann evtl. für ihren Arbeitsbereich. Dass dieser Verdacht unbegründet war, ist dabei unerheblich. Die subjektive Wahrnehmung eines solchen Verdachts durch die Interview-PartnerInnen ist ausreichend, um die Gesprächssituation massiv zu prägen und ein Interview misslingen zu lassen.

- Erkenntnissen aus der De-Institutionalisierungsforschung (zusammenfassend: Franz 2004),
- programmatischen Arbeiten zur personalen Orientierung (z. B. Beck 1994, 2002a, 2006; Thimm 1995, 2001),
- Instrumenten der Qualitätssicherung in der Behindertenhilfe wie LeWo II oder Passing (Schwarte & Oberste-Ufer 2001; Wolfensberger & Thomas 1983)
- sowie persönlichen Erfahrungen in der pädagogischen Arbeit mit Menschen mit Behinderung.

Aus der Auseinandersetzung mit diesen Bezugsquellen erfolgte die Aufbereitung des Leitfadens. Dieser bezog sich auf die Themen:

1 *Individuelle Hilfeplanung* und zwar aufgrund ihrer zentralen Bedeutung für die Qualität (behinderten-)pädagogischer Tätigkeit:

> „Qualität entsteht in der direkten Interaktion zwischen Mitarbeiter und Adressat [...] und zwar in der Art und Weise, wie der individuelle Bedarf verstanden und erfüllt wird, welche subjektiven und welche objektiven Effekte er also hat" (Beck 2006, 186).

Wenn die Frage, wie der Bedarf an Unterstützung verstanden und erfüllt wird, einen derartig hohen Stellenwert für die Tätigkeit hat, ist die Frage, wie MitarbeiterInnen die Hilfeplanung wahrnehmen, einschätzen und welche Funktion diese für sie erfüllt, für die Umsetzung einer personalen Orientierung nicht zu unterschätzen.

2. *Arbeiten im Team und Entscheidungsprozesse*: Das Team ist der Ort, an dem in wohnbezogenen Diensten traditionell die pädagogischen Entscheidungen getroffen werden. Im Zentrum des Leitfadens steht dabei die Frage, *wie* dies geschieht und welche Einflussmöglichkeiten die MitarbeiterInnen auf diese Entscheidungen haben. Die MitarbeiterInnenführung und die Zusammenarbeit im Team sind eines der Aufgabenfelder in LeWo II (Schwarte & Oberste-Ufer 2001, 385ff) und dementsprechend auch Teil des Befragungsinstruments für MitarbeiterInnen (a.a.O., 489). Zudem ließ sich an diesem Bereich exemplarisch abbilden, ob die Differenz zwischen einem eher gruppenbezogenen (stationären) und einem eher individuenbezogenen (ambulanten) Setting Auswirkungen auf die Entscheidungsprozesse hat.
3. *Reflexionsmöglichkeiten*: Pädagogisches Handeln ist durch Kontingenz und Unsicherheit gekennzeichnet. Im Zusammenhang mit der Diskussion um professionelles Handeln ist dabei Konsens, dass eine der Strategien zur Umsetzung dieser Unsicherheit die *Reflexion* dieser Bedingungen ist (vgl. S. 116ff). Daher wurden Fragen zu diesem Bereich in den Leitfaden mit aufgenommen[124].

---

[124] Insbesondere in diesem Fragebereich flossen persönliche Vorerfahrungen ein: Im Zusammenhang mit verschiedenen pädagogischen Tätigkeiten in der Behindertenhilfe und der Psychiatrie hatte ich Gelegenheit, sowohl die Vorteile geregelter Reflexionsmöglichkeiten (in Form von Supervision) kennenzulernen als auch aus eigener Erfahrung zu wissen, was es heißt, in einem komplexen und belastenden

4. *Fort- und Weiterbildungsmöglichkeiten*: Einerseits setzt die Arbeit mit sich verändernden Bedarfen voraus, das MitarbeiterInnen ihr Wissen kontinuierlich erweitern und andererseits ist davon auszugehen, dass die Veränderungen des Arbeitsfeldes und die daraus resultierenden neuen Anforderungen einen Fortbildungsbedarf auf Seiten der Mitarbeitenden nach sich ziehen.

Der Leitfaden zielte in seiner erweiterten Form darauf ab, die doppelte Zielsetzung der Interviews abzubilden und sowohl die subjektiven Einschätzungen der MitarbeiterInnen bezüglich (der Veränderungen) ihres Arbeitsfeldes als auch Informationen zu Kernelementen einer personalen Orientierung zu erheben. Dementsprechend gibt es unterschiedliche Fragevarianten: solche die sich explizit auf das eigene Erleben der MitarbeiterInnen beziehen und solche, die sich auf einen bestimmten »äußeren« Gegenstand beziehen, insbesondere auf Instrumente und Verfahren des Arbeitsfeldes. Über diese Kernbereiche hinaus wurden Einsteigs- und Abschlussfragen gewählt, deren Funktion weniger in der Erhebung bestimmter Inhalte lag, sondern vielmehr darauf zielte, das Gespräch zu rahmen. Der Leitfaden enthält insgesamt sechs thematische Blöcke, tendenziell bewegt sich jeder Block von allgemeineren und offeneren zu spezielleren Fragen. Die offenen Fragestellungen am Anfang dienen dazu, den MitarbeiterInnen die Gelegenheit zu geben, ihre eigene Sichtweise, ihre eigene Konstruktion zu präsentieren. Danach folgt in jedem Block ein Nachfrageteil, der relevante Aspekte – soweit sie noch nicht durch den/die InterviewpartnerIn aufgegriffen wurden – thematisiert (der Leitfaden ist im Anhang einzusehen):

1. *Ausbildung und Werdegang*: Der erste Frageblock diente hauptsächlich als Gesprächseinstieg und gab den Interview-PartnerInnen die Gelegenheit, »ins Erzählen zu kommen«. Hier wurden tendenziell objektive Informationen erhoben. Insbesondere in den Interviews aus dem ambulanten Dienst zeigte sich, dass bereits die Einstiegsfrage nach Ausbildung und dem beruflichen Werdegang Gelegenheit für subjektive Konstruktionen bot, die Relevanz für die Auswertung der Interviews entfalteten: Alle Interview-PartnerInnen aus dem ambulanten Dienst hatten zu einem früheren Zeitpunkt in stationären Einrichtungen gearbeitet, der Wechsel zu ihrer aktuellen Arbeitsstätte stellte einen Wendepunkt in ihrer Tätigkeit dar. Ihre Aussagen erfolgten daher oft über eine Abgrenzung zu ihrer früheren Tätigkeit (vgl. S. 185ff).
2. Der Fragekomplex zu *pädagogischer Tätigkeit und personaler Orientierung* bot den MitarbeiterInnen Gelegenheit, ihre eigene Sichtweise und Einschätzung zur Geltung zu bringen. Hier ist insbesondere die Erzählaufforderung »Bitte beschreiben Sie Ihre pädagogische Tätigkeit hier im ...?« zu nennen. Sie bot Gelegenheit, die eigene Tätigkeit sehr grundlegend zu kennzeichnen. Auch hier zeigten sich in der Auswertung Anzeichen für subjektive Konstruktionen, z. B. in der Ablehnung des

Arbeitsfeld ohne geregelte Reflexionsmöglichkeiten tätig zu sein.

Begriffs Pädagogik (vgl. S. 185ff). Die Fragen, die sich explizit auf *personale Orientierung* bezogen, hatten primär die Funktion, das Gespräch auf das Erleben von Veränderungen im Arbeitsbereich zu lenken und somit überzuleiten auf den nächsten Fragebereich.

3. *Erleben von Veränderungen*: Dieser Fragekomplex zielte weniger darauf, bestimmte (vorher festgelegte) Veränderungsprozesse abzufragen, sondern konzentrierte sich im ersten Schritt darauf, welche Veränderungen (zum positiven oder zum negativen) die MitarbeiterInnen wahrnehmen, welche Veränderungen *für sie* Wirkung entfalten und für ihr Arbeitsfeld relevant sind. Der zweiten Teil beinhaltete Fragen nach Veränderungen in den pädagogischen Konzepten, in den Anforderungen an die MitarbeiterInnen und deren Auswirkungen auf die praktische Tätigkeit.

   Bis zu diesem Zeitpunkt wurde im Leitfaden darauf verzichtet, starke inhaltliche Vorgaben zu machen. Die Fragen beziehen sich i. d. R. auf relativ allgemeine Konzepte (die pädagogische Tätigkeit, Veränderungen des Arbeitsfeldes), die InterviewpartnerInnen erhielten so Gelegenheit zur eigenen Schwerpunktsetzung und zur Entfaltung subjektiver Konstruktionen.

4. Diese Logik wird mit dem – vom Umfang her größten – Fragebereich *Instrumente* durchbrochen. Die Fragen zielen hier auf bestimmte »äußere« Gegenstände, deren Relevanz für die Thematik von Seiten des Interviewers gesetzt wurde. Dennoch wurde auch hier der Versuch unternommen, innerhalb dieser inhaltlichen Setzung die Gelegenheit zur subjektiven Einschätzung zu eröffnen – z. B. indem die Relevanz der Instrumente im Alltag oder die Möglichkeiten zur Umsetzung eigener Ideen und Vorstellungen in der Arbeit thematisiert wurden.

   Der Begriff *Instrumente* ist dabei weit gefasst und umfasst verschiedene Verfahren, Arbeitsweisen und Entscheidungsprozesse, die die Tätigkeit im Arbeitsfeld prägen, insbesondere die individuelle Hilfeplanung, das Arbeiten im Team (inkl. Entscheidungsprozesse), die Reflexionsmöglichkeiten sowie Fort- und Weiterbildung.

5. Der Fragebereich zu *Belastung und Unterstützung* bezieht sich wieder stärker auf das eigene Erleben. Das – oft eher als theoretische Forderung denn als Abbild der Realität formulierte – Diktum von MitarbeiterInnen als zentraler Schaltstelle für die Umsetzung neuer Konzepte (vgl. S. 59f) macht es notwendig, sowohl deren Belastungserleben als auch die Möglichkeiten zur Entlastung und Unterstützung zu thematisieren.

6. Die *Abschlussfragen* zielten primär darauf, dem Gespräch einen befriedigenden Abschluss zu geben (über eine Visionsfrage) und den InterviewpartnerInnen die Gelegenheit zu geben, Themen anzusprechen, die bis zu diesem Zeitpunkt noch nicht (ausreichend) zur Sprache gekommen waren.

Nach der Auswertung der Interviews (vgl. 181ff), der Reflexion der Forschungsphase I und einer Rückmeldung im Feld folgte die Ausgestaltung der Forschungsphase II. Dabei stand im Zentrum,

a) die Erkenntnisse der Forschungsphase I durch eine zweite Perspektive zu ergänzen,
b) die Kontexte des pädagogischen Handelns vor Ort in den Blick zu nehmen und
c) die Veränderungen beim Kooperationspartner im Hilfeplanungsverfahren nachzuzeichnen.

Im Zusammenhang mit der Forschungsphase II wurde auch die Entscheidung gefällt, die Perspektive der MitarbeiterInnen auf ihr Handeln in den Mittelpunkt der Arbeit zu stellen und z. B. die organisatorische Rahmung dieses Handelns eher sekundär zu beleuchten. Bis zu diesem Zeitpunkt standen beide Bereiche in der Anlage der Arbeit gleichberechtigt nebeneinander. Die Entscheidung, die Perspektive der MitarbeiterInnen in den Mittelpunkt zu stellen, zog dann Folgen für die Forschungsphase II nach sich: Es wurde darauf verzichtet,

a) entweder mittels eines Verfahrens teilnehmender Beobachtung die Mikro-Strukturen des Handelns selbst in den Mittelpunkt zu stellen
b) oder mittels Dokumentenanalysen (von Stellenbeschreibungen, Konzepten, Sitzungsprotokollen usw.) eine Analyse der organisatorischen Bedingungen vorzunehmen.

Die Entscheidung fiel vielmehr darauf, die in der Forschungsphase I gewonnenen Erkenntnisse durch eine zweite Interviewreihe zu rahmen und in einen erweiterten Kontext zu stellen – durch Interviews mit MitarbeiterInnen der Leitungsebene sowie dem Stabsstellenbereich des Kooperationspartners. Leitend für die Konzeption des Leitfadens für die Forschungsphase II waren dabei die bisherigen empirischen Ergebnisse sowie einige Veränderungen im Forschungsfeld selbst:

- Die Ergebnisse der Forschungsphase I wiesen darauf hin, dass die Unterscheidung »*ambulant versus stationär*« über eine formale Zuordnung hinaus prägend auf das Feld einwirkt. Sowohl das Selbstverständnis der MitarbeiterInnen als auch die Beschreibungen der konkreten Instrumente und Verfahren ist massiv durch diese Unterscheidung gekennzeichnet.
- Die theoretischen Erkenntnisse betonen die organisatorische Rahmung des pädagogischen Handelns und die *Auswirkungen dieser Rahmung auf das Handeln* bzw. die Handlungsmöglichkeiten.

- Beim Kooperationspartner kam es nach der ersten Interviewreihe zu einer *Neuorganisation der Hilfeplanung*. Diese zog deutliche Veränderungen im Verfahren und in den Zuständigkeiten nach sich. Dies ermöglichte, den Zusammenhang zwischen sich verändernden organisatorischen Bedingungen und den daraus entstehenden Folgen für das Handeln exemplarisch am Themenbereich Hilfeplanung zu beleuchten.

Da in der Forschungsphase II verschiedene Funktionsträger befragt wurden (Leitungskräfte auf regionaler Ebene und im Stabsstellenbereich) wurden zwei weitgehend eigenständige Interviewleitfäden erstellt, die sich lediglich beim Thema Hilfeplanung leicht überlappen. Der Interviewleitfaden für die Leitungskräfte befasste sich mit den Fragen,

1. wodurch sich – neben einer formalrechtlichen Dimension – der *Unterschied zwischen ambulanten und stationären Strukturen* konstituiert (z. B. gruppen- versus individuenbezogene Strukturen) und ob dies Folgen für das Handeln der MitarbeiterInnen nach sich zieht (und wenn ja, wie diese Folgen aussehen);
2. daran anschließend, welche Kompetenzen MitarbeiterInnen in den jeweiligen Diensten brauchen;
3. wie die *Entscheidungsstrukturen* im verantworteten Arbeitsbereich geregelt sind, welche Befugnisse auf welcher Hierarchieebene angesiedelt sind, welche »Rückkopplungsschleifen« es gibt sowie
4. wie sich die Veränderungen im Bereich *Hilfeplanung* im verantworteten Arbeitsbereich niederschlagen.

Das Interview im Stabsstellenbereich diente primär dazu, das neue Verfahren der Hilfeplanung und dessen Funktionsweise zu beschreiben. Es sollte klären,

1. wie das Verfahren genau abläuft, welcher Verpflichtungsgrad sich aus ihm ableitet und wie sich die Befugnisse der beteiligten Personengruppen (Hilfeplanberater, Leitungen usw.) dadurch verschieben.
2. welche (positive oder negative) Resonanz es aus den verschiedenen Abteilungen und Diensten des Kooperationspartners zu dem veränderten Verfahren gegeben hat.

### 3.2 Konkrete Datenerhebung

Die Erhebung der empirischen Daten erfolgte in Kooperation mit einem großen Träger der Behindertenhilfe im Bundesgebiet. Diese Kooperation ermöglichte, ausführliche Interviews mit MitarbeiterInnen verschiedener Dienste zu führen. Die erste Forschungsphase konzentrierte sich dabei auf die MitarbeiterInnen, die in die direkten Unterstützungsprozesse eingebunden sind. Auf der Basis eines zirkulären Forschungsdesigns wurden diese Erkenntnisse in der zweiten Forschungsphase durch Aussagen von MitarbeiterInnen der Leitungsebene ergänzt. Gemäß den unterschiedlichen Phasen empirischer Forschungsarbeit sind für die Datenerhebung v. a. die *Vorbereitung des Feldzugangs*, der eigentliche *Zugang zum Feld* in Kombination mit der *Aufbereitung der Daten* relevant.

In der *Vorbereitung des Feldzugangs* musste der Kontakt zu einem Träger der Behindertenhilfe hergestellt werden, um zu einer Kooperationsvereinbarung zu kommen und darüber den Feldzugang sicher zu stellen. Auf der Grundlage einer Anfrage eines Trägers an den Arbeitsbereich von Prof. Beck erfolgten mehrere Treffen vor Ort sowohl mit MitarbeiterInnen der direkten Unterstützung als auch mit EntscheidungsträgerInnen. Auf diesen wurde einerseits das Forschungsvorhaben vorgestellt, andererseits gab es die Gelegenheit, verschiedene Einrichtungen und Dienste des Trägers kennenzulernen. Auf der Basis der dabei gewonnenen Informationen und der Absprachen mit dem Träger kam es zu einer Kooperationsvereinbarung, die den Feldzugang regelte. Teil dieser Kooperationsvereinbarung ist die Komplettanonymisierung der Daten, die sich über personenbezogene Daten hinaus auch auf Informationen zum Träger selbst bezieht.

Die Komplettanonymisierung erfolgt jedoch nicht aus formalen Gründen, sondern hat eher einen inhaltlichen Kern. Ihre Funktion ist es, einer »Färbung« der Ergebnisse vorzubeugen. Eine Vorstellung des Trägers, der Situation des Bundeslandes, des Kostenträgers usw. könnte dazu verleiten, die Ergebnisse eben genau im Lichte der Situation *dieser* Einrichtung, *dieses* Anbieters, *dieses* Kostenträgers, *dieses* Wohlfahrtsverbandes, *dieser* Stadt, *dieses* Bundeslandes zu lesen. Die Komplettanonymisierung hingegen bietet Gelegenheit, die Ergebnisse offener zu interpretieren. Es besteht die Möglichkeit, die Ergebnisse auf andere Situationen (andere Einrichtungen, Träger, Kostenträger, Wohlfahrtsverbände, Städte, Bundesländer) zu übertragen. In diesem Sinne erhebt die Datenauswertung zwar keinen Anspruch auf Repräsentativität (kann sie als qualitative Erhebung auch gar nicht), verfolgt aber durchaus das Ziel, *typische Problemlagen* abzubilden, die auch an anderen Stellen so (oder zumindest vergleichbar) vorliegen können.

Das breite Angebot des Kooperationspartners ermöglichte, sehr unterschiedliche Dienste/ Einrichtungen zu untersuchen. Ausgewählt wurden letztendlich der ambulante Dienst sowie eine stationäre Einrichtung. Der ambulante Dienst unterstützt Menschen, die im einem städtischen Gebiet in ihren eigenen Wohnungen leben, die stationäre Einrichtung ist auf dem ehemaligen Gelände der Großeinrichtung angesiedelt und unterstützt Menschen mit schwerer Behinderung. Dieses befindet sich zwar im städtischen Raum, bildet aber weitgehend einen eigenen Stadtteil. Die Auswahl dieser beiden Dienste erfolgte aus zwei Gründen:

- Sie ermöglicht, in der Untersuchung, die – für die Behindertenhilfe lange Zeit prägende – Leitdifferenz »ambulant versus stationär« abzubilden und

- sie umfasst im Sinne eines Maximalvergleichs sowohl Hilfesettings für Menschen mit geringeren Hilfebedarfen im ambulanten Dienst als auch mit »schwerer« Behinderung (und hohem Hilfebedarf) in der stationären Einrichtung.

Auf der Basis der konkreten Vereinbarungen mit dem Kooperationspartner wurde ein Informationsschreiben erstellt, das Auskunft über das Forschungsvorhaben gab und an interessierte MitarbeiterInnen der betroffenen Abteilungen weitergeleitet wurde. Das Schreiben enthielt grundlegende Informationen zum Gesamtvorhaben sowie zu den geplanten Interviews und warb um aktive Beteiligung. Über eine Kontaktperson beim Träger wurden für den Sommer 2006 Termine für Probeinterviews in beiden Bereichen ausgemacht. Im Herbst 2006 erfolgte dann die erste Datenerhebung, in der insgesamt neun Interviews mit MitarbeiterInnen vor Ort geführt wurden (für detaillierte Informationen zu den Interviews vgl. Tabelle 7). Vor Beginn des Interviews wurden das Erkenntnisinteresse sowie eine Information zum Thema Datenschutz und Freiwilligkeit detailliert dargestellt. Daraufhin erfolgte eine schriftliche Einverständniserklärung durch den/die Interview-PartnerIn, die sich auf die Teilnahme am Interview und die Aufzeichnung bezog. Die Interviews wurden auf einem digitalen Datenträger aufgezeichnet, auf der Basis der Aufzeichnung erfolgte die Transkription. Die Transkripte wurden den Interview-PartnerInnen zum Gegenlesen übersandt, erst auf der Grundlage der Freigabe der Transkripte erfolgte die Datenauswertung.

Aus der ersten Interviewreihe wurden zwei Interviews nicht in die Datenauswertung einbezogen: Für Interview S4 konnte keine Freigabe des Interviews erreicht werden und in Interview S5 stellte sich im Gespräch selbst heraus, dass der/die Interview-PartnerIn nicht als MitarbeiterIn in der direkten Unterstützung tätig war, sondern als Teamleitung. Da in dieser Interviewreihe aber Einschätzungen von MitarbeiterInnen über ihr eigenes Arbeitsfeld eingeholt werden sollten, wurde Interview S5 nicht ausgewertet.

Nach Abschluss der Forschungsphase I – also der Durchführung, Transkription, Auswertung der Interviews, Verschriftlichung der Ergebnisse und theoretischer Reflexion der Forschungsphase als ganzes – erfolgte eine Rückmeldung im Feld in Form eines Klausurtags beim Kooperationspartner, in dessen Rahmen spezifische Ergebnisse der Forschungsphase I vor MitarbeiterInnen der Leitungsebene vorgestellt und diskutiert wurden. Im Anschluss daran wurde in Absprache mit dem Kooperationspartner

a) die Komplettanonymisierung der Daten verabredet sowie
b) eine Entscheidung über eine – grundsätzlich von Beginn an angedachte – zweite Forschungsphase getroffen.

Leitend für die Ausgestaltung dieser zweiten Forschungsphase waren dabei einerseits die bis zu diesem Zeitpunkt gewonnenen theoretischen und empirischen Erkenntnisse und andererseits die Entwicklungen im Feld. Die Entscheidung fiel darauf, drei weitere Interviews zu führen: jeweils eines mit einer Leitungskraft eines Regionalbereichs der beteiligten Dienste sowie eines mit einem Mitarbeiter aus dem Stabsstellenbereich (für detaillierte Informationen zur Forschungsphase II vgl. Tabelle 8). Gegenstand dieser Interviews war nicht das Arbeitsfeld der Interview-PartnerInnen selbst, sondern immer ein dritter Gegenstand: das Handeln der MitarbeiterInnen, die Unterschiede zwischen ambulanten und stationären Strukturen und das neue Hilfeplanungsverfahren.

### 3.3 Datenauswertung

Wie in der Auseinandersetzung mit den Methoden qualitativer Forschung dargestellt, erfolgte die Auswertung der Daten in Forschungsphase I in einem vierschrittigen Verfahren. Alle vier Schritte sollen im folgenden kurz beschrieben werden.

*Kurzbeschreibungen auf Einzelfall-Ebene*

Für jedes Interview wurde eine stark verdichtete Paraphrase erstellt. Diese umfasst i. d. R. 1-2 Seiten. Die thematischen Einheiten des Interviews wurden mit Überschriften versehen, die als »Kernpunkte des Interviews« gefasst wurden (die »Kernpunkte des Interviews« sind in Tabelle 7 zu sehen).

*Kodieren der einzelnen Interviews*

Die eigentliche Kodierung der Interviews erfolgte in MAXQDA. Als erster Schritt wurde jedes Interview offen kodiert. Pro Interview bewegte sich die Zahl der kodierten Textstellen zwischen 59 und 134. Insgesamt wurden 700 Textstellen mit Codes versehen. Diese wurden in einem zweiten Schritt – soweit möglich – verschiedenen aus dem Leitfaden abgeleiteten Kategorien zugeordnet. Dabei handelte es sich um:

- pädagogisches Handeln
- personale Orientierung
- Veränderungen
- Hilfeplanung
- Teamarbeit
- Reflexionsmöglichkeiten
- Belastung und Unterstützung

| Kürzel | Einrichtung | Datum | Länge | Grad der Berufsausbildung | Kernpunkte des Interviews | Anmerkungen |
|---|---|---|---|---|---|---|
| A1 | Ambulanter Dienst | 19.09.06 | 01:02:40 | Einschlägiges Studium (A1/5) | Keine päd. Tätigkeit, Finanzierung bringt Klarheit für KlientIn, droht, in Ökonomisierung umzuschlagen; reflexive & legitimierende Funktion v. Hilfeplanung, reflexive Funktion v. Teamarbeit | |
| A2 | Ambulanter Dienst | 20.09.06 | 00:47:44 | Einschlägiges Studium (A2/5-6) | Unterschiede ambulant stationär, Eigenverantwortung für positives und negatives, Hilfeplanung als Struktur und Begrenzung, Vielfalt im Team als Bereicherung | |
| A3 | Ambulanter Dienst | 21.09.06 | 00:53:51 | Einschlägige Berufsausbildung (A3/5-14) | keine pädagogische Tätigkeit, Begleitung; Umgang mit KlientIn/Umgang mit MAs durch Geschäftsführung (Hierarchie), Hilfeplanung als Struktur und Sicherheit im Alltag | |
| A4 | Ambulanter Dienst | 21.09.06 | 00:41:06 | Einschlägiges Studium (A4/5-6) | Pädagogische Tätigkeit über Haltung (Selbstbestimmung, Ressourcenorientierung), Flexibilität zweischneidig, ambulant wirklich Einzelfallhilfe, offenes Klima im Team | |

| Kürzel | Einrichtung | Datum | Länge | Grad der Berufsausbildung | Kernpunkte des Interviews | Anmerkungen |
|---|---|---|---|---|---|---|
| S1 | Stationäre Einrichtung | 19.09.06 | 00:45:10 | Einschlägige Berufsausbildung (S1/5) | Hilfeplanung als Verwaltungsaufgabe und Pflicht, Orientierung an Bedürfnissen scheitert am nicht-sprechen, Ökonomisierung und Verwaltung, schwierige Entscheidungen treffen | |
| S2 | Stationäre Einrichtung | 20.09.06 | 01:04:30 | Einschlägige Berufsausbildung (S2/9) | Zeit- und Personalmangel als alles überschattendes Problem, verhindert das richtige Arbeiten | |
| S3 | Stationäre Einrichtung | 22.09.06 | 00:49:10 | Einschlägiges Studium (S3/5) | Arbeit in der Einrichtung leicht, Organisation nicht gut, was ist „Normalität"?, Differenz/Konflikt zum Team. Kollegen ausgebrannt, fachliche Begleitung (Trauerarbeit) auf dem Weg zum etwas Neuem notwendig | |
| S4 | Stationäre Einrichtung | 21.09.06 | 00:39:28 | | | nicht ausgewertet, keine Freigabe des Interviews |
| S5 | Stationäre Einrichtung | 19.09.06 | 01:08:15 | | | nicht ausgewertet, IP ist Leitungskraft |

*Tabelle 7: Rahmendaten der Interviews – Forschungsphase I*

| **Kürzel** | **Einrichtung** | **Datum** | **Länge** | **Kernpunkte des Interviews** |
|---|---|---|---|---|
| L1 | Stabsstellen-bereich | 02.10.09 | 00:51:30 | *Kern des Konzepts HPB*: Verstärker der Interessen des/der KlientIn; *Mittel*: Vermittlung und Verhandlung; *Resonanz*: 1. IHP wird verbindlich und konkret, verbessert die Teilhabemöglichkeiten. 2. HPB macht Kostensicherung, das entlastet die Dienste. Bei ca. 1/3 der Einrichtungen läuft es nicht so gut.<br>*Nächster Schritt*: Einführung im AD. Probleme: geringe Regiezeiten, beißt sich mit Selbstverständnis der Mitarbeiter/des Dienstes insgesamt. |
| L2 | Stationäre Einrichtung | 02.10.09 | 00:44:34 | Kennzeichnung der Einrichtung über defizitär gefasstes Klientel, Organisation als Folge von Gruppenbetreuung; Handlungssicherheit entsteht in der Praxis über Identifikation; *Kern der Tätigkeit*: Grundversorgung, Herstellen von Struktur im Alltag (abgeleitet aus besonderen Bedarfen); *Kompetenzen*: Pflege; nonverbale Kommunikation; belastungsfähig; körperlich robust. Unterscheidung Fachkräfte/Nicht-Fachkräfte. *Entscheidungsstrukturen*: MA Alltag, TL Drumrum innerhalb der Einrichtung, RL außerhalb der Einrichtung. *HPB*: Gut, wenn auch nicht immer einfach umzusetzen Ziele werden deutlicher und greifbarer. |
| L3 | Ambulanter Dienst | 15.01.10 | 00:49:36 | *ambulant/stationär*: Hausrecht (Abhängigkeit), Umfang der Leistungen, *Gruppe versus Einzel* kein Merkmal; *Herstellung von Handlungssicherheit*: Kostenzusage und Fachleistungsstunde; Unterscheidung Fachkräfte/Ungelernte; *Entscheidungsstrukturen*: Fallverantwortung MA, TL Aufsicht, RL bei wichtigen Dingen informieren. *Ziele*: Teilhabe, Selbstbestimmung usw. in Qualitätsprozessen umsetzen. *HPB*: Konstellation unklar; *Auswirkungen*: einerseits MA Angst, was weggenommen zu bekommen, andererseits Entlastung bei den Sozialberichten. |

*Tabelle 8: Rahmendaten der Interviews – Forschungsphase II*

Kodierungen, die sich dieser Sortierung entzogen, wurden vorerst der Kategorie »Überschuss« zugeordnet, um für eine spätere Analyse zugänglich zu bleiben. Definitionen und Abgrenzungen sowie Auffälligkeiten, Unklarheiten, Assoziationen oder Ambivalenzen wurden in Definitions- oder Frage-Memos festgehalten.

*Vergleichende Analyse*

Nach der Kodierung aller Interviews auf der Ebene des Einzelfalls kam es auf dieser Basis zu einem thematischen Vergleich. Dieser diente in einem ersten Schritt der *inneren Strukturierung* der Leitfaden-Kategorien (die primär induktiv erfolgte). Im zweiten Schritt zeigte sich, dass die Gesamtstruktur der Leitfaden-Kategorien angepasst werden musste. Im Laufe der Auswertung wurden aus den ursprünglichen sieben Leitfaden-Kategorien drei Überkategorien, in die die Leitfaden-Kategorien integriert wurden:

- *(Pädagogische) Tätigkeit und personale Orientierung*: Die Auswertung zeigte eine derart enge Verschlingung der beiden Themen, dass eine Zusammenfassung unter eine Kategorie angemessen erschien. Zudem zog die kritische Betrachtung von Pädagogik in mehreren Interviews die Einklammerung des Begriffs in der Kategorie nach sich.
- *Instrumente*: Die Kategorien Hilfeplanung, Teamarbeit und Reflexionsmöglichkeiten wurden unter einer Gesamtkategorie zusammengefasst, da sie alle drei Verfahren der pädagogischen Arbeit beschreiben.
- *Eigenes Erleben*: Die Kategorien Veränderungen sowie Belastung und Unterstützung wurden zusammengefasst, da sie sich beide explizit auf das eigene Erleben der InterviewpartnerInnen bezogen.

Die Gesamtzahl einzelner Kodes und Kategorien beträgt nach dem axialen Kodieren 311, die Kategorien sind dabei auf bis zu sechs Ebenen angeordnet (Tabelle 9 zeigt eine Übersicht der Codierungsebenen 1-4).

*Verschriftlichung der Ergebnisse*

Die Verschriftlichung arbeitete sich entlang der Hierarchie des Kategoriensystems von den konkret-textnahen zu den eher allgemeineren Kategorien. Textgrundlage für den jeweiligen Abstraktionsschritt war dabei der Abschnitt der konkreteren Ebene. Das Verfahren wird in Tabelle 10 exemplarisch für die Kategorie »*Forschungsphase I: Instrumente: Hilfeplanung: Hilfeplanung im AD: Funktionen von Hilfeplanung: Strukturierung*« dargestellt.

**1 (Pädagogische) Tätigkeit**

*1.1 Qualifikationen*
- 1.1.1 AD
  - 1.1.1.1 Beruflicher Werdegang
  - 1.1.1.2 Ausbildung
  - 1.1.1.3 Grenzen der Ausbildung
- 1.1.2 SE
  - 1.1.2.1 Ausbildung
  - 1.1.2.2 Berufsbegleitende Ausbildung
  - 1.1.2.3 beruflicher Werdegang

*1.2 Pädagogische Tätigkeit*
- 1.2.1 AD
  - 1.2.1.1 Allgemeine Beschreibungen
  - 1.2.1.2 Prinzipien der Arbeit
  - 1.2.1.3 Folgen für die Arbeit
  - 1.2.1.4 Formen der Arbeit
  - 1.2.1.5 Unterschied zu anderen Bereichen
- 1.2.2 SE
  - 1.2.2.1 Klientel
  - 1.2.2.2 Prinzipien der Arbeit
  - 1.2.2.3 Unterschied zu anderen Bereichen
  - 1.2.2.4 braucht gute Struktur und Orga
  - 1.2.2.5 Leichtes Arbeitsfeld
  - 1.2.2.6 Kaum noch PT
  - 1.2.2.7 Personalkürzungen

*1.3 Personale Orientierung*
- 1.3.1 Bewertung
- 1.3.2 Verbindung zu Haltung
- 1.3.3 ist immer schon möglich gewesen
- 1.3.4 Normalität versus besondere Bedürfnisse
- 1.3.5 Grenzen
  - 1.3.5.1 Von „Außen“
  - 1.3.5.2 wird von außen eingegrenzt
  - 1.3.5.3 durch den Kostenträger
  - 1.3.5.4 Tagesablauf ermöglicht das nicht
  - 1.3.5.5 Umsetzung stationär schwierig
  - 1.3.5.6 Liegt am einzelnen Mitarbeiter
  - 1.3.5.7 Nicht umsetzbar für Klientel

*1.4 Leitidee*
- 1.4.1 SE
  - 1.4.1.1 Respekt
  - 1.4.1.2 eigene Grenzen kennen
  - 1.4.1.3 Wachstum begleiten
  - 1.4.1.4 Empathie
  - 1.4.1.5 pflegerische Richtlinien
  - 1.4.1.6 Auftrag
  - 1.4.1.7 normaler Lebensalltag
  - 1.4.1.8 individuelle Wünsche & Bedarfe
  - 1.4.1.9 Den Menschen als Ganzes sehen
- 1.4.2 AD
  - 1.4.2.1 Selbstbestimmung
  - 1.4.2.2 Kontinuität und Wohlbefinden
  - 1.4.2.3 Hilfe zur Selbsthilfe
  - 1.4.2.4 Feministische Ansätze
  - 1.4.2.5 sich möglichst entbehrlich machen
  - 1.4.2.6 nicht für ihn, sondern mit ihm
  - 1.4.2.7 Respekt
  - 1.4.2.8 Ressourcenorientiert
  - 1.4.2.9 in Differenz zu eigenen Ideen

***2 Instrumente***

*2.1 Hilfeplanung*
- 2.1.1 AD
  - 2.1.1.1 Allgemeines
  - 2.1.1.2 Orientierung am Klienten
  - 2.1.1.3 Funktionen
- 2.1.2 SE
  - 2.1.2.1 Vorgehen
  - 2.1.2.2 Funktionen von HP
  - 2.1.2.3 früher versus heute
  - 2.1.2.4 Diskrepanz Anspruch und Realität

*2.2 Teamarbeit*
- 2.2.1 AD
  - 2.2.1.1 Allgemeines
  - 2.2.1.2 Formen der Teamarbeit
  - 2.2.1.3 Qualitätsmerkmale
- 2.2.2 SE
  - 2.2.2.1 Allgemeines
  - 2.2.2.2 Teambesprechungen
  - 2.2.2.3 Zusammenarbeit im Team
  - 2.2.2.4 wenig Gelegenheit für TA

*2.3 Reflexionsmöglichkeiten*
- 2.3.1 AD
  - 2.3.1.1 unstrukturierte Formen
  - 2.3.1.2 strukturierte Formen
  - 2.3.1.3 sprechen über Belastendes
  - 2.3.1.4 braucht ungestörten Ort
  - 2.3.1.5 zu wenig/muss funktionieren
- 2.3.2 SE
  - 2.3.2.1 strukturierte Formen
  - 2.3.2.2 unstrukturierte Formen
  - 2.3.2.3 Bedingungen

*2.4 Fort- und Weiterbildung*
- 2.4.1 SE
  - 2.4.1.1 Was ist gut an WB
  - 2.4.1.2 Übergreifende Themen
  - 2.4.1.3 Arbeitsfeldspezifisch
  - 2.4.1.4 Wünsche
- 2.4.2 AD
  - 2.4.2.1 Übergreifende Themen
  - 2.4.2.2 Wünsche und Pläne
  - 2.4.2.3 direkt arbeitsrelevant
  - 2.4.2.4 wenig Angebote für AD

**3 Eigenes Erleben**

*3.1 Bewertungen, Wünsche & Visionen*
- 3.1.1 SE
  - 3.1.1.1 Das größte Problem
  - 3.1.1.2 Das Positivste
  - 3.1.1.3 Wünsche und Visionen
- 3.1.2 AD
  - 3.1.2.1 Wünsche und Visionen
  - 3.1.2.2 Das größte Problem
  - 3.1.2.3 Das Positivste

*3.2 Veränderungen*
- 3.2.1 SE
  - 3.2.1.1 Mehr Arbeit/weniger Personal
  - 3.2.1.2 Strukturelle Veränderungen
  - 3.2.1.3 Dezentralisierung
- 3.2.2 AD
  - 3.2.2.1 Finanzen & Ökonomisierung
  - 3.2.2.2 Unterschied stationärer Bereich
  - 3.2.2.3 Organisation und Verwaltung

**Überschuss**

Tabelle 9: *Kategoriensystem Forschungsphase I (Kodierungs-Ebenen 1-4)*

| | |
|---|---|
| **Ebene 1** | Verschriftlichung der jeweiligen thematisch zusammenhängenden Kodierungen, hier: Unterkategorien der Funktionen von Hilfeplanung<br>*Textgrundlage*: Kodierung in MAXQDA<br>*Häufigkeit des Auswertungsschrittes*: bis alle Unterkategorien von Hilfeplanung aufgeführt sind<br>*Kategoriensystem*: Forschungsphase I: Instrumente: Hilfeplanung: Hilfeplanung im AD: Allgemeines/Orientierung am Klienten/Funktionen |
| **Ebene 2** | Zusammenfassende Analyse der übergeordneten Kategorie, hier: Hilfeplanung im AD<br>*Textgrundlage*: Ebene 1 – Unterkategorien Hilfeplanung im AD<br>*Häufigkeit des Auswertungsschrittes*: zweimal (einmal für den AD, einmal für die SE)<br>*Kategoriensystem*: Forschungsphase I: Instrumente: Hilfeplanung: Hilfeplanung im AD |
| **Ebene 3** | Vergleichende Analyse der beiden Dienste, hier: Hilfeplanung<br>*Textgrundlage*: Ebene 2 – Hilfeplanung im AD (und in der SE)<br>*Häufigkeit des Auswertungsschrittes*: dreimal (Hilfeplanung, Teamarbeit & Reflexionsinstrumente)<br>*Kategoriensystem*: Forschungsphase I: Instrumente: Hilfeplanung |
| **Ebene 4** | Zusammenfassung des Gesamtbereichs, hier: Instrumente<br>*Textgrundlage*: Ebene 3 – Vergleichende Analysen<br>*Häufigkeit des Auswertungsschrittes*: dreimal (pädagogisches Handeln, Instrumente, Eigenes Erleben)<br>*Kategoriensystem*: Forschungsphase I: Instrumente |
| **Ebene 5** | Gesamtzusammenfassung, hier: Forschungsphase I<br>*Textgrundlage*: Ebene 4 – Zusammenfassungen Instrumente (& pädagogisches Handeln, Eigenes Erleben)<br>*Häufigkeit des Auswertungsschrittes*: zweimal (Forschungsphasen I und II)<br>*Kategoriensystem*: Forschungsphase I |

*Tabelle 10: Arbeitsschritte Schichtenanalyse in Forschungsphase I (exemplarisch)*

Mittels eines solchen »schichtenanalytischen« Verfahrens erfolgte Schritt für Schritt eine Reformulierung der Erkenntnisse in verdichtender und abstrahierender Form, z. B. ließen sich die auf Ebene 3 herausgearbeiteten Funktionen von Hilfeplanung *Legitimation, Strukturierung* und *Reflexion* auf Ebene 4 als Strategien zur *(Wieder-)Herstellung von Handlungssicherheit* reformulieren. Diese stehen in dieser Form nur den MitarbeiterInnen im AD zur Verfügung (in der SE übernimmt die Hilfeplanung nicht die genannten Funktionen und trägt daher auch nicht zur Bearbeitung des Problems von Handlungsunsicherheit bei). Auf Ebene 5 stellen sich diese Strategien als Antwort auf die Tätigkeit in einem von *Kontingenz* geprägten Handlungsfeld dar. Das Verfahren ermöglichte dadurch, mittels einer schrittweisen Generalisierung, konkrete Aussagen der Interview-PartnerInnen (zum Thema

Hilfeplanung und was ihnen daran wichtig ist) als Strategien im Umgang mit einem Grundproblem des Arbeitsfeldes zu kennzeichnen. Darüber wird Anschlussfähigkeit an theoretische Erkenntnisse hergestellt.

Forschungsphase II folgte grundsätzlich dem gleichen Verfahren, allerdings in etwas vereinfachter Form: der spezifischere Zuschnitt der Leitfäden, die geringere Gesamtzahl der Interviews sowie die Konzeption als klassische ExpertInneninterviews ermöglichten eine Anpassung der Auswertungsstrategie.

*Kurzbeschreibungen auf Einzelfall-Ebene*

Die Zusammenfassung der einzelnen Interviews erfolgte analog zur Forschungsphase I. Für jedes Interview wurde eine stark verdichtete Paraphrase von 1-2 Seiten erstellt, die thematischen Einheiten wurden mit Überschriften versehen, die als »Kernpunkte des Interviews« gefasst wurden (die »Kernpunkte des Interviews« sind in Tabelle 8 einzusehen)

*Vergleichende Analyse*

Der zweite Auswertungsschritt war direkt die *vergleichende Analyse*: Die Interviews waren als reine ExpertenInneninterviews angelegt, die Interview-PartnerInnen sprachen nicht über ihre eigene Tätigkeit, sondern vielmehr über die Tätigkeit der MitarbeiterInnen. Daher konnte auf die Kodierung der Einzelfall-Ebene verzichtet werden, die Kodierung erfolgte direkt im Hinblick auf die Leitfaden-Kategorien

- Ambulant-stationär
- Anforderungen an MitarbeiterInnen
- Hilfeplanberatung

Insgesamt wurden dabei 209 Textstellen kodiert, pro Interview bewegte sich die Zahl zwischen 65 und 74 kodierten Textstellen. Ergebnis des axialen Kodierens ist eine Gesamtzahl von 109 Kategorien, die auf bis zu sechs Ebenen angeordnet sind (eine Übersicht über das Kategoriensystem bis in die fünfte Ebene findet sich in Tabelle 11).

**1 Herstellung von Handlungssicherheit**

1.1 [Hilfeplanberatung]

1.1.1 Allgemeine Informationen
- 1.1.1.1 Grundsätze
- 1.1.1.2 die nächste Veränderung

1.1.2 Rollenverteilung in der HPB
- 1.1.2.1 Rolle der TL
- 1.1.2.2 Rolle des Hilfeplanberaters

1.1.3 Veränderungen durch HPB
- 1.1.3.1 Reaktionen aus Einrichtungen
  - 1.1.3.1.1 Fremder Blick
  - 1.1.3.1.2 Probleme in der Umsetzung AD
  - 1.1.3.1.3 wir profitieren davon
  - 1.1.3.1.4 HPB entlastet (Kostensicherung)
  - 1.1.3.1.5 Ablehnung
  - 1.1.3.1.6 Bisher nur stationär
- 1.1.3.2 Konsequenzen
  - 1.1.3.2.1 Eingriff in die Organisation
  - 1.1.3.2.2 Möglichkeit des Umzugs
  - 1.1.3.2.3 Sehr aufwändiges Verfahren
  - 1.1.3.2.4 veränderter Personaleinsatz
  - 1.1.3.2.5 Veränderungen in der MA-Rolle
  - 1.1.3.2.6 Zielklärung
  - 1.1.3.2.7 Zugewinn an Teilhabemöglichkeiten

1.1.4 Vorgehen
- 1.1.4.1 Verfahren
  - 1.1.4.1.1 Anlässe
  - 1.1.4.1.2 konkrete Verfahrensbeschreibung
  - 1.1.4.1.3 Entscheidungsfindung
- 1.1.4.2 Organisatorische Einbindung
  - 1.1.4.2.1 Einbindung der HPB
  - 1.1.4.2.2 Kooperation mit Einrichtungen

1.2 Handlungssicherheit AD
- 1.2.1 mit Kostensicherung verbunden
- 1.2.2 Vorgegeben durch Fachleistungsstunde
- 1.2.3 In der HP erschlossen

1.3 Handlungssicherheit SE
- 1.3.1 Ziele aus der HPB hilfreich
- 1.3.2 Erfahrungsschatz
- 1.3.3 Gegenseitige Unterstützung
- 1.3.4 hohe Identifikation
  - 1.3.4.1 kleine Unterschiede erkennen
  - 1.3.4.2 Stolz auf das besonders Schwere

**2 Strukturen und Handeln**

2.1 ambulant versus stationär
 2.1.1 Unterscheidungsmerkmale
  2.1.1.1 Klientel
  2.1.1.2 Kennzeichen Einrichtung/Klientel
  2.1.1.3 Umfang der Leistungen
  2.1.1.4 Wohnung & Hausrecht
 2.1.2 Gruppen, Organisation & Selbstbestimmung
  2.1.2.1 Gruppe als Merkmal stationär?
  2.1.2.2 Gruppe führt zu Organisation
  2.1.2.3 Fokus Interessen der Organisation
  2.1.2.4 Anpassen an Organisation
  2.1.2.5 Unterstützung und Einschränkung
  2.1.2.6 Selbstbestimmung versus Abhängigkeit
 2.1.3 Auflösung ambulant-stationär
  2.1.3.1 Stationär in normalem Setting
  2.1.3.2 Zusammenführung der Dienste
  2.1.3.3 Breit gefächertes Angebot
  2.1.3.4 nur noch Fachleistungsstunden

2.2 Anforderungen
 2.2.1 Gemeinsame Beschreibungen
 2.2.2 Ambulanter Dienst
  2.2.2.1 Entscheidungsstrukturen
  2.2.2.2 Aufgaben
  2.2.2.3 Kompetenzen
  2.2.2.4 Fachkräfte-Nichtfachkräfte
 2.2.3 Stationäre Einrichtung
  2.2.3.1 Strukturen nicht ausdifferenziert
  2.2.3.2 Aufgaben
  2.2.3.3 Kompetenzen
  2.2.3.4 Fachkräfte/Nicht-Fachkräfte

2.3 Ziele
 2.3.1 Hauptziel SE
  2.3.1.1 Nutzerperspektive einbeziehen
 2.3.2 Hauptziel AD
  2.3.2.1 in die Gemeinde gehen
  2.3.2.2 Teilhabe
 2.3.3 Umsetzung
  2.3.3.1 LEWO
  2.3.3.2 AQUA-UWO
 2.3.4 Einschätzung
  2.3.4.1 Ziele der HPB hilfreicher?
  2.3.4.2 Zu hohes Tempo
  2.3.4.3 für MA nicht wichtig
  2.3.4.1 skeptisch

*Tabelle 11: Kategoriensystem Forschungsphase II (Kodierungs-Ebenen 1–5)*

*Verschriftlichung*

Das Verfahren der *Verschriftlichung* folgte den gleichen Prinzipien wie das in Forschungsphase I verwendete schichtenanalytische Verfahren. Der spezifischere Zuschnitt – und die daraus resultierende geringere Komplexität des Kategoriensystems – ermöglichte auch hier, das Verfahren abzukürzen. Die Verschriftlichung erfolgte in drei Schritten – verdeutlicht am Beispiel der Kategorie *Anforderungen an MitarbeiterInnen*:

| | |
|---|---|
| **Ebene 1** | Verschriftlichen der jeweiligen Unterkategorien für den AD und die SE.<br>*Textgrundlage*: Kodierung im MAXQDA |
| **Ebene 2** | Zusammenfassende Analyse Anforderungen an MitarbeiterInnen<br>*Textgrundlage*: Verschriftlichung der Unterkategorien |
| **Ebene 3** | Gesamtzusammenfassung Forschungsphase II<br>*Textgrundlage*: Zusammenfassende Analysen Anforderungen an MitarbeiterInnen, Hilfeplanberatung als Regel-Veränderung und ambulant & stationär |

*Tabelle 12: Arbeitsschritte Schichtenanalyse in Forschungsphase II (exemplarisch)*

Bis zu diesem Schritt stehen die Ergebnisse der beiden Forschungsphasen jedoch weitgehend unverbunden nebeneinander – wenn man davon absieht, dass die Konzeption der Forschungsphase II auf Basis der Ergebnisse von Forschungsphase I erfolgte. Dennoch müssen die Erkenntnisse beider Forschungsphasen zueinander in Verbindung gesetzt und an theoretische Erkenntnisse rückgebunden werden. Dies erfolgt im letzten Schritt der *theoretischen Generalisierung*. Die aus der Auseinandersetzung mit den Anforderungen an MitarbeiterInnen erarbeiteten Argumentationsfiguren (vgl. S. 98ff) haben dabei (an-)ordnende Funktion, sie dienen dazu, die empirischen Ergebnisse in einen größeren Kontext zu stellen und zu strukturieren.

# TEIL III: EMPIRISCHE ANALYSE

Erkenntnisleitend für den empirischen Teil der vorliegenden Arbeit war die Frage, wie MitarbeiterInnen den Wandel zur personalen Orientierung wahrnehmen und wie sich – aus ihrer Perspektive – die an sie gestellten Anforderungen verändern (vgl. Fragestellung und Vorgehen der Arbeit, S. 16ff). Dieser Fragestellung wurde insbesondere in der Forschungsphase I nachgegangen. Der Erkenntnisfortschritt in der empirischen und theoretischen Arbeit legte dann nahe, in Forschungsphase II die veränderten Anforderungen an MitarbeiterInnen nochmals aus Leitungs- (und damit stärker aus struktureller) Perspektive zu ergänzen. Die Darstellung dieses Kapitel folgt dieser Logik: Die Ergebnisse der Forschungsphasen I und II werden zuerst getrennt voneinander vorgestellt (1 und 2). erst danach erfolgt eine Betrachtung der Gesamtergebnisse, die sich auf beide Forschungsphasen bezieht (3).

Einige Hinweise zur Darstellung: Im Interesse der Anonymisierung der Interview-Ergebnisse – nicht nur nach Außen, sondern auch gegenüber anderen MitarbeiterInnen des Kooperationspartners – erfolgt die Darstellung der Ergebnisse weitgehend ohne personenbezogene Faktoren. Das betrifft z. B auch genaue Angaben zu Berufsausbildungen oder individuellen Tätigkeitsprofilen[125], aber auch Angaben zum Geschlecht der InterviewpartnerInnen. Die geringe Größe der Untersuchungsgruppe ließe hier Rückschlüsse auf konkrete Personen zu.

In der Darstellung der Ergebnisse wird folgende Notation der Interviewtranskripte und Auswertungskategorien verwendet:

- „ “: Direkte Zitate werden durch Anführungszeichen gekennzeichnet;
- [ ]: Eckige Klammern verweisen auf Einschübe oder Auslassungen durch mich;
- ( ): Runde Klammern verweisen auf unverständliche Passagen des Interviews;
- » «: Paraphrasen werden durch französische Anführungszeichen gekennzeichnet;
- <u>u</u>: Unterstrichene Passagen kennzeichnen Einschübe durch den Interviewer;
- *k*: Kursiv gesetzte Passagen kennzeichnen Auswertungs-Kategorien.

Textbelege erfolgen über eine Verweis-Angabe in der Form Ax/y, Sx/y oder Lx/y. A bzw. S verweisen in Interviews der Forschungsphase I auf Aussagen von MitarbeiterInnen des ambulanten Diensts (A) bzw. der stationären Einrichtung (S), L bezieht sich auf die Interviews der Forschungsphase II. Die Zahl nach dem Buchstaben verweist auf das Interview, die Zahl nach dem Schrägstrich auf den jeweiligen Absatz. Die Angabe A4/7 verweist also auf Absatz 7 in Interview 4 des Ambulanten Dienstes.

---

[125] Wenn z. B. nur eine einzige examinierte Pflegekraft beim jeweiligen Dienst tätig ist.

# 1 Forschungsphase I

Die Auswertung der Forschungsphase I mündete in die Formulierung von drei Kategorien, denen sich der weitaus größte Teil der Aussagen der MitarbeiterInnen zuordnen lassen: In der ersten Kategorie *pädagogische Tätigkeit & personale Orientierung* wird nach dem Verständnis der eigenen Tätigkeit, der Leitidee sowie direkt nach personaler Orientierung gefragt. Dieser Fragenkomplex zeichnet sich dadurch aus, dass die in ihm behandelten Fragen grundsätzlicher Natur sind und allgemeine Einschätzungen abfragen. Der zweite Block *Instrumente und Verfahren* befasst sich mit spezifischen Fragen im Hinblick auf die konkrete Tätigkeit: Hilfeplanung, Teamarbeit und Reflexionsmöglichkeiten. Im dritten Block werden schließlich die Ergebnisse zu den *Veränderungen & eigenem Erleben* präsentiert. In dieser Kategorie geht es stärker als in den anderen um persönliche Einschätzungen der GesprächspartnerInnen. Im Folgenden werden die Ergebnisse jeder Kategorie zuerst getrennt für beide Dienste dargestellt und danach zusammenfassend analysiert.

Beide Interviewsets zeichnen sich durch zentrale Argumentationslinien aus, die die Interviews (mal mehr, mal weniger stark) durchziehen. Diese Argumentationslinien folgen der Form einer Gegenüberstellung *früher versus heute*: Für die MitarbeiterInnen im ambulanten Dienst war der Wechsel aus einer stationären Einrichtung in den ambulanten Dienst ein einschneidendes und prägendes Erlebnis, so dass ihre Aussagen über eine Abgrenzung ihrer Tätigkeit gegenüber der früheren Arbeit erfolgen[126]. In der stationären Einrichtung nimmt die Argumentationslinie eher die Form eines erfahrenen Verlusts an. Die Schilderungen, wie Dinge »früher« gehandhabt wurden, nimmt einen positiv gefärbten Charakter an, während die gegenwärtige Situation – aufgrund von Personal- und Ressourcen-Kürzungen – als wesentlich schlechter wahrgenommen wird (vgl. zu diesen zentralen Argumentationen ausführlich *Pädagogische Tätigkeit und personale Orientierung*, S. 184ff). Diese Wahrnehmung eines Verlustes führt zur zweiten zentralen Argumentation in der stationären Einrichtung. Die MitarbeiterInnen beschrieben immer wieder eine *Diskrepanz zwischen Anspruch und Realität* (vgl. S. 212ff). Offensichtlich sehen sie sich nicht mehr in der Lage, die eigenen und die von außen an sie gestellten Ansprüche mit den zur Verfügung stehenden Ressourcen in die Tat umzusetzen. Problematisch an dieser Begründung ist zweierlei: Zum einen hat sie einen gewissen Universalcharakter, kann also grundsätzlich auf jedes Thema angewendet werden. Zum anderen handelt es sich um eine Sichtweise, in der vorhandene Probleme sich nur mittels eines Mehr an Ressourcen lösen lassen, was den Blick auf innere Logiken und Problemstellungen verstellt. Dennoch sind damit zentrale Problemlagen des Feldes angesprochen, die in der Auswertung nicht unterschlagen werden können.

[126]Wobei angemerkt werden muss, dass die Tätigkeiten in den stationären Einrichtungen nicht alle im Bereich der Behindertenhilfe angesiedelt waren, sondern z. T. im Psychiatrie-Bereich (A1/7) oder in der Kinder- und Jugendhilfe (A3/7).

Wesentlich für die Auswertung war die Frage nach Gemeinsamkeiten und Unterschieden zwischen den Diensten. Unterschiedliche Einschätzungen ziehen dabei die Frage nach sich, wodurch diese entstehen, ob sie durch das Klientel, durch Strukturen, Konzepte, durch unterschiedliche Ausbildungen usw. bedingt werden. Grundsätzlich lässt sich festhalten, dass sich die Aussagen aus dem ambulanten Dienst zu einem relativ homogenen Gesamtbild zusammenfügen, während die Aussagen aus der stationären Einrichtung häufiger im Widerspruch zueinander stehen. Zudem waren die Interviews aus dem ambulanten Dienst der Auswertung leichter zugänglich als die Interviews aus der stationären Einrichtung. Zur Begründung des letzteren Phänomens lassen sich zwei Hypothesen heranziehen. Das höhere Ausbildungsniveau im ambulanten Dienst (vgl. Tabelle 7) könnte dazu führen, dass es den MitarbeiterInnen leichter fällt, abstrakt über Fragen von Unterstützung, Pädagogik usw. zu sprechen als ihren Kollegen in der stationären Einrichtung. Es besteht aber auch die Möglichkeit, dass die soziale Distanz zwischen Interviewer und Interview-PartnerIn Einfluss auf die Interview-Führung genommen hat, die – aufgrund des unterschiedlichen Ausbildungsniveaus – in der stationären Einrichtung größer als im ambulanten Dienst war[127].

Zwei Interviews aus der stationären Einrichtung waren – aus unterschiedlichen Gründen – für die Auswertung problematisch. S2 zeichnet sich dadurch aus, dass sich fast sämtliche Antworten auf das Problem fehlender Ressourcen beziehen. Streng genommen ist dies das einzige Thema dieses Interviews (vgl. Zusammenfassung S2 im Anhang). Insofern war es der Auswertung nur bedingt zugänglich, da fast alle Aussagen einer Struktur von: »Das würden wir machen, wenn wir die Ressourcen dazu hätten« folgen (z. B. S2/102). Interview S3 ist dadurch geprägt, dass es in sehr deutlichem Widerspruch zu den beiden anderen Interviews steht. Dieser verweist allerdings auf einen – z. T. auch explizierten – Konflikt innerhalb der stationären Einrichtung (vgl. z. B. Teamarbeit in der stationären Einrichtung, S. 201ff).

[127]Bourdieu hat herausgearbeitet, welchen Einfluss soziale Nähe oder Distanz auf das Ge- oder Misslingen insbesondere qualitativer Interviews haben kann. Soziale Nähe ermöglicht „neben dem Vertrauensverhältnis zwischen den Beteiligten, auch ein Vetrautsein mit dem, *was und wie der Gesprächspartner erzählt.* [...] Für den Interviewten bewirkt diese soziale Ähnlichkeit, dass er sich sicher fühlen kann, dass der Interviewer ihn gut versteht und dass seine subjektiven Motive und Gründe nicht vorschnell auf objektive Ursachen zurückgeführt werden" (Fuchs-Heinritz & König 2005, 97f, Bearbeitung DF).

## 1.1 Vorstellung der Dienste

Bevor die zentralen Argumentationslinien der Interviews herausgearbeitet werden, sollen an dieser Stelle einige allgemeine Informationen zu den beiden Diensten präsentiert werden. Das betrifft die *Qualifikation der MitarbeiterInnen* sowie grundlegende Informationen zum konkreten *Vorgehen.* Letzteres erfolgt als Vorbereitung für den Punkt *Instrumente und Verfahren*, der sich spezifisch mit den konkreten Verfahrensweisen zu Hilfeplanung, Teamarbeit und Reflexionsmöglichkeiten bei beiden Diensten befasst.

### *1.1.1 Qualifikation der MitarbeiterInnen*

Das Team im ambulanten Dienst zeichnet sich durch eine relativ hohe Homogenität in den Ausbildungen aus. Mit einer Ausnahme haben alle interview-PartnerInnen MitarbeiterInnen eine Ausbildung als SozialpädagogIn/SozialarbeiterIn (A1/5; A2/5; A3/6; A4/6). Der Dienst ist unterteilt in zwei Kleinteams von jeweils acht MitarbeiterInnen mit eigener Teamleitung (A3/89) und bietet ambulante Unterstützung im eigenen Wohnraum an. In der stationären Einrichtung arbeitet ein multiprofessionelles Team bestehend aus KrankenpflegerInnen, ErzieherInnen, HeilerziehungspflegerInnen, Heilerziehungspflege-HelferInnen und PraktikantInnen. Die InterviewpartnerInnen verfügen über keine akademischen Berufsausbildung – ebenfalls mit einer Ausnahme (S1/5; S2/9; S3/5). Das Team der stationären Einrichtung setzt sich zusammen aus zwei Vollzeitkräften, deren Schichten 8½ Stunden dauern und mehreren Teilzeitkräften, die z. T. kürzere Schichten arbeiten, also zwischen drei und sechs Stunden anwesend sind (S1/45).

### *1.1.2 Konkretes Vorgehen*

Da die eigentliche Auswertung v. a. auf die Einschätzungen und Sichtweisen der InterviewpartnerInnen fokussiert, sollen an dieser Stelle einige grundlegende Informationen zu verschiedenen Verfahren gegeben werden. Im wesentlichen geht es an dieser Stelle um die Frage, wie Hilfeplanung und Teamarbeit in den beiden Diensten eingesetzt werden, in der eigentlichen Auswertung dann stärker um die subjektiven Einschätzungen der InterviewpartnerInnen zu diesen Themen.

#### *1.1.2.1 Zum Hilfeplanungsverfahren*

Im ambulanten Dienst wird die Hilfeplanung einmal jährlich vorgenommen, bevor der Bewilligungszeitraum der Kostenzusage abläuft, sie bildet die Grundlage der Antragstellung. In der Vorbereitung auf das Hilfeplangespräch erhalten die KlientInnen einen Selbsteinschätzungs- und Bewertungsbogen, in dem sie sowohl ihren persönlichen Hilfebedarf einschätzen als auch ihre Zufriedenheit mit der bisherigen Leistung bewerten können. Auch die MitarbeiterInnen bereiten den Termin vor, indem sie nochmals die Dokumentation lesen und sich ins Gedächtnis rufen, welche Themen im letzten Jahr im Mittelpunkt standen (A1/64; A4/55-56). Kern der Hilfeplanung ist das ca. einstündige Hilfeplangespräch, an dem Klient, MitarbeiterInnen und Teamleitung teilnehmen (A2/59). Gemeinsam wird besprochen, in welchen Bereichen Unterstützung nötig ist sowie eine Einschätzung der Zufriedenheit mit den Leistungen bzw. der MitarbeiterIn vorgenommen (A1/65; A4/56). Auf der Basis dieses Gesprächs wird ein Betreuungsplan erstellt (A1/82-83; A4/56). Die Ergebnisse des Gesprächs werden in Absprache mit den KlientInnen in den Hilfeplan eingearbeitet (A2/63; A3/63). Zusätzlich wird eine Stellungnahme für den Kostenträger verfasst, in dem die Hilfeformen erläutert werden (A1/88).

In der stationären Einrichtung wird die Hilfeplanung computergestützt durchgeführt. Mindestens einmal jährlich – bei Bedarf öfter – setzt sich die Bezugsperson der jeweiligen KlientIn mit der Teamleitung sowie eventuell einer weiteren MitarbeiterIn zusammen. Gemeinsam gehen sie die Hilfeplanung durch (S1/33). Auf der Basis von Beobachtungen werden Ideen entwickelt, welche Ziele für den nächsten Zeitraum im Mittelpunkt stehen (S2/65). Die Umsetzung der einzelnen Ziele wird dann z. T. an Freizeitbeauftragte oder Einzelbetreuungen delegiert (S3/42).

*1.1.2.2 Teamarbeit*

Ambulante Unterstützung findet i. d. R. nicht im Team statt, direkte Betreuungsleistungen werden alleine erbracht (A2/82). Kern der Teamarbeit ist die in jedem Kleinteam wöchentlich stattfindende, zweistündige Teamsitzung (A1/111), moderiert wird sie durch die Teamleitung (A4/76). Die Teamsitzung dient dem Informationsaustausch, da sie für die MitarbeiterInnen eine wichtige Möglichkeit zum Erhalt von Informationen ist (A2/83; A3/77). Außerdem bietet sie Gelegenheit, gemeinsame Themen zu bearbeiten, wie z. B. im Rahmen eines Qualitätszirkels (A4/73).

In der stationären Einrichtung findet einmal wöchentlich eine Teamsitzung statt, in der sowohl organisatorische als auch inhaltliche Fragen diskutiert werden. Dort haben die MitarbeiterInnen Gelegenheit, eigene Themen anzusprechen (S1/53). Zudem finden in unregelmäßigen Abständen Halbtagsklausuren statt, in denen es die Möglichkeit gibt, sich mehrere Stunden miteinander auszutauschen (S1/67).

### 1.2 Pädagogische Tätigkeit und personale Orientierung

Diese Kategorie umfasst die Aussagen zu den Fragen nach *pädagogischer Tätigkeit*, der *Leitidee*[128] sowie dem Verständnis *personaler Orientierung*. Die Darstellung erfolgt getrennt für beide Dienste, danach erfolgt eine vergleichende Analyse.

---

[128] Problematisch an der Kategorie *Leitidee* war, dass sich die Aussagen zu diesem Thema kaum systematisieren ließen. Offensichtlich zielte die Frage nach der Leitidee auf ein hochgradig individuelles Konstrukt. Die Aussagen der InterviewpartnerInnen wurden daher für die Darstellung unter der Frage nach der *pädagogischen Tätigkeit* zusammengefasst.

### *1.2.1 Pädagogische Tätigkeit und personale Orientierung im ambulanten Dienst*

Die Beschreibungen der pädagogischen Tätigkeit lassen sich den Unterkategorien *allgemeine Beschreibungen*, *Prinzipien & Leitideen der Arbeit* sowie *Unterschiede zum stationären Bereich* zuordnen. Allgemeine Beschreibungen umfassen die Themen *Unterstützung/Betreuung* und *Alltagsbegleitung in verschiedenen Lebensbereichen* (A1/11-13; A2/8; A3/18; A4/10-14). Leitend ist für die MitarbeiterInnen dabei das Prinzip der Selbstbestimmung sowie darüber hinaus die Themen Beziehung, Kontinuität, Verlässlichkeit, menschliche Wärme und Wohlbefinden (A1/20-22; A3/26). Zudem werden zwei Prinzipien der Arbeit formuliert: Orientierung am Individuum und Orientierung an Ressourcen. Die *Orientierung am Individuum* äußert sich besonders deutlich in Passagen, in denen die Rede davon ist, dass manches „gar nicht Auftrag von dem Klienten" (A2/136) ist und „der Klient vor[gibt] [...] was zu tun ist" (A4/11). Diese Sichtweise beinhaltet auch die „Kehrseite [...] von Selbstbestimmung" (A1/58), die darin besteht, die Meinung des Anderen zu respektieren selbst wenn sie sich nicht mit eigenen Vorstellungen deckt (A3/26). Dies ist jedoch nicht mit einer Laissez-faire-Haltung gleichzusetzen, entscheidend ist, dass nicht über den Kopf der KlientInnen hinweg, sondern in Kooperation mit ihnen gearbeitet wird (A3/18; A4/11, 16). Dies zieht eine andere Form der Kommunikation nach sich. Die MitarbeiterInnen äußern,

> „was ich zu sagen habe, aber ich sage es vielleicht anders. Weniger direktiv, eher beratend und lass uns noch mal gucken. Ich glaube, dass es eine andere Ebene von vornherein bedeutet" (A2/122).

Wichtig ist den MitarbeiterInnen der Anspruch, sich zurückzunehmen und „möglichst entbehrlich zu machen: möglichst wenig für den Menschen zu tun, sondern eher mit ihm" (A2/15). Ein solches Vorgehen bedeutet auch, sich an den *Ressourcen zu orientieren* (A4/16):

> „ich unterstütze die Menschen [...] ressourcenorientiert, ich gucke, [...] was können sie und nicht, was fehlt oder was ist nicht da. Das funktioniert nicht, sondern immer zu gucken, was ist möglich, was können die Menschen selber erledigen und gucke dann, wo kann ich unterstützen und brauchen sie Hilfe" (A4/11; auch A1/97-98; A3/130).

Diese Orientierung an Individuum und Ressourcen hat Folgen für die Tätigkeit: Inhalte der Tätigkeit können kaum allgemein benannt werden, da sie sich von KlientIn zu KlientIn unterscheiden (A2/12). Zudem bedeutet es, sich an der Eigenaktivität der KlientInnen zu orientieren und Übernahmetätigkeiten nach Möglichkeit zu vermeiden (A1/17; A2/9). Andere Folgen sind deutlich greifbarer und lassen sich z. B. an der Arbeitszeit ablesen, die sich nach den Verpflichtungen und Belangen der KlientInnen richtet (A2/35, 53; A4/23).

Auffällig an den Aussagen zur pädagogischen Tätigkeit ist die kritische Haltung zum Begriff *Pädagogik* in den Interviews A1 und A3. A1 lehnt ihn als Bezeichnung für die eigene Tätigkeit ab:

> „Ich würde die gar nicht als pädagogische Tätigkeit bezeichnen [...]. Ich bin Sozialarbeiter und kein Sozialpädagoge [...]. Ich sehe mich erst mal nicht hier als jemand, der irgendwie Leute erzieht oder in eine bestimmte Richtung bringen will. Das klingt für mich fremd, pädagogisch" (A1/11).

„Pädagogische Maßnahmen" (A1/160) werden mit Erziehung und Anordnungen von oben assoziiert und mit stationären Einrichtungen in Verbindung gebracht: „im Heim hatte ich immer den Eindruck, da hab ich irgendwelche Aufträge von Teamleitung, von Heimleitung oder von der Struktur an sich oder von Ärzten" (A1/163). Die Tätigkeit im ambulanten Dienst wird dagegen als Unterstützung im »echten Leben« verstanden:

> „A1: jemand kümmert sich nicht um seine Wohnung, natürlich haben wir eine Pflicht, dann irgendwann eine Meldung zu machen [...], der kriegt dann da auch irgendwie Ärger, in der Regel mit dem Vermieter. [...] Das hat aber etwas anderes, als wenn ich Leuten beibringen muss, jetzt im Heim, das und das ist jetzt die Regel, [...] die ganze Struktur ist ja so im Heim".
>
> I: Mein Eindruck ist, bei dem was Sie erzählen: Hier ist Realität, wenn ich meine Miete nicht zahle, dann steht jemand vor der Tür und ich werde gepfändet oder gekündigt [...] also ganz echtes Leben.
>
> A1: Genau. Das ist auch, deswegen meine ich, dass es nicht Pädagogik ist" (A1/160-163).

A3 versteht Pädagogik primär als erzieherische und daher für erwachsene Menschen unangemessene Tätigkeit (A3/18). Im Zentrum stehen eher die Begleitung und die Rolle des Zuhörers. Die Ablehnung eines solchen Begriffs von »Erziehung« wird auch als „Haken, weswegen ich nicht im stationären Bereich gut arbeiten kann" (A3/18) bezeichnet. Diese Verbindung von »pädagogischen Maßnahmen« mit stationären Einrichtungen verweist auf die *Unterschiede zu anderen Tätigkeiten*. Im ambulanten Dienst erfolgte dies über eine Abgrenzung von ambulantem zu stationärem Bereich[129]:

> „Was ich wirklich als befreiend erlebt habe, ist aus diesen ambivalenten Strukturen raus zu sein, also im Heimbereich hatte ich immer den Eindruck, das ist ambivalent. [...] Ich musste zum Beispiel, das fand ich immer horrormäßig, einer, der nahm nie seine Medi und der musste ihm jeden Tag formal angeboten werden, obwohl das klar war, dass er die nicht nahm, aber es war eine Anordnung des Arztes, das so zu tun. Das fand ich schlimm, und ich fand das, ja das hat wirklich den Kontakt zu diesem Menschen auch zerstört, weil man gar nicht mit dem darüber ins Gespräch kommen konnte" (A1/158).

[129] Diese Abgrenzung kommt wahrscheinlich durch die früheren Tätigkeiten in stationären Einrichtungen zustande. Sie war für die Wahrnehmung der eigenen Tätigkeit derart zentral, dass auch Aussagen aus dem Themenbereich *Veränderungen*, die sich mit der Unterscheidung ambulant/stationär befassen, an dieser Stelle dargestellt werden.

In gleichen Zusammenhang wird kurz zuvor der Begriff „Zwangsstrukturen" (A1/156) verwendet. Diese Einschätzung einer »Befreiung aus horrormäßigen Zwangsstrukturen« ist zwar die weitaus drastischste Schilderung, doch auch in den anderen Interviews sind kritische Töne zu finden. So wird – wenn auch „sehr zugespitzt ausgesprochen" (A3/20) – die Gefahr der Übergriffigkeit im stationären Bereich beschrieben und betont, dass durch das ambulante Setting die Macht der MitarbeiterInnen begrenzt wird:

> „Absolut positiv finde ich auch, dass ich im Grunde genommen, das nimmt mich, meine Macht als MitarbeiterInnen so ein bisschen zurück, die ich ja trotz alledem habe [...]. Da bin ich ein bisschen vor geschützt, in dem mir klar ist, dass ich eigentlich Gast bei diesem Menschen bin. Ich gehe zu dem in die Wohnung und muss mich eben entsprechend als Gast auch verhalten" (A2/122).

Zudem wird das Problem des Lebens in der Gruppe angesprochen, durch das man in stationären Einrichtungen nicht immer selbst bestimmen kann, was man tun möchte (A4/22):

> „[D]a gibt es ganz andere Strukturen in der Gruppe, dann gibt es eine ganz andere Dynamik, da müssen andere Regeln eingehalten werden, Absprachen getroffen werden. Das ist, das Recht des Einzelnen geht da oft unter und das ist das, was ich in der ambulanten Betreuung, ja, gut finde und dass ich auch wirklich eine Einzelfallhilfe habe [...] und im Alltag im stationären Bereich, da hab ich mal einen Spätdienst alleine, bin für neun Menschen zuständig oder zehn oder zwölf, [...] das sind ganz andere Bedingungen" (A4/18-20).

Zudem wird auf die Gefahr zentraler Verwaltung und Organisation in stationären Einrichtungen verwiesen, wodurch es zu „Massenabfertigung" (A4/31) kommen kann. Kontakte zu ehemaligen KollegInnen zeigen, dass Vieles, was im ambulanten Dienst selbstverständlich sei, in stationären Settings auf Widerstand stoßen kann (A4/25-27).

Ein weiterer Unterschied zeigt sich in Berichten und Datenerhebungen. Im stationären Bereich werden formalisierte Sozialberichte erstellt, die A1 als „potemkinsche Dörfer" (A1/93) beschreibt:

> „[D]a wird theoretisch hingeschrieben, was alles laufen soll an Zielen [...], das wird fünf Mal wiederholt in irgendwelchen Varianten, obwohl das manchmal ja auch banal ist. Das hat mich immer sehr gestört, wenn ich da was schreiben musste, weil das nicht stimmte irgendwie, man musste sich quasi ein bisschen was konstruieren" (A1/95).

Im Gegensatz dazu gibt es im ambulanten Bereich die Möglichkeit, sich eher alltagssprachlich auszudrücken und Ressourcen zu betonen. Angesichts des *Zeit- und Kostendrucks* (vgl. S. 209ff) sei es jedoch zunehmend erforderlich, auch Defizite zu betonen (A1/99-101).

Im Zusammenhang mit dem als »Befreiung« wahrgenommenen Wechsel in den ambulanten Dienst überrascht es wenig, dass dessen Strukturen und Konzepte positiv beschrieben werden. Die MitarbeiterInnen betonen, dass sie weniger Regeln zu beachten haben, was ihnen ermöglicht, freier und selbstständiger zu arbeiten und eigene Stärken in die Arbeit einzubringen (A2/121; A3/134-136). Der individuelle Kontakt ermöglicht eine klarere Beziehungsstruktur, was manche Probleme gar nicht erst auftreten lässt oder zumindest entzerrt (A1/155; A4/22). A2 verdeutlicht die sich daraus ergebende individuelle Verantwortung:

> „Was ich durchgehend positiv erlebe ist, [...] im Wohnheim hatte ich ziemlich oft das Gefühl, dass ich Fehler der anderen mit ausbaden musste. Hier muss ich den Kopf für meine eigenen Macken hinhalten und das dann sich auch sagen zu lassen, ist auch noch etwas anderes. Also weil dann klar ist, das hast Du auch vermasselt und nun ist das so. Oder das hast du gut gemacht, das sind so die beiden Pole" (A2/32).

Die Arbeitsformen im ambulanten Dienst werden jedoch nicht ausschließlich positiv bewertet. Aus der individuellen Verantwortung folgt eine ebenso individuelle Verpflichtung, die belastend sein kann. Schwierig sind zudem der Mangel an klaren Begrenzungen der Arbeitszeit sowie die mangelnde Planungssicherheit, die ein hohes Maß an Flexibilität abfordert (A2/30-35; 124). Zudem fehlt ein schneller Austausch mit KollegInnen, wie er im stationären Bereich möglich war (A2/30 vgl. *Arbeiten im Team,* S. 199ff). Obwohl die MitarbeiterInnen durchaus den Preis sehen, den sie für Freiheit und Flexibilität zahlen müssen, bewerten sie diese beiden Faktoren aber letzten Endes positiv:

> „Es schimpfen alle, wie anstrengend das ist und diese Scheiß-Flexibilität, die man an den Tag legen muss, aber letzten Endes würde keiner was anderes machen wollen" (A2/92).

Neben Strukturen und Konzeption besteht ein weiterer Unterschied in den Kompetenzen der KlientInnen. Im ambulanten Dienst können diese „irgendwie so sagen, was man will und dass man darüber sprechen kann" (A1/15). Im Gegensatz dazu könnten KlientInnen in manchen stationären Einrichtungen nicht sprechen und sich nur wenig ausdrücken, was dazu führt, dass man als MitarbeiterIn mehr Aktivitäten initiieren muss, während im ambulanten Dienst „die Leute [...] sich das selber organisieren, ich würde höchstens Unterstützungsleistung bieten" (A1/17). Eine *personale Orientierung* – die Ausrichtung der Arbeit an individuellen Bedarfen – ist „immer schon möglich gewesen" (A2/23). Dementsprechend ist ihnen eine solche „Haltung" (A1/28) wichtig für ihre Arbeit. Die Umsetzungsmöglichkeiten sind allerdings von außen begrenzt, insbesondere durch Vereinbarungen mit dem Kostenträger (A2/28).

Das Verständnis der eigenen Tätigkeit ist im ambulanten Dienst also durch Selbstbestimmung und Ressourcenorientierung geprägt. Auffällig ist die Ablehnung des Begriffs Pädagogik sowie die Abqualifizierung der Tätigkeit in stationären Einrichtungen als gruppendominiert und tendenziell zwanghaft-übergriffig.

*1.2.2 Pädagogische Tätigkeit und personale Orientierung in der stationären Einrichtung*

Im Zusammenhang mit der Frage nach der pädagogischen Tätigkeit stehen in der stationären Einrichtung drei Aspekte im Vordergrund: das *Klientel*, die *Prinzipien der Arbeit* sowie die *Kürzungen bei Personal und Ressourcen*.

Das Klientel wird dabei durch drei Merkmale gekennzeichnet: *mangelnde Sprachkompetenz*, *Pflegebedürftigkeit* und *Verhaltensauffälligkeiten*. Im Unterschied zu anderen Arbeitsfeldern, in denen KlientInnen ihre Bedürfnisse äußern, können die KlientInnen der stationären Einrichtung teilweise gar nicht sprechen (S1/5). Die mangelnde Sprachkompetenz wird als eine wesentliche Hürde für personale Orientierung gesehen:

> „[F]ür unser Klientel ist das gar nicht umsetzbar, das geht gar nicht, weil teilweise die Menschen gar nicht sprechen können, die können ihre Bedürfnisse nicht äußern. Bei uns müsste man, [...] da ist durch eine lange Zeit eine Beziehung entstanden, dass man sich kennen gelernt hat, dass man erahnen könnte, was das Bedürfnis des Menschen ist" (S1/19).

Es erfordert viel Erfahrung und Zeit, um die Menschen kennenzulernen, einen Zugang zu ihnen zu finden und herauszufinden, was sie brauchen (S1/5). Zweites Merkmal zur Kennzeichnung der BewohnerInnen sind *Verhaltensauffälligkeiten* (S1/9). Diese erfordern auf Seiten der MitarbeiterInnen, Verhaltensstrukturen, auf die „die Resonanz negativ [...] ist, zu verändern oder anzusprechen [...] und da andere Verhaltensmuster nahe zu legen" (S3/42). Als drittes Merkmal wird die *Pflegebedürftigkeit* der KlientInnen genannt. Diese hat in den letzten Jahren stark zugenommen, weil die Menschen älter geworden sind (S1/5, 9). Das Zusammenspiel von Pflegebedürftigkeit und Verhaltensauffälligkeiten erfordert die Kombination *pflegerischer und pädagogischer Tätigkeit* (S3/5, 11): „Hier haben wir pädagogisches Arbeiten, weil die Menschen Verhaltensauffälligkeiten haben und auch pflegerisches Arbeiten" (S1/9). Auffällig an diesem Zitat ist die direkte Kopplung von pädagogischem Handeln und »Verhaltensauffälligkeiten«.

Die Kennzeichnung des Klientels primär über Mängel – in Sprachkompetenz, körperlicher Verfasstheit und »Verhalten« – muss als Defizitorientierung gekennzeichnet werden. Neben dieser Defizitorientierung sind jedoch auch Passagen vorhanden, die auf andere Prinzipien verweisen: In Äußerungen, den „Menschen als Ganzes" (S1/15) zu sehen, „würdevoll, respektvoll zu behandeln" (S2/17) und ihn in seinem Wachstum zu begleiten (S3/17), zeigt sich ein Menschenbild, das nicht ausschließlich von Defiziten geprägt ist. Für S1 stehen die Gestaltung eines möglichst normalen Alltags und die Erfüllung persönlicher Wünsche und Bedürfnisse im Mittelpunkt. Deutlich wird dies bei S3 im Leitziel der Aufrechterhaltung minimal vorhandener Selbstständigkeit (S3/9-11):

> „Also das wünsche ich mir für die Bewohner, [...] wirklich ernsthaft selbstbestimmter wohnen zu können. Und das fängt wirklich an vom Essen, nicht das sie jeden Tag [...], immer nur ihr Nutellabrot von morgens bis abends kriegen, aber dass, wenn sie eben ihr Nutella-

> brot haben möchten und das in einem Rahmen ist, dass dann nicht über das Nutellabrot diskutiert wird, [...] dass das eben das Recht des Individuums ist, [...] dass er das tun darf und nicht pädagogisch hinterher gejagt wird" (S3/93).

Wie sich in diesem Zitat andeutet, steht Selbstbestimmung hier im Spannungsfeld zu »Normalität«, was an anderer Stelle thematisiert wird:

> „[F]ür mich ist Normalität der Mensch mit seiner Behinderung. Und wenn ich mir zum Beispiel vorstelle, ich wäre behindert und käme nicht mehr auf den Fußboden, weil ich mich nicht so sehr bücken kann, um meine Schuhe zu holen, würde ich den Teufel tun und meine Schuhe auf den Fußboden stellen, sondern ich würde sie auf den Tisch stellen, damit ich sie erreichen kann und meine Normalität und meine Selbstständigkeit erhalten bleibt. [...] Und da bin nicht ich der Normalanspruch, sondern da ist der Behinderte der Normale und das denke ich, ist in vielen Köpfen nicht drin" (S3/23-25).

In dieser Passage stehen nicht die Einschränkungen der KlientInnen, sondern die Aufrechterhaltung ihrer Selbstständigkeit sowie die Hinterfragung von »Normalität« im Zentrum. Diese Unterschiede zu den anderen Interviews zeigen sich auch in der Einschätzung der Tätigkeit als »leicht«:

> „Ich habe noch nie so leicht und so unbeschwert arbeiten können, weil ich hier nur handwerklich arbeiten muss. Ich muss hier keine starke, jedenfalls für mich nicht, starke konzeptionelle Arbeit leisten [...]. Also das, was ich hier erlebe, ist ein handwerkliches Tun, wo meine Grundhaltung als Mensch, pädagogisch und als Mensch eben gefordert wird, aber was für mich keine große Belastung ist" (S3/15).

Die durch die Arbeit mit Menschen mit Verhaltensauffälligkeiten empfundene Belastung scheint also von den Vorerfahrungen der Personen abzuhängen, die Kombination von Pflege und Pädagogik kann auch als entlastend wahrgenommen werden.

Dritter Aspekt in der stationären Einrichtung sind *Kürzungen bei Personal und Ressourcen. S*2 verdeutlicht, dass dies Auswirkungen auf die Tätigkeit hat: „im Fokus ist nicht die pädagogische Arbeit [...], sondern es geht wirklich darum, das zu verwalten, dass die Menschen hier menschenwürdig leben in einem halbwegs ordentlichen Umfeld" (S2/13). Pädagogik fällt hinter das „Bewältigen von angehäuften Problemen" (S2/13) zurück. Pädagogisches Arbeiten funktioniert aber nur,

> „wenn im Team ein Inhalt besprochen werden kann und auch irgendwie eine gemeinsame Ausrichtung da ist. Wenn ich aber immer nur zwischen Tür und Angel oder während ich einem die Windel wechsele im Stehen, mal eben kurz über irgendeinen Inhalt sprechen kann mit einer Kollegin oder einem Kollegen, dann ist das selten besonders fruchtbar" (S2/39).

Dies hat Auswirkungen auf die Ausrichtung an den Bedarfen. Den MitarbeiterInnen ist dies wichtig für ihre Arbeit: „Natürlich wollen wir das oder würden wir es wollen und unterstützen das auch“ (S2/25). Sie stellen jedoch in Frage, ob dies in der aktuellen Situation, in der die „Kürzungen überhand nehmen“ (S2/25) auch umsetzbar ist. Deutlicher wird dies bei S1:

> „wir haben auch so viel mit dem Faktor Zeit zu tun, dass wir manchmal den Menschen auch die Chance gar nicht lassen können, dass nach seinen Bedürfnissen der Tag abläuft, sondern der Tag läuft ab, was ich für ein Zeitbudget habe. [...] Ich könnte das gar nicht umsetzen, wenn er vielleicht sagen würde, ich würde jetzt gerne noch 10 Minuten liegen bleiben. Wenn er das sagen könnte und das würde überhaupt nicht in meinen Zeitablauf reinpassen, weil ich so und so viele Menschen fertig machen muss“ (S1/21).

Allerdings stehen nicht nur die knapper werdenden Ressourcen einer personalen Orientierung im Wege. Sie wird auch durch die Zuständigkeit für Gruppen von bis zu 10 Personen erschwert, da die Arbeit in diesem Fall immer mit Kompromissen verbunden ist (S1/11-13).

In der stationären Einrichtung stehen bei den Antworten zur pädagogischen Tätigkeit das primär defizitär gekennzeichnete Klientel sowie personelle Kürzungen im Mittelpunkt. Daneben sind auch andere Einschätzungen vorhanden (z. B. die Orientierung an vorhandener Selbstständigkeit); beide Sichtweisen stehen jedoch in deutlichem Widerspruch zueinander.

#### *1.2.3 Vergleichende Analyse der Kategorie »pädagogische Tätigkeit«*

Die Aussagen aus dem ambulanten Dienst in dieser Kategorie fallen durch hohe Übereinstimmung auf, im Rahmen der kleinen Untersuchungsgruppe entsteht der Eindruck eines überwiegend geschlossenen Feldes. Die Interviews aus der stationären Einrichtung stellen sich wesentlich weniger eindeutig und in den Antworten widersprüchlicher dar. Im Vergleich zwischen den beiden Diensten stehen die Themen *Ressourcen- versus Defizitorientierung*, Unterschiede in *Konzepten und Strukturen* sowie die Einschätzung des Begriffs *Pädagogik* im Mittelpunkt.

Während im ambulanten Dienst die Begriffe Selbstbestimmung und Ressourcenorientierung im Zentrum stehen (z. B. A4/11, 16), erfolgt die Kennzeichnung der KlientInnen der stationären Einrichtung über eine Defizitorientierung bezüglich der Sprache, des Körpers und des Verhaltens (z. B. S1/5, 9). Diese Unterschiede können jedoch nicht schlicht den Einstellungen der MitarbeiterInnen angelastet werden. Auch in der stationären Einrichtung sind andere Ansätze sichtbar (S3-9-11) und zudem ergeben sie sich auch aus faktisch unterschiedlichen Anforderungen: Sprachkompetenz wird auch im ambulanten Dienst in direktem Vergleich zur stationären Einrichtung zur Kennzeichnung des Klientels verwendet (A1/15), Pflegebedürftigkeit und Verhaltensauffälligkeiten nehmen weniger Raum ein, weil sie im ambulanten Dienst selten auftreten. Es lässt sich also eine Differenzlinie anhand gradueller Unterschiede in den Kompetenzen der KlientInnen ausmachen, die über weite Strecken aber die Form eines *prinzipiellen Unterschieds* zwischen Ressourcen- und Defizitorientierung annimmt.

Ein weiterer zentraler Punkt ist der Zusammenhang zwischen der Tätigkeit auf der einen und Strukturen/Konzepten auf der anderen Seite. Stationäre Einrichtungen werden von den MitarbeiterInnen aus dem ambulanten Dienst als gruppendominiert und tendenziell zwanghaft-übergriffig gekennzeichnet (A1/158). Auch in der stationären Einrichtung wird benannt, dass die Arbeit in Gruppen »immer mit Kompromissen« verbunden ist (S1/13). Dementsprechend erfolgt im ambulanten Dienst eine positive Bewertung von Einzelfallhilfe, die die Orientierung am Individuum begünstigt (A1/155). In der stationären Einrichtung lässt sich der Gruppenbezug auch auf der Ebene der MitarbeiterInnen aufzeigen. S2 setzt pädagogisches Handeln und Teamarbeit zueinander in Verbindung, »wenn im Team ein Inhalt besprochen werden kann« (S2/39, vgl. dazu *Teamarbeit in der stationären Einrichtung*, S. 201ff).

Dritter Punkt sind die unterschiedlichen Einschätzungen zum Begriff Pädagogik: A1 und A3 assoziieren »pädagogische Maßnahmen« (A1/160) negativ mit stationären Einrichtungen. Auch S3 distanziert sich von dem Begriff, wenn davon die Rede ist, den BewohnerInnen »nicht pädagogisch hinterher zu jagen« (S3/93), was dem negativen Bild von »pädagogischen Maßnahmen« im ambulanten Dienst entspricht. Im Gegensatz dazu wird der Begriff Pädagogik in den anderen Interviews aus der stationären Einrichtung unhinterfragt verwendet. Pädagogik nimmt zwar angesichts der steigenden Pflegebedarfe weniger Raum ein, allerdings entspricht die Konstellation »Pädagogik, weil die Menschen Verhaltensauffälligkeiten haben« (S1/9) einem Verständnis von »pädagogischen Maßnahmen« als Mittel zur Bearbeitung von Verhaltensauffälligkeiten. Die kritischen Äußerungen aus dem ambulanten Dienst finden also ihr Echo in dem etwas verengten Begriff von Pädagogik, wie er sich in der stationären Einrichtung andeutet.

Es lassen sich also drei wesentliche Differenzlinien zwischen den Diensten aufzeigen. Es gibt einen faktischen Unterschied in den *Kompetenzen der KlientInnen*, der in den Interviews die Form der Differenz zwischen Defizit- und Ressourcenorientierung annimmt. Die zweite große Unterscheidung speist sich aus *Unterschieden in Strukturen und Konzepten*, wie sich in der positiven Einschätzung der Einzelfallhilfe zeigt. Der dritte große Bereich sind die Unterschiede im *Verständnis von Pädagogik*. Im ambulanten Dienst ist der Begriff an – negativ konnotierte – stationäre Strukturen gekoppelt, eine Einschätzung, die sich im etwas verengten Verständnis von Pädagogik als Mittel zur »Bearbeitung von Verhaltensauffälligkeiten« in der stationären Einrichtung spiegelt.

## 1.3 Instrumente und Verfahren

Dieser Abschnitt fasst Aussagen zu konkreten Arbeitsweisen im Alltag zusammen, die den Kategorien *Hilfeplanung*, *Arbeiten im Team* und *Reflexionsmöglichkeiten* zugeordnet wurden. Zentrales Thema dieser Kategorie ist die Notwendigkeit, in einem hochgradig von Kontingenz geprägten Feld Handlungsfähigkeit herzustellen und zu erhalten.

### *1.3.1 Hilfeplanung*

Die Erhebung konkreter Bedarfe und die Planung von Hilfen gehören zum Kern einer personalen Orientierung, daher bildeten sie einen Themenschwerpunkt der Interviews. In dieser Kategorie sind sowohl die Unterschiede zwischen den beiden Diensten als auch innerhalb eines Dienstes sehr groß.

#### *1.3.1.1 Hilfeplanung im ambulanten Dienst*

A2 verdeutlicht, dass die Hilfeplanungsinstrumente für ihn Hilfsmittel sind, die nur zum Einsatz kommen, wenn sie sinnvoll sind. Andernfalls

> „lasse ich es halt weg, das kann ich ja machen, ich kann für mich ja entscheiden: will ich mit diesem Ding arbeiten oder sind die Betreuungsinhalte eigentlich anders gelagert, [...] dann verändere ich das halt für mich in Rücksprache mit den Klienten" (A2/78).

An dieser Stelle deutet sich eine Konkretisierung des Prinzips *Orientierung am KlientInnen* an. Die MitarbeiterInnen haben den Anspruch, die KlientInnen aktiv in die Hilfeplanung einzubeziehen (A4/67). Um dies zu realisieren, können sich die KlientInnen auf das Gespräch vorbereiten (A2/60; A4/55). A4 geht davon aus, dass die Hilfeplanung nicht bloß formale Vorschrift ist, sondern sowohl von MitarbeiterInnen als auch von KlientInnen ernst genommen wird (A4/69).

Für die KlientInnen bietet sich im Hilfeplangespräch die Möglichkeit, gegenüber den MitarbeiterInnen Grenzen zu setzen und zu sagen: „da rückst Du mir eigentlich zu nahe, das will ich nicht" (A2/61). Für die MitarbeiterInnen bedeutet dies eine Kontrollmöglichkeit ihrer Arbeit (A3/75). A1 versucht, Betreuungspläne möglichst alltagssprachlich zu halten und sich darauf zu konzentrieren, was die KlientInnen können (A1/96-101). In dieser Betonung von Stärken und Potenzialen konkretisiert sich das Prinzip der *Ressourcenorientierung*. Allerdings führen *Zeit- und Kostendruck* (vgl. 209ff) dazu, dass vermehrt Defizite beschrieben werden, „weil der Hilfebedarf muss deutlich werden und Hilfebedarf ist immer, [...] wo ist jemand bedürftig, was kann er nicht" (A1/86).

Der Anspruch, KlientInnen in ihrer Selbstbestimmung ernst zu nehmen, hat Folgen für den Umgang mit Themen, die nicht Teil der Hilfeplanung waren. Die MitarbeiterInnen bewegen sich in einem Spannungsfeld zwischen dem Anspruch, die KlientInnen in ihren Selbsteinschätzungen ernst zu nehmen und der Verantwortung, in der sie stehen. Es kann dazu kommen, dass Themen, die nicht Teil des Hilfeplans sind, auf den Treffen bewusst ausgeklammert werden (A2/63). Allerdings sehen sich die MitarbeiterInnen in der Verantwortung, entsprechend zu prüfen, welche Themen wichtig sind und somit Themen ggf. trotz gegenteiliger Absprache anzuschneiden (A2/63). Der Hilfeplan kann angepasst werden, wenn sich Umstände oder Einschätzungen verändern, allerdings brauchen die MitarbeiterInnen dazu ein Signal von den KlientInnen (A3/66). Zusätzlich erschwert wird dieses Spannungsfeld durch die Kompetenz, welche die KlientInnen z. T. im Umgang mit den Kostenträgern erworben haben. Sie sind in der Lage, in einem Hilfeplangespräch einen Bedarf zu erläutern, da ihnen dies die benötigte Betreuung sichert. Damit ist aber noch nicht gesagt, dass sie diese Betreuung in dieser Form im Alltag auch wünschen:

> „[A]lso sag ich [KlientIn], das brauche ich und de facto ist es auch so, dass sie das braucht, aber in der Woche sollte ich [MitarbeiterIn] mal dran rühren, dann hab ich sie aber unter der Decke" (A2/70-71).

Als besonders schwierig erweisen sich also Themen, die aus der Perspektive der MitarbeiterInnen notwendig sind, aber nicht von KlientInnen gewünscht werden (A2/63; A4/60). In diesem *Spannungsfeld zwischen Selbstbestimmung und Verantwortung*, d. h. zwischen den Absprachen in der Hilfeplanung und dem Alltag in der Betreuung müssen sich die MitarbeiterInnen bewegen.

Des Weiteren beschreiben die MitarbeiterInnen die Funktion von Hilfeplanung zur *(Wieder-)Herstellung von Handlungsfähigkeit*. Dies geschieht in drei unterschiedlichen Formen: In Verbindung mit der Orientierung an KlientInnen kann die Hilfeplanung zur Strukturierung des Alltags und somit zur *Handlungskoordination* dienen. Der Hilfeplan legt die Schwerpunkte der Unterstützung fest und klärt, in welchem Lebensbereich welche Form von Hilfe benötigt wird (A2/60-63; A3/56-62; A4/60). Er wird darüber zum individuellen Arbeitsplan, „der grundlegend ist für den regelmäßigen Kontakt" (A2/12) und z. B. auch in Vertretungssituationen zum Einsatz kommt (A2/68).

Die zweite Funktion von Hilfeplanung ist die Möglichkeit der *Legitimation des Handelns*: Gerade in den Lebensbereichen, in denen KlientInnen ihren Unterstützungsbedarf nicht immer von sich aus erkennen, sind Absprachen im Hilfeplangespräch unerlässlich. Sie bieten die Möglichkeit, sich auf eine getroffene Vereinbarung zu beziehen (A2/72; A3/64):

> „[W]enn ein Klient sagt, [...] ich will jetzt aber unbedingt Unterstützung bei meinen Finanzplanungen, fährt aber permanent Schulden, zeigt mir die Mahnungen nicht, dann hab ich auch was in der Hand, wo ich sagen kann, guck mal, das hast Du gesagt, da wolltest Du doch gerne und jetzt lässt Du mich nicht" (A2/64).

Zusätzlich kann dabei geklärt werden, in welchen Lebensbereichen Eingriffe durch MitarbeiterInnen zulässig sind und dadurch die Gefahr von Übergriffen abgewendet werden: „[I]ch kann nicht wirklich übergriffig werden in Bereichen, wo die Leute wirklich in Ruhe gelassen werden möchten“ (A2/65). Zudem tragen die Vereinbarungen insbesondere bei den »weichen« Aspekten der Unterstützung zur Legitimation und zur Erhöhung der Handlungssicherheit bei. Das Hilfeplangespräch bietet dabei die Möglichkeit der formalisierten Rückversicherung (A1/92; A2/65):

> „[M]anche müssen ja erstmal reden, wenn man so kommt und der Eine erzählt mir erstmal eine halbe Stunde von Baustellen, wo er gerade war und da [im Hilfeplangespräch] auch noch mal so zu hören, auch von Leuten, wenn sie so sagen, das ist ihnen auch wichtig dieses Reden [...]. Oder mit einem trinke ich erstmal ne Tasse Kaffee [...] und der sagt aber jedes Mal im Hilfeplan, das ist ihm wichtig“ (A1/76).

Die dritte Funktion von Hilfeplanung besteht in der *Reflexion*. In dieser – vor allem von A1 betonten – Funktion spielt der Hilfeplan im Alltag keine große Rolle, die Arbeit orientiert sich eher an den konkreten Gegebenheiten (A1/90-92). Das Hilfeplangespräch dient eher als „Reflexionstermin“ (A1/72), um die eigenen, blinden Flecken aufzudecken:

> „[M]anchmal sieht man so Dinge, die man vielleicht auch nicht gesehen hat [...] oder wo auch wirklich noch mal was Neues geäußert wird, [...] was ich [...] im Alltag manchmal auch übersehe oder man vielleicht so eingespielt auch schon ist“ (A1/73).

In diesem Zusammenhang wird die Teilnahme der Teamleitung positiv erwähnt, die nach dem Gespräch den MitarbeiterInnen auch Rückmeldungen geben kann (A1/71). Sie kann eine Außenperspektive einnehmen und so Themen ansprechen, die den MitarbeiterInnen nicht auffallen und dient als Korrektiv, falls Themen übersehen wurden oder die MitarbeiterInnen Gefahr laufen, ihre KlientInnen zu überfordern (A2/61-62; A3/74).

Die Beschreibungen der Hilfeplanung lassen sich also als Konkretisierungen der Prinzipien *KlientInnen- bzw. Ressourcenorientierung* interpretieren, außerdem benennen die MitarbeiterInnen das *Spannungsfeld von Selbstbestimmung und Verantwortung*, in dem sie stehen. Des Weiteren erläutern sie die Funktion der Hilfeplanung zur *(Wieder-)Herstellung von Handlungsfähigkeit*.

##### *1.3.1.2 Hilfeplanung in der stationären Einrichtung*

Neben dem *konkreten Vorgehen* beschreiben die MitarbeiterInnen zum Thema Hilfeplanung vor allem ihre *Funktionen* und formulieren an mehreren Stellen eine *Diskrepanz zwischen Anspruch und Wirklichkeit*.

Die Beschreibungen zum konkreten Verfahren deuten auf Veränderungen im Ablauf hin: Zu einem früheren Zeitpunkt wurde die Hilfeplanung im Team besprochen, „da hat man über den Klienten mit allen Kollegen gesprochen“ (S1/35), während sie heute eher in

Eigenarbeit – oder in Kooperation mit der Teamleitung (S1/33) – stattfindet. Planung verläuft in „Eigenverantwortung von einem Mitarbeiter nur noch und die anderen sind dann darauf angewiesen, dass sie das dann lesen und auch umsetzen, damit das auch funktioniert“ (S2/65, vgl. *Teamarbeit in der stationären Einrichtung*, S. 201ff). Es hat also eine Abnahme der Besprechungen im Team und eine Verlagerung dieser Themen in den Dialog zwischen Teamleitung und BezugsmitarbeiterInnen stattgefunden. Dieser Prozess ist zweischneidig: Auf der einen Seite erleben die MitarbeiterInnen schnelle Entscheidungsprozesse, auf der anderen Seite einen geringeren Austausch und eine Einschränkung ihrer Einflussmöglichkeiten (S1/33-35).

Als *Funktion von Hilfeplanung* benennt S1 die Möglichkeit, sie als Basis für Veränderungen im Leben der Menschen zu nutzen, „um Sachen noch mal genauer zu beleuchten und Veränderungen für den Klienten einzuleiten, zu seinem Vorteil oder einen Missstand vielleicht zu erkennen und den abzustellen“ (S1/39). Hilfeplanung zielt für S3 einerseits auf die Aufrechterhaltung der Teilnahme am normalen Leben und andererseits auf die Veränderung von negativen Verhaltensstrukturen (S3/42).

Eine zweite – und eher pragmatische – Funktion besteht in der *Grundlage für Sozialberichte* (S1/38-39). In diesem Zusammenhang werden Dokumentation, Sozialberichte und Hilfeplanung auch als »Verwaltungstätigkeiten« beschrieben (S1/25-29). Inwieweit die Hilfeplanung tatsächlich in den Arbeitsalltag integriert ist, lässt sich nicht eindeutig feststellen. S1 zeichnet ein sehr kritisches Bild:

> „Wir machen das oft so, weil wir das machen müssen. Wir machen auch oft, Ziele reinsetzen, wo wir genau wissen, dass wir sie nicht umsetzen können. Wir formulieren die einfach, weil wir das müssen. Das ist so. Weil der Alltag gibt das nicht her mehr. [...] Aber Du musst es machen, weil es eine Verordnung [ist], also das steht in unseren Stellenbeschreibungen drin, dass wir das, diese Tätigkeit ausführen müssen. [...] In manchen Fällen ist es eine Möglichkeit, um Sachen noch mal genauer zu beleuchten und Veränderungen für den Klienten einzuleiten, zu seinem Vorteil oder einen Missstand vielleicht zu erkennen und den abzustellen, das gibt´s auch. Aber der überwiegende Teil [ist] wie schon gerade beschrieben. Vor allem, wir dürfen das nicht sagen, dass es so ist“ (S1/37, auch 91).

Die MitarbeiterInnen formulieren, dass sie den Anspruch erkennen, der mit Hilfeplanung verbunden ist, sehen sich aber in vielen Fällen außerstande, diesen umzusetzen. Diesen Widerspruch formulieren sie als *Diskrepanz zwischen Anspruch und Realität*. Die Idee der Hilfeplanung wird durch die Umsetzungsmöglichkeiten stark eingeschränkt (S1/41). Deutlich wird dies auch bei S3:

> „[A]uf der einen Seite sind natürlich Bedürfnisse da von Bewohnern und auch Aufträge durch die Behinderung gegeben, [...] aber ich unterliege hier auch dem Arbeitgeber gewissen Zwängen oder auch der Situation, die hier gegeben ist, [...] das schränkt meine Möglichkeiten der praktischen Hilfeplanung einfach sehr ein und das ist [...] einfach nicht effektiv und von daher schizophren [...].

> I: Wenn man eine Hilfeplanung macht, dann ergibt sich daraus ein Anspruch...
>
> S3: der aber mit der Realität nicht kongruent ist" (S3/44-46).

Den MitarbeiterInnen sind die Bedarfe der KlientInnen bewusst, sie sehen sich aber nicht in der Lage, die daraus resultierende Unterstützung mit den zur Verfügung stehenden Ressourcen zu leisten (S1/43). In der schärfsten Formulierung heißt es:

> „Wir agieren nicht mehr, sondern wir reagieren nur noch ganz oft. [...] Ich meine, das Wort Planung ist ja eigentlich in die Zukunft gerichtet und inzwischen ist es halt eigentlich nur noch eine Reaktion und keine tatsächliche Planung mehr" (S2/65).

Die für die Planung benötigte Zeit wird zudem als verlorene Zeit für pädagogisches Arbeiten empfunden: „die Zeit, die ich normalerweise praktisch pädagogisch oder sonst wie arbeiten würde, sitz ich dann vor dem Computer" (S2/13).

#### *1.3.1.3 Vergleichende Analyse der Kategorie »Hilfeplanung«*

Hilfeplanung im ambulanten Dienst zeichnet sich durch zwei wesentliche Aspekte aus: einerseits durch die Funktion der (Wieder-)Herstellung von Handlungsfähigkeit und andererseits durch das beschriebene Spannungsfeld zwischen der Selbstbestimmung der KlientInnen und der Verantwortung der MitarbeiterInnen. In den Interviews aus der stationären Einrichtung stehen andere Themenschwerpunkte im Vordergrund: Neben der Diskrepanz zwischen Anspruch und Wirklichkeit geht es um die Frage, inwieweit die Hilfeplanung im Alltag verankert ist.

Die Aussagen aus dem ambulanten Dienst zur Herstellung von Handlungsfähigkeit über *Koordination, Legitimation* und *Reflexion* lassen sich als individuelle Sinnkonstruktionen der MitarbeiterInnen kennzeichnen. Sie beschreiben, welche *Funktion* Hilfeplanung für sie hat. Die Erstellung eines konkreten Arbeitsplans ermöglicht Koordination für den Alltag und gibt Informationen darüber, was genau zu tun ist (A2/12). Die Zustimmung durch die KlientInnen legitimiert Eingriffe in die Privatsphäre und fungiert als formalisierte Einverständniserklärung (A1/95; A2/65). Die Funktion der Reflexion ermöglicht, eigene »blinde Flecken« aufzudecken (A1/72). Bezeichnend ist, dass die MitarbeiterInnen Handlungssicherheit nicht alleine herstellen können, sie benötigen ein Korrektiv – zum einen durch die KlientInnen, die in die Planung einbezogen werden und ihr formal zustimmen müssen, zum anderen durch die Teamleitung, die aus einer Außenperspektive heraus weitere Impulse geben kann (A3/75; A1/72).

Der zweite große Aspekt – das Spannungsfeld von Selbstbestimmung und Verantwortung – zeigt jedoch, dass Handlungssicherheit nie endgültig hergestellt werden kann. Die MitarbeiterInnen kommen in Situationen, in denen sie konkret entscheiden müssen, ob der Selbstbestimmungsanspruch der KlientInnen Vorrang hat oder ob sie eingreifen müssen, um ihrer Verantwortung und ihrem Handlungsauftrag gerecht zu werden (A2/63). Erschwert wird diese Problematik dadurch, dass Eingriffe oft mit Einschnitten in das Selbstbestimmungsrecht der KlientInnen einhergehen. Die MitarbeiterInnen formulieren hier ein für ihr Handlungsfeld typisches Dilemma (vgl. S. 116ff).

Vordergründig erscheint in der stationären Einrichtung die *Diskrepanz zwischen Anspruch und Wirklichkeit* als zentrales Problem. Neben dieser Diskrepanz beschreiben die MitarbeiterInnen aber auch eine Veränderung im Verfahren: Im Gegensatz zu einem früheren Zeitpunkt, in dem Planungen im Team vorgenommen wurden, erfolgt diese nun vermehrt zwischen Teamleitung und BezugsmitarbeiterInnen (in beiden Varianten wird die Teilnahme der KlientInnen nicht erwähnt. Dies kann als Hinweis gelesen werden, dass die Planungen ohne ihre Anwesenheit durchgeführt werden). Das teamorientierte Verfahren deutet an, welche prominente Rolle das Team in den Arbeitsstrukturen der stationären Einrichtung einnimmt. Bei den Aussagen zur Hilfeplanung insgesamt fällt auf, dass die von den MitarbeiterInnen benannten Funktionen sehr allgemein gehalten sind: Hilfeplanung zielt darauf, »Sachen zu beleuchten und Veränderungen einzuleiten« (S1/39). Die Aussagen aus dem ambulanten Dienst sind deutlich konkreter. Es besteht die Möglichkeit, dass die MitarbeiterInnen in der stationären Einrichtung in der Hilfeplanung keine Funktion für sich erkennen (umgangssprachlich formuliert: Sie sehen keinen Sinn darin). Das korrespondiert mit der pragmatischen Begründung von Hilfeplanung als Grundlage für Sozialberichte, mit der eine Wahrnehmung als Zwang einhergehen kann (S1/37). Zudem korrespondiert dies mit dem Empfinden, die Zeit für die Planung fehle für die eigentliche pädagogische Tätigkeit (S2/13).

Auf der Grundlage der These, dass die MitarbeiterInnen in der stationären Einrichtung weniger subjektiven Sinn in der Hilfeplanung als ihre KollegInnen im ambulanten Dienst erkennen, stellt sich die Frage, wie es zu dieser unterschiedlichen Einschätzung kommen könnte. Ein genauerer Blick auf die Funktionen von Hilfeplanung, wie sie im ambulanten Dienst benannt werden, kann dabei hilfreich sein:

- *Handlungskoordinierung*: Die Berichte der MitarbeiterInnen aus der stationären Einrichtung zur pädagogischen Tätigkeit verdeutlichen, dass sie in eine relativ enge (Zeit-)Struktur eingebunden sind, in der die Frage, was wie (und wann) zu tun ist, kaum gestellt werden muss/kann (S1/21).
- *Legitimation*: Da die Hilfeplanung in der stationären Einrichtung (aller Wahrscheinlichkeit nach) in Abwesenheit der KlientInnen durchgeführt wird, kann sie ihre legitimierende Funktion nicht entfalten. Die MitarbeiterInnen haben keine Möglichkeit, sich bei den KlientInnen rückzuversichern[130].

[130] Dabei steht außer Frage, dass eine Beteiligung an der Hilfeplanung bei KlientInnen, die sich nicht sprachlich ausdrücken können, deutlich schwieriger zu realisieren ist. An dieser Stelle wird jedoch er-

- *Reflexion*: Obwohl die reflexive Funktion durch die Teilnahme der Teamleitung prinzipiell möglich wäre, taucht sie in den Beschreibungen der MitarbeiterInnen nicht auf.

Die Herstellung von Handlungsfähigkeit scheint in der stationären Einrichtung also nur in geringem Ausmaß über die Hilfeplanung zu erfolgen. Wenn sie diese Funktion nicht erfüllt, hat sie wenig Sinn für die MitarbeiterInnen. Wird zudem in Betracht gezogen, dass Hilfeplanung und eine Einstufung in Bedarfsgruppen in der stationären Einrichtung zum Zeitpunkt der Interviews nicht genutzt wurde, um daraus direkte personelle Konsequenzen abzuleiten – also nur in geringem Ausmaß eine organisatorische Funktion erfüllt – verliert das Verfahren einen Großteil seiner Begründung. Eine Wahrnehmung als Zwang (S1/35) überrascht dann zumindest nicht mehr sonderlich.

Da jedoch auch in der stationären Einrichtung die Notwendigkeit besteht, Handlungsfähigkeit herzustellen, schließt sich die Frage an, ob dies mittels anderer Verfahren geschieht. Die Aussagen der MitarbeiterInnen deuten darauf hin, dass das Team als Ort der Herstellung von Handlungsfähigkeit gesehen werden kann, dieser ihnen aber zunehmend abhanden kommt. Inwieweit das Team als Ort zur Herstellung von Handlungsfähigkeit beschrieben werden kann, wird im folgenden genauer beleuchtet.

### *1.3.2 Teamarbeit*

Die Qualität der Zusammenarbeit zwischen den KollegInnen trägt wesentlich zu Atmosphäre und zum Klima eines Dienstes bei. Daher kann sie als wesentlicher Faktor für die Qualität pädagogischen Handelns verstanden werden. Jedoch waren die Unterschiede in der praktischen Tätigkeit in keinem Punkt so offensichtlich wie beim Arbeiten im Team. Während die MitarbeiterInnen im ambulanten Dienst in der Betreuung zumeist alleine tätig sind, wird die Tätigkeit in der stationären Einrichtung als Teamarbeit praktiziert. In der Analyse wird ein Schwerpunkt darauf gelegt, welche Folgen diese Unterschiede nach sich ziehen.

#### *1.3.2.1 Teamarbeit im ambulanten Dienst*

Die MitarbeiterInnen des ambulanten Dienstes nennen v. a. *Formen* und *Qualitätsmerkmale* der Teamarbeit. Kern der Teamarbeit ist die von der Teamleitung moderierte Teamsitzung, die dem *Informationsaustausch* dient (A2/83; A3/77) und Gelegenheit bietet, gemeinsam *Themen zu bearbeiten* (A4/73-76). Ihre wichtigste Funktion erfüllt sie jedoch als Ort der *kollegialen Beratung* (A4/96). Die Beratung erfolgt nach einem festgelegten Verfahren: Ein/e KollegIn sucht Rat zu Betreuungssituation, das Problem kann im Rollenspiel

---

neut deutlich, welche Relevanz die Einbeziehung der KlientInnen für die Hilfeplanung hat. *Gerade* bei schweren Einschränkungen wäre sie wichtig, damit die Hilfeplanung ihre legitimierende Funktion entfalten kann.

dargestellt werden oder es erfolgt eine Beratung durch zwei KollegInnen. Zwei weitere KollegInnen beobachten wiederum die Beratungssituation und berichten über ihre Wahrnehmungen (A1/112; 117; A3/78).

Das Verfahren zielt auf die Generierung neuer Ideen in der Beratung (A2/83-85; auch A1/121) und die Reflexion der eigenen Arbeit (A2/83). Mit der im Interview benannten Methode des „reflecting Team" (A1/112) und über die zusätzliche Beobachtung der Beratungssituation wird das Problem auf einer „Metaebene" (A1/117) behandelt. Dabei geht es weniger um Handlungsanweisungen, sondern um die Eröffnung neuer Möglichkeiten und Ideen im Rahmen der Beratung (A3/78). Sie soll wertfrei stattfinden und zielt auf pragmatische Unterstützung, entscheidend ist, ob die Ratschläge den Ratsuchenden sinnvoll erscheinen (A1/113-115, 121). A1 beschreibt diese Vorgehensweise positiv:

> „[D]ann sagt derjenige, der sich beraten lassen hat, Mensch, das ist ja für mich wichtig gewesen [...]. Und das geht in relativ kurzer Zeit mit relativ hohen Ergebnissen. Für mich so immer. Also ich find das schon ganz gut" (A1/119).

Auch jenseits der kollegialen Beratung wird die Möglichkeit, sich Rückmeldungen im Team zu holen und die eigenen Routinen zu hinterfragen, als wertvolles *Qualitätsmerkmal* eingeschätzt: „um die eigenen schwarzen, blinden Flecken weiß man oft ja auch nicht, und da sind die Kollegen dann schon sehr offen und deutlich und das ist etwas, was ich sehr genieße" (A2/19). Diese Art der gegenseitigen Rückmeldung bedarf eines Klimas, in dem ein offener Austausch möglich ist: „Die Qualität macht aus, dass unser Anspruch schon ist, möglichst Dinge zu benennen und auszusprechen" (A4/90). Das beinhaltet Reibungen und Konflikte, wird aber insgesamt positiv bewertet, weil man „viel für die eigene Arbeit auch immer mitnehmen kann" (A2/85). Positiv bewertet werden zudem die unterschiedlichen Charaktere im Team, die den Austausch anregend gestalten (A2/91; auch A3/105), ein gemeinsames „stehen hinter dieser Arbeit" (A2/92) und der starke Rückhalt im Team, der eine gegenseitige Entlastung ermöglicht (A2/87).

Eher ambivalent wird die Tatsache beschrieben, dass die MitarbeiterInnen im Alltag eher selten zusammenarbeiten (A4/91). Auf der einen Seite bedeutet dies eine große Umstellung im Vergleich zum stationären Bereich, weil weniger Gelegenheit zum Austausch vorhanden ist (A1/152; A2/31). Angesichts des anfallenden Gesprächsbedarfs ist es „manchmal auch schon ein Wunder, dass es trotzdem so gut funktioniert" (A4/91). Dies fällt insbesondere im Umgang mit Situationen ins Gewicht:

> „Manchmal kommt man von irgendeinem Treffen in irgendeiner Wohnung oder was und da ist man echt total alle und da wäre [es] manchmal gescheit, wenn man da einfach [...] nur mal reden kann" (A3/108).

Gleichzeitig betonen die MitarbeiterInnen – z. T. in derselben Textpassage (A2/31; A4/91) – die Vorteile des weniger engen Kontakts. Dies ermöglicht ihnen, zu entscheiden, inwieweit sie sich austauschen möchten (A2/31), was zumindest von A4 auch als Qualitätsmerkmal der Zusammenarbeit benannt wird (A4/91).

### *1.3.2.2 Teamarbeit in der stationären Einrichtung*

Im Gegensatz zur Arbeit im ambulanten Dienst wird die Tätigkeit in der stationären Einrichtung – zumindest dem Anspruch und Selbstverständnis nach – als Teamarbeit praktiziert. Für die MitarbeiterInnen sind in dieser Kategorie die *Teambesprechungen*, die Tatsache, dass es *wenig Gelegenheit zur Teamarbeit* gibt sowie die *Zusammenarbeit im Team* zentrale Punkte.

Kern der Teamarbeit ist die wöchentlich stattfindende *Teamsitzung*, in der prinzipiell organisatorische und inhaltliche Fragen diskutiert werden. S1 und S2 berichten allerdings, dass zumeist organisatorische Aspekte im Vordergrund stehen. Die Teamsitzungen sind zu großen Teilen mit der Weitergabe von „organisatorische[n] Sachen oder schlechte[n] Nachrichten" (S1/67) gefüllt. Insgesamt berichten die MitarbeiterInnen davon, dass es durch den Schichtdienst *wenig Gelegenheit für Teamarbeit* gibt (S1/45). Übergaben und andere Absprachen erfolgen nur selten mündlich, sondern werden oft verschriftlicht bzw. über den Computer geregelt (S1/7, 59; S2/41). S2 verdeutlicht, dass dadurch sowohl der Austausch mit den KollegInnen als auch die pädagogischen Inhalte zu kurz kommen, in seiner Gruppe habe es zum Zeitpunkt des Interviews seit mehreren Monaten keine Gelegenheit mehr zu einem pädagogisch-inhaltlichen Gespräch gegeben (S2/41). Dies wird als Verlust empfunden:

> „[G]anz viele Sachen passieren nicht mehr direkt im Gespräch miteinander, sondern das geht irgendwie um eine Ecke rum oder über das Papier oder über den Rechner und das ist in Bezug auf das, wie es früher gelaufen ist, [...] eine Verschlechterung" (S2/41).

Der Wegfall der Besprechungsmöglichkeiten bedeutet auch eine Veränderung in der Art und Weise, wie Themen behandelt werden:

> „[F]rüher war es so, da wurde immer ein Thema vorgestellt oder irgend so ein Teil einer Planung und es wurde ( ) drüber diskutiert und dann gab es Überarbeitungen und diese überarbeitete Version wurde dann letztendlich auch eingepflegt. Heute ist es eher so, man fragt im Vorfeld: Was meinst Du? Da und da will ich hin, machen wir das so, machen wir das so, wie kriegen wir das hin?" (S2/65).

Ähnlich wie beim Thema Hilfeplanung werden Themen nicht mehr im Dialog erarbeitet, sondern es werden in kleiner Runde Vorgaben gemacht (S2/67), die von den MitarbeiterInnen zuerst einmal angenommen werden müssen; erst zu einem späteren Zeitpunkt bietet sich die Möglichkeit, Anmerkungen zu machen (S1/33-35). Eigene Schwerpunktsetzungen sind so nur noch bei den eigenen Bezugspersonen möglich (S2/42-43). Große Teile der pädagogischen Arbeit werden in Eigenverantwortung erledigt, die Kollegen sind dann darauf angewiesen, sich zu informieren (S2/41, 65). Eigenverantwortung bekommt dabei z. T. den Charakter von »Einzelkämpferei«:

> „Das heißt, ganz viel an pädagogischer Arbeit und pädagogischen Inhalten wird nicht voran getrieben durch eine gemeinsame Ausrichtung, sondern durch Einzelkämpferei. Ich kümmere mich um meine Bezugspersonen, hab eine Idee oder zwischen Tür und Angel oder beim Windelwechseln wird mal kurz das eine oder andere abgesprochen oder man schreibt es auf und bittet darum, lies es bitte, kannst Du mir eine Rückmeldung geben?" (S2/41).

In den Beschreibungen der MitarbeiterInnen führt dieser Mangel an Austausch und Rückmeldung zu Situationen großer Unsicherheit,

> „weil ich manchmal auch vor Sachen stehe, wo ich nicht weiß, was ich machen muss, wo ich mir wünsche, ein Kollege wäre da, den ich fragen kann, wie ist das oder warum ist das, das ist nicht möglich, das muss ich mir manchmal erahnen und hoffen, dass ich dann richtig die Entscheidung getroffen habe" (S1/59).

Zusätzlich wird zudem ein Mangel an Kontinuität in der Arbeit beklagt. Bedingt durch eine hohe Fluktuation in der Mitarbeiterschaft muss immer wieder Einarbeitung und Anleitung geleistet werden (S1/45). Erarbeitete Standards müssen somit immer wieder neu aufgebaut werden, so dass die Arbeit einen „Rückschlag wieder erleidet" (S1/55).

Angesichts dieser Beschreibungen besteht die Erwartung, dass Teamarbeit positiv besetzt sein müsste. Das ist jedoch nur bedingt der Fall, die Einschätzungen sind eher ambivalent. Zwar wird ein konzentrierter Austausch im Teamgespräch als produktiv empfunden, er bietet die Möglichkeit, „vernünftig voranzukommen" (S2/41): „Danach lechzt man ja auch irgendwann, wo man einfach merkt, dass, wie gut das auch tut" (S1/67). Dennoch wird die Zusammenarbeit nicht vollständig positiv dargestellt. Die Äußerungen zur Zusammenarbeit sind eher kritisch:

> „dieses Teamgespräch, was im Grunde genommen auch schon sehr destruktiv anfängt, weil im Grunde genommen schon nicht mehr hinterher gehangen werden kann, was alles gemacht werden müsste und besprochen werden müsste oder intensiver bearbeitet werden müsste. Da werden dann eben schnelle Lösungen gesucht, das sind meistens dann eben die kurzfristigen Sachen, von daher ist das dann nach drei Monaten wieder auf dem Plan" (S3/56).

Außerdem zeigt sich in Interview S1, dass Besprechungen nicht immer Konsequenzen nach sich ziehen: „Das ist zwar nicht so effektiv, aber [...] man hat mal über gewisse Dinge gesprochen. Das hat manchmal ja auch keine Konsequenz, aber man hat sich einfach mal ausgetauscht" (S1/67). Zudem ist S1 auch nicht mit allen Kollegen zufrieden:

> „Es gibt halt Kollegen, die haben Mut; Entscheidungen zu treffen und es [...] gibt Kollegen, die Entscheidungen treffen aus dem Weg gehen. Das ist manchmal auch das Eierige hier, [...] dann bleiben Sachen liegen und [...] dann ist es manchmal so kompliziert dann, das noch nacharbeiten zu dürfen" (S1/55).

S1 verdeutlicht die ambivalente Situation, in der Teamarbeit gleichzeitig positiv bewertet, aber auch als sehr mühsam dargestellt wird:

> „bei manchen Kollegen also, dieses Burning-Out ist manchmal da, das merkt man auch, dass [...] das Arbeiten auch manchmal schwierig ist. Also mit einem Kollegen zu arbeiten, der so ausgebrannt ist, da ist manchmal auch so der Spaß an der Arbeit dann weg. Es gibt auch Kollegen, mit denen man total viel Spaß hat und dann fluppt die Arbeit auch so, dann weiß man, ohne groß zu diskutieren, wer was macht, das ist dann angenehme Arbeit" (S1/53).

S3 beschreibt die Problematik der als »ausgebrannt« wahrgenommenen KollegeInnen drastischer: Diese sind „sehr eingeschränkt [...] in ihrem Denkmuster als auch ihrem Verhaltensmuster und sehr unempathisch [...] gegenüber den Kollegen" (S3/21). In Interview S3 wird insgesamt ein sehr kritischer Blick auf die Zusammenarbeit im Team geworfen, die als größter Belastungsfaktor beschrieben wird (S3/82-83). Die Veränderungen in der Einrichtung sind nicht spurlos an den MitarbeiterInnen vorüber gegangen, sie bräuchten eine Form von Begleitung in diesem Prozess:

> „es muss wirklich Trauerarbeit geleistet werden bei den Mitarbeitern und ich denke, es ist ihr gutes Recht, die sind teilweise 20 Jahre mit den Bewohnern verbunden, teilweise haben sie keine eigene Familie und teilweise haben sie hier einen vollen Job gehabt [...]. Und plötzlich kommt hier jemand und macht das zu [einer spezialisierten Einrichtung] und erhebt auch diesen Anspruch [...] dann eben auch Fachlichkeit zu bringen, was nicht einfach von Mitarbeitern verlangt werden kann, weil die sind eben keine Roboter, aber sie sind flexibel, aber für diese Flexibilität muss ihnen auch ein Weg [...] bereitet werden" (S3/68).

Die Wahrnehmung der Zusammenarbeit im Team mutet nahezu paradox an. Einerseits wird der Verlust an Zusammenarbeit beschrieben, der mit Verunsicherungen einhergeht. Dementsprechend gibt es einen Wunsch nach mehr Zusammenarbeit. Andererseits wird die reale Zusammenarbeit als oft schwierig und wenig effektiv beschrieben. Obwohl die MitarbeiterInnen sich auf der einen Seite also nach Gelegenheiten zur Teamarbeit sehnen, beschreiben sie die tatsächliche Arbeit als ineffektiv. Vor dem Hintergrund der Wahrnehmung, es mit »ausgebrannten« Kollegen zu tun zu haben (S1/53; S3/21), klärt sich die paradoxe Struktur auf: Auf der einen Seite steht das Bedürfnis nach mehr Zusammenarbeit, auf der anderen Seite scheint die reale Zusammenarbeit geprägt durch angehäufte Probleme und mangelnde Effektivität.

#### *1.3.2.3 Zusammenfassende Analyse der Kategorie »Teamarbeit«*

Teamarbeit im ambulanten Dienst ist – neben dem Informationsaustausch – geprägt durch das Verfahren der kollegialen Beratung, welches Probleme auf einer »Metaebene« (A1/117) behandelt. Teamarbeit hat also eine reflexive Funktion, sie dient dazu – ähnlich wie schon Hilfeplanung – die »eigenen blinden Flecken« (A2/19) zu bearbeiten und Rückmeldungen durch die KollegInnen einzufordern. Auch die Teamarbeit hat also die Funktion, sich zu hinterfragen, um so die eigene Handlungssicherheit reflexiv zu erhöhen. Deutlich wird in der Beschreibung der Teamarbeit, dass es dazu erstens eines geschützten Rahmens und zweitens eines Klimas, welches von Offenheit geprägt ist und Entlastung ermöglicht, bedarf (A2/87; A4/90-96).

Zudem kommt es zu einer ambivalenten Einschätzung des geringeren Ausmaßes an Zusammenarbeit. Auf der einen Seite thematisieren die Interviewpartner, »viel auf sich gestellt zu sein« (A4/91) und ein Bedürfnis nach mehr Austausch zu haben. Auf der anderen Seite betonen sie die Vorteile eines weniger engen Kontakts und die Möglichkeit, Einfluss auf die Kontakte zu haben (A2/31). Obwohl sie also einen Verlust beschreiben, der durch die geringere Zusammenarbeit entsteht, können sie aus diesem Verlust einen Vorteil ziehen – ein höheres Maß an Selbstbestimmung in der Arbeit.

Die Situation in der stationären Einrichtung stellt sich auch in dieser Kategorie anders dar. Auch hier wird grundsätzlich die Teamsitzung als Ort der Teamarbeit präsentiert, jedoch scheint diese primär zur Informationsweitergabe genutzt zu werden (S1/67). Die MitarbeiterInnen beklagen einen Mangel an Möglichkeiten zum Austausch mit ihren KollegInnen (S2/41). Dieser Mangel hat zu einer Veränderung im Vorgehen geführt: Anstatt Inhalte im Team zu besprechen, erfolgt dies nun in kleineren Runden. Damit geht ein Verlust an Einflussmöglichkeiten einher, weil Beschlüsse erst einmal angenommen werden müssen (S1/33). Im Vergleich zum ambulanten Dienst ist in der stationären Einrichtung die Notwendigkeit des gegenseitigen Austauschs zudem deutlich höher, da hier tendenziell alle MitarbeiterInnen mit allen KlientInnen arbeiten. In der stationären Einrichtung wird Eigenverantwortung daher tendenziell zu »Einzelkämpferei« (S2/41), was für die MitarbeiterInnen mit Situationen großer Unsicherheit verbunden ist (S1/59). Der zudem festgestellte Mangel an Kontinuität verschärft das Problem zusätzlich.

Zu einem früheren Zeitpunkt wurde das Team offensichtlich als Ort der Herstellung von Handlungssicherheit genutzt. Dort wurden Inhalte besprochen und die »pädagogische Arbeit« erledigt. Anders als im ambulanten Dienst ist dieser Ort der Herstellung von Handlungssicherheit nur in sehr geringem Maße auf die Hilfeplanung übergegangen. Die Ausführungen zur Teamarbeit verdeutlichen die Gründe dafür: Das gruppenbasierte stationäre Setting zieht stärkere Notwendigkeiten der Absprache nach sich, da Entscheidungen gemeinsam getragen werden müssen. Die MitarbeiterInnen müssen also *kollektive Hand-*

*lungsfähigkeit* herstellen, sobald sich ein/e MitarbeiterIn nicht an die Vereinbarung hält, kann sie hinfällig sein. Diese Problematik wird über Hierarchisierung bearbeitet, indem Entscheidungen zwischen BezugsmitarbeiterInnen und Teamleitung getroffen werden. Allerdings bleibt unkontrollierbar, ob diese Entscheidungen auch wirklich umgesetzt werden. Daher sind die MitarbeiterInnen in der Handlungskoordination immer auf die Zustimmung ihrer KollegInnen angewiesen. Handlungskoordinierung ist in der stationären Einrichtung also weniger auf der Achse MitarbeiterIn-KlientIn als primär auf der Achse MitarbeiterIn-MitarbeiterIn angesiedelt. Daher geht der Verlust an Teamarbeit mit einem Verlust an Handlungssicherheit einher, es kommt zu Situationen, in denen die MitarbeiterInnen einfach gerne »einen Kollegen fragen« würden (S1/59), da zudem die mangelnde Sprachkompetenz der KlientInnen einfache Rückmeldungen im Alltag erschwert. In einem gruppenbasierten Setting, das kollektive Handlungsfähigkeit herstellen muss, kann das Team keine rein reflexive Funktion übernehmen und muss auch Ort der Handlungskoordination sein. Dies kann ein weiterer Grund dafür sein, dass die Hilfeplanung den MitarbeiterInnen so wenig sinnvoll erscheint – sie sind weiterhin auf die Rückmeldung im Team angewiesen.

Verschärft wird dies durch die Qualität der Zusammenarbeit. Zu diesem Thema sind die Aussagen widersprüchlich, aber zumeist kritisch. Teamarbeit wird als nicht effektiv beschrieben (S3/56), leistet also nicht das, was sie leisten sollte. Dazu kommt es erstens durch eine Überforderungssituation, in der »so viel ansteht«, dass schnelle Lösungen gesucht werden. Dies führt dazu, dass das Problem nach kurzer Zeit wieder auftritt (S3/56). Zweitens beschreiben zwei InterviewpartnerInnen einen Teil des Teams als »ausgebrannt« (S1/53; S3/21). Als Hypothese könnte man davon sprechen, dass sich die anhaltende Belastung im Team auf Dauer gesehen als Überforderung niederschlägt und die Zusammenarbeit erschwert. Das Team der stationären Einrichtung befindet sich also in einer Situation, in der Zusammenarbeit im Team

a) notwendig ist, weil *kollektive* Handlungsfähigkeit hergestellt werden muss,
b) Gelegenheiten zur Zusammenarbeit seltener werden und
c) das Klima im Team die Zusammenarbeit erschwert.

Die nötige Herstellung von Handlungssicherheit durch das Team wird also sowohl von außen (durch zu wenig Gelegenheit) als auch von innen (durch mangelnde Effektivität) erschwert.

### *1.3.3 Reflexionsmöglichkeiten*

Dritter wesentlicher Punkt im Zusammenhang mit Instrumenten und Verfahren ist die Notwendigkeit, die eigene Arbeit immer wieder zu reflektieren und das eigene Handeln zu hinterfragen. Daher erfolgte eine Befragung zu *Reflexionsmöglichkeiten,* verbunden mit einer Nachfrage zur Möglichkeit, über Belastendes zu sprechen.

#### *1.3.3.1 Reflexionsmöglichkeiten im ambulanten Dienst*

Die MitarbeiterInnen im ambulanten Dienst nennen sowohl *organisierte* als auch *informelle Formen* von Reflexionsmöglichkeiten. Organisierte Formen haben einen festen Platz in den Arbeitsabläufen und müssen nicht durch Eigeninitiative der MitarbeiterInnen aufrecht erhalten werden. Zu ihnen zählen die viermal jährlich stattfindende Supervision sowie die bereits beschriebenen Aspekte der kollegialen Beratung in der *Teamarbeit* (vgl. S. 199ff) und des *Hilfeplangesprächs* (vgl. S. 193ff). Wichtigster Aspekt ist die Supervision, die dazu dient, einen Kollegen bei einem Problem zu unterstützen und zu versuchen, Lösungen zu finden (A4/95). Entscheidend für das Gelingen der Supervision ist die Teilnahme des Supervisors als externem Beobachter, der einen Blick von außen auf die Situation werfen kann (A1/147-149) sowie ein offener Umgang im Team untereinander (A4/90).

Neben den organisierten Formen der Reflexion gibt es aber auch immer wieder informelle Formen wie *Gespräche unter KollegInnen*. Dabei bietet sich die Möglichkeit, sich zu entscheiden, welche KollegIn man zu einem Thema anspricht. Auch Vertretungssituationen können als Anlass genutzt werden, um sich eine Rückmeldung zu einer Situation zu holen (A3/75). Diese Gespräche „zwischen Tür und Angel" (A3/107) sind notwendig, weil es „manchmal zu viel ist, was man so alleine alles bewältigen müsste" (A4/97). Zudem bietet sich die Möglichkeit, das Gespräch mit der Teamleitung zu suchen, sich mit ihr

> „zurück zu ziehen, wenn es wirklich schwerwiegendere Dinge sind [...] [, die] besprochen werden müssen. [...] es gibt immer die Möglichkeit, in bestimmten Situationen sich da ein Gespräch zu holen" (A4/100, auch A2/95).

Die Frage, ob die Reflexionsmöglichkeiten Gelegenheit bieten, über *Belastendes* zu sprechen, wird in allen Interviews bejaht, entweder in der Supervision (A1/142; A3/104) oder im Gespräch mit KollegInnen (A2/99; A4/99-101). Diese informellen Gespräche werden jedoch durch den *Zeit- und Kostendruck* zunehmend erschwert (A3/107-112). Die MitarbeiterInnen versuchen zwar, Gespräche dieser Art zu erhalten (A4/97), formulieren aber einen Wunsch nach mehr Zeit für Reflexion (A1/151; 222; A4/103, vgl. dazu auch *Veränderungen und eigenes Erleben im ambulanten Dienst*, S. 208ff).

#### *1.3.3.2 Reflexionsmöglichkeiten in der stationären Einrichtung*

Auch in der stationären Einrichtung lassen sich grundsätzlich organisierte und informelle Formen von Reflexionsmöglichkeiten unterscheiden. Zu den organisierten Formen zählt die Supervision, die zum Zeitpunkt der Interviews allerdings nicht mehr stattfand. Sie wurde lediglich zu einem früheren Zeitpunkt durchgeführt, um Konflikte im Team zu bearbeiten (S1/63) und aus Kostengründen eingestellt (S2/71). Die Supervision wurde von S1 positiv erlebt, er formuliert den Wunsch nach einer Fortsetzung, da diese dem Team gut tun würde (S1/63-67). Sehr viel deutlicher wird dieser Wunsch von S3 formuliert, da für ihn im Team „Feedback oder Reflexion der Arbeit oder Reflexion der eigenen Person [...] kaum möglich" (S3/56) ist:

> „[Ich] würde ich mir Reflexion wünschen, dass [...] externe Leute, die [...] [die MitarbeiterInnen] begleiten, die sie stützen, die ihnen sagen: Leute, Ihr seid nicht auf verlorenem Posten, sondern Ihr müsst nur lernen umzudenken und jetzt gebe ich Euch Hilfen, wie Ihr lernen könnt, umzudenken mit gutem Gewissen. [...] Also diese Begleitung, die innere Begleitung, diesen Veränderungsprozess auch innerlich mitzugehen, das wünsche ich mir, weil das kann keiner von den Internen machen, das muss von extern kommen und es muss wirklich auch begleitet werden" (S3/64).

Neben den organisierten Formen finden auch in der stationären Einrichtung Reflexion in den *Gesprächen mit den KollegInnen* statt. S2 macht darauf aufmerksam, dass Reflexions- oder Rückmeldementalität vom Verhältnis der Kollegen untereinander abhängig ist, schätzt seine Situation aber so ein, dass dies möglich ist:

> „Die Rückmeldungsmentalität ist besser geworden, sie ist zielgerichteter geworden und sie ist meistens auf den Punkt. Und so vom Charakter her können fast alle hier auch da relativ gut mit umgehen" (S2/75).

Bei den Reflexionsmöglichkeiten macht sich jedoch der *Zeit- und Kostendruck* bemerkbar, so dass ein Wunsch nach mehr Zeit formuliert wird (S2/77). Sehr deutlich wird die Problematik bei S1:

> „Dadurch, dass die Arbeitszeiten [...] so knapp gerechnet sind, hat man nicht mal eine Übergabemöglichkeit von Kollege zu Kollege [...]. Dadurch ist kaum Reflexion möglich, Reflexion ist dann meist zwei, drei Tage später, wenn man sich zufällig sieht und dann ist schon wieder so viel passiert, dass man da überhaupt nicht mehr weiß, worum es da ging. Da leidet auch die Qualität der Arbeit drunter" (S1/59).

#### *1.3.3.3 Zusammenfassende Analyse der Kategorie »Reflexionsmöglichkeiten«*

In beiden Diensten lassen sich grundsätzlich informelle und organisierte Reflexionsmöglichkeiten unterscheiden. Auffällig ist, dass den MitarbeiterInnen im ambulanten Dienst mehr *organisierte* Formen zur Verfügung stehen: Es gibt eine regelmäßige Supervision, die kollegiale Beratung im Teamgespräch und – das zumindest in einem Interview genannte – reflexive Moment in der Hilfeplanung. In der stationären Einrichtung hingegen wird keine regelmäßige Supervision angeboten, das Teamgespräch wird eher als Ort des Informationsaustauschs beschrieben (S1/67) und Hilfeplanung zumindest nicht explizit als Ort der Reflexion genannt. Während die Reflexion der eigenen Tätigkeit im ambulanten Dienst also in die Arbeitsabläufe eingebunden wurde, gehört sie in der stationären Einrichtung kaum zur alltäglichen Arbeit. Dass eine solche Begleitung der Arbeit auch in der stationären Einrichtung sinnvoll wäre, scheint zumindest in zwei Interviews durch, am deutlichsten in der Aussage, dass »Reflexion kaum möglich ist« (S3/56) verbunden mit dem Wunsch nach einer »Begleitung von außen« (S3/64).

Aus dem geringen Anteil an organisierten Formen folgt, dass die MitarbeiterInnen in der stationären Einrichtung wesentlich stärker auf die *informellen Formen*, wie Gespräche unter KollegInnen angewiesen sind. Für diese stehen jedoch keinen organisierte Ressourcen zur Verfügung, so dass sie schneller im Alltag untergehen. Dies wird in Schilderungen aus beiden Bereichen deutlich, die von einer Abnahme der Gespräche angesichts des *Zeit- und Kostendrucks* berichten (A3/107-112; S1/59). Den MitarbeiterInnen der stationären Einrichtung steht jedoch nur diese Form zur Verfügung, es gibt kaum organisierte und strukturierte Angebote. Sobald der Alltag dies nicht mehr zulässt, ist davon auszugehen, dass die MitarbeiterInnen kaum noch Gelegenheit haben, ihre Arbeit zu reflektieren.

Unter der Perspektive der Herstellung von Handlungssicherheit können Reflexionsmöglichkeiten als kontrollierte und geschützte Erosion der Handlungssicherheit interpretiert werden: In einem geschützten und gestützten Rahmen erfolgt die Hinterfragung der eigenen Tätigkeit, der eigenen Motive, unterstützt durch eine Außenperspektive (A1/147-149). Diese Einbeziehung der Außenperspektive kann im zweiten Schritt die Handlungssicherheit wieder (bzw. neu) herstellen.

## 1.4 Eigenes Erleben und Veränderungen[131]

Der dritte Schwerpunkt der Interviews befasste sich mit der Wahrnehmung von *Veränderungen* im Arbeitsbereich, den *eigenen Einschätzungen* zur Arbeit und der Abschlussfrage nach *Wünschen & Visionen*. Die Kategorie *Veränderungen* beinhaltet zudem eine Nachfrage bezüglich den Plänen zur Dezentralisierung und Stadtteilarbeit, die zum Zeitpunkt der Interviews beim Träger diskutiert wurden.

### *1.4.1 Veränderungen und eigenes Erleben im ambulanten Dienst*

Die Kategorie Veränderungen und eigenes Erleben wird im ambulanten Dienst weitgehend durch einen wahrgenommenen *Zeit- und Kostendruck* dominiert. Zudem spielen auch hier die *Unterschiede zum stationären Bereich* eine große Rolle, die für die Darstellung aber in die Kategorie *pädagogische Tätigkeit* (vgl. S. 185ff) übernommen wurden.

[131] Grundsätzlich lassen sich über Interviews nur subjektive Einschätzungen erschließen. Im Unterschied zu anderen Kategorien bezogen sich die Fragen hier jedoch nicht auf bestimmte Gegenstände (pädagogische Tätigkeit, Hilfeplanung usw.), sondern *explizit* auf das eigene Erleben.

#### *1.4.1.1 Veränderungen: Zeit- und Kostendruck, Organisation & Konzepte*

Der weitaus größte Teil der Aussagen dieser Kategorie befasst sich mit den Themen *Zeit- und Kostendruck*. Darüber hinaus spielen hier Fragen von *Organisation und Verwaltung* eine Rolle: Die Ökonomisierung des sozialen Bereichs sowie der daraus entstehende „Zeit- und Kostendruck" (A4/137) ist in den Interviews sehr präsent, A1 beschreibt ihn als allgegenwärtig:

> „wie selbstverständlich das geworden ist. Ich laufe den ganzen Tag mit so einem Ding rum, wo [...] [ich] in 10-Minuten-Takten Rechenschaft ablege, was ich denn nun tue. Und es gibt keine 10 Minuten, die ich arbeite, die ich nicht in irgendeiner Form rechtfertige" (A1/32, auch A2/38).

Der steigende Druck äußert sich auf verschiedenen Wegen: Der persönliche Kontakt zu den KlientInnen hat abgenommen zugunsten der Anforderung, mehr „abrechenbare[...] Leistungen" (A1/30) zu erbringen (auch A1/104; A2/126; A3/36). Zudem muss zunehmend um einzelne Betreuungsstunden gekämpft werden (A1/221). Am deutlichsten äußert sich der Druck darin, dass die „Arbeit gut komprimiert wird" (A2/99), also *mehr Arbeit in weniger Zeit* erledigt werden soll (A4/34, 137). Verschärft wird dies durch den gestiegenen Verwaltungsaufwand (A2/37-38, 126). Dieser Druck wirkt sich auf die Tätigkeit aus, wenn z. B. KlientInnen beim Verfassen von Stellungnahmen anwesend sind, weil sich diese dann abrechnen lassen. Neben diesen direkten Folgen berichten die MitarbeiterInnen auch davon, dass die Arbeit früher ruhiger war als heute (A2/37-38), was sich

> „auch auf die Klienten überträgt, indem ich auch dort eben nicht in Ruhe sitze oder ihm eben auch nicht die Zeit lassen kann, die sie eigentlich brauchen würden aufgrund ihrer geistigen Einschränkung beispielsweise. Also muss ich schon deutlich mehr pushen, damit es eben auch in der Zeit zu schaffen ist, weil die Fristen hängen im Nacken und es muss halt passieren (A2/40)".

Zudem behindert der Druck auch die Kontinuität der Arbeit (A1/185). Die sich ständig verändernden Bedingungen werden als hochgradig belastend empfunden, die MitarbeiterInnen beschreiben z. B., dass ihnen „die Luft genommen" (A1/210) wird, so dass sie sich nicht mehr auf ihr Kerngeschäft konzentrieren können.

Über diese direkten Auswirkungen hinaus berichten die MitarbeiterInnen von einer unterschwelligen „Entwertung der Arbeit" (A1/45). Ihre Qualifikation wird in Frage gestellt, indem angenommen wird, „das kann ja im Grunde genommen so jeder" (A1/45). Konkret geschah dies zum Zeitpunkt des Interviews in einer Diskussion über den Einsatz ungelernter Kräfte[132]. Dies wird negativ bewertet (A1/37-39; A4/34):

---

[132]Zum Zeitpunkt der Forschungsphase II war dies bereits vollzogen, was in den Interviews mit den Leitungskräften zu einer Differenzierung zwischen Fachkräften und Nicht-Fachkräften führte (vgl. dazu S. 220ff).

> „da fühlt man sich immer [...] so überflüssig oder dass hinterfragt wird, dass da eine fachliche Begleitung auch zu erhalten ist bei den Leuten. Das finde ich schwierig" (A4/129).

Insbesondere A1 befürchtet, dass ein Teil der KlientInnen den Unterschied zwischen den Tätigkeiten gelernter und ungelernter Kräften nicht verstehen würde und daraus eine Überforderung resultieren könnte (A1/181-182). Die MitarbeiterInnen befürchten, ihre Legitimation zu verlieren (A1/187).

Jedoch werden nicht alle Aspekte rundherum abgelehnt. Die klarere Struktur der Einzelfallhilfe wird positiv bewertet (A1/169), die genaue Benennung von Ressourcen kann Innovationen hervorbringen (A1/47):

> „Ich finde auch, dass dieses [...] einzeln Abrechenbare auch Vorteile hat für die Leute, [...] also was mit Personalisierung zu tun hat. Das nicht einfach so: Hier kriegt Ihr Geld, nun macht mal. Aber ich fürchte, das wird umschlagen, das wird es, dann wird es einen Konflikt geben zwischen dem Personalisierten und zwischen dem Ökonomisierten" (A1/50).

Problematisch ist dabei vor allem der Versuch, Leistungen zu quantifizieren, die sich einer quantifizierenden Logik entziehen: „das ist gar nicht rechenbar, aber es wird gerechnet" (A1/31). Nicht bei allen Gesprächen lässt sich genau benennen, auf welche KlientInnen sie sich beziehen oder ob sie Arbeit oder Pause sind (A1/128; auch 138-140). Dadurch kommt eine „Fremdkomponente" (A1/168) in die Arbeit. Am Schwierigsten ist für A1, diese Denkweise übernehmen zu müssen: „auch wenn man das nicht will, ich bin da ein Gegner von und, aber man ist Teil des Systems" (A1/171).

Ein weiterer Schwerpunkt der Interviews waren Veränderungen in Organisation und Konzeption des Trägers. In diesem Themenbereich sind auch die Aussagen zur Nachfrage bezüglich *Dezentralisierung und Stadtteilarbeit* gefasst. Ein wesentliche Veränderung bestand im Wechsel von einem kommunalen zu einem überörtlichen Kostenträger (A3/36). Damit einher ging ein Abbau des persönlichen Kontakts zu den SachbearbeiterInnen, wodurch der Prozess für die KlientInnen undurchsichtiger wird (A3/36; A4/33). Dies führt zu zeitaufwändigen Auseinandersetzungen (A3/36) und z. T. zu einem Ausbau von Verwaltungstätigkeiten, von A3 als „Bürokram" (A3/36) bzw. „Bürokrempel" (A3/42) bezeichnet.

Beim Träger wurden zum Zeitpunkt der Interviews konzeptionelle Veränderungen diskutiert, unter den Stichworten *Dezentralisierung und Stadtteilarbeit* Teil des Leitfadens waren. A4 verdeutlicht, dass er die Idee der Dezentralisierung gut findet. Es ist,

> „eine ganz gute Idee auch zu dezentralisieren, das find ich was Positives und es birgt bestimmt auch Chancen auch für Menschen, die [es] nicht schaffen, ambulant betreut zu werden und trotzdem raus kommen aus so einer großen Anstalt, das denke ich, ist was Positives" (A4/41).

Allerdings ist für die MitarbeiterInnen noch nicht klar, wie genau Stadtteilarbeit funktionieren soll, außer dass es zu einer Zusammenarbeit von ambulanten und stationären Bereichen kommen soll und MitarbeiterInnen sowohl in ambulanten als auch stationären Settings tätig wären (A2/42; A4/40). Ihre Arbeit würde sich wieder stärker mit dem „bislang noch traditionellen Wohnheimbereich" (A2/42) vermischen. Vor allem A2 betrachtet dies kritisch:

> „[D]as ist schon ein Thema, wo wir Kollegen hier also auch eher mit Sorge drauf gucken, weil dieser ambulante Bereich ja auch nicht von ungefähr entwickelt worden ist. Also wir vielleicht so arrogant sind und eher sagen würden, Mensch, das, was stationär geht, klar kann man das anbieten, aber warum will man das auch im Stadtteil nicht getrennt halten" (A2/43).

A2 äußert zudem die Befürchtung, dass unterschiedliche Arbeitsweisen aufeinander prallen könnten und der ambulante Dienst „Gegenwind" (A2/49) aus dem stationärem Bereich bekommen könnte. Es könnte aber auch zu einer partnerschaftlichen Zusammenarbeit zwischen den Bereichen kommen (A2/47).

#### *1.4.1.2 Eigene Bewertungen, Wünsche & Visionen*

Als das Positivste an ihrer Tätigkeit nennen die MitarbeiterInnen im ambulanten Dienst „das eigentlich freie und selbstständige Arbeiten" (A3/134, auch A4/127). Dies ermöglicht, sich „mehr auf die Menschen selber einstellen" (A2/121) zu können sowie die eigenen Stärken in die Arbeit einzubringen (A3/136). Ein weiterer positiver Punkt sind die Lebendigkeit der Arbeit und die Möglichkeit, Entwicklungen von Menschen zu beobachten (A4/127). Die im ambulanten Dienst notwendige Flexibilität hat zwar Schattenseiten, wird aber insgesamt positiv bewertet (A4/127). Zumindest bei A1 und A2 wird dieser Zuwachs an Freiheit in direktem Gegensatz zur Arbeit in stationären Bereichen gesehen (vgl. *pädagogische Tätigkeit*, vgl. S. 185ff):

> „Wir haben weniger Reglements drumrum als dieser klassische stationäre Bereich haben muss. Also da kann drauf verzichtet werden und das macht einen konkret freier. Und was dann einfach so eine gleichere Ebene auch eher möglich macht, ich muss nicht irgendwelche Mittagessen verteilen mittags oder was oder irgendwelche Türen, da dürft Ihr aber nicht rein, das fällt ja alles flach" (A2/121; auch A1/158ff).

Nach den schwierigsten Aspekten ihrer Arbeit gefragt, benennen die MitarbeiterInnen vor allem den steigenden Zeit- und Kostendruck, die wahrgenommene Entwertung ihrer Arbeit durch den Einsatz ungelernter Kräfte sowie die Anforderung der ständigen Flexibilität (A1/168-182; A2/124; A3/138; A4/129). *Wünsche und Visionen* entsprechen zu großen Teilen diesen Problemlagen: Die MitarbeiterInnen wünschen sich mehr Geld für ihren Arbeitsbereich, Kollegen und Zeit für ihre KlientInnen bzw. zum gemeinsamen Austausch und zur Reflexion (A1/222; A3/148 A4/137). Zudem wünscht sich A3, dass er freiere Hand in der Betreuung hätte und „nicht immer diese Bewilligungen da abwarten“ (A3/149) müsste. Damit ist auch ein Wunsch nach mehr Kontinuität verbunden:

> „[W]as ich mir wünsche, Kontinuität, also dass irgendwo mal gesagt wird, jetzt bleibt diese Leistungsvereinbarung [...], es muss nicht ständig hier alles umgemodelt werden wieder und man kann sich wirklich mal auf den Inhalt konzentrieren. Und das ist wirklich, das ist ständig, ist das hier und immer diese Inkontinuität [...], wird uns die Luft abgedrückt. (A1/208; auch A2/138; A4/137).

Der zweite große Bereich befasst sich mit den *Lebensbedingungen der KlientInnen*. Die MitarbeiterInnen wünschen sich, dass diese über mehr Ressourcen in ihrem Leben verfügen könnten (A4/137). Zudem gibt es einen Wunsch, dass die KlientInnen flexibler über ihre Betreuungszeit verfügen könnten (A2/133) und den Wunsch nach mehr sozialen Kontakten, um ihre Integration zu verbessern (A2/134-136).

Einen Wunsch nach mehr Unterstützung formulieren die MitarbeiterInnen vor allem darin, dass die KlientInnen geschützt werden sollten. Der Träger sollte in Kostenverhandlungen eine „Lobbyistenfunktion“ (A2/131) für die KlientInnen übernehmen (auch A4/131). Die MitarbeiterInnen zweifeln zwar nicht grundsätzlich an, dass dies geschieht, es ist aber „in der Basisarbeit nicht mehr spürbar“ (A2/131; auch A3/140-142). Ein weiterer Wunsch besteht darin, dass der ambulante Dienst insgesamt bekannter wird, und „die Überzeugungsarbeit weiter so geht, ambulant ist wichtig und es ist eine gute Arbeit, weil es für die Leute auch sehr positiv ist“ (A4/131).

### *1.4.2 Veränderungen und eigenes Erleben in der stationären Einrichtung*

Auch für die MitarbeiterInnen in der stationären Einrichtung sind die Ökonomisierung und die knapper werdenden Ressourcen die größte Veränderung der Tätigkeit. Zudem sind neue Aufgaben in den Bereichen Verwaltung und Dokumentation hinzugekommen. Auch in diesem Bereich wird eine eine Diskrepanz zwischen Anspruch und Wirklichkeit konstatiert.

#### *1.4.2.1 Veränderungen in der stationären Einrichtung: Zeit- und Kostendruck, Dezentralisierung*

Auch in der stationären Einrichtung stehen der *Zeit- und Kostendruck* im Mittelpunkt der wahrgenommenen Veränderungen. Bei S1 wird die Allgegenwärtigkeit wirtschaftlicher Faktoren besonders deutlich:

> „Das war einmal, dass man Zeit für die Menschen hatte, heute wird das aus wirtschaftlichen Aspekten gesehen, was das kostet, welche Tätigkeit, was wird bezahlt, wenn das Bedürfnis nicht bezahlt wird, dann machst Du es nicht. Sich diese Denkweisen anzueignen und danach auch zu handeln, das ist echt kompliziert, weil das hier keine Maschinen sind, die ich betätige, das sind Menschen, mit denen ich hier arbeite“ (S1/15).

Verbunden mit dieser Omnipräsenz ökonomischer Prinzipien kommt es zu einer zunehmenden „Arbeitsverdichtung“ (S2/ 61, auch S1/25; S3/29), so dass die MitarbeiterInnen „immer weniger Zeit für eigentlich immer mehr Leute“ (S2/21) haben. Während diese Wahrnehmung der Situation bei allen MitarbeiterInnen gleich ist, unterscheiden sich ihre Bewertungen: S2 schätzt die Situation dramatisch ein, da „Urlaubs- oder Krankheitsausfälle oder sonstige Gründe für Ausfälle mit kaum noch pädagogischer Möglichkeit zu agieren, bestraft wird“ (S2/13). S3 hingegen geht – trotz wahrgenommener Kürzungen (S3/29) – davon aus, „immer noch einen luxuriösen Patienten-Mitarbeiter-Schlüssel“ (S3/60) zu haben, ist sich allerdings bewusst, mit dieser Einschätzung im Konflikt zu den KollegInnen zu stehen (S3/61).

Zudem sind auf die MitarbeiterInnen Aufgaben in den Bereichen *Dokumentation und Verwaltung* zugekommen, die zumeist negativ bewertet werden (S1/25). Sie haben „Routinearbeiten zu erledigen und Schreibkram, Verwaltungsaufgaben“ (S2/21). S1 fasst darunter, „dass wir eine Dokumentation führen müssen am PC, dass wir [...] Sozialberichte schreiben müssen an den Kostenträger, dass wir Hilfeplanung schreiben müssen“ (S1/29). Diese Tätigkeiten werden von den MitarbeiterInnen zu großem Teil negativ eingeschätzt, sie „klauen uns die Zeit für die Menschen“ (S2/21, auch S1/25). Lediglich S3 geht davon aus, dass die Verpflichtung zur Dokumentation zu Recht besteht (S3/29).

Der MitarbeiterInnen sehen sich in einer Situation, in der sie im Kontakt zu den KlientInnen etwas vermissen: „in den guten alten Zeiten, sind wir auch in Freizeiten gefahren, in den Urlaub gefahren mit unserem Klientel und dann haben wir uns ja auch da bewegt und so, das war auch toll“ (S1/81). Dort war ein anderer Kontakt zu den KlientInnen möglich, der alltagsnäher war: „[W]ir sind mit den Leuten essen gegangen, ganz normal und ins Kino gegangen, einkaufen gegangen. [...] Da haben wir schon am gesellschaftlichen Leben teilgenommen“ (S1/83). Die MitarbeiterInnen fühlen sich hilflos: „Der Druck wird immer höher, man hat so den Eindruck, [...] dass sich nichts ändert im positiven Sinne für uns, die Arbeitsbedingungen werden immer immer schlechter“ (S1/25; Wiederholung im Interview), die MitarbeiterInnen sehen aber keine Möglichkeit, etwas dagegen zu unternehmen (S1/25). S2 verdeutlicht, dass dies an ihm nicht spurlos vorübergeht, „das geht an die Substanz“ (S2/37):

> „Aber letztendlich hat für mich Arbeit auch immer was mit Zufriedenheit zu tun und das ist einfach nicht mehr so gegeben [...] Das ist so dieses gegen die Windmühlen arbeiten und das nervt, das frustriert“ (S2/35).

Auch hier führt dies zu einer Diskrepanz zwischen Anspruch und Realität: „[E]s ist schmerzlich einfach, diese Erfahrung zu machen, dass ich den Menschen eigentlich viel mehr Gutes tun möchte als ich es zeitmäßig und personaltechnisch hier inzwischen hinbekommen kann“ (S2/17). S1 beschreibt die Anpassung an die neuen Gegebenheiten:

„es ist manchmal schwer, man hat ja auch die alten Zeiten erlebt, wenn man weiß, was machbar ist, was möglich ist. Das war auch so ein Prozess, davon Abschied zu nehmen. Der war manchmal auch ganz schön hart, der Weg. Aber das hab ich mittlerweile auch durchgemacht, den Prozess und es fällt mir jetzt leichter, damit umzugehen, mit den wirtschaftlichen Gegebenheiten, wie sie sind" (F1/91).

Zusätzlich hat es in der stationären Einrichtung *strukturelle Veränderungen* gegeben, u. a. ist der Anteil pflegerischer Tätigkeiten gestiegen. Das bedeutet für die Mitarbeiter, sich Wissen anzueignen und andere Verantwortung zu übernehmen. S1 benennt die damit verbundenen Schwierigkeiten:

„[E]s gibt auch Situationen, die man sich nicht wünscht zu erleben, aber die man dann aber doch durchleben muss, weil man Entscheidungen treffen muss oder handeln muss. Wenn das unbekannte Sachen sind, die man das erste Mal erlebt, ist das schon schwierig" (S1/9).

Die steigenden Pflegebedarfe bedeuten vor allem für MitarbeiterInnen mit pflegerischer Ausbildung eine neue Anforderung, weil die in diesem Zusammenhang anfallenden Aufgaben i. d. R. von ihnen übernommen werden (S1/47).

Die Aussagen zum Thema Dezentralisierung lassen sich als *grundsätzliche Zustimmung unter Vorbehalt* charakterisieren. Grundsätzlich betont S3, dass er sich eine solche Neuausrichtung für jeden Menschen – und damit auch für die BewohnerInnen der stationären Einrichtung – vorstellen kann, da Menschen flexibel sind und sich an verschiedene Umstände anpassen können (S3/35). Dennoch wird die Gefahr gesehen, dass „das soziale Netz [...] nicht mehr das [ist], was wir vor 50 Jahren hatten" (S3/33) und befürchtet, dass das Leben außerhalb der stationären Einrichtung für die BewohnerInnen vor allem ein Leben in Armut bedeuten würde (S3/33).

Im Interview S1 wird deutlich, dass in der Dezentralisierung die Chance liegt, Vorurteile gegenüber Menschen mit Behinderung abzubauen. Für das Klientel der stationären Einrichtung müsste eine dezentrale Wohnform ausprobiert werden, allerdings ist er skeptisch, was die Umsetzung angeht (S1/81). Die stationäre Einrichtung bietet hingegen den Vorteil kurzer Wege und hat als geschlossenes Haus die Möglichkeit, dass die BewohnerInnen trotz Orientierungslosigkeit den Garten nutzen können (S1/81). S2 schließlich nimmt die kritischste Position zum Thema ein. Er würde sich wünschen, dass die KlientInnen die Chance hätten, möglichst lange in der Einrichtung zu wohnen. Insbesondere sieht er in der dezentralen Wohnform die Gefahr, dass die Menschen keine Kontinuität in ihrem Leben mehr haben (S2/95).

### *1.4.2.2 Bewertungen, Wünsche und Visionen*

Als das *Positivste* an ihrer Arbeit nennen fast alle MitarbeiterInnen in der stationären Einrichtung *die Arbeit mit den Menschen* (S1/89; S2/31). S2 betont, dass ihm die Arbeit „eine ganze Menge gibt" (S2/87, auch S1/89). Auffällig ist, dass diese „Arbeit mit den Menschen direkt" (S2/31) in einen Gegensatz zu Zielen, Planungen usw. gestellt wird. Hinter dieser direkten pädagogischen Tätigkeit stehen andere Aspekte auch mal zurück (S1/91):

> „[W]as mich hier noch hält letztendlich, das ist einfach tagtäglich die Arbeit mit den Menschen direkt. Unabhängig von irgendwelchen Direktiven, unabhängig von Gesetzesänderungen oder von irgendwelchen pädagogischen Inhalten und Zielen, Planungen etc. [...] Das heißt, das, um was es hier eigentlich gehen sollte, ist auch das, was mich hier hält" (S2/31).

Als größtes Problem in der Arbeit wird die *Diskrepanz zwischen Anspruch und Wirklichkeit* genannt. Diese auszuhalten wird von den MitarbeiterInnen als schwierig beschrieben, weil

> „es einfach unzufrieden macht, sehen zu müssen, dass man für die Menschen, die wir hier betreuen, einfach nicht das tun kann, [...] was wir tun sollten, geschweige denn, was wir tun möchten. Da ist schon eine Diskrepanz dazwischen" (S2/102).

Entsprechend der Wahrnehmung der Schwierigkeiten bezieht sich ein Großteil der Wünsche der MitarbeiterInnen auf eine verbesserte Personalsituation,

> „weil ich glaube, dass wir dann viel viel viel mehr an pädagogischer Arbeit leisten könnten, wir könnten viel mehr individuell auf die Leute eingehen. [...] Es hätte einfach eine wahnsinnige Auswirkung auf alle Bereiche hier." (S2/97).

Dies würde den MitarbeiterInnen ermöglichen, verstärkt auf die Bedarfe der KlientInnen einzugehen (S1/87; S2/97, 100). Durch vermehrte pädagogische Förderung würde sich die „Lebensqualität" (S1/87) der KlientInnen deutlich erhöhen. Zudem könnten auch wieder Urlaube oder Freizeiten durchgeführt werden.

Auch an dieser Stelle setzt S3 andere Schwerpunkte: Als das Positivste wird das „leichte[...] Arbeitsfeld, also von den Klienten aus gesehen" (S3/81) beschrieben. Als schwierig und belastend wird vor allem die Zusammenarbeit erlebt (vgl. *Teamarbeit in der stationären Einrichtung*, S.201ff). Besonders wird in diesem Zusammenhang auf die Gefahr hingewiesen, dass MitarbeiterInnen selbst hospitalisieren (S3/97):

> „Hospitalisieren. Wirklich hospitalisieren. Genau dieselben Krankheitssymptome kriegen wie die Bewohner und das eben dann auf der beruflichen Ebene" (S3/95-97).

Diese Stelle verdeutlicht erneut, dass die Frage, was als belastend empfunden wird, damit zusammenhängt, über welche Vorerfahrungen MitarbeiterInnen verfügen. Außerdem zeigt sich nochmals sehr deutlich der Konflikt im Team in Verbindung mit den als »ausgebrannt« bzw. als »hospitalisiert« wahrgenommenen KollegInnen.

### *1.4.3 Zusammenfassende Analyse der Kategorie »eigenes Erleben und Veränderungen«*

Im Gegensatz zu den Kategorien *pädagogische Tätigkeit und personale Orientierung* und *Instrumente* ist der Gegensatz zwischen den beiden Diensten in dieser Kategorie deutlich geringer. Dennoch werden an dieser Stelle zuerst die vorhandenen Unterschiede benannt, bevor auf Gemeinsamkeiten eingegangen wird.

In der Kategorie *Veränderungen* tauchen in den Schilderungen der MitarbeiterInnen der stationären Einrichtung Themen auf, die im ambulanten Dienst keine Rolle spielen. So kam es zu einer Zunahme der Pflegebedarfe, was die Tätigkeit deutlich verändert hat und zu neuen An- und z. T. Überforderungen geführt hat (S1/9). Auffällig ist zudem die stark positive Besetzung der »Arbeit mit den Menschen direkt« im Kontrast zu »pädagogischen Inhalten, Zielen oder Planungen« (S2/31). Diese Ablehnung planender Tätigkeiten verweist nochmals darauf, dass die in der stationären Einrichtung eingesetzten Instrumente, wie z. B. die Hilfeplanung, von den MitarbeiterInnen nicht als sinnvolle Hilfsmittel für ihre Tätigkeit, sondern bestenfalls als »zu erledigende« Verwaltungsaufgaben gesehen werden. Eine solche prinzipielle Ablehnung planender Tätigkeiten ist für einen strukturierten und reflexiven Umgang mit dem pädagogischen Alltag hoch problematisch. Die MitarbeiterInnen haben keinen handlungsentlasteten »Ort«, an dem sie ihr Handeln entweder prospektiv (in Planungen) oder retrospektiv (in Reflexionen) in Frage stellen können und so Handlungsalternativen entwickeln können.

Zudem ist auch in dieser Kategorie der Konflikt im Team sichtbar. Die Position von S3, sich in einem starken Gegensatz zum Rest des Teams zu befinden und die Zusammenarbeit als sehr schwierig einzuschätzen, wird deutlich. Die Konflikte im Team speisen sich wahrscheinlich – neben unterschiedlichen Zielsetzungen – auch durch die Wahrnehmung »ausgebrannter« bzw. »hospitalisierter« MitarbeiterInnen.

Die Einschätzungen zu *Dezentralisierung und Stadtteilarbeit* sind in beiden Gruppen ähnlich – wenn auch aus unterschiedlichen Gründen: Die MitarbeiterInnen in der stationären Einrichtung gehen zum einen nicht davon aus, dass eine dezentrale Wohnform für ihre BewohnerInnen finanziert werden würde, zum anderen sind sie aber auch skeptisch bezüglich der vorhandenen Kompetenzen (S1/81; S2/95). An dieser Stelle scheint wiederum ein Stück der Defizitorientierung in der stationären Einrichtung durch. Lediglich S3 geht davon aus, dass die KlientInnen dazu in der Lage wären, zweifelt aber an der Frage, ob das »soziale Netz« wirklich tragfähig wäre (S3/33). Die MitarbeiterInnen im ambulanten Dienst stehen der Idee grundsätzlich offener gegenüber. Sie befürchten eher eine Aufweichung der

Grenzen zwischen dem ambulanten und dem stationären Bereich (A2/42). Diese Sorge, die Eigenständigkeit als ambulanter Dienst zu verlieren sowie die Einschätzung des »freien und selbständigen Arbeitens« als positivstem Aspekt verdeutlicht nochmals, wie sehr die Distanzierung gegenüber dem „klassisch stationären Bereich" (A2/21) zum Selbstverständnis der InterviewpartnerInnen gehört.

Jenseits dieser Differenzen sind jedoch weitgehend die gleichen Themen präsent. In beiden Diensten wird als größte Veränderung und größtes Problem die Ökonomisierung des sozialen Bereichs und der damit einhergehende, als allgegenwärtig beschriebene *Zeit- und Kostendruck* (A1/138; S1/15) genannt. Zudem kam es in beiden Bereichen zu einer Zunahme von „Bürokram" (A3/36), „Verwaltungssachen" (S1/25) oder „Schreibkram" (S2/21). Die Tätigkeiten werden in der stationären Einrichtung negativ bewertet, sie »klauen die Zeit für die Menschen« (S2/21), lediglich S3 äußert die Ansicht, die Verpflichtung zur Dokumentation sei gerechtfertigt (S3/29). Dies lässt sich für den ambulanten Dienst nicht so deutlich sagen, es lässt sich lediglich – aufgrund der Wortwahl von A3 („also diese Berichte sind, ja Kram" A3/149, auch A3/36) – eine Geringschätzung der Tätigkeiten vermuten.

Die Kombination von veränderten Aufgaben sowie Zeit- und Kostendruck führt zur Anforderung, *mehr Arbeit in weniger Zeit* zu erledigen. Dies hat Auswirkungen auf die Tätigkeit: Im ambulanten Dienst werden bestimmte Tätigkeiten nur ausgeführt, weil sie Teil der Finanzierung sind, die MitarbeiterInnen beklagen Unruhe (A2/40) und „Inkontinuität" (A1/208), die ihnen »die Luft nimmt« (A1/210). Die Veränderungen gehen mit einem Gefühl der Entwertung einher (A1/145). In der stationären Einrichtung stellt sich die Situation drastischer dar: Es werden fast nur noch Tätigkeiten ausgeführt, die bezahlt werden („wenn das Bedürfnis nicht bezahlt wird, dann machst Du es nicht", S1/15), auch hier ist die Rede von steigendem Druck, der »an die Substanz geht« (S2/37). Zudem wird hier noch von einem Verlust positiver Kontaktmöglichkeiten zu den KlientInnen berichtet.

Auch wenn durchaus Vorteile in klaren Abrechnungsstrukturen gesehen werden, bleibt es dabei, »etwas zu rechnen, das nicht gerechnet werden kann« (A1/31). Die MitarbeiterInnen sind dabei „Teil des Systems" (A1/171) und können sich diesem Denken nicht entziehen. Auch S1 berichtet davon, sich eine »wirtschaftliche Denkweise« aneignen zu müssen (S1/15) und von einem »harten Weg, sich von den alten Zeiten zu verabschieden« (S1/91). Die Wünsche, die die MitarbeiterInnen äußern, lassen sich als positive Wendungen der beschriebenen Probleme fassen. Dementsprechend gibt es in beiden Bereichen einen großen Wunsch nach mehr Ressourcen, um den gestellten Anforderungen besser gerecht zu werden (S2/97 A3/148).

Vor dem Hintergrund dieser Äußerungen zeichnet sich das Bild einer bedenklichen Entwicklung in der Behindertenhilfe, die beide Dienste in gleichem Maße betrifft, in der stationären Einrichtung aber stärkere Auswirkungen hat. In dieser Perspektive erscheint auch die immer wiederkehrende Betonung der Diskrepanz zwischen Anspruch und Wirklichkeit als Reaktion auf eine Entwicklung, die sich auch im ambulanten Dienst vollzieht, dort lediglich noch nicht so weit fortgeschritten ist. Was also in weiten Teilen der Interviews als grundlegender und prinzipieller Unterschied erscheint, nimmt vor dem Hintergrund der Wahrnehmung von Veränderungen und der Einschätzung der aktuellen Situation eher die Form eines graduellen Unterschieds an.

### 1.5 Empirische Generalisierung Forschungsphase I

Aus den Interviews der Forschungsphase I lassen sich verschiedene zentrale Kategorien ableiten, mit denen sich ein Großteil des Datenmaterials strukturieren lässt. In der Frage nach der *pädagogischen Tätigkeit* sind dies die Diskrepanz zwischen Ressourcen- und Defizitorientierung, die Beeinflussung der Handlungsmöglichkeiten durch Konzepte und Strukturen sowie die unterschiedlichen Einschätzungen des Begriffs »Pädagogik«. Hier deutet sich bereits an, wie unterschiedlich die konkreten Situationen und dementsprechend auch die Anforderungen an die MitarbeiterInnen sind.

Beherrschendes Thema in der Kategorie *Instrumente und Verfahren* ist die Kennzeichnung des Feldes über das Merkmal der Handlungsunsicherheit. Übergeordnete Funktion der verschiedenen Verfahren ist dementsprechend die *(Wieder-)Herstellung von Handlungssicherheit.* Im ambulanten Dienst wird dazu v. a. die Hilfeplanung genutzt, Teamarbeit und Reflexionsmöglichkeiten dienen eher ihrer reflexiven Bearbeitung. In der stationären Einrichtung hingegen hat die Hilfeplanung kaum konkrete Funktionen und wird daher primär als zu erledigende Verwaltungstätigkeit wahrgenommen. Das gruppenbasierte Setting erfordert zudem einen Ort, an dem das Team *kollektive Handlungsfähigkeit* herstellen kann – ein individuenbezogenes Instrument wie Hilfeplanung kann hier nur bedingt hilfreich sein. Dem Selbstverständnis nach sollte dieser »Ort« die Teamsitzung sein. Die Analyse ergab jedoch, dass die Zusammenarbeit im Team sowohl unter quantitativen als auch qualitativen Gesichtspunkten diese Anforderung nicht erfüllt. Da in der stationären Einrichtung zusätzlich ein Mangel an organisierten Reflexionsmöglichkeiten besteht, kann davon ausgegangen werden, dass den MitarbeiterInnen zu wenig funktionierende Instrumente zur Verfügung stehen, um die Handlungssicherheit (wieder)herzustellen. Dies äußert sich in einer Belastung, die – wenn sie chronisch wird – zu einer Überforderung führen kann. Hinweise auf diese sind in Passagen zu finden, in denen von »ausgebrannten« KollegInnen berichtet wird.

Deutlich wird dabei ein Zusammenhang zwischen der Tätigkeit selbst und den dahinter stehenden Konzepten und Strukturen. Einzelfallhilfe oder gruppenbasiertes Setting, die Form der Hilfeplanung im ambulanten Dienst und in der stationären Einrichtung haben Auswirkungen auf die Tätigkeit und deren Einschätzung. Ein auf den ersten Blick identisches Verfahren kann unterschiedliche Funktionen erfüllen und unterschiedlich gut in den Alltag integriert sein. Die Abhängigkeit von den strukturellen Bedingungen zeigt sich besonders deutlich in den unterschiedlichen Einschätzungen früherer und aktueller Tätigkeit durch die MitarbeiterInnen im ambulanten Dienst. Neben diesen Bedingungen sind jedoch auch die Kompetenzen der KlientInnen prägend für den Alltag und die Anforderungen. Gerade in einem Setting mit KlientInnen, die nicht sprechen, wären strukturierte Vergewisserungs- und Rückmeldeschleifen für MitarbeiterInnen von großer Bedeutung. Insgesamt eröffnen die Kategorien *pädagogische Tätigkeit* und *Instrumente und Verfahren* einen Blick auf die immensen Unterschiede zwischen den beiden Diensten und die Auswirkungen, die diese Unterschiede auf die Tätigkeit haben.

Vor dem Hintergrund der aktuellen Entwicklungen in der Behindertenhilfe und den wahrgenommenen Veränderungen des Feldes schmelzen diese Unterschiede jedoch deutlich zusammen. Für die MitarbeiterInnen beider Dienste steht die Ökonomisierung des sozialen Bereichs im Vordergrund, die sich als Zeit- und Kostendruck äußert und sich in der wahrgenommenen Anforderung konkretisiert, eine erhöhte Anzahl von Aufgaben bei knapper werdender Ressourcen zu erfüllen. Der Unterschied zwischen der stationären Einrichtung und dem ambulanten Dienst nimmt hier eher eine graduelle – statt einer prinzipiellen – Form an.

Die großen Themen, die sich durch die Interviews ziehen, lassen sich daher unter dem Begriff des Umgangs mit Unsicherheit zusammenfassen. Auf der einen Seite handelt es sich um die dem Feld und der Struktur innewohnende Unsicherheit: Pädagogisches Handeln ist und bleibt kontingent, alle Verfahren lassen sich als Versuche charakterisieren, diese Kontingenz und die damit verbundene Unsicherheit zu *bearbeiten*. Als grundlegendes Merkmal des Feldes wird die Handlungsunsicherheit die MitarbeiterInnen immer begleiten. Neben dieses Strukturmerkmal tritt als zweite große Linie die Ökonomisierung und der Sparzwang. Im Gegensatz zur Handlungsunsicherheit handelt es sich dabei nicht um ein Strukturmerkmal des Feldes, sondern um eine gesellschaftliche Entwicklung der letzten Jahrzehnte. Die damit verbundene Unsicherheit lässt sich nicht pädagogisch bearbeiten, sie äußert sich in verschiedenen Formen und Graden, die sich von der Sorge um die Zukunft der KlientInnen über eine wahrgenommene Entwertung der Arbeit bis hin zur Angst um den eigenen Arbeitsplatz zieht. Der steigende Zeit- und Kostendruck kann zu Überlastungen führen; diese ziehen die Gefahr des »Ausbrennens« von MitarbeiterInnen nach sich. Bearbeitungsstrategien liegen hier weniger auf der Ebene konkreter Verfahren, sondern eher auf der Ebene gesellschaftspolitisch zu beantwortender Fragen nach einem menschenwürdigen Leben sowie auf der Frage, wie viel der Gesellschaft die Unterstützung von Menschen mit Behinderungen »wert« ist.

## 2 Forschungsphase II: Auswertung der Leitungsinterviews

Die Forschungsphase II bestand aus insgesamt drei Interviews: zwei mit Leitungskräften der beteiligten Dienste und eines mit einem Mitarbeiter aus dem Stabsstellenbereich, der die Einführung des neuen Hilfeplanverfahrens verantwortete. In den Interviews mit den Leitungskräften wurden erstens die Frage der *Anforderungen an MitarbeiterInnen*, zweitens die *Veränderungen im System der Hilfeplanung* (letzteres war auch der Schwerpunkt des Interviews mit dem Mitarbeiter des Stabsstellenbereichs) und drittens die *Unterschiede zwischen ambulanten und stationären Formen* der Leistungserbringung thematisiert. Deutlicher als in den Interviews der Forschungsphase I stehen an dieser Stelle drei unterschiedliche – und weitgehend eigenständige – Themen nebeneinander. Daher wird auf den Schritt der empirischen Generalisierung der gesamten Interviewreihe verzichtet und lediglich eine zusammenfassende Analyse für die einzelnen Bereiche vorgenommen. Als Datenbasis für die Auswertung werden in diesem Schritt ausschließlich die Interviews aus Forschungsphase II verwendet.

### 2.1 Anforderungen an MitarbeiterInnen und Entscheidungsstrukturen

Die Kategorie *Anforderungen an MitarbeiterInnen* fasst mehrere Unterkategorien der Auswertung zusammen. Zum Einen setzt sie sich zusammen aus dem »objektiven« Pol der *Aufgaben* und den »subjektiv« dafür benötigten *Kompetenzen.* Zum Anderen konnte in der Forschungsphase I die *(Wieder-)Herstellung von Handlungssicherheit* als eine der zentralen Anforderungen herausgearbeitet werden. Alle drei Aspekte waren Thema des Leitfadens. Zusätzlich wurden noch die vor Ort herrschenden *Entscheidungsstrukturen* thematisiert. Dies diente vor allem dazu, die Aufgaben der verschiedenen Hierarchie-Ebenen (Basis-MitarbeiterInnen, 1. und 2. Leitungsebene) in Abgrenzung zueinander zu verdeutlichen. Deutlich wurde dabei zum einen, dass „die Betreuungsaufgaben noch nicht so ausdifferenziert" (L3/53) sind bzw. es „keine festen Vorschriften [gibt], was mit wem [...] jetzt dringend besprochen werden muss" (L2/46)[133]. Es scheint also keine festgeschriebenen Regelungen für diesen Bereich zu geben, dennoch lassen sich aus den Aussagen durchaus Rückschlüsse auf die Aufgabenverteilung ziehen. Zum anderen erfolgt durch beide Leitungskräfte eine *Differenzierung zwischen Fachkräften und Nichtfachkräften.*

[133]Neben dieser (noch) nicht erfolgten Strukturierung steht die Tatsache, dass in Bezug auf die *Entscheidungsstrukturen* deutlich wird, dass der Abstand dieser Leitungsebene zu den Teams zu groß ist, um detaillierte Auskünfte zu geben (L2/45). Für den Bereich der *Anforderungen* gilt dies jedoch nicht.

Im Folgenden werden diese Anforderungen getrennt für die beiden Bereiche dargestellt, danach erfolgt eine zusammenfassende Analyse, um einerseits die deutlichen *inhaltlichen Unterschiede* aufzugreifen, andererseits aber auch die *strukturellen Gemeinsamkeiten* darzustellen.

### *2.1.1 Anforderungen im ambulanten Dienst*

Die Aufgaben der MitarbeiterInnen lassen sich für den ambulanten Dienst von der *Zielsetzung der Leistungen* ableiten:

> „[D]er Oberbegriff für mich ist Teilhabe [...] am gesellschaftlichen und gemeinschaftlichen Leben, [...] nachfolgend ist das Prinzip der Selbstbestimmung [...] und danach denke ich, versuchen auch die Mitarbeitenden und auch die Dienste zu handeln" (L3/72).

Konkreter wird dieses Ziel beschrieben als „in die Gemeinde gehen, in den Sozialraum gehen und sagen, [...] [Menschen mit Behinderung] haben das gleiche Recht der Teilhabe am Sozialraum wie jeder andere normale Bürger". (L3/72). Daraus lässt sich als Kernaufgabe die *Begleitung in die Gemeinde* ableiten, die

> „Begleitung zu Ämtern, Begleitung zu Ärzten und in der Freizeitgestaltung [...], dass auch im Rahmen von ambulanten Diensten Freizeitangebote angeboten werden und dass die Menschen dahingehend begleitet werden, in Kontakt mit Vereinen und Gemeinden zu kommen, damit sie nach einer Zeit auch selbständig diese Freizeitangebote oder die Kontakte wahrnehmen können. [...]
>
> Darüber hinaus gibt es ja natürlich den Bereich, wie richte ich meine Wohnung ein oder wie komme ich mit den alltäglichen Dingen zurecht" (L3/39-43).

Über diese allgemeine Beschreibung hinaus müssen die Anforderungen aber differenziert nach *Fachkräften und Nicht-Fachkräften* benannt werden, da man, „nicht davon ausgehen kann, dass alle Begleitung von Sozialarbeitern durchgeführt" (L3/51) wird[134]. Die Fachleistungsstunde steht dabei für einen „Zusammenschnitt der verschiedenen Aufgaben und Betreuungsleistungen, die mal mehr [...] und mal weniger Wissen erfordern" (L3/51). Sobald aber regulär mit wenig oder nicht qualifizierten Kräften gearbeitet wird, führt dies zu „einer Differenzierung [...], was das Berufsbild der begleitenden Mitarbeitenden anbelangt" (L3/49).

Dies stellt sich so dar, dass „die Fallaufsicht immer [...] eine Fachkraft macht und die Begleitung eher in Absprache [...] auch einjährig ausgebildete Kollegen machen können" (L3/49). Den *Nicht-Fachkräften* fällt dabei die Aufgabe zu, das »Zurechtkommen im Alltag« (L3/43) zu begleiten und in diesem Zusammenhang

[134] L3 weist durchaus darauf hin, dass dies zu einem früheren Zeitpunkt anders gewesen sei (L3/96).

> „die Begleitung auch gewährleisten können, die Begleitung [...] zu den Ärzten, die Begleitung beim Einkauf und diese Dinge. Und dass in dem Rahmen wir Hauswirtschaftskräfte benötigen, die [...] den Klienten auch dann Dinge [vermitteln, wie z. B.:] Wie koche ich essen? Was mache ich am besten? Was kaufe ich am besten ein?" (L3/45).

Zur Kennzeichnung der Anforderungen an *Fachkräfte* verwendet L3 die Begriffe „Fallaufsicht" (L3/49), „Fallkompetenz" (L3/49) und „Fallverantwortung" (L3/54). Darunter fällt auch die Durchführung der Hilfeplanung (L3/53)[135]. Diese bildet den Dreh- und Angelpunkt der Leistungserbringung, denn in ihrem Rahmen „erschließt sich dann auch letztendlich die Betreuung" (L3/25). Jedoch verweist L3 darauf, dass „die Hilfeplanung eng mit der Kostensicherung verbunden" (L3/25) ist. Es gibt:

> „genaue Vorgaben [...], dass genau beschrieben werden muss, welchen Hilfebedarf der Klient hat und danach werden die Fachleistungsstunden berechnet" (L3/25).

Die Hilfeplanung klärt also einerseits die Inhalte der Betreuung – „das und das braucht der" (L3/25), die daraus entstehende Berechnung der Fachleistungsstunden sorgt andererseits für eine Begrenzung des Handlungsrahmens: „[D]as wird in Minuten zusammengerechnet und nachher zusammengefasst in Form der Fachleistungsstunde" (L3/27). Im Hinblick auf die Herstellung von Handlungssicherheit *kann* die klare Begrenzung bei gleichzeitiger innerer Strukturierung durchaus hilfreich sein, da durch sie der Handlungsauftrag verdeutlicht wird[136]. Dementsprechend zählt es zu den Aufgaben der Fachkräfte, einzuschätzen, ob die Bewilligungen ausreichend sind oder ob ein Umstufungsantrag gestellt werden sollte: „Letztendlich ist das in der Verantwortung des Fallverantwortlichen, auch zu sagen, hier brauchen wir mehr Fachleistungsstunden und da brauchen wir weniger" (L3/53). Mit der Hilfeplanung ist also ein gewisser bürokratischer Aufwand verbunden, aber auch ein gewisser *Gestaltungsspielraum* vermacht, da hier die konkrete Ausgestaltung der Leistungserbringung erfolgt. Die Fachkräfte sind aber auch weiterhin in der Alltagsbegleitung tätig. Diese können zwar „auch einjährig ausgebildete Kollegen machen" (L3/49), das »auch« impliziert dabei, dass sich dies nicht *ausschließlich* auf Nicht-Fachkräfte bezieht.

Die Differenzierung von Fachkräften und Nicht-Fachkräften zieht dann auch eine Ausdifferenzierung der benötigten *Kompetenzen* nach sich. Für den/die als Fachkraft tätigen MitarbeiterIn gilt, dass er/sie

---

[135] Zum Zeitpunkt der Forschungsphase II wurde beim Träger ein neues Verfahren der Hilfeplanung eingeführt, durch dass es zu Verschiebungen in den Zuständigkeiten gekommen ist (vgl. dazu ausführlich S. 230ff).

[136] Sofern der Hilfebedarf a) angemessen erfasst wurde und b) die Hilfen auch in ausreichendem Maße bewilligt wurden. Ansonsten schlägt die Strukturierung der Leistungen in ihre Begrenzung um und endet dann in der Verwaltung von Knappheit, in der keine angemessene Hilfeleistung mehr möglich ist.

> „gesetzessicher sein [muss], was gerade die Behindertenhilfe anbelangt [...], er muss über Ressourcen verfügen der Beratung, [...] Wie komme ich in Kontakt mit Mitbürgern? Wie verhalte ich mich dort? Wie komme ich in Kontakt mit der Gemeinde, mit dem Sozialraum?" (L3/45).

Im Zusammenhang mit der Kontaktaufnahme mit der Gemeinde kommt es dabei zu „immer stärker[en] Berührungspunkte[n]" (L3/82) mit dem Sozialraum und den BürgerInnen direkt. Die Zielsetzung der Leistungen besteht darin, dass KlientInnen „nach einer Zeit auch selbstständig diese Freizeitangebote oder die Kontakte wahrnehmen können" (L3/39). Die verstärkte Kontaktaufnahme stellt dabei v. a. die BürgerInnen vor neue Herausforderungen, so dass es zu den Aufgaben gehört, hier vermittelnd tätig zu werden und z. B. „immer wieder darauf hinzuweisen, [...] erklären Sie ihm das doch bitte und nicht mir" (L3/82), so dass es auch wirklich zu Kontakten zwischen den BürgerInnen und den KlientInnen kommt.

Die Tätigkeiten der Fachkräfte umfassen also neben den klassischen, begleitend-unterstützenden Tätigkeiten auch planende und administrative Momente in der Hilfeplanung und die Vermittlung in die Gemeinde. Die benötigten Kompetenzen setzen sich aus den Bereichen Recht (»gesetzessicher«, L3/45), Beratung und Netzwerkarbeit (»Kontaktaufnahme mit der Gemeinde/den MitbürgerInnen«, L3/45) zusammen.

Den Aufgabenbereich der übergeordneten *Teamleitungen* beschreibt L3 damit, „das Ganze zusammen zu halten" (L3/53). Dazu zählen

1. eine „Aufsichtsfunktion [...], dass die Termine und entsprechenden Anträge auch eingehalten werden" (L3/53),
2. „Personalverantwortung" (L3/54) sowie
3. die Rücksprache mit dem Fallverantwortlichen hinsichtlich „Umstufungsanträge[n]" (L3/54).

Aus diesen Beschreibungen wird deutlich, dass die Position der Teamleitungen erstens auf einer höheren Hierarchie-Ebene angesiedelt ist (Aufsichtsfunktion/Personalverantwortung) und sich zweitens durch eine größere Distanz zum Lebensalltag der KlientInnen auszeichnet (ihre Verantwortung bezieht sich nicht auf Einzelpersonen, sondern auf »das Ganze«). Auf wiederum sowohl höherer Hierarchie-Ebene als auch in größerer Distanz ist dann die Position der *Regionalleitung* angesiedelt. Diese greift entweder ein, wenn es im Alltag zu Problemen kommt, z. B. bei „gravierende[n] Fehlleistungen [...] in der Betreuung" (L3/54) oder wird bei Entscheidungen zu Rate gezogen, die ein gewisses Risiko beinhalten, z. B. bei der Unterstützung von einem Menschen mit einer „hohen Verhaltensauffälligkeit" (L3/56). Ein weiterer Aufgabenschwerpunkt der Regionalleitungen bezieht sich auf Mitarbeiterführung:

> „es geht dann nur um mitarbeiterrelevante Entscheidungen, wenn es darum geht, eine Neueinstellung zu machen, [...] dann muss er [der Teamleiter, DF] das mit mir rückkoppeln, dann muss das begründet werden und so weiter“ (L3/54).

Für den ambulanten Bereich ist also als Kern des Aufgabenbereichs die Begleitung der KlientInnen zu nennen. Diese wird von sowohl von Nicht-Fachkräften als auch von Fachkräften geleistet. Auf Letztere kommen zudem die Aufgaben der Hilfeplanung und der Kontaktaufnahme mit der Gemeinde zu. Die Teamleitungen übernehmen die Funktion, »das Ganze zusammen zu halten«, während die Regionalleitungen hauptsächlich bei außergewöhnlichen Ereignissen oder bei mitarbeiterrelevanten Entscheidungen zu Rate gezogen werden.

### *2.1.2 Anforderungen in der stationären Einrichtung*

Für die Arbeit in der stationären Einrichtung formuliert L2 zwei wesentliche *Aufgaben*: einerseits die Schaffung von *Grundvoraussetzungen für Teilhabe* und andererseits die *Strukturierung des Alltags*. Grundvoraussetzungen für Teilhabe zu schaffen bedeutet

> „dafür zu sorgen, dass die Menschen, die betreut werden, überhaupt in den Zustand kommen, dass sie [...] am Leben in der Gemeinschaft teilnehmen können. Also ihnen bei allen Dingen zu helfen, die sie selber nicht können. Ein Teil von Pflege, aber eben auch darüber hinaus, ihnen zum Beispiel auch beizubringen, sich selber anzuziehen oder solche Dinge zu machen oder es aber eben zu tun, wenn sie das nicht können, das ist ein wichtiger Teil der Aufgabe“ (L2/33).

Obwohl die Mitarbeitenden „dazu neigen, diesen Teil gering zu achten“ (L2/33), stellt er für L2 eine zentrale Aufgabe dar: „[D]er ist einfach Grundvoraussetzung, ohne dass jemand was zu Essen bekommt, der nicht selber essen kann, brauche ich auch nicht an eine Teilhabeleistung zu denken“ (L2/33).

Zu diesen grundlegenden Leistungen Pflege, Förderung (»ihnen etwas beizubringen«) und stellvertretender Ausführung (»es zu tun, wenn sie das nicht können«) kommt die *Strukturierung des Alltags* hinzu:

> „Und der zweite, ganz wesentliche Teil ist, eine Struktur im Alltag herzustellen, der gerade diesen Menschen Sicherheit gibt und, also das kann eine Beschäftigung sein im Sinne einer Tagesstruktur [...] und in diesem Bereich dann eben Unterstützung zu geben [...] für den Teil Teilhabe am Leben in der Gemeinschaft“ (L2/33).

Die Strukturierung des Alltags hat in der stationären Einrichtung besondere Bedeutung, da die Möglichkeiten der KlientInnen, diese selbst herzustellen, oft eingeschränkt sind, „bis dahin, dass es auch gar keinen Überblick gibt, was könnte jetzt für eine Tageszeit sein, und [...] auch dass die Allermeisten räumlich nicht orientiert sind“ (L2/35).

*Handlungssicherheit* entsteht in diesem Umfeld durch Erfahrung, gegenseitige Unterstützung und eine hohe Identifikation mit der Arbeit: *Erfahrung* übersetzt sich in Handlungssicherheit dadurch, dass viele „Menschen, die [...] wirklich Jahrzehnte [...] hier arbeiten [...] auf einen unglaublich großen Erfahrungsschatz zurückgreifen können" (L2/26). Aus dieser langjährigen Praxis entstehen dann „sehr viele [...] Handlungssicherheiten" (L2/26), z. B. in der Einschätzung des Wohlbefindens bei Menschen mit »schwerer Behinderung«:

> „[D]a wurde jemand betreut, der [...] Jahrzehnte im Wachkoma war und für mich war der eigentlich mehr oder weniger immer im gleichen Zustand, [...] und die Mitarbeitenden sagten, dem geht es heute aber total schlecht" (L2/29).

*Gegenseitige Unterstützung* entsteht dadurch, „dass man [...] eigentlich nie wirklich alleine ist, sondern immer Jemanden hat" (L2/26). Daraus ergeben sich Möglichkeiten, auf Kollegen zurückzugreifen[137]. Zudem „besteht eine sehr hohe Identifikation mit dem Bereich, in dem die Kollegen tätig sind" (L2/29). Die MitarbeiterInnen *identifizieren* sich mit ihrer Arbeit, die Betonung liegt dabei darauf „mit ganz schwierigen Menschen" (L2/27) zu arbeiten.

Die diesen Aufgaben zugeordneten *Kompetenzen* lassen sich als Umgang mit Menschen mit „sehr schwerwiegenden Einschränkungen" (L2/6) kennzeichnen. Die Kompetenzen der MitarbeiterInnen bestehen darin,

> „vor diesem Bereich der direkten körperlichen Betreuung sich nicht zu fürchten und die tatsächlich auch zu wollen oder drauf zu haben und sich darauf einzulassen [...] mit Menschen umzugehen, die sich verbal nicht äußern [...]. Also das ist ein ganz wichtiges Thema, die nonverbale Kommunikation. Ja und schon auch, [...] mit diesen besonderen Belastungen klar zu kommen, dass [...] das einfach Menschen sind, die sehr sehr schwere Behinderungen haben. Und in manchen Teilen, das gilt nicht für die gesamten Einrichtungen, aber in manchen Teilen, müssen Kollegen auch sehr robust sein, auch körperlich robust, weil es also viel auch um Aggressionen und körperliche Auseinandersetzungen geht" (L2/39).

In dieser Textpassage werden drei wesentliche Kompetenzen benannt: »direkte körperliche Betreuung«, Umgang mit Menschen, »die sich verbal nicht äußern« und »mit besonderen Belastungen klar kommen«, was sich in einem Teil der Einrichtungen als (physische) »Robustheit« konkretisiert. Vor allem an den zweiten Aspekt – die Arbeit mit Menschen, die nicht sprechen – schließt auch die Zielformulierung an:

> „wie kommen wir an Informationen, [...] was die Menschen mit Behinderung möchten, was für die wichtig ist? Wie kriegen wir das eigentlich raus? Denn sie können nicht sprechen, sie können nicht sagen, das finde ich jetzt aber blöd, also wie macht man das? Das fände ich [...] ein wichtiges Ziel" (L2/96).

---

[137] Einschränkend stellt L2 dabei jedoch fest, dass dies objektiv zwar der Fall sei, von den MitarbeiterInnen subjektiv jedoch anders wahrgenommen werden kann (L2/26).

Obwohl diese Ziele und Anforderungen grundsätzlich für alle MitarbeiterInnen gelten (L2/43), werden auch für die stationäre Einrichtung Fachkräfte und Nicht-Fachkräfte differenziert: „[W]ofür sogenannte unterstützende Hilfskräfte zuständig sind und wofür Fachkräfte zuständig sind, da gibt es [...] Unterschiede“ (L2/66),

> „wo man ganz grob sagen kann, im Sinne von höherer Verantwortung und eher eine Draufsicht werden Fachkräfte eingesetzt und ich glaube, dass sie eben zukünftig vermehrt dann auch Anleitungsfunktionen haben und dann auch die Dinge fachlich verantworten, die dann passieren und eben unterstützende Hilfskräfte oder so genannte Basismitarbeitende eher eine ausführende Funktion haben“ (L2/68).

Als Kernelemente der Tätigkeit von Fachkräften lassen sich hier ausmachen: die »höhere Verantwortung«, die »Draufsicht« und die »Anleitungsfunktion«. Das Moment der Draufsicht konkretisiert sich „bezogen auf die Hilfeplanung, die Erarbeitung oder die Zusammenarbeit mit den Hilfeplanern“ (L2/68). Die Anleitungsfunktion bezieht sich auf die Zusammenarbeit mit ungelernten Kräften: „[E]s muss Menschen geben, die da einen fachlichen Hintergrund haben, die andere auch anleiten können, die Dinge erklären können“ (L2/41). Neben der daraus resultierenden »höheren Verantwortung« gibt es vor allem im Pflegebereich klare Regelungen bezüglich der Befugnisse: „[W]as muss eine Pflegefachkraft machen, was darf auch jemand anders machen?“ (L2/50).

Der Aufgabenbereich und Entscheidungsspielraum der MitarbeiterInnen in der direkten Unterstützung (also »BasismitarbeiterInnen« und Fachkräfte) bezieht sich v. a. auf die Gestaltung und Unterstützung im Alltag:

> „alles, was [...] im normalen Alltag läuft, da haben die Mitarbeitenden eine Entscheidungskompetenz. Und natürlich können sie immer, bei allen Fragen, wo sie unsicher sind, sich an die Teamleitungen wenden, das machen die auch“ (L2/45).

Den Aufgabenbereich der *Teamleitung* beschreibt L2 in Abgrenzung zu den Aufgaben der MitarbeiterInnen. Erstere sind i. d. R. nicht in der direkten Unterstützung tätig, bleiben „aber schon sehr nah dran“ (L2/45), ihr Aufgabenbereich beginnt, wo der »normale Alltag« endet:

> „Situationen, [...] wo jemand sich in einer auffälligen Weise entwickelt, so was zum Beispiel wird dann schon an die Teamleitungen herangetragen und die versuchen das dann auf irgendeine Art zu lösen, sich Hilfe zu holen“ (L2/46).

Übergeordnet formuliert L2 die Aufgabe der Teamleitung damit, „den Laden da irgendwie zusammen zu halten“ (L2/87). Auch wenn ihre Aufgaben dem Nicht-alltäglichen oder Übergeordneten zuzuordnen sind, siedelt L2 die Teamleitung deutlich innerhalb der Einrichtungen an (L2/59-60). Die Regionalleitungen werden v. a. bei außergewöhnlichen Ereignissen zu Rate gezogen, z. B. „wenn jemand in einer Einrichtung verstirbt“ (L2/54) oder wenn es zu „einer ganz besonderen Betreuungssituation“ (L2/54) kommt. Auch in der stationären

Einrichtung bezieht sich ein weiterer Aufgabenschwerpunkt der Regionalleitungen auf die Mitarbeiterführung: „[V]iele Informationen, die ich kriege, beziehen sich dann eher auf Mitarbeitende, wenn es da schwierige Situationen gibt, also weniger dann auf Klienten“ (L2/54).

Die *Aufgaben* der MitarbeiterInnen in der stationären Einrichtung bestehen also erstens in der Erbringung von Leistungen, die als »Grundvoraussetzungen für Teilhabe« und »Strukturierung des Alltags« beschrieben werden. Die daraus folgenden Kompetenzen lassen sich als »einlassen auf körperliche Betreuung«, »Umgang mit Menschen, die sich verbal nicht äußern« sowie »(physische) Robustheit« zusammenfassen. Auch in der stationären Einrichtung werden dabei Fachkräfte und Nichtfachkräfte differenziert. Während Nicht-Fachkräfte eine eher »ausführende Funktion« haben, sind die Aufgaben der Fachkräfte als »Draufsicht«, »fachliche Verantwortung sowie »Anleitungsfunktion« gefasst. Der Teamleitung kommt die Aufgabe zu, »den Laden zusammen zu halten« bzw. aktiv zu werden, wenn es zu »auffälligen Entwicklungen« kommt. Die Regionalleitung wird bei außergewöhnlichen oder aber bei mitarbeiterrelavanten Ereignissen hinzugezogen.

### *2.1.3 Zusammenfassende Analyse der Kategorie »Anforderungen an MitarbeiterInnen«*

Vergleicht man die in den Interviews beschriebenen Anforderungen an MitarbeiterInnen, fällt vor allem zweierlei deutlich auf: Auf der *inhaltlichen Ebene* sind die Aussagen der Interviewpartner extrem verschieden, hier scheint ein Vergleich fast unmöglich, während sich auf der *strukturellen Ebene* deutliche Überschneidungen zeigen – in der Differenzierung Fachkräfte/Nicht-Fachkräfte.

Im ambulanten Dienst ist als Kernaufgabe Begleitung in und Kontaktaufnahme mit der Gemeinde genannt. Als neue Anforderung kann hier v. a. die Rolle als *Vermittler* gesehen werden. Für die Fachkräfte ist darüber hinaus auch die Durchführung der Hilfeplanung zu nennen. Diese dient den MitarbeiterInnen auch zur (Wieder-)Herstellung von Handlungssicherheit. Im Vergleich zur stationären Einrichtung fällt auf, dass sich die Beschreibungen im ambulanten Dienst primär von den Zielsetzungen der Arbeit ableiten (Begleitung in die Gemeinde, Teilhabe, Selbstbestimmung), während sich die Aufgaben in der stationären Einrichtung eher auf die KlientInnen direkt beziehen. Dort ist die Rede von »Grundvoraussetzungen« und der »Strukturierung des Alltags«.

Bezogen auf den stationären Bereich fällt die Formulierung der »Grundvoraussetzungen für Teilhabeleistungen« auf. Die Teilhabeleistung selbst taucht in den Beschreibungen des Interviews – außer in der Strukturierung des Alltags – nicht mehr explizit auf, eine Begleitung in die Gemeinde z. B. überhaupt nicht. Dies kann als Hinweis interpretiert werden, dass es in der stationären Einrichtung eine Binnenzentrierung gibt, die sich zwar auf die KlientInnen als ihren Mittelpunkt bezieht, aber wenig Bezugspunkte zu anderen Lebensbereichen aufbaut.

Auffällig ist weiterhin die Ableitung von *Kompetenzen* aus einer defizitären Kennzeichnung des Klientels. In der allgemeinsten Formulierung heißt es, „mit diesen besonderen Belastungen klar zu kommen" (L2/39). Deutlicher wird die defizitäre Struktur aber in den konkret formulierten Kompetenzen:

- Die Kompetenz, sich vor »direkter körperliche Betreuung nicht zu fürchten« (L2/39), bezieht sich auf die *Pflegebedürftigkeit* der KlientInnen;
- der Umgang mit Menschen, »die sich verbal nicht äußern« und die »nonverbale Kommunikation« (L2/39) beziehen sich auf *mangelnde Sprachfähigkeit* und
- die physisch und psychische Belastbarkeit (»sehr robust sein«, »mit besonderen Belastungen klar kommen« L2/39) bezieht sich auf die *Verhaltensauffälligkeit*.

Damit lassen sich die beschriebenen Kompetenzen der in Forschungsphase I herausgearbeiteten, defizitären Kennzeichnung des Klientels hinsichtlich Körper, Sprache und Verhalten zuordnen (vgl. S. 189ff). Auch in Bezug auf die Herstellung von Handlungssicherheit rekurriert ein Teil der Argumentation auf die Arbeit »mit ganz schwierigen Menschen« und »das besonders Schwere«. Dies verstärkt den Verdacht einer implizit vorhandenen Defizitorientierung innerhalb der stationären Einrichtung. Die Zielsetzungen des Handelns werden wenig thematisiert, im Zentrum stehen vorerst die KlientInnen. Diese werden aber selten als aktive handelnde Individuen beschrieben, sondern v. a. in der dreifach defizitär gekennzeichneten Struktur benannt. Genau genommen stehen nicht die KlientInnen im Mittelpunkt der Dienstleistungen, sondern deren Defizite. Gerade unter den Bedingungen »schwerer Behinderung« scheint daher ein Festhalten an den Zielen der Arbeit wie Teilhabe oder Selbstbestimmung geradezu unverzichtbar.

Es sind jedoch diese Unterschiede der inhaltlichen Ausgestaltung, die die Gemeinsamkeiten auf *struktureller Ebene* deutlich hervortreten lassen: Auffällig ist dabei die *Differenzierung Fachkräfte und Nichtfachkräfte* und die damit einhergehende Ausdifferenzierung der Aufgabengebiete. Den Nicht-Fachkräften werden »ausführende Funktionen« (L2) bzw. die »Gewährleistung der Begleitung« (L3) zugeschrieben. Die Fachkräfte hingegen sind – obwohl sie weiterhin in der direkten Unterstützung tätig sind – in einer Position, die sie tendenziell von der Lebenssituation der KlientInnen distanziert. Diese Distanzierung äußert sich in drei Bewegungen:

1. Insbesondere die Schilderungen aus dem AD verdeutlichen, dass die Tätigkeiten der Fachkräfte eher in komplementären als in gleichartigen Rollen angesiedelt sind: Die Durchführung der Hilfeplanung oder eine Beratungssituation sind Settings mit ausdifferenzierten und *komplementären Rollen* (Ratsuchende/r und BeraterIn). Bei der Begleitung eines Einkaufs gibt es zwar auch ausdifferenzierte Rollen (MitarbeiterIn/KlientIn), der Fokus liegt aber tendenziell auf dem *gemeinsamen Vollzug* der Alltagshandlung »Einkaufen«.
2. Die Durchführung bzw. Begleitung der Hilfeplanung hat zur Folge, dass die Fachkräfte eine Position der »Draufsicht« (L2) und der Einschätzung der Gesamtleistung einnehmen, wie sie sich im Begriff »Fallverantwortung« andeutet. Daraus ergeben sich eher planende sowie administrative Tätigkeiten – sofern diese nicht durch die Hilfeplanberatung übernommen wurden (vgl. S. 230ff).
3. Die Ansiedlung der »ausführenden Funktionen« bei den Nicht-Fachkräften hat dann konsequenterweise zur Folge, dass den Fachkräften eine »Kontroll- und »Anleitungsfunktion« zukommt. Dies schlägt sich in den Begriffen »höhere Verantwortung« (L2) oder »Fallaufsicht« (L3) nieder.

Die Fachkräfte verfügen zwar über einen größeren Handlungs- und Gestaltungsspielraum als die Nichtfachkräfte, mit diesem geht aber ein Verlust an gemeinsam mit den KlientInnen ausgeführten Tätigkeiten einher. Die Ausdifferenzierung der Aufgabengebiete zieht für die Fachkräfte also eine Tendenz zur Distanzierung von der konkreten Lebenssituation nach sich, die sich in der Beschreibung der Aufgabenbereiche von Team- und Regionalleitungen fortsetzt. Die Teamleitungen verfügen i. d. R. über keinen gemeinsamen Handlungsvollzug mit den KlientInnen, sie stehen vor der Herausforderung, »das Ganze zusammen zu halten« (L3), der Aufgabenbereich der Regionalleitungen ist noch deutlicher jenseits des Alltags der KlientInnen angesiedelt. Sie tragen also eine höhere Verantwortung, befinden sind aber auch in einer distanzierten Position zur Lebenssituation der KlientInnen.

Als These ließe sich daher formulieren, dass die Ausdifferenzierung des Aufgabenfeldes zweischneidige Folgen nach sich zieht: Mit der »höheren« Ansiedlung kommt es

a) zu einer Zunahme der Gestaltungsmöglichkeiten, die aber
b) mit einer Distanzierung vom konkreten Lebensalltag der KlientInnen einhergeht.

Die Benennung von Aufsichts- und Kontrollfunktionen bereits auf der Ebene der Fachkräften verdeutlicht dabei, dass es sich dabei nicht nur um eine Ausdifferenzierung, sondern auch um eine *Hierarchisierung* des Feldes handelt[138]. Außerdem zeigt sich, dass neben

[138] Diese Hierarchisierung kann dabei als Folge der Ökonomisierung gelesen werden: Wenn aus Kostengründen nicht alle Tätigkeiten von Fachkräften durchgeführt werden können, kommt denjenigen Fachkräften, die in den jeweiligen Zusammenhang involviert sind, automatisch eine Kontrollfunktion zu.

klassischen Entscheidungsbefugnissen auch die Gestaltungsbefugnisse relevant sein können. Auch wenn die Teamleitungen für die Einrichtungen formal die Verantwortung tragen, die konkrete Ausgestaltung der Hilfen übernehmen die Fachkräfte. Auf der Ebene des Einzelfalls sind sie es, die entscheiden, welche Hilfen gebraucht werden, die konkrete Durchführung und damit auch die praktische Gestaltung übernehmen z. T. dann Nicht-Fachkräfte[139]. Bezogen auf die Fragestellung nach Anforderungen an MitarbeiterInnen muss daher angemerkt werden, dass sich diese eigentlich differenzeit für Fachkräfte und Nicht-Fachkräfte gestellt werden müsste.

## 2.2 Veränderungen im System der Hilfeplanung

Einer der Schwerpunkte der Forschungsphase II lag auf den Veränderungen im System der Hilfeplanung, die sich durch die Einführung der Hilfeplanberatung[140] ereignet hatten. Um diese Veränderungen und das neue Instrument erfassen zu können, wurde ein Interview mit einem Mitarbeiter geführt, der die Einführung der neuen Struktur verantwortete. Zusätzlich wurde die Hilfeplanberatung in beiden Leitungsinterviews thematisiert, allerdings unter unterschiedlichen Gesichtspunkten – in der stationären Einrichtung war das System bereits implementiert und erprobt, so dass hier die Auswirkungen thematisiert werden konnten. Im ambulanten Dienst wurden hingegen zum Zeitpunkt des Interviews noch die konkrete Umsetzung ausgehandelt (L1/78-81), so dass hier mögliche Probleme in der Umsetzung im Mittelpunkt standen. Die Aussagen der InterviewpartnerInnen beziehen sich auf das *konkrete Vorgehen*, auf die *Auswirkungen* insbesondere im Hinblick auf die *(Wieder-)Herstellung von Handlungssicherheit und Entscheidungsstrukturen*. In Form eines kurzen Exkurses werden die *Anforderungen an HilfeplanberaterInnen* dargestellt.

### *2.2.1 Konkretes Vorgehen*

Im *ersten Schritt* der Hilfeplanberatung kommt es – auf der Basis verschiedener möglicher Anlässe (L1/6; 17-19) – zu einer Kontaktaufnahme der Hilfeplanberatung mit den KlientInnen – in Absprache mit der Teamleitung. Die Gestaltung der Kooperation mit den Teamleitungen bleibt dabei „jedem [Hilfeplanberater] überlassen“ (L1/54). Die Kontaktaufnahme dient dazu, Informationen über den Alltag der KlientInnen zu sammeln und zu klären, welche Ziele und Maßnahmen im Zentrum stehen sollen (L1/10). Da die HilfeplanberaterInnen oft „als Fremde[r] ins Haus“ kommen (L1/25), können die BezugsbetreuerInnen sie in der Kontaktaufnahme unterstützen: „man findet auch nicht immer gleich die richtige Kontakt-

---

[139]Die Ausdifferenzierung des Feldes setzt sich mit der Implementation der Hilfeplanberatung weiter fort, es kommt dabei zur Einführung einer weiteren Mitarbeiterrolle: der HilfeplanberaterInnen (vgl. dazu S. 235ff).

[140]Der Begriff »Hilfeplanberatung« ist eine Ersetzung des beim Kooperationspartner verwendeten Begriffs, die durch die Komplettanonymisierung der Interviews notwendig wurde. In Originalzitaten verweisen eckige Klammern auf die Ersetzung des Begriffs, es ist dann die Rede von [Hilfeplanberatung], bzw. [HilfeplanberaterInnen].

form und man braucht die Hilfe der Bezugsmitarbeiter“ (L1/25). Die Kontaktaufnahme mit den KlientInnen erfolgt entweder als Vorgespräch oder im Rahmen einer Hospitation, wenn die sprachliche Verständigung schwierig oder ausgeschlossen ist:

> „Also man setzt sich einen halben Tag, Nachmittags bis Abends in die Gruppe und verhält sich erstmal möglichst unauffällig, um irgendwie mitzukriegen, wie sind die Abläufe und wie verhält sich der Klient in bestimmten Situationen?“ (L1/25).

Neben diese Kontaktaufnahme treten auch Gespräche mit den BezugsmitarbeiterInnen, die den direkten Kontakt jedoch nicht ersetzen können (L1/25). All diese Informationen werden im zweiten Schritt durch die Hilfeplanberatung gebündelt und zu einem „verbindlichen Vorschlag“ (L1/37) für die Hilfeplanung zusammengestellt. Dieser dient als Grundlage für den *dritten Schritt*: das Hilfeplangespräch, an dem KlientIn, BezugsmitarbeiterIn, Teamleitung und Hilfeplanberatung teilnehmen (L1/10)[141]. In diesem Gespräch wird der Vorschlag des Hilfeplanberaters diskutiert mit dem Ziel einer „Vereinbarung, die wirklich auch gilt“ (L1/12) und sich für alle Seiten als tragbar erweist: „[V]ielleicht muss es ein bisschen angepasst werden, das muss einen Kompromiss geben, aber was nicht geht, ist, dass man es einfach nicht macht“ (L1/33). Die Vereinbarung wird durch den Hilfeplanberater dokumentiert und es kommt zu einer erneuten Verabredung (L1/12-13).

Der Hilfeplanberatung kommt dabei die Rolle zu, „sich neben den Klienten zu stellen und sozusagen als Verstärker seiner Interessen in dem Prozess zu agieren“ (L1/31), sie sollen die Position der KlientInnen in der Hilfeplanung strukturell stärken (L1/43-44). Da sie jedoch nicht in die Einrichtungshierarchien eingebunden, sondern vielmehr dem Stabsstellenbereich zugeordnet ist (L1/50), hat sie „keine Weisungsbefugnis für die Mitarbeiter [...], umgekehrt allerdings auch nicht“ (L1/42). Daher muss „das Hauptmittel des [Hilfeplanberaters] [...] immer die Vermittlung und die Verhandlung, aber im Sinne der Interessen des Klienten“ (L1/42) sein. Der Teamleitung kommt im Hilfeplangespräch die Rolle zu

> „für sich zu sortieren und zu einer Entscheidung [zu kommen], so wie der Hilfeplan aussieht, können wir das auch machen. Also, [die Teamleitung] ist ja verantwortlich dafür, dass die Personalressourcen so eingesetzt werden, dass die getroffenen Maßnahmen wirklich auch umgesetzt werden können“ (L1/12).

Die konkrete Umsetzung der Hilfeplanung ist dann „Sache der Einrichtung“ (L1/12). Spätestens nach Ablauf von sechs Monaten prüft die Hilfeplanberatung, ob die Vereinbarung eingehalten wurde (L1/67). Sollte dies nicht der Fall sein – und es dafür keine nachvollziehbaren Gründe gibt (z. B., dass der Hilfebedarf oder die Ziele des/der KlientIn sich ver-

[141] Auf Wunsch der KlientIn können zudem Angehörige oder gesetzliche BetreuerInnen hinzugezogen werden. Allerdings haben diese kein Recht auf Teilnahme (L1/10).

ändert haben, L1/94) – muss dies im nächsten Hilfeplangespräch thematisiert werden. Sollte die Umsetzung auch dann nicht erfolgen, wird es auf höherer Hierarchie-Ebene thematisiert. Dann

> „erwarte ich von meinen Mitarbeitern [= den HilfeplanberaterInnen], dass die sich bei mir melden und sagen, [...] die Klienten sind unzufrieden, und das was wir vereinbart haben, wird nicht durchgeführt. Dann würde ich mit dem zuständigen Regionalleiter Kontakt aufnehmen und sagen, also es gibt eine Problemanzeige in dem Haus sowieso, [...] Wir müssen darüber reden, was da jetzt passieren soll" (L1/94).

### *2.2.2 Auswirkungen der Hilfeplanberatung*

Die Beschreibung des konkreten Vorgehens macht deutlich, dass die Einführung der Hilfeplanberatung deutliche Veränderungen für die Dienstleistung nach sich zieht. Die Kategorie *Auswirkungen* fasst alle Aussagen zusammen, die sich mit den konkreten *Konsequenzen für KlientInnen, MitarbeiterInnen und Einrichtungen* sowie den *Reaktionen aus den Einrichtungen* befassen. Zuerst einmal wird die Hilfeplanung durch das Verfahren aufgewertet, sie bekommt

> „Verbindlichkeit, weil ein [Hilfeplanberater] ja auch nachfragt nach einer Zeit, ist es gemacht und wenn es nicht gemacht worden ist, warum nicht, [...] dadurch das Ganze also Verbindlichkeit und eine Konkretheit kriegt, die hatten wir vorher nicht und dadurch wird die Arbeit einfach besser" (L1/67).

Die *Folgen für die KlientInnen* schildert L1 als Zugewinn an Teilhabemöglichkeiten:

> „die haben dazugewonnen, wirklich an Teilhabemöglichkeiten, [...] zum Beispiel so was wie eine kontinuierliche Begleitung bei dem Erlernen bestimmter Fähigkeiten, eine kontinuierliche Begleitung bei Freizeitmaßnahmen oder eine stärkere Unterstützung, Kontakte zu Angehörigen aufrecht zu erhalten [...] Oder einfach umzuziehen, also die Klienten, die warten seit Jahren darauf, dass jemand das mal hört, dass sie gerne dieses Haus verlassen möchten und woanders hinziehen möchten" (L1/92).

Der Zugewinn an Teilhabemöglichkeiten realisiert sich also durch eine erhöhte Verbindlichkeit, Konkretheit und Kontinuität in der Unterstützung sowie der Erhöhung der Kontrolle über die eigene Lebensführung (entscheiden, wo man leben möchte). L1 berichtet zudem von

> „Klienten, wo Mitarbeiter gesagt haben, die sprechen nicht und die sprechen jetzt aber, weil die in diesem Setting auf einmal den Eindruck haben, also da ist jemand, der vertritt meine Interessen mit, stärker als das bisher der Fall war und das lohnt sich jetzt, hier mitzureden" (L1/67).

Die Hilfeplanberatung hat aber auch Folgen für die MitarbeiterInnen, Leitungskräfte und Dienste insgesamt:

„[N]icht nur die Klienten profitieren, sondern auch die Mitarbeiter profitieren davon, dass jemand mit einem [...] fremden Blick sozusagen in dieses Verfahren einsteigt und Fragen stellt und Sichtweisen eröffnet, die hatten wir vorher nicht" (L1/67).

Für die MitarbeiterInnen bieten sich neue Ideen, die sie als Bereicherung für ihre Arbeit empfinden und zur Förderung der KlientInnen beitragen, die „auf einmal Sachen machen können, die haben sich vorher nicht gemacht" (L1/67). L2 betont insbesondere die positiven Effekte der „Auseinandersetzung mit dem Thema Teilhabe und Ziele" (L2/77), insbesondere „weil für die Kollegen auch deutlich ist, dass sind Ziele, an denen wir tatsächlich arbeiten und das wird auch nach einer Zeit nochmal wieder überprüft" (L2/76). Dies ermöglicht auch andere Wertschätzungen der Arbeit, z. B. der Pflege, die von MitarbeiterInnen eher gering geschätzt wird (L2/33):

„Ich war eben vor längerer Zeit mal in einem Team, weil die [...] gesagt haben, also wir machen hier eigentlich in unserer täglichen Arbeit nur noch die Pflege und die [...] schwere Arbeit. [...] [D]as ist sozusagen kein eigener Wert, das ist ja nur eben diese [...] tägliche Versorgung. Und ich glaube, dass die Zielbeschreibungen aus der [Hilfeplanberatung] dazu führen, dass die Mitarbeitenden merken: Aha, da ist eigentlich noch mehr, und manches lässt sich einfach auch ja im Alltag oder im ganz normalen Ablauf unterbringen" (L2/104).

Zudem entfalten die Zielformulierungen der Hilfeplanberatung eher Handlungsrelevanz für die MitarbeiterInnen als die üblichen Zieldiskussionen in der Behindertenhilfe. Diese Diskussionen haben es an sich, dass sie „sehr hohe Ansprüche [...] formulieren, denen man in der Praxis oft nur sehr, sehr schwer gerecht wird" (L2/94)[142]. Neben den inhaltlichen Vorteilen ist die Hilfeplanberatung zusätzlich auch eine ganz klare Entlastung für die Teamleitung, da die HilfeplanberaterInnen die Kostensicherung übernehmen (L1/68). Trotz möglicher inhaltlicher Differenzen hat das Hilfeplanberatungs-Konzept also für die Einrichtungen spürbare Vorteile.

Im ambulanten Dienst, in dem die Hilfeplanberatung zum Zeitpunkt der Interviews noch nicht eingeführt war, berichtet L1 von skeptischeren Einschätzungen. Die Einführung der Hilfeplanberatung wird als „Verlust von wichtigen Fachkompetenzen gesehen" (L1/78) und gerät in Konflikt mit dem Selbstverständnis der Fachkräfte:

„[I]m ambulanten Setting besteht das Verständnis, wir sind ja schon Hilfeplaner, wir sind ja schon Case-Manager, die auch eben Kostensicherung und alles machen [...], wir brauchen doch die [Hilfeplanberater] gar nicht" (L1/78).

[142] Meines Erachtens ist das Problem hier weniger eines des Anspruchs als vielmehr eines der Konkretisierung. »Selbstbestimmung« und »Teilhabe« sind als Zieldimensionen des Handelns leitende Begriffe, sind aber zu abstrakt, um – in einer ja sehr konkreten und von sehr spezifischen Bedingungen geprägten Unterstützungssituation – handlungsleitend sein zu können. Es geht also um die Frage, wie sich Teilhabe oder Selbstbestimmung in der konkreten Lebenssituation realisiert.

Damit einher gehen „Phantasien von Entwertung" (L1/88) und eine Sorge vor einem Verlust an Kontrolle, weil man „sich da jetzt vereinbaren [muss] mit jemandem, der von außen kommt und über den wir hier jetzt auch so gar keine Kontrolle haben" (L1/88). Den fremden Blick kennzeichnet L1 jedoch als „eigentliche Qualität [...] des Konzeptes" (L1/88, auch L3/100) – und dieser ist im ambulanten Dienst genauso nötig wie in einer stationären Einrichtung,

> „wie in jedem Bereich, der längere Zeit eine Routine mit seinem Konzept entwickelt, gehen einfach alternative Blickwinkel verloren. Das ist bei den Ambulanten nicht anders als bei den Stationären" (L1/84).

Entscheidend scheint also die Frage, ob der Zugang von außen als Bereicherung oder als Kontrolle wahrgenommen wird. Kann er als Bereicherung wahrgenommen werden, bietet sich für die MitarbeiterInnen die Gelegenheit einer verbindlicheren und konkreteren Hilfeplanung. Beides lässt sich dabei den in der ersten Interviewreihe herausgearbeiteten Funktionen von Hilfeplanung (vgl. 193ff) zuordnen:

- Das Moment der Verbindlichkeit verweist auf die *legitimierende Funktion*. Durch die Teilnahme der KlientIn und der Hilfeplanberatung als Vertreter seiner oder ihrer Interessen kann sich die Legitimation der Vereinbarung erhöhen[143].
- Das Moment der Konkretheit verweist auf die *koordinierende und strukturierende Funktion* der Hilfeplanung. Es wird deutlicher, was genau zu tun ist.

Beide Aspekte können dazu beitragen, das strukturelle Moment der Handlungsunsicherheit zu bearbeiten und den MitarbeiterInnen Sicherheit im Handeln geben.

Die Reaktionen der *MitarbeiterInnen und Einrichtungen* auf das neue Verfahren waren jedoch zunächst eher skeptisch:

> „[E]s hat am Anfang durchaus ein, zwei Bereiche gegeben, die gesagt haben: Nein, also unser Hilfesetting ist so speziell, also die [Hilfeplanberater], also hier können die [...], brauchen die, sollen die nicht arbeiten" (L1/39).

Schließlich wurde auf der Ebene der Geschäftsführung jedoch der Beschluss gefasst, das Verfahren in allen Abteilungen und Diensten (mit spezifischen Abweichungen in einigen Bereichen) zur Anwendung zu bringen (L3/39). Über die Reaktionen aus den Einrichtungen lassen sich aus den Interviews keine eindeutigen Aussagen ableiten: L1 spricht von einer „überwiegend positiv[en]" (L1/67) Resonanz und einer „Begeisterung für das Verfah-

[143] Der entscheidende Begriff ist dabei »kann«. Die Erhöhung der Legitimation ist kein Automatismus (vgl. dazu die theoretische Generalisierung, S. 242ff).

ren“ (L1/67). An anderer Stelle ist die Einschätzung: „bei zwei Dritteln der Einrichtungen funktioniert es gut, bei dem restlichen Drittel funktioniert es mäßig bis auch irgendwie nicht so tol“ (L1/88).

Für die *Dienste und Leitungen* wird deutlich, dass die Hilfeplanberatung „nochmal deutlich in die Organisation ein[greift], weil Ziele eben festgelegt werden, auch mit Frequenzen und die Teamleitung natürlich dann gezwungen ist, das irgendwie in den Dienstplan mit einzubauen“ (L2/76). Das hat deutliche Folgen, z. B. beim Personaleinsatz. Den Teamleitungen wird zunehmend

> „deutlich, dass sie ihren Personaleinsatz steuern müssen, je nach dem, was in den [Hilfeplanberatungen] vereinbart ist. [...]. Also ein größerer Schwerpunkt am Nachmittag und am Abend. Oder ein größerer Schwerpunkt am Wochenende. In einigen Einrichtungen läuft das schon ganz gut, es gibt andere Einrichtungen, in denen den Teamleitern, glaub ich, jetzt erst schwant, was das heißt, wenn für jeden einzelnen eine verbindliche Hilfeplanung im Haus gemacht wird, das heißt, dass also der klassische Früh- und Spätdienst gehört meiner Meinung nach [...], wenn man jetzt mal vom Bereich schwerst mehrfach behinderte Menschen absieht, der Vergangenheit an“ (L1/92).

Hier zeigt sich ein deutlicher Eingriff durch die Hilfeplanberatung in eines der ureigensten Hoheitsgebiete einer Organisation – die Dienstplangestaltung. Wenn die Einschätzung von L1 zutrifft, hätte dies massive Folgen für die Arbeitsorganisation bis hin zu einer weitgehenden Abkehr der Schichtdienste und einer deutlich stärker an den konkreten Bedarfen ausgerichteten Dienstplangestaltung.

### *2.2.3 Exkurs: Anforderungen an Hilfeplanberater*

Die Einführung der Hilfeplanberatung hat eine weitere Ausdifferenzierung der Mitarbeiterrollen zur Folge. Daher bietet es sich an, zumindest in Ansätzen zu betrachten, mit welchen Anforderungen die HilfeplanberaterInnen konfrontiert sind[144]. Neben den offensichtlichen Aufgaben wie Dokumentation und Verfassen der Sozialberichte lassen sich zwei Kernaufgaben herausarbeiten: die Einschätzung der Lebenssituation der KlientInnen und ihre parteiliche Unterstützung im Hilfeplangespräch.

Die Einschätzung der Lebenssituation ist für die HilfeplanberaterInnen nicht einfach zu bewerkstelligen, denn es gibt

> „sehr viele unterschiedliche Settings [...] und nicht jeder Kollege ist jetzt sozusagen die geschulte und erfahrene Fachfrau für ein bestimmten Hilfebedarf. [...] [M]an muss einfach über eine gute Wahrnehmung verfügen, um auch als relativ Fachfremder schnell einen Begriff davon zu kriegen, also was ist eigentlich hier wichtig an der Lebenssituation und an dem Bedarf der Klienten“ (L1/48).

---

[144]Der Großteil der HilfeplanberaterInnen hat eine grundlegende Ausbildung als SozialarbeiterInnen (L1/78).

Die zweite wesentliche Aufgabe besteht darin, sich im Prozess der Hilfeplanung „neben den Klienten zu stellen und sozusagen als Verstärker seiner Interessen [...] zu agieren" (L1/31). Aus dieser Rolle als »Verstärker der Interessen« der KlientInnen bei gleichzeitig fehlenden Entscheidungsbefugnissen ergeben sich als Hauptmittel in der Hilfeplanberatung »Vermittlung und Verhandlung«: „im Grunde genommen die Kommunikations- und Verhandlungskompetenz ist das Wichtigste" (L1/46).

In Kompetenzen übersetzt geht es also einerseits um eine geschulte Wahrnehmung, um sich schnell ein Bild von einer Lebenssituation machen zu können. Die HilfeplanberaterInnen müssen eine große Menge an Informationen verarbeiten, sortieren und einschätzen, also über *analytische Kompetenzen* verfügen. Andererseits müssen sie über *kommunikative und soziale Kompetenzen* verfügen, um die KlientInnen gut vertreten zu können. Beide Aspekte finden sich wieder in der kollegialen Beratung im Team der Hilfeplanberatung: „dass wir uns immer also auch gegenseitig dabei unterstützen, wie funktioniert das, in welchem Setting" (L1/46) und „uns kollegial ein bisschen helfen" (L1/48).

### *2.2.4 Zusammenfassende Analyse der Kategorie »Hilfeplanberatung«*

Als Kern des Prozesses der Hilfeplanberatung kann die Ausarbeitung »einer Vereinbarung, die auch wirklich gilt« betrachtet werden. Dabei ist es die Rolle der HilfeplanberaterInnen, die KlientInnen in ihrer Position strukturell zu stärken, allerdings ohne direkte Entscheidungs- oder Weisungsbefugnisse. Unter den Bedingungen wechselseitig nicht-vorhandener Weisungsbefugnis haben also weder die KlientInnen, die HilfeplanberaterInnen an ihrer Seite noch BezugsmitarbeiterInnen oder Teamleitungen die Möglichkeit, diesen Prozess einseitig zu steuern.

Analytisch betrachtet kann die Einführung der Hilfeplanberatung als Prozess verstanden werden, in dem exemplarisch ein fachlicher Anspruch (klientInnenbezogene Dienstleistungen) in ein konkretes organisatorisches Verfahren (Hilfeplanberatung) übersetzt wird. Im Rahmen dieses Verfahrens wiederholt sich diese »Übersetzung« im Kleinen: die *inhaltlichen Vorgaben* der Hilfeplanberatung werden in *organisationsbezogene Prozesse* wie Dienstpläne, Aufgabenverteilungen, Mitarbeiterschlüssel usw. übersetzt. Diese Übersetzung manifestiert sich in zwei komplementär angesiedelten MitarbeiterInnen-Rollen:

- einerseits bei den HilfeplanberaterInnen, die die Bedarfe der KlientInnen erheben und deren Interessen vertreten. Sie übernehmen den Pol fachlich-inhaltlicher Vorgaben.
- andererseits bei den Teamleitungen, die die komplementäre Position einnehmen und die Vorgaben in konkrete Prozesse und Regelungen übersetzen. Sie übernehmen den Pol der organisationsbezogenen Prozesse.

Wenn die Rolle der Hilfeplanberatung in den Interviews also als »Verstärker der Interessen der KlientInnen« gefasst wird, könnte man analog die Rolle der Teamleitung als »Agenten der Organisation« bezeichnen.

Die HilfeplanberaterInnen befinden sich dabei in einer Position *relativer Autonomie*. Sie stehen jenseits der üblichen Einrichtungshierarchien und sind organisatorisch dem Stabsstellenbereich zugeordnet. Aus dieser Position der relativen Autonomie ergibt sich, dass sie inhaltlich gestalten sollen, aber über keine direkten Entscheidungsbefugnisse verfügen. Diese Irritation löst sich auf, wenn der »verbindliche Vorschlag« zur Hilfeplanung sowie die Anforderung an die Teamleitungen, sich mit *diesem* Vorschlag auseinanderzusetzen, in Betracht gezogen werden. Dann wird deutlich, dass die HilfeplanberaterInnen zwar über keine Entscheidungs-, aber über *Gestaltungsbefugnisse* verfügen. Auf dieser Grundlage entsteht die Hilfeplanung, die die Form eines Vertrags zwischen den KlientInnen und dem Dienstleister annimmt. Sollte der Dienstleister seinen Teil des Vertrags nicht erfüllen, kann die Hilfeplanberatung zwar nicht direkt eingreifen, den Konflikt aber an eine höhere Stelle melden.

Die Einführung der Hilfeplanberatung kann also als Übersetzung des fachlichen Anspruchs einer KlientInnenzentrierten Dienstleistung in eine konkrete organisatorische Regel gefasst werden. Praktisch gibt es dabei sicherlich Hürden zu überwinden, analytisch lässt sich jedoch das Potenzial des Instruments herausarbeiten. Die *verbindliche* Vereinbarung einer *konkret* formulierten Hilfeplanung, die zu einem späteren Zeitpunkt *überprüft* wird, bietet die Möglichkeit, das Praxisfeld zu verändern.

Für die MitarbeiterInnen in der direkten Unterstützung (also Fachkräfte und Nicht-Fachkräfte) ergeben sich dabei verschiedene Folgen aus der Hilfeplanberatung und zwar im Hinblick auf

1. *Handlungssicherheit*: Die Hilfeplanberatung bietet die Möglichkeit, die *Verbindlichkeit, Konkretheit* und *Legitimation* der Hilfeplanung zu erhöhen. Das müsste positive Effekte auf die Handlungssicherheit der MitarbeiterInnen haben.
2. *Flexibilität*: Die Interviews machen deutlich, dass die Auswirkungen der Hilfeplanberatung bis in die Dienstplangestaltung reichen. Zumindest für die MitarbeiterInnen von stationären Einrichtungen kann dies eine neue Herausforderung sein, wenn sie von einem gewohnten Schichtsystem abrücken müssen.
3. *Ausdifferenzierung von Rollen*: Es lässt sich festhalten, dass Aufgaben zunehmend differenziert formuliert werden (alltägliche Begleitung, fachliche Aufsicht, Hilfeplanung, Leitung) und sich um diese Aufgaben herum (hierarchisierte und differenzier-

te) Rollen bilden. Es wäre zu prüfen, wie diese Entwicklungen zu den Selbstbeschreibungen von MitarbeiterInnen stehen und ob sich Widersprüche zu einem Verständnis eines mehr oder weniger gleichberechtigt arbeitenden Teams ergeben.

### 2.3 Zur Unterscheidung »ambulant versus »stationär«

In der Auswertung der Forschungsphase I spielte die Unterscheidung zwischen ambulanten und stationären Strukturen eine ganz entscheidende Rolle. Daher wurde die Frage, wodurch sich dieser Unterschied eigentlich konstituiert, in der Forschungsphase II explizit aufgenommen. Hatte die Differenz *ambulant-stationär* also bisher den Status einer unhinterfragten Setzung, soll der Unterschied an dieser Stelle thematisiert und analysiert werden. Daran schließen zwei Fragen an:

- Welche Faktoren oder Merkmale konstituieren die Unterscheidung zwischen »ambulant« und »stationär« – abgesehen von der Finanzierungsform?
- Welche dieser Faktoren bewirken den immensen Unterschied in den Schilderungen der MitarbeiterInnen und Leitungen?

Die Interviewpartner L2 und L3 nennen zunächst eine Reihe von *Abgrenzungs- und Unterscheidungsmerkmalen*, besonderes Augenmerk (aufgrund der Nachfrage im Interviewleitfaden) liegt dabei auf den *gruppenbezogenen Leistungen*. Schließlich wird thematisiert, dass die Merkmale ambulant und stationär aufgrund der *Weiterentwicklung der Angebote* in Zukunft nicht mehr unbedingt relevant für die Kennzeichnung der Leistungen sein könnten.

Zur Kennzeichnung und *Abgrenzung* der eigenen Einrichtung (jedoch nicht zwingend für stationäre Einrichtungen insgesamt) verweist L2 auf die Besonderheiten des Klientels:

> „Menschen, die schwerste geistige Behinderung haben, sehr viele sind nicht sprachfähig [...] und dann alle möglichen schweren körperlichen Behinderungen [...], so eigentlich alles, was man sich so vorstellen kann, wirklich an sehr schwerwiegenden Einschränkungen" (L2/6).

Aus diesen Bedarfslagen ergibt sich die Notwendigkeit einer Unterstützung „rund um die Uhr und es würde [...] nicht funktionieren, diese Menschen nur stundenweise zu betreuen. Das wäre so der deutlichste Unterschied" (L2/16). Diese zeitliche – und inhaltliche – Intensität ist unter den gegebenen Bedingungen nur im Rahmen stationärer Angebote zu realisieren:

> „[N]atürlich kann ich mir vorstellen, dass diese Menschen auch in einer anderen Form betreut werden, aber nicht in der ambulanten Form, wie wir sie hier bei uns kennen (L2/18).

Dazu bräuchte es – sowohl in quantitativer als auch in qualitativer Hinsicht – einen anderen Umfang der Leistungen (L2/18).

L3 nimmt für den ambulanten Dienst zwar keine direkte Kennzeichnung über das Klientel vor, verweist aber – ähnlich so wie L2 – auf den eingeschränkten Umfang der Leistungen:

> „[D]ie Leistungen, die wir im stationären Bereich bringen, sind ja viel umfassender als im ambulanten Bereich. Im ambulanten Bereich erbringen wir nur die Leistung Begleitung der Teilhabe [...] und alles andere machen entweder andere Dienste oder der Klient braucht es nicht" (L3/11).

Unter »Begleitung der Teilhabe« werden dabei Unterstützungsleistungen in den Bereichen „Freizeitgestaltung, [...] Kontakt zu Ämtern [...] oder [...] Rechte in Anspruch zu nehmen" (L3/13) verstanden. Im Gegensatz zu diesen begrenzten Leistungen beschreibt L3 ein stationäres Angebot als „ein Komplettangebot der Hilfe, mit Wohnen" (L3/5). Die Kombination von Hilfe und Wohnen führt dazu, dass der Träger „Verfügungsgewalt auch über die Wohnung hat und Zutritt [...] dazu" (L3/5). Dies gestaltet sich anders im ambulanten Bereich, „weil der Klient selbst, Besitzer oder Eigentümer der Wohnung ist" (L3/5). Aus diesen Unterschieden folgert L3 eine größere Abhängigkeit in stationären Settings – auch wenn sich der Dienst um die Wahrung der Privatsphäre bemüht. Im ambulanten Setting liegt das Hausrecht bei den KlientInnen (L3/5) und das ist

> „im stationären Setting ja faktisch nicht der Fall, obschon wir uns darum bemühen, dass diese Privatheit auch im stationären Bereich gewährleistet ist, aber da besteht doch eine völlig andere Abhängigkeit" (L3/5).

Der Interviewleitfaden thematisierte als weiteres Abgrenzungsmerkmal die Unterscheidung zwischen *Einzelfallhilfe* und *gruppenbezogenen Leistungen*. L2 verdeutlicht für den stationären Bereich, dass bei gruppenbezogenen Leistungen „um dieses Gruppengefüge irgendeine Art von Organisation entsteht, um einen Arbeitsalltag [...] zu strukturieren" (L2/20). Die Gründe dafür sind jedoch nicht fachlicher Art:

> „[E]rstmal würde ich sagen, dass es organisatorische Gründe hat. Ja, wir haben ein stationäres Angebot, das beinhaltet eine bestimmte Anzahl von Personen und das muss ich organisieren, das ist erstmal so, ich würde gern was anderes sagen, aber glaube ich gar nicht" (L2/24).

Das gruppenbezogene Arbeiten und die daraus folgende Notwendigkeit der Organisation hat dabei Folgen für die Tätigkeit. Die MitarbeiterInnen

> „können also nicht ausschließlich auf eine Person reagieren, sondern sie müssen immer das Drumherum irgendwie mit im Blick [haben], zu welcher Frage auch immer, also Essensvorbereitung oder auch eine Person ist im Moment ganz schwierig, was machen wir jetzt?" (L2/20).

Gruppenbezogene Leistungen führen also erstens tendenziell zu einer Abnahme der Aufmerksamkeit auf die einzelne Person, weil mehrere Personen gemeinsam unterstützt werden. Zweitens erhöht sich aber auch der Abstimmungsbedarf untereinander – es muss geklärt werden: „[W]ie gehen wir damit innerhalb so einer Gruppe um?" (L2/20). Auch für die MitarbeiterInnen hat die Organisation daher Folgen, sie bewegen sich innerhalb einer Struktur, „die sie in vielen Fällen unterstützt, aber auch eben in vielen Fällen einschränkt in ihren Handlungsmöglichkeiten" (L2/20), weil sie immer mehr als eine Person »im Blick« haben müssen.

L3 lehnt gruppenbezogene Leistungen als grundlegendes Merkmal stationärer Einrichtungen ab, da der Träger auch „stationäres Einzelwohnen" (L3/19) anbietet, in dem es „kein spezielles Gruppen-Setting" (L3/19) gibt. Dennoch geht auch L3 davon aus, dass ein stationäres Angebot eine höhere Abhängigkeit der KlientInnen nach sich zieht. Historisch betrachtet besteht die Abhängigkeit darin, „dass er [der Klient] sich eher der Organisation anpassen muss" (L3/15), was sich ganz praktisch äußert:

> „Man guckt immer, wie viele Mitarbeitende habe ich, wie ist [es] mit der Arbeitszeit [...] und ich glaube, man hat immer noch eine Einflussnahme, zum Beispiel, wenn ein Klient Ambitionen hat, auszuziehen [...]. Unterstütze ich das intensiv oder unterstütze ich das nicht so intensiv, weil ich denke, so einen schnellen Platzabbau kann ich nicht organisieren oder möchte ich auch noch nicht, also da ergeben sich dadurch ganz andere Abhängigkeiten" (L3/17).

Insgesamt ist „der Fokus mehr auf die Organisation und die Interessen der Organisation ausgerichtet" (L3/17). Auch wenn L3 dies als „historisch" (L3/15) einführt, bleiben Reste dieser Abhängigkeit erhalten: „auch wenn wir die Strukturen immer weiter auflockern, [...] so kann das nicht ganz aufgehoben werden" (L3/15). Im Kontrast formuliert L3: „im ambulanten Bereich ist das eher anders, da ist das [...] in gewisser Weise eher selbstbestimmter, wie die Hilfen in Anspruch genommen werden" (L3/17).

Zudem verweist L3 darauf, dass – im Rahmen der *Weiterentwicklung der Angebote* – die Unterscheidung zwischen stationären und ambulanten Angeboten weniger trennscharf wird. Das betrifft erstens das Merkmal der Wohngruppenstruktur, die traditionell mit stationären Einrichtungen assoziiert wird:

> „wir haben eine neue Einrichtung im [Stadtgebiet], [...] wo zwei Personen jeweils in den Wohnungen wohnen und es ist ein großes Wohngebiet mit mehrstöckigen Häusern, [...] sie wohnen mit normalen Mietern zusammen und das ist stationäres Wohnen" (L3/21).

Zweitens kommt es zu einer Zusammenführung der ambulanten Dienste mit den stationären Einrichtungen (L3/33), so „dass im gleichen Wohnsetting, Leute stationär und ambulant betreut werden" (L3/29). Dementsprechend kommt es auch zu einer Zusammenführung der Teams, in denen „alle Mitarbeitenden sowohl ambulant als auch stationäre

Klienten betreuen“ (L3/33). Unter solchen Bedingungen scheint es nicht mehr angebracht, von einer binären Unterscheidung ambulant-stationär auszugehen: „Von daher verändert sich das, also wenn ich so überblicke, was wir so für ein Spektrum haben, dann ist das sehr, sehr aufgefächert“ (L3/19). Neben diese Weiterentwicklung auf der Ebene der Angebote tritt eine Veränderung der Finanzierungsformen. So geht L3 davon aus, dass in Zukunft sämtliche Leistungen über Fachleistungsstunden abgerechnet werden. Es wird

> „in einigen Jahren so sein, [...] dass wir nur noch über Fachleistungsstunden gehen. Ob die Klienten jetzt, ob wir ihnen die Wohnung auch zur Verfügung stellen oder nicht, [...] es geht bei der Eingliederungshilfe nur noch [um] den Bereich der Fachleistungsstunden“ (L3/33).

In Anbetracht dieser Entwicklungen ist es also durchaus fraglich, ob die Unterscheidung zwischen ambulanten und stationären Formen der Unterstützung in Zukunft noch so prägend für das Verständnis der Leistungen sein wird, wie das heute der Fall ist.

*Zusammenfassend* lassen sich zwei grundlegende Merkmale ausmachen, die in der Praxis den Unterschied zwischen den beiden Leistungsformen konstituieren. Aus diesen primären Merkmalen leiten sich weitere, sekundäre Merkmale ab. Grundlegende Unterscheidungen zwischen den Leistungen bestehen

1. in der *Quantität*: Unterstützung im stationären Wohnen wird i. d. R. »rund um die Uhr« erbracht, während ambulante Unterstützung »nur stundenweise« erfolgt;
2. im *inhaltlichen Umfang*: Während in den ambulanten Diensten lediglich die (Teil-) Leistung »Begleitung der Teilhabe« erbracht wird, ist die Unterstützung im stationären Bereich »ein Komplettangebot«, das auch das Wohnen umfasst. Daraus folgt, dass ambulante Hilfen im eigenen Wohnraum erbracht werden, während stationäre Unterstützung in Heim- oder Wohngruppenstrukturen erfolgt.

Diese quantitative und qualitative Begrenzung der Unterstützung in ambulanten Settings hat dann zur Folge, dass es zu weiteren Unterschieden kommt, die als sekundäre Merkmale gekennzeichnet werden können und zwar

3. in den *Kompetenzen der KlientInnen*: Die Kombination von Leistungsform und Leistungsumfang hat zur Folge, dass Menschen mit »schwerer Behinderung« eher im Rahmen stationärer Settings unterstützt werden. Das ambulante Setting ist implizit an bestimmte Kompetenzen geknüpft, wenn diese Unterstützung zeitlich und inhaltlich begrenzt ist. Die Kombination von Leistungsform und -umfang schließt also diejenigen Menschen aus, bei denen komplexere oder höhere Hilfebedarfe vorliegen.

4. im Maß an *Privatheit*: Die Trennung von Wohnen und Unterstützung im ambulanten Bereich platziert das Hausrecht auf Seiten der KlientInnen und bietet daher strukturell mehr Möglichkeiten zur Wahrung der Privatsphäre.
5. im Maß an *Organisation*: Die qualitativ und quantitativ umfassendere Unterstützung – oft in Kombination mit einem gruppenbasierten Setting – bringt es mit sich, dass sich »irgendeine Art von Organisation« bildet, weil MitarbeiterInnen koordiniert werden müssen, Dienstpläne erstellt werden müssen usw.
6. in den *Möglichkeiten zu selbstbestimmtem Handeln*: Die Auswirkungen auf den Alltag lassen sich als »Anpassung an die Organisation« fassen, da der Fokus eher auf den »Interessen der Organisation« liegt. Abhängigkeit oder Selbstbestimmung beziehen sich weniger auf Kompetenzen der KlientInnen, sondern eher auf ihre Rechte und ihren Einfluss im Umgang mit den Dienstleistungen. Auffällig ist, dass die Organisation nicht nur für die KlientInnen, sondern auch für MitarbeiterInnen mit Einschränkungen verbunden ist.

Die von L3 geschilderten Entwicklungen im Bezug auf Angebote und Finanzierungsverfahren verweisen dabei darauf, dass in Zukunft eher die Merkmale des inhaltlichen und des quantitativen Umfangs der Leistungen – in ihrer Zusammenfassung als Fachleistungsstunde – zu den zentralen Merkmalen der Leistungsbeschreibung werden könnten. Die Zuordnung dieser Leistungen zu ambulanten oder stationären Formen könnte dementsprechend in den Hintergrund treten.

## 3 Theoretische Generalisierung (Forschungsphasen I und II)

Im Folgenden stehen weniger die Einzelergebnisse der Forschungsphasen im Vordergrund, sondern vielmehr a) übergreifende Themen, die in beiden Forschungsphasen explizit oder implizit thematisiert wurden und b) die Herstellung von Bezügen zu theoretischen Erkenntnissen. Dies geschieht im Sinne einer Anreicherung der – bis zu diesem Punkt rein auf der Ebene der Empirie formulierten – Ergebnisse. Im Kern geht es dabei um die *Anforderungen an MitarbeiterInnen,* abschließend wird dann nochmals die Frage des Unterschieds von *ambulanten und stationären Strukturen* aufgenommen.

Die Ergebnisse der Forschungsphase I befassen sich mit dem Selbstverständnis der MitarbeiterInnen und den von ihnen wahrgenommen Anforderungen an sie selbst. An verschiedenen Stellen lassen sich dabei Bezüge zu Erkenntnissen des theoretischen Diskurses herstellen. Diese sollen im Folgenden betrachtet werden, als »Folie« dienen dabei die Anforderungen an MitarbeiterInnen, wie sie in Teil I dieser Arbeit formuliert wurden (vgl. S. 98ff):

- *die Bedeutung des »Fallverstehens«*: In einem weiteren Sinne umfasst das »Fallverstehen« alle Aspekte der Wahrnehmung, Kontextualisierung und Einschätzung der Lebenssituation der KlientInnen. Für die stationäre Einrichtung ließen sich hier Aspekte einer sich fortsetzenden Defizitorientierung herausarbeiten. Die KlientInnen werden über eine defizitäre Betrachtung in Bezug auf Körper, Sprache, Verhalten beschrieben. Auch im Leitungsinterview wird das Handeln weniger von den Zielsetzungen her definiert als vielmehr über die – tendenziell defizitär gekennzeichneten – KientInnen. Die MitarbeiterInnen im ambulanten Dienst verweisen für ihre KlientInnen zwar explizit auf eine Orientierung an Ressourcen, in der Abgrenzung zu KlientInnen in stationären Einrichtungen wird aber z. B. auch die Sprachfähigkeit als Merkmal benannt.
- *die Auswirkungen von Programm und Organisationsstruktur*: Die Interviews geben deutliche Hinweise darauf, dass z. B. die Gruppenstruktur der stationären Einrichtung – und demgegenüber die Einzelfallhilfe im ambulanten Bereich – deutliche Auswirkungen auf das Handeln der MitarbeiterInnen und damit auf die Lebenssituation der KlientInnen hat. Das hat auch Auswirkungen auf
- *das Rollenkonzept und Selbstverständnis*: Zumindest bei den MitarbeiterInnen im ambulanten Dienst zeigt sich eine Neu-Akzentuierung des Selbstverständnisses in Verbindung mit ihrem Wechsel aus dem stationären in den ambulanten Bereich. Während das Arbeiten im stationärem Bereich (zu einem früheren Zeitpunkt) als tendenziell zwanghaft-übergriffig beschrieben wird, benennen die MitarbeiterInnen für ihre aktuelle Tätigkeit die Orientierung an Selbstbestimmung und den Ressourcen der Menschen.
- *die Bedingungen des professionelles Handelns (Kontingenz, Technologiedefizit)*: Hierauf liegt der weitaus größte Aspekt in den Aussagen der MitarbeiterInnen. Die Ergebnisse der Forschungsphase I lassen sich zur Kernanforderung des *Umgangs mit Unsicherheit* verdichten. Die MitarbeiterInnen berichten von einer Handlungsunsicherheit, die aus der Logik pädagogischen Handelns entsteht und benennen Strategien im Umgang mit dieser Unsicherheit:
    - Vor allem im Ambulanten Dienst stehen *reflexive Strategien* im Vordergrund: im reflexiven Aspekt der Hilfeplanung, der kollegialen Beratung im Team und der Supervision. Sie ermöglichen eine kontrollierte Erosion der Handlungssicherheit, die durch Einbeziehung einer Außenperspektive wieder hergestellt wird. Im ambulanten Dienst stehen dabei mehr *organisierte* Formen zur Verfügung, die in beiden Bereichen vorhandenen *informellen Formen* sind deutlich labiler, da sie nicht strukturell abgesichert sind. Zudem wird die Zeit, die für sie zur Verfügung steht, angesichts des *Zeit- und Kostendrucks* knapper.

- Eher vereinzelt werden *partizipative* Strategien genannt, z. B. in der Beschreibung der legitimierenden Funktion von Hilfeplanung durch die Teilnahme der KlientInnen. Die gemeinsame Absprache über Inhalte/Formen der Unterstützung und die Einflussnahme der KlientInnen in diesem Prozess erhöht die Handlungssicherheit bei den MitarbeiterInnen.
- In beiden Diensten gibt es Hinweise auf *strukturierende* Strategien – im ambulanten Dienst als Teil der Hilfeplanung, in der stationären Einrichtung eher in der Beschreibung der (früheren) Funktion der Teamarbeit. Strukturierende Strategien waren nicht explizit Teil des theoretischen Diskurses, ihre Funktion verdeutlicht sich aber, wenn man sich vor Augen führt, dass das pädagogische Feld neben Handlungsunsicherheit immer auch von Handlungsdruck geprägt ist. Strukturierende Strategien können gefasst werden als Versuch, das Technologiedefizit planend zu überbrücken.

  Die Schilderungen aus der stationären Einrichtung verdeutlichen dabei, dass die Hilfeplanung alleine nicht in der Lage ist, die Handlungssicherheit in diesem Bereich herzustellen. Neben dem individuenbezogenen Verfahren der Hilfeplanung braucht es ein gruppenbasiertes Verfahren, um die Handlungskoordination auf der Achse Mitarbeiter-Mitarbeiter sicherzustellen und somit *kollektive Handlungsfähigkeit* zu ermöglichen. Der Verlust von Möglichkeiten des gemeinsamen Austausches zieht daher für die MitarbeiterInnen einen Verlust an Einflussmöglichkeiten und Handlungssicherheit nach sich.

Die Veränderungen im System der Hilfeplanung, wie sie in Forschungsphase II untersucht wurden, lassen sich dabei ebenfalls als Strategien zur Bearbeitung von Handlungsunsicherheit deuten. Die Interviews weisen darauf hin, dass sich durch die Hilfeplanberatung die *Verbindlichkeit, Konkretheit* und *Legitimation* der Hilfeplanung erhöht. Verbindlichkeit und Konkretheit sind beides Teile einer *strukturierenden* Strategie: Sie verdeutlichen den MitarbeiterInnen a) was genau und b) verbindlich zu tun ist[145]. Die Hilfeplanberatung hat darüber das Potenzial, eine gewisse Willkürlichkeit im pädagogischen Handeln »am Alltag entlang« zu verringern. Ganz konkret hat das Auswirkungen auf die Arbeitszeit: Zumindest im stationären Bereich erhöhen sich die Anforderungen an die (zeitliche) Flexibilität der MitarbeiterInnen.

Der dritte Punkt der Legitimation verweist auf den ersten Blick auf eine *partizipative* Strategie: Die HilfeplanberaterInnen fungieren als »Verstärker der Interessen« der KlientInnen. Daraus ergibt sich für Letztere eine strukturelle Verbesserung ihrer Position, da ihre Interessen in der Hilfeplanung gehört werden müssen. Eine Verbesserung ihrer Partizipationsmöglichkeiten geht damit aber nicht zwingend einher. In diesem Zusammenhang müssen

[145] Zudem gibt es Schilderungen davon, dass MitarbeiterInnen durch die Hilfeplanberatung ihre eigene Arbeit anders einschätzen und bewerten. Das ließe sich als Hinweis auf eine *reflexive Strategie* lesen.

die Qualität der Hilfeplanung und die Partizipationsmöglichkeiten der KlientInnen analytisch getrennt betrachtet werden: Wenn das Verfahren funktioniert, kann zwar grundsätzlich davon ausgegangen werden, es mit einer besseren (im Sinne von »der Lebenssituation und den Zielen der KlientInnen angemesseneren«) Hilfeplanung zu tun zu haben. Eine Erweiterung der politischen Partizipation oder Mitbestimmung wäre jedoch nur gegeben, wenn die Teilnahme des Hilfeplanberaters den Einfluss der KlientInnen auf die Hilfeplanung erhöht (z. B. weil sie einen Ansprechpartner für ihre Interessen und Anliegen haben). Dann – und nur dann – kann von einem Zuwachs an Kontrolle über eigene Lebenssituation ausgegangen werden.

Das Verfahren trägt also – sofern es funktioniert – mit hoher Wahrscheinlichkeit zu einer Verbesserung der Qualität der Hilfeplanungen bei, eine Erhöhung der Partizipationsmöglichkeiten ist damit nicht automatisch gegeben. Vielmehr ist das zugrunde liegende Muster eines des *stellvertretenden Handelns*. Damit platziert sich das Verfahren in einem zentralen Dilemma behindertenpädagogischen Handelns: der Förderung von Selbstbestimmung und Partizipation bei gleichzeitiger Stellvertretung[146].

Für die MitarbeiterInnen selbst steht also das Problem der Handlungsunsicherheit im Zentrum der an sie gestellten Anforderungen. Beschreibungen, wie sie im Zusammenhang mit personaler Orientierung benannt werden, erfolgen in den Interviews der Forschungsphase I eher selten – zumindest, wenn man eher allgemein gehaltene Aussagen über die »Orientierung an BewohnerInnen« ausklammert. Diese werden stärker in den Leitungsinterviews thematisiert[147]: Im Ambulanten Dienst werden als Aufgaben Begleitung in und Kontaktaufnahme mit der Gemeinde in der Rolle als Vermittler genannt – Anforderungen, die im Zusammenhang mit Netzwerkarbeit und Sozialraumorientierung auftauchen. Für die stationäre Einrichtung wird von »Grundvoraussetzungen« und der »Strukturierung des Alltags« gesprochen, ohne die an Teilhabe nicht zu denken sei. Grundsätzlich ist diese Einteilung nachvollziehbar – ohne z. B. Grundpflege ist die Teilnahme am öffentlichen Leben

[146] Um nicht missverstanden zu werden: Die strukturelle Stärkung der Position der KlientInnen in der Hilfeplanung ist ein Fortschritt. Wenn vorher die Hilfeplanung z. T. ohne Einbezug der KlientInnen durchgeführt wurde, müssen »ihre« Interessen und Ziele über die Funktion des Hilfeplanberaters zumindest gehört und in die Planung einbezogen werden. Dadurch löst sich aber *nicht* das Problem stellvertretenden Handelns. Meines Erachtens wäre auch zumindest zu hinterfragen, ob nicht die Gefahr besteht, dass sich dadurch auch ein – letzten Endes paternalistisch geprägter – Habitus eines »wohlmeinenden Stellvertreters« verstärken könnte.

[147] Es gibt z. B. in den Interviews der Forschungsphase I vereinzelte Bezugnahmen auf Nachbarschaftskontakte, dies steht für die MitarbeiterInnen aber nicht im Zentrum. Aus der stärkeren Betonung dieser Aspekte in Forschungsphase II kann jedoch nicht auf eine faktische Diskrepanz zwischen den Erwartungen der Leitungen und dem Handeln der MitarbeiterInnen geschlossen werden. Die Differenz in den Ergebnissen könnte ebenso gut zustande gekommen sein durch entweder den deutlich späteren Interviewzeitpunkt oder die Tatsache, es in der zweiten Interviewreihe mit Leitungskräften zu tun zu haben, zu deren Alltag es stärker gehört, in Konzepten zu denken und denen es leichter fällt, Fragen dieser Art zu beantworten.

schwer zu realisieren. Jedoch ist es m. E. nicht zielführend, diese Einteilung anhand einer Linie zu vollziehen, die Grundleistungen von Teilhabeleistungen trennt. Gerade bei KlientInnen, die in ihren Teilhabemöglichkeiten stark eingeschränkt sind, müsste der Fokus bei *jeder* Leistung auf der Frage liegen, inwieweit diese zur Teilhabe beiträgt.

Die insbesondere in den Leitungsinterviews im Vordergrund stehende Differenzierung zwischen *Fachkräften und Nicht-Fachkräften* hat dabei Auswirkungen auf die Struktur des Arbeitsfeldes: Tätigkeiten der Nicht-Fachkräfte sind eher auf den gemeinsamen Vollzug von Tätigkeiten bezogen (Einkaufen, Wäsche waschen usw.), die Fachkräfte treten den KlientInnen zunehmend in *komplementären Rollen* gegenüber (in Beratung, Hilfeplanung usw.). Es ist zweitens davon auszugehen, dass den Fachkräften mehr administrative Tätigkeiten zukommen und sie zudem drittens eine »Kontroll- und »Anleitungsfunktion« erfüllen sollen. Alle drei Bewegungen setzen die Fachkräfte dabei in stärkere Distanz zur Lebenssituation der KlientInnen. Die Ausdifferenzierung und Hierarchisierung des Aufgabenfeldes zieht also bei »höherer Ansiedlung« in der Hierarchie zwar zunehmende Gestaltungsmöglichkeiten nach sich, die aber mit einer Distanzierung vom Lebensalltag einhergehen. Anforderungen an MitarbeiterInnen müssten also streng genommen ausdifferenziert nach Berufsgruppen formuliert werden.

Neben diesen Anforderungen, die sich primär aus der *grundlegenden Struktur* pädagogischen Handelns ergeben, berichten die MitarbeiterInnen aber auch von einer zweiten Anforderung im Umgang mit Unsicherheit, die sich aus den *Veränderungen des Feldes* speist. Hierbei steht weniger der Wandel hin zu einer personalen Orientierung im Vordergrund, sondern viel stärker die Wahrnehmung einer zunehmenden Ökonomisierung des sozialen Bereichs. Diese schlägt sich nieder als *Zeit- und Kostendruck* und damit einer zunehmenden Arbeitsverdichtung, zudem werden Gefühle von *Entwertung* benannt. Die Differenzierung zwischen *Fachkräften und Nichtfachkräften* könnte dabei durchaus eine Auswirkung dieser Prozesse sein. Zumindest L3 deutet an, dass diese Differenzierung zu einem früheren Zeitpunkt nicht notwendig war (L3/96). Die Aussagen zu diesem Themenbereich weisen deutliche Parallelen zu den gesellschaftlichen Entwicklungen auf, wie sie in Teil I der Arbeit unter dem Stichwort *Ökonomisierung* angeschnitten wurden (vgl. S. 33ff). Zumindest vier der dort diskutierten Aspekte (nach: Dahme & Wohlfahrt 2009, 164f; Dederich 2008, 294ff) werden in den Interviews angesprochen:

1. *Benachteiligung derjenigen, die am »teuersten« sind*: Es wird – insbesondere in den Leitungsinterviews – sehr deutlich, dass die Beschränkung der Menschen mit schwerer Behinderung auf stationäre Einrichtungen eine ist, die primär aus organisatorisch-wirtschaftlichen Gründen erfolgt.

2 *Überlagerung sozialer durch ökonomische Qualitätsstandards*: Die Ausdifferenzierung des Arbeitsfeldes in Fachkräfte und Nichtfachkräfte hat u. U. auch fachliche Aspekte, kann aber auch als »Neu-Kontextuierung« (Dahme & Wohlfahrt 2009, 164f) eines eigentlich fachlichen Impulses im Sinne ökonomischer Prinzipien gelesen werden. In diesem Sinne müsste sie als Deprofessionalisierung des Feldes gekennzeichnet werden.

3 Eine *Verschlechterung der Arbeitsbedingungen* wird von den MitarbeiterInnen deutlich wahrgenommen. Das betrifft die Zeit, die für die Arbeit mit den KlientInnen zur Verfügung steht, die Zunahme an Dokumentation und »Verwaltungstätigkeiten« und die Differenzierung Fachkräfte/Nichtfachkräfte, da es zu einem „Mangel an qualifiziertem Personal" (Dederich 2008, 296f) kommen kann. Die Zunahme von Dokumentations- und »Verwaltungstätigkeiten« kann sich für die Fachkräfte nochmals verschärfen, wenn die Alltagsinteraktion zunehmend von Nicht-Fachkräften durchgeführt werden.

4 *Professionelle HelferInnen als Agenten der Ökonomisierung*: Zumindest vereinzelt lassen sich Hinweise darauf ableiten, dass den MitarbeiterInnen das Dilemma, in dem sie stecken, durchaus bewusst ist. Sie formulieren den damit verbundenem Widerspruch deutlich: „auch wenn man das nicht will, ich bin da ein Gegner von [...], aber man ist Teil des Systems" (A1/171).

Eine – insbesondere die Forschungsphase I – prägende Differenzlinie war die Unterscheidung zwischen ambulanten und stationären Strukturen. Um ihren Status einer unhinterfragten Setzung zu durchbrechen, wurde sie in Forschungsphase II explizit thematisiert, um zu klären, was diesen Unterschied eigentlich konstituiert, wodurch diese Differenzlinie gekennzeichnet ist. Dabei ließen sich primäre und sekundäre Merkmale herausarbeiten. Zu den primären Merkmalen zählen die *Quantität* (»rund um die Uhr« versus »nur stundenweise«) sowie der *inhaltliche Umfang* (»Komplettangebot mit Wohnen« versus »Begleitung der Teilhabe« bei Wohnen im eigenen Wohnraum) der Unterstützung. Aus diesen leiten sich weitere – sekundäre – Merkmale ab:

1 in den *Bedarfen der KlientInnen*: die oben genannten Begrenzungen in quantitativem und qualitativem Umfang schließen KlientInnen mit höheren Hilfebedarfen systematisch von der Unterstützung in ambulanten Settings aus. Die Gesamtheit der Hilfebedarfe – die die Form eines Kontinuums mit sehr differenzierten Abstufungen annimmt – wird somit durch die Form der Leistungserbringung prinzipiell in zwei (!) Gruppen unterteilt: »ambulante« und »stationäre«[148]. Dies nimmt zudem die Gestalt von Ressourcen- versus Defizitorientierung an. So lange diese Logik

[148] Die Leistungsvereinbarungen einzelner Leistungstypen und die Einstufung in Bedarfsgruppen ermöglichen hier durchaus weitere Differenzierungen. Dennoch ist die primäre Unterscheidung binär strukturiert.

nicht durchbrochen wird – und zwar regelhaft und nicht nur im Einzelfall – ist ein Ende der Anbieterdominanz nicht in Sicht. Die Diskussion um Ökonomisierung zeigt zudem auf, dass diese Anordnung einer primär ökonomischen Logik folgt.

2. in der *Lebenssituation* der dort unterstützten Menschen. Das betrifft:
   - das Ausmaß an *Privatheit* durch die Trennung von Wohnen und Unterstützung im ambulanten Bereich versus Leistungserbringung in Räumen, die formal dem Dienstleister zugehörig sind.
   - das Maß an *Organisation*: Stationäres Wohnen beinhaltet i. d. R. gruppenbezogene Formen der Leistungserbringung. Diese bringen es mit sich, dass sich »irgendeine Art von Organisation« bildet – weil MitarbeiterInnen koordiniert, Dienstpläne geschrieben werden müssen usw.[149].
   - in den *Möglichkeiten zu selbstbestimmten Handeln*: Die Schilderungen der Interviewpartner – insbesondere L3 – verdeutlichen, dass es dadurch immer wieder zu »Anpassungen an die Organisation« kommt, da der Fokus eher auf den »Interessen der Organisation« liegt.

Ruft man sich die Kritik an den stationären Einrichtungen durch die MitarbeiterInnen im ambulanten Dienst in Erinnerung, wird deutlich, dass sich diese i. d. R. auf die *sekundären* Merkmale bezieht.

- die Schilderung einer »Befreiung aus Zwangsstrukturen« sowie die kritische Distanz zum Begriff »Pädagogik« (weil dieser negativ mit stationären Einrichtungen assoziiert wird) beziehen sich auf die »Anpassungen an die Interessen der Organisation«; die Orientierung an die Organisation (und ihren »reibungslosen« Ablauf) erschwert eine Ausrichtung der Arbeit an Selbstbestimmung und Partizipation.
- die Kritik an der »Gruppendominanz« in stationären Einrichtungen bezieht sich auf das notwendige Maß an Organisation in stationären Settings, durch die Arbeit in Gruppen »immer mit Kompromissen« verbunden ist. Dementsprechend erfolgt im ambulanten Dienst eine positive Bewertung von Einzelfallhilfe, die die Orientierung am Individuum begünstigt. Die individuelle Hilfeplanung alleine kann dies nicht durchbrechen, da auf der Achse MitarbeiterIn-MitarbeiterIn immer kollektive Handlungssicherheit hergestellt werden muss.
- Die Kopplung der Kompetenzen der KlientInnen mit der Form der Leistungserbringung nach der Logik »je schwerer die Behinderung, desto stationärer die Unterstützung« bringt es mit sich, dass MitarbeiterInnen nur mit Menschen mit geringem

[149] Diese Problematik lässt sich z. T. durch Formen stationären Einzelwohnens entschärfen. Das löst jedoch nicht den Gruppenbezug auf Seiten der MitarbeiterInnen auf, der zur Folge hat, dass regelhaft mehrere MitarbeiterInnen mit einem KlientInnen arbeiten. Dies zieht wiederum gruppenbezogenen Koordinationsbedarf nach sich.

Unterstützungsbedarf oder eben nur mit Menschen mit hohem Hilfebedarf arbeiten. Die Schilderungen aus der stationären Einrichtung verdeutlichen eindrucksvoll, welche Folgen das haben kann.

Nichts davon determiniert das Handeln der MitarbeiterInnen (kann es auch nicht, denn Handeln ist per se nicht vollständig determinierbar), aber es hat Auswirkungen darauf. Es macht bestimmte Formen wahrscheinlicher als andere. Zusammenfassend lässt sich also festhalten, dass für die MitarbeiterInnen das strukturelle Merkmal der Handlungsunsicherheit, die Folgen der Ökonomisierung und die strukturellen Bedingungen Auswirkungen auf ihr Handeln entfalten.

# FAZIT UND AUSBLICK

Im Mittelpunkt der vorliegenden Arbeit stand der Wandel von der institutionellen zur personalen Orientierung in der Behindertenhilfe

a) unter besonderer Berücksichtigung der Veränderungen des professionellen pädagogischen Handelns sowie
b) exemplarisch analysiert für den Bereich der Wohneinrichtungen/wohnbezogenen Dienste für Menschen mit geistiger Behinderung.

Zentrale Fragestellung war, wie sich die Anforderungen an das Handeln von MitarbeiterInnen in diesem Zusammenhang verändern. Im Folgenden sollen die Antworten auf diese Frage zusammenfassend dargestellt werden. Dabei gilt es auch, den in der Einleitung thematisierten Schwerpunkt des Zusammenhangs zwischen Strukturen und Handeln sowie den – die empirische Untersuchung prägenden – Unterschied zwischen ambulanten und stationären Strukturen wieder aufzunehmen.

Auf *theoretischer* Ebene war zu klären, welche Anforderungen sich an das Handeln von MitarbeiterInnen aus dem Diskurs um »personale Orientierung« ergeben. Dazu wurden die Grundlagen und -züge des Wandels dargestellt, sein Fortgang mit einem Schwerpunkt auf der Thematik der De-Institutionalisierung ausgewertet und die Folgen für Dienste und Einrichtungen sowie das pädagogische Handeln analysiert. Die Erkenntnisse der theoretischen Auseinandersetzung mündeten in die Formulierung von drei Argumentationsfiguren: strukturbezogen, pädagogisch-inhaltlich und reflexiv.

Auf *empirischer* Ebene stand demgegenüber im Vordergrund, wie die MitarbeiterInnen selbst den Wandel und die veränderten Anforderungen wahrnehmen. Für sie stehen dabei Fragen im Zentrum, die sich aus der grundlegenden Kontingenz pädagogischen Handelns ergeben und die für sie die Form einer (nicht aufzulösenden und daher lediglich zu bearbeitenden) Handlungsunsicherheit bei gleichzeitigem Handlungsdruck annehmen. Dementsprechend thematisieren sie Fragen, die sich mit der Strukturierung, Legitimation und Reflexion ihres Handelns befassen (alle drei können als Strategien im Umgang mit Handlungsunsicherheit gelesen werden). Anforderungen, wie sie im Zusammenhang mit personaler Orientierung genannt werden (z. B. Sozialraumorientierung, Netzwerkarbeit) tauchen in den Aussagen der MitarbeiterInnen selbst selten auf, sind allerdings z. T. in den Leitungsinterviews präsent.

Im Folgenden soll die Frage des Verhältnisses von Theorie und Empirie aufgegriffen und dargestellt werden, welche Entwicklungsanforderungen sich aus der Theorie an die Empirie – und vice versa – ergeben. Die Theorie hat dabei auch hier weniger prüfende und vielmehr (an-)ordnende Funktion. Sie ermöglicht, die Ergebnisse strukturiert in andere Zusammenhänge zu stellen. Die Anforderungen aus der Theorie an die Praxis lassen sich dabei unter Zuhilfenahme der drei Argumentationsfiguren strukturiert darstellen:

1. Die *strukturbezogene Argumentationsfigur* zeigte v. a. den Zusammenhang zwischen fachlichen Anforderungen, Organisationsstrukturen und den Handlungsmöglichkeiten der MitarbeiterInnen auf. Es geht um die Absicherung fachlicher Standards, die in die organisatorischen Bedingungen (als Verfahren, Arbeitsstrukturen usw.) eingebunden sein müssen. Diese Standards ausschließlich dem persönlichen Engagement zu überantworten, stellt eine strukturelle Überforderung dar, weil sie dann *zusätzlich* zu den Arbeitsaufgaben im Alltag erledigt werden müssen[150]. Programm, Personal und Organisation müssen einander entsprechen.

   In gruppenbezogenen Settings, in denen regelhaft mehrere MitarbeiterInnen mit einem/r KlientIn arbeiten, braucht es zudem gruppenbezogene Koordination, weil *kollektive Handlungsfähigkeit* hergestellt werden muss. Das Praxisfeld scheint diese Anforderung über Ausdifferenzierung (Einführung neuer Tätigkeitsprofile wie z. B. HilfeplanberaterInnen) und Hierarchisierung (Fallverantwortung auf der einen, ausführende Tätigkeiten auf der anderen Seite) des Feldes zu bearbeiten. Auf Seiten der Fachkräfte hat das zur Folge, dass sich ihre Tätigkeiten zunehmend in komplementären Rollen zu den KlientInnen realisieren, während der gemeinsame Vollzug von Alltag tendenziell bei den Nichtfachkräften angesiedelt wird. Dies setzt die Fachkräfte dabei in stärkere Distanz zur Lebenssituation der KlientInnen.
2. Die *inhaltlich-pädagogische Argumentationsfigur* umfasste das *Fallverstehen* (verstanden in einem weiten Sinne, so dass es auch Fragen des Menschenbildes, der Netzwerkarbeit o. Ä. beinhaltet) sowie den Ausbau an politischen *Partizipationsmöglichkeiten* für KlientInnen sowohl im Rahmen der Dienstleistungen selbst als auch in der Gemeinde/dem Sozialraum. Selbst- und Mitbestimmungsmöglichkeiten müssen dabei analog auch für MitarbeiterInnen gelten, das bedeutet auch, dass es ihnen möglich sein muss, im Rahmen ihres Verantwortungsbereichs selbstständig zu handeln.
3. In der *reflexiven Argumentationsfigur* stehen v. a. die unauflöslichen Spannungsfelder und die Kontingenz pädagogischen Handelns im Mittelpunkt. Diese bringen die Notwendigkeit der Reflexion des eigenen Handelns und der Zwiespältigkeit der eigenen Rolle mit sich. Es gilt, im Bewusstsein zu behalten, dass pädagogisches

[150] Damit soll nicht in Abrede gestellt werden, dass es MitarbeiterInnen gibt, denen dies gelingt. Es kann also nicht von einer mangelnden Kompetenz auf Seiten der MitarbeiterInnen ausgegangen werden. Ausgangspunkt der Überlegungen ist vielmehr, dass *zentrale Anforderungen an das Handeln* Teil des Arbeitsalltags sein müssen, also auch eine Entsprechung in den Arbeitsstrukturen finden müssen. In den allermeisten Fällen bedeutet das, Ressourcen dafür zur Verfügung zu stellen (z. B. in Form von Zeit, Geld oder auch speziell geschultem Personal).

> Handeln – egal wie gut organisiert und strukturiert es ist – *Handeln* bleibt und als solches durch Handlungsunsicherheit gekennzeichnet ist. Diese steigt an, wenn Möglichkeiten zur Rückversicherung bei den KlientInnen im Alltag erschwert sind. Sie kann bearbeitet, aber nicht aufgelöst werden.

Aufgabe von Trägern ist es dabei – im Sinne des Zusammenwirkens von Programm, Personal und Organisation – die Bearbeitung dieser Anforderungen zu ermöglichen. Sowohl für politische Partizipation und Mitbestimmung im Rahmen der Dienstleistung als auch in der Frage der Reflexion des pädagogischen Handelns braucht es dabei Orte, die durch Handlungsentlastung gekennzeichnet sind: Besteht intensiver Handlungsdruck, lässt sich weder Mitbestimmung realisieren (denn Mitbestimmung setzt voraus, sich eine Meinung bilden zu können. Das braucht Zeit.) noch das Handeln reflektieren (denn das bedeutet, »aus der Situation heraus zu treten«). Bezogen auf die Anforderungen an MitarbeiterInnen können das sein: Teamsitzungen, in denen inhaltlich gearbeitet werden kann, kollegiale Beratung, Supervision, Fortbildungsangebote, die über das Erlernen konkreter »Techniken« hinausgehen usw. In der Frage der Förderung politischer Partizipation sowohl im Rahmen der Dienstleistung als auch im Sozialraum besteht dabei Nachholbedarf auf der konzeptionellen und v. a. der methodischen Ebene. Es braucht Verfahren, die geeignet sind, auch bei Menschen, die sich z. B. nicht sprachlich ausdrücken, deren Standpunkte valide zu erheben und Einflussnahmen und Mitbestimmung zu ermöglichen.

Umgekehrt lassen sich aus den Erkenntnissen aber auch Anforderungen an die Theoriebildung formulieren: In der Frage, wie sich fachliche Ansprüche a) in Strukturen niederschlagen und sich b) in Handeln von MitarbeiterInnen übersetzen, besteht m. E. noch Forschungsbedarf. Das zu Beginn der Arbeit vorgestellte Implementationsmodell (Beck 1994, 280ff, vgl. auch S. 11f) folgt dabei – insbesondere auf der Makro-Ebene – der Logik einer *strukturbezogenen Argumentationsfigur*, Zielsetzung ist die Institutionalisierung neuer oder veränderter Versorgungsstrukturen. Das Modell gibt keine Informationen darüber, *wie* eine flächendeckende Ausdehnung auf der Meso- oder Mikro-Ebene umgesetzt werden soll oder welche Auswirkungen sie dort entfaltet. Es stellt sich also die Frage

> „nach der Akzeptanz des neuen Angebots bzw. der neuen Ideen und Ziele auf der Ebene der Behörden, der Fachleute, Träger, Verbände, Mitarbeiter und natürlich der behinderten Menschen und ihrer Familien selbst [...]. Und schließlich unterliegt das pädagogische Handeln dem Legitimations- und Technologieproblem: weder lassen sich alle Leitideen restlos in empirisch angebbare Handlungsschritte übersetzen, sondern bleiben immer auch normativ bzw. im Gehalt offen und müssen situativ immer wieder neu begründet werden, noch bewirkt das Handeln immer exakt die angestrebten Wirkungen" (Beck & Greving 2012, 185f).

Es wäre zu klären, ob unter a) sich situativ und b) von Ort zu Ort, Träger zu Träger unterscheidenden Bedingungen überhaupt so etwas wie »Regeln« für die Übersetzung fachlicher Standards in Strukturen und Handeln benennen lassen, die über die Benennung formaler Merkmale hinausgehen. Die Auseinandersetzung mit dem Diskurs um De-Institutionalisierung bot dabei Einblicke in die konkreten Aufgaben und Umsetzungsschritte. Auf der Ebene der Strukturen bedeuten Veränderungen Organisationsentwicklungsprozesse, auf der Ebene des Handelns Bildungsherausforderungen für MitarbeiterInnen. Wie genau diese fachlichen Bestrebungen gemeinsam mit den Zweckbestimmungen von Organisationen, der Entwicklung von Organisationsstrukturen und Regeln sowie dem Bedarf an (Weiter-)Bildung bei MitarbeiterInnen wirksam werden können und zudem noch den Besonderheiten personenbezogener Dienstleistungen gerecht werden, ist eine noch nicht befriedigend geklärte Frage:

> „Innerer Wandel braucht also günstige Bedingungen, und zwar mit Blick auf den Zusammenhang von Regeln (Entscheidungsprogrammen) und Zielen, personellem Handeln und den Motiven sowie Strukturen, bezogen auf die *Eigenlogik des personenbezogenen pädagogischen Handelns*. In vielen Organisationstheorien hingegen wird diesbezüglich überhaupt keine Unterscheidung vorgenommen, als ob jede Organisation implizit dem Muster der Warenproduktion folgt" (Beck & Greving 2011, 64; Bearbeitung DF).

Die Ergebnisse der empirischen Auswertung wiesen zudem darauf hin, dass die MitarbeiterInnen – wesentlich stärker als einen Wandel zur personalen Orientierung – Veränderungen ihres Arbeitsfeldes wahrnehmen, die sich mit dem Begriff Ökonomisierung fassen lassen. Die theoretische Generalisierung der empirischen Ergebnisse zeigte dabei, dass sich auch hier Bezugspunkte zum Fachdiskurs ausmachen lassen. Aufgrund der Ergebnisse der Empirie müssten die Argumentationsfiguren also um eine vierte erweitert werden, die tentativ *ökonomisierte Argumentationsfigur* genannt werden soll (vgl. 242ff). Die zentralen Linien dieser Figur wären (basierend auf Dahme & Wohlfahrt 2009, 164f; Dederich 2008, 294ff, Bearbeitung DF):

1. *Benachteiligung derjenigen, die am »teuersten« sind*: Die Beschränkung der Menschen mit schwerer Behinderung auf stationäre Formen der Unterstützung erfolgt primär aus organisatorisch-wirtschaftlichen Gründen. Daraus erklärt sich auch der Widerspruch zwischen den Ansätzen zur De-Institutionalisierung, die die Einbeziehung von Menschen mit hohem Hilfebedarf stark betonen und dem faktisch oft zu beobachtenden Ausschluss genau dieser Gruppe (vgl. S. 59f).
2. *Überlagerung sozialer durch ökonomische Qualitätsstandards*: Davon ist insbesondere die Qualitätsdebatte betroffen, aber auch die Ausdifferenzierung des Arbeitsfeldes in Fachkräfte und Nichtfachkräfte kann in dieser Hinsicht gelesen werden.

3. Für die MitarbeiterInnen führt dies
   - in erster Linie zu einer *Verschlechterung ihrer Arbeitsbedingungen*: Durch die Ausdifferenzierung der Tätigkeiten kommt es zu einer Zunahme an Dokumentation und »Verwaltungstätigkeiten« und zu einer Deprofessionalisierung.
   - Es lassen sich zudem Hinweise darauf wahrnehmen, dass sie sich ihres widersprüchlichen Status als *Agenten der Ökonomisierung* durchaus bewusst sind

(vgl. auch Tabelle 13: Erweiterung der Argumentationsfiguren).

| Theorie | | | Empirie |
|---|---|---|---|
| ***Argumentationsfigur*** | | ***Folgen auf der Handlungsebene*** | ***Empirische Ergebnisse*** |
| *Struktur-bezogen* | Umbau des Hilfesystems | Abbau von Hierarchien durch Mitbestimmung | [keine Ergebnisse auf der empirischen Ebene. Das ist nicht überraschend, da sich die Analyse primär auf *handlungsbezogene* Aspekte bezog] |
| | Aufbau alternativer Strukturen | Vernetzung mit der Gemeinde durch Netzwerkarbeit | |
| | KlientInnenzentrierung | Flexibilität der Leistungen durch IHP | |
| *Inhaltlich-pädagogisch* | (Rekurs auf formale Bedingungen) | Fachliche Standards in Strukturen & Handeln übersetzen | Gruppenbezug versus Einzelfallhilfe |
| | Individualisierung | Individuelle Hilfeplanung | Funktionen von Hilfeplanung (F1-F3) |
| | Verhaltensauffälligkeiten als sinnvolle Äußerungen | Fallverstehen (Wahrnehmen und »in Kontext setzen« der Lebenssituation) | z. T. Fortsetzen einer Defizitorientierung (hinsichtlich Körper, Sprache, Verhalten) |
| | Selbst- und Mitbestimmung | Ausbau der strukturellen Partizipationsmöglichkeiten (Mitbestimmung) | Legitimation durch Teilnahme der KlientInnen an der IHP (F2); Hilfeplanberatung (Problem der Stellvertretung?) |
| | Macht und Abhängigkeit | Neu-Bestimmung der Rolle | Wechsel von stationär zu ambulant als Rollenveränderung |

| Theorie | | | Empirie |
|---|---|---|---|
| *Reflexiv* | »Geistige Behinderung« als soziale Konstruktion | Reflexion von »Behinderung« als Folge von Isolation/struktureller Gewalt | |
| | Reflexives Verständnis | Unauflösbarkeit pädagogischer Spannungsfelder – Reflexive Bearbeitungsstrategie | Zentrale Anforderung des Umgangs mit Handlungsunsicherheit<br>IHP als Reflexion (F1), kollegiale Beratung und Supervision<br>strukturierende Strategie in IHP (F3) und im Team (früher) |
| *Ökonomisiert* | Benachteiligung derjenigen, die am »teuersten« sind | | Systematischer Ausschluss von Menschen mit schwerer Behinderung aus ambulanten Settings |
| | Überlagerung sozialer durch ökonomische Standards | | Differenzierung Fachkräfte/Nichtfachkräfte |
| | Verschlechterung der Arbeitsbedingungen | | Arbeitsverdichtung, Mangel an qualifiziertem Personal, Zunahme Dokumentation und Verwaltung |
| | Professionelle HelferInnen als Agenten der Ökonomisierung | | MitarbeiterInnen als »Teil des Systems« |

*Tabelle 13: Erweiterung der Argumentationsfiguren*

Dies kann als ein aus der Empirie gewonnener Impuls gelesen werden, sich stärker mit der Verquickung von Ökonomie und Fachdiskurs zu befassen. Denn i. d. R. beschäftigen sich Arbeiten entweder mit Fragen personaler Orientierung oder mit Fragen der Ökonomisierung[151]. Eine genaue Analyse, wie die Ökonomisierung den Fachdiskurs beeinflusst, überlagert, verschiebt, neu-kontextuiert und welche Wirkungen dies auf der Struktur- und der Handlungsebene entfaltet, ist dabei m. E. eine noch nicht befriedigend beantwortete Frage.

Eine insbesondere den empirischen Teil der Arbeit prägende Differenzlinie war die Unterscheidung zwischen ambulanten und stationären Strukturen. Es zeigte sich, dass diese Differenz sich primär durch Unterschiede in der *Quantität* (»rund um die Uhr« versus »stundenweise«) sowie dem *inhaltlichen Umfang* (»Komplettangebot« versus »Begleitung der Teilhabe«) der Hilfen ableitete. Aus diesen leiten sich weitere – sekundäre – Merkmale ab:

- die Bedingungen schließen KlientInnen mit höheren Hilfebedarfen systematisch von der Unterstützung in ambulanten Settings aus. Dies nimmt zudem die Gestalt von Ressourcen- versus Defizitorientierung an. Obwohl dies einer traditionellen Versorgungslogik folgt, zeigt die Diskussion um Ökonomisierung auf, dass im Rahmen der Reformbestrebungen in der Behindertenhilfe zunehmend ökonomische Argumente in den Vordergrund treten.
- in der *Lebenssituation* der unterstützten Menschen kommt es zu Differenzen im Ausmaß an *Privatheit*, dem Maß an *Organisation* sowie in den *Möglichkeiten zu selbstbestimmten Handeln*.

Es handelt sich hierbei jedoch keinesfalls um »gesetzte« Merkmale stationärer Einrichtungen (die sich dementsprechend mit dem Wechsel in ambulante Systeme auch nicht einfach »in Luft auflösen«). Vielmehr sind es genau diese scheinbaren »Gesetze«, die im Rahmen einer personalen Orientierung hinterfragt, durchbrochen und neu gefasst werden müssen – im Sinne einer reflexiven Institutionalisierung (Beck & Greving 2011, 58):

1. die Anordnung von Menschen mit Behinderung zu Gruppen mit scheinbar ähnlichen Hilfebedarfen (wobei sich dieser Vergleich i. d. R. nur auf die *Quantität* bezieht) in Verbindung mit einer bestimmten Form der Leistungserbringung. Ein erster Schritt sind hier Zwischenformen (um eine binäre Unterscheidung zumindest zu einer trinären oder quartiären Unterscheidung auszuweiten). Perspektivisch braucht es andere Formen der Leistungserbringung. In diesem Zusammenhang ist sicherlich das persönliche Budget als Mittel zur Durchsetzung alternativer Leistungsformen zu nennen.

[151] Eine Ausnahme bildet z. B. die Arbeit von Schäper, in der sie die Folgen von Ambulantisierungsprozessen kritisch analysiert (Schäper 2010).

2. Die Ausrichtung der Unterstützung auf Gruppen. Auch wenn eine Bündelung von Ressourcen nicht ganz zu vermeiden sein wird, bringt diese Schwierigkeiten mit sich: Auf Seiten der KlientInnen kommt es immer wieder zu Kompromissen, weil die Bedarfe mehrerer Personen nebeneinander stehen. Auf Seiten der MitarbeiterInnen potenziert sich der Bedarf an Abstimmung, weil kollektive Handlungssicherheit hergestellt werden muss. Zudem zieht dies nach sich:
3. ein unvermeidbares »Eigenleben« der Organisation: Die theoretischen Auseinandersetzungen verdeutlichen, dass sich Organisationen, um funktionstüchtig zu sein, ein Stück weit vom Handeln der Mitglieder entfernen müssen. Um diesen Effekt möglichst gering zu halten, empfiehlt es sich, das Ausmaß an Organisation möglichst gering zu halten. Auch hier sind die Anzahl der in einer Organisationseinheit zu unterstützenden Menschen und die Zahl der MitarbeiterInnen, die dies leisten sollen, relevante Stellschrauben.

Daraus folgt nicht, die Organisationen der Behindertenhilfe alle aufzulösen. Vielmehr gilt es, auf der Innenseite der Organisationen nicht mehr »Organisation« (im Sinne von Verregelung) vorzuhalten als notwendig. Nach außen geht es darum, mit dem Blick auf kommunale und regionale Strukturen alle Hilfen vorzuhalten, die benötigt werden. Thimm hat dies exemplarisch für den Kinder- und Jugendbereich dargestellt (2002b, 257ff). Dabei kann es zu einer Unterscheidung in regional vorzuhaltende Strukturen und lediglich überregional notwendige spezialisierte Dienste kommen. Die bestehenden Großeinrichtungen und Heime könnten diese „Funktionen als *überörtliches Dienstleistungszentrum* übernehmen" (a.a.O., 259). Ziel ist es, die regionalen Schwankungen bezüglich der Qualität und Quantität von Hilfen auszugleichen (a.a.O., 259f).

All diesen Veränderungen des Handelns, der Strukturen und/oder Finanzierungsformen zum Trotz darf jedoch nicht vergessen werden, dass Einrichtungen und Dienste der Behindertenhilfe immer auch ein Symbol eines Segregations- bzw. Exklusionsprozesses in der Gesellschaft sind. Die Reformkonzepte der Behindertenpädagogik stehen daher vor einem „Grundwiderspruch [...]: in einer a) exkludierenden Gesellschaft am Ziel b) der Herstellung einer inklusiven Gesellschaft zu arbeiten" (Stein 2007, 22). Soziale Dienstleistungen bearbeiten immer die Folgen exkludierender Prozesse – i. d. R. problematisch gewordene Lebens- oder Lernsituationen, ohne wirklich auf die Bedingungen Einfluss nehmen zu können:

> „Die betreffenden Dienstleistungssysteme stehen vor dem Problem, ein gesellschaftlich bedingtes Folgeproblem bearbeiten zu müssen […], ohne jedoch Zugang zur Grundproblematik zu erhalten" (Oberholzer 2011, 112).

Es gilt daher – allem Optimismus und Reformeifer zum Trotz – im Gedächtnis zu behalten, es mit „grundlegende[n] Schranken und Schwierigkeiten, die weder mit den besten Bewältigungsstrategien noch mit der bestmöglichen Unterstützung überwunden werden können (Oberholzer 1999, 142) zu tun zu haben. Dieser Aspekt ist zum einen wichtig, um nicht romantischen Sozialraum- oder Inklusionsphantasien zu erliegen. Zum anderen sind die Orte, an denen diese Widersprüche und Konflikte spürbar und präsent werden, „meist die eigentlichen person- und interaktionsbezogenen Dienstleistungen selber" (Oberholzer 2011, 111). Schlimmstenfalls erscheinen die „gesellschaftliche[n] Unmöglichkeiten [...] als individuelle Weigerung der Betroffenen" (Oberholzer 1999, 143, Bearbeitung DF) – oder aus der Perspektive von MitarbeiterInnen dann als persönliches Scheitern. Eine solche Überforderung gilt es im Sinne aller Beteiligten zu vermeiden.

Wenn die pädagogische Unterstützung dazu beiträgt, unter den Bedingungen erschwerter Teilhabe einen gelingenden Alltag zu gestalten, ist bereits eine Menge erreicht. Für den Wohnbereich empfiehlt sich dabei eine Rückbesinnung und Orientierung an den Standards des Wohnens – der Ermöglichung von Privatheit, Intimität, die Pflege sozialer Kontakt, Versorgung, Bildung im Stadtteil (vgl. S. 23ff). Zu klären, *wie* all dies geschehen kann, welche Instrumente und Werkzeuge dazu nötig sind und welche Schwierigkeiten auf dem Weg auftreten können, war das Anliegen dieser Arbeit.

# VERÖFFENTLICHUNGEN

Aus der vorliegenden Arbeit ist folgende Vorveröffentlichung hervorgegangen:

Franz, Daniel (2011a): De-Institutionalisierung als Gegenstand der behindertenpädagogischen Diskussion. Eine sekundäranalytische Betrachtung zu De-Institutionalisierung und Enthospitalisierung. In: Behindertenpädagogik. 50. Jg./Heft 3. 248-264 (Franz 2011a).

# LITERATURVERZEICHNIS

Ackermann, Karl-Ernst (2004): Heilpädagogik als Profession und als Disziplin. In: Vierteljahresschrift für Heilpädagogik und ihre Nachbargebiete. 73. Jg. (Heft 4). 344-349.

Allmendinger, Jutta & Hinz, Thomas (2002): Organisationssoziologie, Friedrichs, J.; Mayer, K. U. & Schluchter, W. (Hrsg.): Kölner Zeitschrift für Soziologie und Sozialpsychologie – Sonderhefte. Wiesbaden. Westdeutscher Verlag.

Antor, Georg (1987): Hilfe – einige Problemaspekte in Sonderpädagogik und Sozialpolitik. In: Sonderpädagogik. Vierteljahresschrift über aktuelle Probleme der Behinderten in Schule und Gesellschaft. 17. Jg. (Heft 3). 97-111.

Antor, Georg (2006a): Helfen, Hilfe. In: Antor, G. & Bleidick, U. (Hrsg.): Handlexikon der Behindertenpädagogik. Schlüsselbegriffe aus Theorie und Praxis. Stuttgart. 37-40.

Antor, Georg (2006b): Lebenswelt. In: Antor, G. & Bleidick, U. (Hrsg.): Handlexikon der Behindertenpädagogik. Schlüsselbegriffe aus Theorie und Praxis. Stuttgart. 233-236.

Antor, Georg (2012): Hilfe, Helfen, Selbsthilfe. In: Beck, I. & Greving, H. (Hrsg.): Lebenslage und Lebensbewältigung. Stuttgart. Kohlhammer. 296-301.

Arbeitsgemeinschaft der freien Wohlfahrtsverbände (AGfW); Bundesverband privater Anbieter sozialer Dienste e.V. (bpa); Hamburger Landesarbeitsgemeinschaft für behinderte Menschen (LAG) & Behörde für Familie und Soziales (BSG) (2005): Konsenspapier zur Weiterentwicklung der Hamburger Behindertenhilfe. In: Behörde für Familie, Soziales, Gesundheit und Verbraucherschutz, (Hrsg.): Ambulant betreutes Wohnen für Menschen mit geistigen und mehrfachen Behinderungen. Hamburg. 8.

ASMK - Konferenz der Ministerinnen und Minister/Senatorinnen und Senatoren für Arbeit und Soziales (2009): Vorschlagspapier der Bund-Länder-Arbeitsgruppe „Weiterentwicklung der Eingliederungshilfe für Menschen mit Behinderungen" der ASMK.

Bächtold, Andreas (1990): Gemeindenahe Hilfen für Behinderte. Ein Spannungsfeld zwischen System und Lebenswelt. In: Speck, O. & Martin, K.-R. (Hrsg.): Sonderpädagogik und Sozialarbeit. Berlin. 87-106.

Bartelheimer, Peter (2007): Politik der Teilhabe. Ein soziologischer Beipackzettel. In: Arbeitspapiere zum Fachforum Gesellschaftliche Integration. (Heft 1). 1-31.

Bauer, Petra (2005): Institutionelle Netzwerke steuern und managen. Einführende Überlegungen. In: Bauer, P. & Otto, U. (Hrsg.): Mit Netzwerken professionell zusammenarbeiten. Band 2: Institutionelle Netzwerke in Steuerungs- und Kooperationsperspektive. Tübingen. dgvt-Verlag. 11-52.

Bauer, Petra & Otto, Ulrich (2005): Mit Netzwerken professionell zusammenarbeiten. Band 2: Institutionelle Netzwerke in Steuerungs- und Kooperationsperspektive. Tübingen. dgvt-Verlag.

Beauftragte der Bundesregierung für die Belange behinderter Menschen (2009a): alle inklusive! Die neue UN-Konvention ... und ihre Handlungsaufträge. Ergebnisse der Kampagne alle inklusive! Berlin.

Beauftragte der Bundesregierung für die Belange behinderter Menschen (2009b): alles inklusive! Die neue UN-Konvention. Übereinkommen über die Rechte von Menschen mit Behinderungen. Berlin/Bonn.

Beauftragte der Bundesregierung für die Belange behinderter Menschen (o.J.): Thesen der Beauftragten der Bundesregierung für die Belange behinderter Menschen zum Abschlussbericht der Hauptphase 1 „Entwicklung eines neuen Begutachtungsinstruments" unter dem Gesichtspunkt der „Konvergenz zum Rehabilitations- und Teilhaberecht des SGB IX". Stand: 19.04.10.

Beck, Iris (1994): Neuorientierung in der Organisation pädagogisch-sozialer Dienstleistungen für behinderte Menschen. Zielperspektiven und Bewertungsfragen. Frankfurt (Main).

Beck, Iris (1996): Behinderung - spezielle Erziehungsbedürfnisse - sonderpädagogischer Förderbedarf. Theoretische Begründungs- und Vermittlungsprobleme einer „lebensweltlich" und final orientierten Bestimmung des individuellen Bedarfs an Hilfen. In: Die neue Sonderschule. 41. Jg. (Heft 1). 443-455.

Beck, Iris (1998): Gefährdungen des Wohlbefindens schwer geistig behinderter Menschen. In: Fischer, U.; Hahn, M. T. & Lindmeier, C. (Hrsg.): Wohlbefinden und Wohnen von Menschen mit schwerer geistiger Behinderung. Reutlingen. Diakonie-Verlag. 273-299

Beck, Iris (1999): Der „Kunde", die Qualität und der „Wettbewerb": Zum Begriffschaos in der Qualitätsdebatte. In: Jantzen, W.; Lanwer-Koppelin, W. & Schulz, K. (Hrsg.): Qualitätssicherung und Deinstitutionalisierung: niemand darf wegen seiner Behinderung benachteiligt werden. Berlin.

Beck, Iris (2000): Das Konzept der Lebensqualität: eine Perspektive für die Theorie und Praxis der Hilfen für Menschen mit einer geistigen Behinderung. In: Jakobs, H.; König, A. & Theunissen, G. (Hrsg.): Lebensräume – Lebensperspektiven. Ausgewählte Beiträge zur Situation Erwachsener mit geistiger Behinderung. Butzbach-Griedel. AFRA-Verlag. 348-388.

Beck, Iris (2001): „Von der institutionellen zur personalen Orientierung" – Merkmale und Erfordernisse gemeindenaher Unterstüttzungssysteme. In: Baabe, S.; Haarmann, E. & Spiess, I. (Hrsg.): Für das Leben stärken – Zukunft gestalten. Behindertenpädagogische, vorberufliche und berufliche Bildung – Verbindungen schaffen zwischen Gestern, Heute und Morgen. Paderborn. 133-142.

Beck, Iris (2002a): Bedürfnisse, Bedarf, Hilfebedarf und -planung: Aspekte der Differenzierung und fachlichen Begründung. In: Greving, H. (Hrsg.): Hilfeplanung und Controlling in der Heilpädagogik. Freiburg im Breisgau. Lambertus. 32-61.

Beck, Iris (2002b): Die Lebenslagen von Kindern und Jugendlichen mit Behinderung und ihrer Familien in Deutschland: soziale und strukturelle Dimensionen. In: Sachverständigenkommission Elfter Kinder- und Jugendbericht (Hrsg.): Gesundheit und Behinderung im Leben von Kindern und Jugendlichen. Materialien zum Elften Kinder- und Jugendbericht. München. 175-316.

Beck, Iris (2002c): Zur Dringlichkeit einer Heim-Enquete aus der Sicht der Behindertenhilfe. Universität Hamburg.

Beck, Iris (2003): Lebenslagen im Erwachsenenalter angesichts behindernder Bedingungen. In: Leonhardt, A. & Wember, F. B. (Hrsg.): Grundfragen der Sonderpädagogik. Bildung – Erziehung – Behinderung. Ein Handbuch. Weinheim, Basel, Berlin. Beltz Verlag. 848-874.

Beck, Iris (2004): Teilhabe und Lebensqualität von behinderten Kindern und Jugendlichen sichern: Chancen, Probleme und Aufgaben. In: Zeitschrift für Heilpädagogik 55. Jg. (Heft 2). 66-72.

Beck, Iris (2006): Qualität in der Arbeit von Menschen mit schweren Behinderungen. In: Bundesvereinigung Lebenshilfe für Menschen mit geistiger Behinderung e.V. (Hrsg.): Schwere Behinderung – eine Aufgabe für die Gesellschaft! Teilhabe von Menschen mit schweren Behinderungen als Herausforderung für Praxis, Wissenschaft und Politik. Marburg. Lebenshilfe-Verlag. 183-193.

Beck, Iris (2007a): „25 Jahre Entwicklung in der Behindertenhilfe". In: Landschaftsverband Rheinland (Hrsg.): Dokumentation: Fachtagung 25 Jahre HPH - von Heilpädagogischen Heimen zum Netzwerk Heilpädagogischer Hilfen. Köln. Landschaftsverband Rheinland. 19-32.

Beck, Iris (2007b): Wohnen. In: Greving, H. (Hrsg.): Kompendium der Heilpädagogik. Band 2: I-Z. Troisdorf. Bildungsverlag EINS. 334-345.

Beck, Iris (o. J.): Heil-, Sonder-, Behindertenpädagogik als Wissenschaft: Konstitutionsmodelle (Manuskript). o.O.

Beck, Iris & Greving, Heinrich (2011): Institution und Organisation In: Beck, I. & Greving, H. (Hrsg.): Gemeindeorientierte pädagogische Dienstleistungen. Stuttgart. W. Kohlhammer. 31-69.

Beck, Iris & Greving, Heinrich (2012): Normalisierung, Integration, Lebensqualität. In: Beck, I. & Greving, H. (Hrsg.): Lebenslage und Lebensbewältigung. Stuttgart. Kohlhammer. 179-197.

Becker-Lenz, Roland; Busse, Stefan; Ehlert, Gudrun & Müller, Silke (2011): Professionelles Handeln in der Sozialen Arbeit. Materialanalysen und kritische Kommentare. Wiesbaden. VS Verlag.

Behörde für Soziales, Familie, Gesundheit und Verbraucherschutz (2008): Ambulant betreutes Wohnen für Menschen mit geistigen und mehrfachen Behinderungen. Hamburg.

Benkmann, Rainer (2001): Sonderpädagogische Professionalität im Wandel. In: Zeitschrift für Heilpädagogik. 52. Jg. (Heft 3). 90-98.

Bensch, Camilla & Klicpera, Christian (2000): Dialogische Entwicklungsplanung. Ein Modell für die Arbeit von BehindertenpädagogInnen mit erwachsenen Menschen mit geistiger Behinderung. Heidelberg. Winter.

Bensch, Camilla & Klicpera, Christian (2001): Wohneinrichtungen für Menschen mit geistiger Behinderung. Eine Studie im Raum Wien und Umgebung. In: Geistige Behinderung. 40. Jg. (Heft 3). 262-270.

Bensch, Camilla & Klicpera, Christian (2002): Betreuer in Wohneinrichtungen für Menschen mit geistiger Behinderung. Ihre Ausbildung, Aufgaben, Rollenbilder und Betreuungsstile. In: Zeitschrift für Heilpädagogik. 53. Jg. (Heft 2). 63-68.

Bielefeldt, Heiner (2009): Zum Innovationspotenzial der UN-Behindertenrechtskonvention. Bonn, Berlin. Deutsches Institut für Menschenrechte. Monitoring-Stelle zur UN-Behindertenrechtskonvention.

Bleidick, Ulrich (2006a): Behindertenpädagogik. In: Antor, G. & Bleidick, U. (Hrsg.): Handlexikon der Behindertenpädagogik. Schlüsselbegriffe aus Theorie und Praxis. Stuttgart. Kohlhammer. 77-79.

Bleidick, Ulrich (2006b): Behinderung. In: Antor, G. & Bleidick, U. (Hrsg.): Handlexikon der Behindertenpädagogik. Schlüsselbegriffe aus Theorie und Praxis. Stuttgart. Kohlhammer. 79-81.

Bleidick, Ulrich; Rath, Waltraud & Schuck, Karl Dieter (1995): Die Empfehlungen der Kultusministerkonferenz zur sonderpädagogischen Förderung in den Schulen der Bundesrepublik Deutschland. In: Zeitschrift für Pädagogik. 41. Jg. (Heft 2). 247-264.

Böhm, Andreas (2010): Theoretisches Codieren: Textanalyse in der Grounded Theory. In: Flick, U.; Kardorff, E. v. & Steinke, I. (Hrsg.): Qualitative Forschung. Ein Handbuch. Reinbek bei Hamburg. Rowohlt. 475-485.

Brachmann, Andreas (2011): Re-Institutionalisierung statt De-Institutionalisierung in der Behindertenhilfe. Neubestimmung der Funktion von Wohneinrichtungen für erwachsene Menschen mit geistiger Behinderung aus sonderpädagogischer Perspektive. Wiesbaden. VS Verlag für Sozialwissenschaften.

Budde, Wolfgang & Früchtel, Frank (2006): Die Felder der Sozialraumorientierung. In: Budde, W.; Früchtel, F. & Hinte, W. (Hrsg.): Sozialraumorientierung. Wege zu einer veränderten Praxis. Wiesbaden. VS Verlag für Sozialwissenschaften. 27-50.

Budde, Wolfgang; Früchtel, Frank & Hinte, Wolfgang (2006): Sozialraumorientierung. Wege zu einer veränderten Praxis. Wiesbaden. VS Verlag für Sozialwissenschaften.

Bude, Heinz (2001): Die Gesellschaft der Individuen. Integration und Inklusion auf dem Prüfstand. In: Evangelische Stiftung Alsterdorf. Bundesverband Evangelische Behindertenhilfe e.V. (Hrsg.): Community Care. Selbstbestimmung von Menschen mit Behinderung. Dokumentation des Kongresses Community Care vom 23. bis 25. Oktober 2000. Hamburg. 8-11.

Bullinger, Hermann & Nowak, Jürgen (1998): Soziale Netzwerkarbeit. Eine Einführung für soziale Berufe. Freiburg im Breisgau. Lambertus-Verlag.

Cloerkes, Günther (2006): Stigma, Stigmatisierung. In: Antor, G. & Bleidick, U. (Hrsg.): Handlexikon der Behindertenpädagogik. Schlüsselbegriffe aus Theorie und Praxis. Stuttgart. 250-252.

Cloerkes, Günther (2007): Soziologie der Behinderten. Eine Einführung. 3., neu bearbeitete und erweiterte Auflage Heidelberg. Winter Verlag.

Dahme, Heinz-Jürgen; Grunow, Dieter & Hempner, F. (1980): Aspekte zur Implementation politischer Programme. Zur Überlappung von Programmentwicklung und Programmimplementation am Beispiel der staatlichen Förderprogramme für Sozialstationen. In: Mayntz, R. (Hrsg.): Implementation politischer Programme. Empirische Forschungsberichte. Königstein/Taunus. 154-175.

Dahme, Heinz-Jürgen & Wohlfahrt, Norbert (2009): Zwischen Ökonomisierung und Teilhabe. Zum aktuellen Umbau der Eingliederungshilfe für behinderte Menschen. In: Teilhabe – Die Fachzeitschrift der Lebenshilfe. 48. Jg. (Heft 4). 164-171.

Dahme, Heinz-Jürgen & Wohlfahrt, Norbert (2012): Der Sozialraum als Rettungsanker des Sozialstaats mit antikapitalistischer Durchschlagskraft? In: Teilhabe. 2012. Jg. (Heft 2). 69-70.

Dalferth, Matthias (1998): Modell einer Integration von geistig schwerst- und mehrfachbehinderten Menschen aus der Psychiatrie in die Gemeinde – Bereicht über ein Projekt der Dr. Loew´schen Einrichtungen. In: Theunissen, G. (Hrsg.): Enthospitalisierung – Ein Etikettenschwindel? Neue Studien, Erkenntnisse und Perspektiven der Behindertenhilfe. Bad Heilbrunn/Orb. Klinikhardt. 241-260.

Dalferth, Matthias (1999): Enthospitalisierung in den westlichen Industrienationen am Beispiel der USA/Kalifornien, Norwegen und Schweden. In: Theunissen, G. & Lingg, A. (Hrsg.): Wohnen und Leben nach der Enthospitalisierung: Perspektiven für ehemals hospitalisierte und alte Menschen mit geistiger und seelischer Behinderung. Bad Heilbrunn/Orb. Klinikhardt. 88-113.

Dalferth, Matthias (2000): Enthospitalisierung konkret: soziale Eingliederung von langzeithospitialisierten, schwerst geistig behinderten Menschen mit autistischen Verhaltensweisen in eine heilpädagogische Einrichtung. Ein Forschungsbericht zur Praxis der Enthospitalisierung. Heidelberg. C. Winter.

Dederich, Markus (2006): Wozu Theorie? In: Vierteljahresschrift für Heilpädagogik und ihre Nachbargebiete. 75. Jg. (Heft 2). 99-109.

Dederich, Markus (2008): Die Universalisierung der Ökonomie – Ursachen, Hintergründe und Folgen. In: Vierteljahresschrift für Heilpädagogik und ihre Nachbargebiete. 77. Jg. (Heft 4). 288-300.

Dederich, Markus (2009): Behinderung als sozial- und kulturwissenschaftliche Kategorie. In: Dederich, M. & Jantzen, W. (Hrsg.): Behinderung und Anerkennung. Stuttgart. Kohlhammer. 15-39.

Deutscher Bundestag (1975): Unterrichtung durch die Bundesregierung: Bericht über die Lage der Psychiatrie in der Bundesrepublik Deutschland – Zur psychiatrischen und psychotherapeutischen/psycho-somatischen Versorgung der Bevölkerung. Zusammenfassung, Auszug aus dem Bericht der Sachverständigen-Kommission.

Dewe, Bernd (2005): Perspektiven gelingender Professionalität. In: neue praxis. Zeitschrift für Sozialarbeit, Sozialpädagogik und Sozialpolitik. 35. Jg. (Heft 3). 257-266.

Dewe, Bernd; Ferchhoff, Wilfried; Scherr, Albert & Stüwe, Gerd (2001): Professionelles soziales Handeln. Soziale Arbeit im Spannungsfeld zwischen Theorie und Praxis. 3. Auflage. Weinheim & Münster. Juventa Verlag.

Dewe, Bernd & Otto, Hans-Uwe (2005): Profession. In: Otto, H.-U. & Thiersch, H. (Hrsg.): Handbuch Sozialarbeit/Sozialpädagogik. München/Basel. Ernst Reinhardt Verlag. 1399-1423.

Diekmann, Frieder (2012): Wohnen. In: Beck, I. & Greving, H. (Hrsg.): Lebenslage und Lebensbewältigung. Stuttgart. Kohlhammer. 234-241.

DIMDI – Deutsches Institut für Medizinische Dokumentation und Information (2005): ICF – Internationale Klassifikation der Funktionsfähigkeit, Behinderung und Gesundheit. Stand Oktober 2005, World Health Organizsation (Hrsg.). Köln.

Dlugosch, Andrea (2005): Professionelle Entwicklung in sonderpädagogischen Kontexten. In: Horster, D.; Hoyningen-Süess, U. & Liesen, C. (Hrsg.): Sonderpädagogische Professionalität. Beiträge zur Entwicklung der Sonderpädagogik als Disziplin und Profession. Wiesbaden. VS Verlag für Sozialwissenschaften. 27-51.

Dlugosch, Andrea (2009a): Professionalität. In: Dederich, M. & Jantzen, W. (Hrsg.): Behinderung und Anerkennung. Stuttgart. Kohlhammer. 253-256.

Dlugosch, Andrea (2009b): Professionelles Handeln im Kontext von Verhaltensstörungen zwischen ethischer Begründbarkeit und Berufsmoral? In: Vierteljahresschrift für Heilpädagogik und ihre Nachbargebiete. 78. Jg. (Heft 2). 103-113.

Doose, Stefan (2000): „I want my dream!“ Persönliche Zukunftsplanung. Neue Perspektiven und Methoden einer individuellen Hilfeplanung mit Menschen mit Behinderungen. 5. Auflage. Hamburg. Bundesarbeitsgemeinschaft für Unterstützte Beschäftigung.

Dörner, Klaus (1991): Schwerst- und mehrfachbehinderte Menschen als Prüfstein der Gemeindepsychiatrie. In: Gromann-Richter, P. (Hrsg.): Was heißt hier Auflösung? Die Schließung der Klinik Blankenburg. Bonn. 193-198.

Dörner, Klaus (1999): Ende der Enthospitalisierung? In: Geistige Behinderung. 38. Jg. (Heft 4). 311-318.

Droste, Thomas (2000): Leitlinien für die Enthospitalisierung schwer geistig behinderter Menschen aus der Psychiatrie. Ein Resümee der bisherigen Entwicklungen. In: Geistige Behinderung. 39. Jg. (Heft 2). 125-137.

Dudenredaktion (1997): Duden. Fremdwörterbuch. Mannheim, Wien, Zürich.

Ehlers, Angela (2010): Weiterentwicklung der sonderpädagogischen Förderung auf der Grundlage des § 12 Hamburgisches Schulgesetz. In: Hamburg macht Schule. (Heft 1). 6.

Eisenberger, Jörg (1999): USTA-Problemaufriss: Variablen Mitarbeiter/ -innen und Leitung. In: Eisenberger, J.; Hahn, M. T.; Hall, C.; Koepp, A. & Krüger, C. (Hrsg.): Das Normalisierungsprinzip – vier Jahrzehnte danach. Veränderungsprozesse stationärer Einrichtungen für Menschen mit geistiger Behinderung. Reutlingen. Diakonie-Verlag. 157-173.

Eisenberger, Jörg; Hahn, Martin Th.; Hall, Constanze; Koepp, Antje & Krüger, Carsten (1999): Das Normalisierungsprinzip – vier Jahrzehnte danach. Veränderungsprozesses stationärer Einrichtungen für Menschen mit geistiger Behinderung. In: Hahn, M. T. (Hrsg.): Berliner Beiträge zur Pädagogik und Andragogik von Menschen mit geistiger Behinderung. Reutlingen. Diakonie-Verlag.

Engel, Heike; Engels, Dietrich & Pfeuffer, Frank (2008): Datenerhebung zu den Leistungs- und Vergütungsstrukturen in der Frühförderung behinderter und von Behinderung bedrohter Kinder – Abschlussbericht. Forschungsprojekt im Auftrag des Bundesministeriums für Arbeit und Soziales. Köln.

Fachgruppe Case Management der DGS (2004): Leitprinzipien Case Management im Sozial- und Gesundheitswesen. o.O.

Fatke, Reinhard (1997): Fallstudien in der Erziehungswissenschaft. In: Friebertshäuser, B. & Prengel, A. (Hrsg.): Qualitative Forschungsmethoden in der Erziehungswissenschaft. Weinheim/ München. Juventa Verlag. 56-68.

Ferber, Christian von (1976): Zum soziologischen Begriff von Behinderung. In: Zeitschrift für Heilpädagogik. 27. Jg. (Heft 7). 416-422.

Ferber, Christian von (2011): Globalisierung, Deregulierung, Ökonomisierung. In: Beck, I. & Greving, H. (Hrsg.): Gemeindeorientierte pädagogische Dienstleistungen. Stuttgart. W. Kohlhammer. 73-83.

Ferchhoff, Wilfried (2011): Professionen und Professionalisierung. In: Beck, I. & Greving, H. (Hrsg.): Gemeindeorientierte pädagogische Dienstleistungen. Stuttgart. W. Kohlhammer. 197-205.

Flick, Uwe (1995): Qualitative Sozialforschung. Theorie, Methoden, Anwendung in Psychologie und Sozialwissenschaften. 3. Auflage. Reinbek bei Hamburg. Rowohlt.

Flick, Uwe (2006): Interviews in der qualitativen Evaluationsforschung. In: Flick, U. (Hrsg.): Qualitative Evaluationsforschung. Konzepte – Methoden – Umsetzungen. Reinbek bei Hamburg. Rowohlt. 214-232.

Flick, Uwe (2007): Qualitative Sozialforschung. Eine Einführung. Vollständig überarbeitete und erweiterte Neuausgabe 2007. 3. Auflage 2010. Reinbek bei Hamburg. Rowohlt.

Flynn, Robert & Nitsch, Kathleen (1980): Normalization. Accomplishments to date and future priorities. In: Flynn, R. & Nitsch, K. (Hrsg.): Normalization, social integration, and community services. Baltimore. University Park Press. 363-394.

Fornefeld, Barbara (2006): Schwerstbehinderung, Mehrfachbehinderung, Schwerstbehinderte, Schwerstbehindertenpädagogik. In: Antor, G. & Bleidick, U. (Hrsg.): Handlexikon der Behindertenpädagogik. Schlüsselbegriffe aus Theorie und Praxis. Stuttgart. Kohlhammer. 156-159.

Franz, Daniel (2004): De-Institutionalisierung in der Behindertenpädagogik. Zum Problem asymmetrischer Beziehungsmuster in Wohneinrichtungen für Menschen mit geistiger Behinderung. Diplom-Arbeit an der Universität Hamburg, Hamburg.

Franz, Daniel (2007): Hilfeplanung, Soziale Beziehungen und Sozialraum. In: Behindertenhilfe Hamburg gGmbH (Hrsg.): Materialsammlung: Die Individuelle Hilfeplanung. Hamburg.

Franz, Daniel (2011a): De-Institutionalisierung als Gegenstand der behindertenpädagogischen Diskussion. Eine sekundäranalytische Betrachtung zu De-Institutionalisierung und Enthospitalisierung. In: Behindertenpädagogik. 50. Jg. (Heft 3). 248-264.

Franz, Daniel (2011b): Sozialraumorientierung: Neue/veränderte Anforderungen an die Professionellen. In: Friebe, S. & Link, R. (Hrsg.): Sozialraumorientierung. Ein Konzept und seine Bedeutung für die Behindertenhilfe. 14. Fachtagung der Fachschule für Sozialwesen der Johannes-Diakonie Mosbach. Mosbach. o.V. 91-105.

Franz, Daniel (2012): Rezension zu: Glasenapp, Jan: Im Spannungsfeld von Sicherheit und Freiheit. Über Deinstitutionalisieren in der Behindertenhilfe. In: Vierteljahresschrift für Heilpädagogik und ihre Nachbargebiete. (Heft 1). 89.

Franz, Daniel & Beck, Iris (2007): Umfeld- und Sozialraumorientierung in der Behindertenhilfe. Empfehlungen und Handlungsansätze für Hilfeplanung und Gemeindeintegration. Hamburg, Düren. DHG-Eigenverlag.

Franz, Daniel; Lindmeier, Bettina & Ling, Karen (2011): Personenorientierte Hilfen, Netzwerkförderung und Nahraumorientierung. In: Beck, I. & Greving, H. (Hrsg.): Gemeindeorientierte pädagogische Dienstleistungen. Stuttgart. W. Kohlhammer. 100-109.

Friedrichs, Jürgen (1980): Methoden empirischer Sozialforschung. 12. Auflage. Opladen. Westdeutscher Verlag.

Früchtel, Frank & Budde, Wolfgang (2006a): Wie funktioniert fallspezifische Stärkenarbeit? Sozialraumorientierung auf der Ebene von Individuen. In: Budde, W.; Früchtel, F. & Hinte, W. (Hrsg.): Sozialraumorientierung. Wege zu einer veränderten Praxis. Wiesbaden. VS Verlag für Sozialwissenschaften. 219-229.

Früchtel, Frank & Budde, Wolfgang (2006b): Wie funktioniert fallunspezifische Ressourcenarbeit? Sozialraumorientierung auf der Ebene von Netzwerken. In: Budde, W.; Früchtel, F. & Hinte, W. (Hrsg.): Sozialraumorientierung. Wege zu einer veränderten Praxis. Wiesbaden. VS Verlag für Sozialwissenschaften. 201-218.

Früchtel, Frank & Budde, Wolfgang (2010): Bürgerinnen und Bürger statt Menschen mit Behinderungen. Sozialraumorientierung als lokale Strategie der Eingliederungshilfe. In: Teilhabe. 49. Jg. (Heft 2). 54-61.

Früchtel, Frank; Budde, Wolfgang & Cyprian, Gudrun (2007): Sozialer Raum und Soziale Arbeit 2: Fieldbook: Methoden und Techniken. Wiesbaden. VS Verlag.

Fuchs-Heinritz, Werner & König, Alexandra (2005): Pierre Bourdieu. Konstanz 2005. UVK Verlagsgesellschaft mbH.

Gaedt, Christian (1987): Normalisierung. Anmaßung – Anpassung – Verweigerung. Aufsätze und Vorträge. Neuerkerode.

Gaedt, Christian (1995): Autonomie und soziale Strukturen. Kritische Gedanken zu modernen Betreuungskonzepten für Menschen mit geistiger Behinderung. Neuerkerode.

Giesecke, Herrmann (1996): Das >Ende der Erziehung<. Ende oder Anfang pädagogischer Porfessionalisierung? In: Combe, A. & Helsper, W. (Hrsg.): Pädagogische Professionalität. Untersuchungen zum Typus des pädagogischen Handelns. Frankfurt a.M. Suhrkamp. 391-403.

Glasenapp, Jan (2010): Im Spannungsfeld von Sicherheit und Freiheit. Über Deinstitutionalisieren in der Behindertenhilfe. Berlin. Lit Verlag.

Goffman, Erving (1973): Asyle. Über die soziale Situation psychiatrischer Patienten und anderer Insassen. Frankfurt (Main). Suhrkamp Verlag.

Grebe, Eva & Lindmeier, Christian (2010): Verbesserung der Lebensqualität durch Leben in der Gemeinde? Eine Einzelfallstudie am Beispiel des Pfalzklinikums für Psychiatrie und Neurologie in Klingenmünster (Rheinland-Pflaz). In: Teilhabe – Die Fachzeitschrift der Lebenshilfe. 49. Jg. (Heft 1). 20-25.

Greving, Heinrich (2011): Heilpädagogische Professionalität. Eine Orientierung. Stuttgart. Kohlhammer.

Greving, Heinrich & Ondracek, Petr (2009): Heilpädagogisches Denken und Handeln. Eine Einführung in die Didaktik und Methodik der Heilpädagogik. Stuttgart. Kohlhammer.

Gromann-Richter, Petra (1991a): Die Organisation der Schließung. In: Gromann-Richter, P. (Hrsg.): Was heißt hier Auflösung? Die Schließung der Klinik Blankenburg. Bonn. Psychiatrie-Verlag. 63-66.

Gromann-Richter, Petra (1991b): Was hat sich an unserer Arbeitsweise verändert? In: Gromann-Richter, P. (Hrsg.): Was heißt hier Auflösung? Die Schließung der Klinik Blankenburg. Bonn. Psychiatrie-Verlag. 148-159.

Gromann-Richter, Petra (1991c): Was heißt hier Auflösung? Die Schließung der Klinik Blankenburg. Bonn. Psychiatrie-Verlag.

Gross, Peter & Badura, Bernhard (1977): Sozialpolitik und soziale Dienste: Entwurf einer Theorie sozialer Dienstleistungen. In: Ferber, C. v. & Kaufmann, F.-X. (Hrsg.): Soziologie und Sozialpolitik. Opladen. Westdeutscher Verlag. 361-385.

Grunewald, Karl (2002): Der Abbau der Anstalten für Behinderte in Schweden. In: Geistige Behinderung. 41. Jg. (Heft 3). 243-254.

Gukenbiehl, Hermann L. (2006): Institution und Organisation. In: Korte, H. & Schäfers, B. (Hrsg.): Einführung in die Hauptbegriffe der Soziologie. Wiesbaden. VS Verlag für Sozialwissenschaften. 143-159.

Habermas, Jürgen (1999a): Theorie des kommunikativen Handelns. Band 1. Handlungsrationalität und gesellschaftliche Rationalisierung. 3. Auflage. Frankfurt (Main). Suhrkamp Verlag.

Habermas, Jürgen (1999b): Theorie des kommunikativen Handelns. Band 2. Zur Kritik der funktionalistischen Vernuft. 3. Auflage. Frankfurt (Main). Suhrkamp Verlag.

Hahn, Martin Th. (2008): Stellungnahme zu Margrit Meier: Entwurf eines berufsethischen Eides. In: Vierteljahresschrift für Heilpädagogik und ihre Nachbargebiete. 77. Jg. (Heft 2). 161-164.

Hahn, Martin Th.; Fischer, Ute & Klingmüller, Bernhard (2004): Warum sollen sie nicht mit uns leben? Stadtteilintegriertes Wohnen von Erwachsenen mit schwerer geistiger Behinderung und ihre Situation in Wohnheimen. Reutlingen. Diakonie-Verlag.

Halfmeyer, Peter (1991): Die Veränderungen innerhalb der Mitarbeiterschaft der Klinik. In: Gromann-Richter, P. (Hrsg.): Was heißt hier Auflösung? Die Schließung der Klinik Blankenburg. Bonn. Psychiatrie-Verlag. 28-38.

Hamburger LAG für behinderte Menschen (2008): Ambulantisierung der Behindertenhilfe in Hamburg: Wichtige Schritte stehen noch aus. Eine kritische Zwischenbilanz aus Sicht der Landesarbeitsgemeinschaft für behinderte Menschen. Hamburg.

Heidl, Helmut (2000): Erziehung. In: Lenzen, D. (Hrsg.): Erziehungswissenschaft. Ein Grundkurs. Reinbek bei Hamburg. Rowohlt Verlag. 43-68.

Heuser, Klaus (2007): Die Zukunft der Eingliederungshilfe. In: Maas, T.; Bayer, W.; Götz, D.; Heimler, J.; Kraft, W.; Nernheim, K.; Schulz, B. & Schulze Steinmann, L. (Hrsg.): Community Living. Bausteine für eine Bürgergesellschaft. Hamburg. alsterdorf verlag gmbh. 47-53.

Hinte, Wolfgang (2002): Zur Notwendigkeit sozialräumlicher Orientierung in der Jugendhilfe. In: Hirsauer Blätter (Heft 7). 9-21.

Hinte, Wolfgang (2005): Gemeinwesenarbeit – zeitgenössische Verirrungen in der aktuellen Diskussion. In: Thole, W.; Cloos, P. & Ortmann, F. (Hrsg.): Soziale Arbeit im öffentlichen Raum. Soziale Gerechtigkeit in der Gestaltung des Sozialen. Wiesbaden. VS Verlag für Sozialwissenschaften.

Hinte, Wolfgang (2009): Eigensinn und Lebensraum – zum Stand der Diskussion um das Fachkonzept „Sozialraumorientierung". In: Vierteljahresschrift für Heilpädagogik und ihre Nachbargebiete. 78. Jg. (Heft 1). 20-33.

Hinte, Wolfgang (2012): Innovation oder Depression – Zum Dilemma der Diskussion um Sozialraumorientierung. In: Teilhabe. 2012. Jg. (Heft 2). 66-68.

Hinte, Wolfgang; Litges, Gerd & Springer, Werner (1999): Soziale Dienste: Vom Fall zum Feld. Soziale Räume statt Verwaltungsbezirke. Bonn. Edition Sigma.

Hoffmann-Riem, Christa (1980): Die Sozialforschung einer interpretativen Soziologie. Der Datengewinn. In: Kölner Zeitschrift für Soziologie und Sozialpsychologie. 32. Jg. 339-372.

Hoffmann, Claudia (1998): Enthospitalisierung oder Umhospitalisierung? – am Beispiel der Neuen Länder. In: Theunissen, G. (Hrsg.): Enthospitalisierung – Ein Etikettenschwindel? Neue Studien, Erkenntnisse und Perspektiven der Behindertenhilfe. Bad Heilbrunn/Obb. Klinikhardt. 109-153.

Hoffmann, Claudia (1999): Enthospitalisierung und Deinstitutionalisierung – Einführung in die Leitterminologie. In: Theunissen, G. & Lingg, A. (Hrsg.): Wohnen und Leben nach der Enthospitalisierung: Perspektiven für ehemals hospitalisierte und alte Menschen mit geistiger und seelischer Behinderung. Bad Heilbrunn/Orb. Klinikhardt. 16-27.

Honneth, Axel (2003): Kampf um Anerkennung. Zur moralischen Grammatik sozialer Konflikte. Frankfurt (Main). Suhrkamp.

Hopf, Christel (2004): Qualitative Interviews – ein Überblick. In: Flick, U.; Kardorff, E. v. & Steinke, I. (Hrsg.): Qualitative Forschung. Ein Handbuch. Reinbek bei Hamburg. Rowohlt. 349-360.

Horster, Detlef; Hoyningen-Süess, Ursula & Liesen, Christian (2005): Sonderpädagogische Professionalität. Beiträge zur Entwicklung der Sonderpädagogik als Disziplin und Profession. Wiesbaden. VS Verlag für Sozialwissenschaften.

Jahns, Herrmann (1991): Personenbezogene Planung und Entwicklung – ein Fallbeispiel. In: Gromann-Richter, P. (Hrsg.): Was heißt hier Auflösung? Die Schließung der Klinik Blankenburg. Bonn. 160-168.

Jantzen, Wolfgang (1996): Enthospitalisierung und institutioneller Kontext: Einrichtungen für Behinderte in der modernen Gesellschaft. In: Behindertenpädagogik. 35. Jg. (Heft 3). 258-275.

Jantzen, Wolfgang (1997): Anerkennung statt Normalisierung – Bemerkungen zu einem notwendigen Paradigmenwechsel in der Enthospitalisierungsdebatte. In: Jantzen, W. (Hrsg.): Geschlechterverhältnisse in der Behindertenpädagogik. Subjekt/Objekt-Verhältnisse in Wissenschaft und Praxis. Luzern. 1997. 53-60.

Jantzen, Wolfgang (1998): Die Zeit ist aus den Fugen. Marburg. BdWi-Verlag.

Jantzen, Wolfgang (1999): Deinstitutionalisierung als Kern von Qualitätssicherung. In: Jantzen, W.; Lanwer-Koppelin, W. & Schulz, K. (Hrsg.): Qualitätssicherung und Deinstitutionalisierung: niemand darf wegen seiner Behinderung benachteiligt werden. Berlin. Wissenschaftsverlag Spiess. 191-197.

Jantzen, Wolfgang (2002): Gewalt ist der verborgene Kern von geistiger Behinderung. o.O. Verfügbar unter: http:basaglia.bei.t-online.de/Artikel/Olten%202002.htm. Stand:

Jantzen, Wolfgang (2003): „...die da dürstet nach der Gerechtigkeit". Deinstitutionalisierung in einer Großeinrichtung der Behindertenhilfe. Berlin. Edition Marhold.

Jantzen, Wolfgang (2005): Rehistorisierung (Manuskript).

Jantzen, Wolfgang (2007): Deinstitutionalisierung. In: Greving, H. (Hrsg.): Kompendium der Heilpädagogik. Band 1: A-H. Troisdorf. Bildungsverlag EINS. 149-159.

Jantzen, Wolfgang (2011): Buchrezension: Re-Institutionalisierung statt De-Institutionalisierung in der Behindertenhilfe. In: Behindertenpädagogik. 50. Jg. (Heft 3). 303-308.

Jantzen, Wolfgang; Lanwer-Koppelin, Willehad & Schulz, Kristina (1999): Qualitätssicherung und Deinstitutionalisierung: niemand darf wegen seiner Behinderung benachteiligt werden. Berlin. Wissenschaftsverlag Spiess.

Kessl, Fabian (2011): Sozialraumorientierung – einige Anmerkungen zur Diskussion. In: Behindertenpädagogik. 50. Jg. (Heft 3). 290-301.

Kessl, Fabian; Reutlinger, Christian; Maurer, Susanne & Frey, Oliver (2005): Handbuch Sozialraum. Wiesbaden. VS Verlag für Sozialwissenschaft.

Keupp, Heiner (2001): 25 Jahre Gemeindepsychiatrie. Erfahrungen für Community Care. Community Care. Selbstbestimmung von Menschen mit Behinderung. Dokumentation des Kongresses Community Care vom 23. bis 25. Oktober 2000. Hamburg.

Kleining, Gerhard (1982): Umriß zu einer Methodologie qualitativer Sozialforschung. In: Kölner Zeitschrift für Soziologie und Sozialpsychologie. 34. Jg. 224-253.

Kleining, Gerhard (1991): Methodologie und Geschichte qualitativer Sozialforschung. In: Flick, U.; Kardorff, E. v. & Keupp, H. (Hrsg.): Handbuch Qualitative Sozialforschung. Grundlagen, Konzepte, Methoden und Anwendungen. München. Psychologie-Verlags Union. 11-22.

Kobi, Emil E. (2007a): Daseinsgestaltung. In: Greving, H. (Hrsg.): Kompendium der Heilpädagogik. Band 1: A-H. Troisdorf. Bildungsverlag EINS. 139-148.

Kobi, Emil E. (2007b): Lebenswelt. In: Greving, H. (Hrsg.): Kompendium der Heilpädagogik. Band 2: I-Z. Troisdorf. Bildungsverlag EINS. 96-106.

Kolbe, Hermann; Trost, Rainer & Wacker, Elisabeth (1988): Verbesserung der Arbeitssituation im Behindertenheim. Möglichkeiten und Grenzen von Veränderungen durch Praxisberatung. In: Neumann, J. (Hrsg.): Arbeit im Behindertenheim: Situationsanalyse und Strategien zu ihrer Humanisierung. Frankfurt (Main), New York. Campus Verlag.

König, Eckard (2005): Das Konstruktinterview: Grundlagen, Forschungsmethodik, Anwendung. In: König, E. & Volmer, G. (Hrsg.): Systemisch Denken und Handeln. Personale Systemtheorie in Erwachsenenbildung und Organisationsberatung. Weinheim/Basel. Beltz. 83-117.

König, Eckard & Volmer, Gerda (1999): Systemische Organisationsberatung. Grundlagen und Methoden. 6. Weinheim. Deutscher Studien Verlag.

Kowal, Sabine & O´Connell, Daniel C. (2010): Zur Transkription von Gesprächen. In: Flick, U. Kardorff, E. v. & Steinke, I. (Hrsg.): Qualitative Forschung. Ein Handbuch. Reinbek bei Hamburg. Rowohlt. 437-447.

Kruckenberg, Peter (1991): Auflösung alleine reicht nicht. In: Gromann-Richter, P. (Hrsg.): Was heißt hier Auflösung? Die Schließung der Klinik Blankenburg. Bonn. 204-210.

Kruckenberg, Peter (1999): Enthospitalisierung von Langzeitpatienten – Prozess und Ergebnisse – Erfahrungen im Stadtstaat Bremen 1980-1989 . In: Eisenberger, J.; Hahn, M. T.; Hall, C.; Koepp, A. & Krüger, C. (Hrsg.): Das Normalisierungsprinzip – vier Jahrzehnte danach. Veränderungsprozesse stationärer Einrichtungen für Menschen mit geistiger Behinderung. Reutlingen. Diakonie-Verlag. 120-153.

Kruckenberg, Peter; Fabian, Agnes S. & Henning, Jörg (1995): Modellprojekt Integration von Patienten einer psychiatrischen Langzeitklinik in dezentrale gemeindenahe Versorgungseinrichtungen. Endbericht des Evaluationsprojektes zur Entwicklung der psychiatrischen Versorgungsstrukturen in Bremen im Zuge der Auflösung der Klinik Kloster Blankenburg. Baden-Baden. Das Bundesministerium für Gesundheit.

Lachwitz, Klaus (1994): Enthospitalisierung von Menschen mit geistiger Behinderung. Grund- und menschenrechtliche Aspekte zur Lage der Psychiatrie in den neuen Bundesländern. In: Geistige Behinderung. 33. Jg. (Heft 3). 206-215.

Lachwitz, Klaus (2011): Persönliches Budget. In: Beck, I. & Greving, H. (Hrsg.): Gemeindeorientierte pädagogische Dienstleistungen. Stuttgart. W. Kohlhammer. 192-197.

Lachwitz, Klaus; Schellhorn, Walter & Welti, Felix (2002): Handkommentar zum Sozialgesetzbuch IX – Rehabilitation und Teilhabe behinderter Menschen. Neuwied, Kriftel. Luchterhand.

Landeswohlfahrtsverband Hessen (2010): Integrierter Teilhabeplan (ITP) - Stand 10-2010 Version 2.1. o.O.

Lemke, Wolfgang & Schuck, Karl Dieter (2002): Bezugspunkte der Sonderpädagogischen Förderung in schuladministrativer Sicht: Die KMK-Empfehlungen von 1994 zwischen Entwicklungs- und Defizitorientierung. In: Die neue Sonderschule. 47. Jg. (Heft 2). 85-102.

Lindmeier, Bettina & Lindmeier, Christian (2011): Dienstleistungen für das Wohnen und die soziale Teilhabe. In: Beck, I. & Greving, H. (Hrsg.): Gemeindeorientierte pädagogische Dienstleistungen. Stuttgart. Kohlhammer. 140-148.

Lindmeier, Bettina & Meyer, Dorothee (2005): Persönliche Zukunftsplanung mit Unterstützerkreisen. Stand der Umsetzung und Perspektiven für die Bundesrepublik Deutschland. In: Behinderte in Familie, Schule und Gesellschaft. Zur Praxis. (Heft 1). 1-16.

Lindmeier, Christian (2000): Heilpädagogische Professionalität. In: Sonderpädagogik. 30. Jg. (Heft 3). 166-188.

Lindmeier, Christian (2009): Sonderpädagogische Lehrerbildung für ein inklusives Schulsystem? In: Zeitschrift für Heilpädagogik. 60. Jg. (Heft 10). 416 - 427.

Löcherbach, Peter (1988): Altes und Neues zum Case-Management. Soziale Unterstützungsarbeit zwischen persönlicher Hilfe und Dienstleistungsservice. In: Mrochen, S.; Berchthold, E. & Hesse, A. (Hrsg.): Standortbestimmung sozialpädagogischer und sozialarbeiterischer Methoden. Weinheim. Deutscher Studienverlag. 104-122.

Loeken, Hiltrud (2000): Spannungsfelder sonderpädagogischer Professionalität – Anregungen für ein Professionskonzept. In: Friedrich, A.; Hinz, A. & Moser, V. (Hrsg.): Perspektiven der Sonderpädagogik: disziplin- und professionsbezogene Standortbestimmungen (Festschrift für Helga Deppe-Wolfinger). Neuwied, Berlin. 199-210.

Loeken, Hiltrud (2005): Assistenz statt Pädagogik? Professionelle Entwicklungen in der außerschulischen Sonderpädagogik. In: Horster, D.; Hoyningen-Süess, U. & Liesen, C. (Hrsg.): Sonderpädagogische Professionalität. Beiträge zur Entwicklung der Sonderpädagogik als Disziplin und Profession. Wiesbaden. VS Verlag für Sozialwissenschaften. 119-132.

Loeken, Hiltrud & Windisch, Matthias (2005): Unterstützungsbündnis als Weg in der sozialen Arbeit mit behinderten Menschen – Veränderung von Machtstrukturen durch professionelle Neuorientierung. In: Zeitschrift für Heilpädagogik. 56. Jg. (Heft 5). 193-199.

Loeken, Hiltrud & Windisch, Matthias (2008): Pädagogische Professionalisierung in der außerschulischen Behindertenhilfe. In: neue praxis. Zeitschrift für Sozialarbeit, Sozialpädagogik und Sozialpolitik. 38. Jg. (Heft 2). 201-210.

Loeken, Hiltrud & Windisch, Matthias (2009): Berufliche Kompetenzanforderungen in der Sozialen Arbeit/ Pädagogik bei Behinderung. In: Neue praxis. Zeitschrift für Sozialarbeit, Sozialpädagogik und Sozialpolitik. 39. Jg. (Heft 03). 252-267.

Lübbe, Andrea & Beck, Iris (2003): Individuelle Hilfeplanung. Anforderungen an die Behindertenhilfe. Hamburg/Düren. DHG-Eigenverlag.

Luhmann, Niklas (1990): Das Erkenntnisproblem des Konstruktivismus und die unerkannt bleibende Realität. In: Luhmann, N. (Hrsg.): Soziologische Aufklärung 5. Konstruktivistische Perspektiven. Opladen. Westdeutscher Verlag. 31-58.

Luhmann, Niklas (1997): Die Gesellschaft der Gesellschaft (2. Bde). Frankfurt (Main). Suhrkamp Verlag.

Luhmann, Niklas (2005a): Einfache Sozialsysteme. In: Luhmann, N. (Hrsg.): Soziologische Aufklärung 2. Aufsätze zur Theorie der Gesellschaft. Wiesbaden. VS Verlag für Sozialwissenschaften. 25-47.

Luhmann, Niklas (2005b): Formen des Helfens im Wandel gesellschaftlicher Bedingungen. In: Luhmann, N. (Hrsg.): Soziologische Aufklärung 2. Aufsätze zur Theorie der Gesellschaft. Wiesbaden. VS Verlag für Sozialwissenschaften. 134-149.

Luhmann, Niklas (2008): Inklusion und Exklusion In: Luhmann, N. (Hrsg.): Soziologische Aufklärung 6. Die Soziologie und der Mensch. Wiesbaden. VS Verlag für Sozialwissenschaften. 226-251.

Mayntz, Renate (1974): Soziologie der Organisation. Reinbek bei Hamburg. Rowohlt Verlag.

Mayring, Philipp (2010): Qualitative Inhaltsanalyse. In: Flick, U.; Kardorff, E. v. & Steinke, I. (Hrsg.): Qualitative Forschung. Ein Handbuch. Reinbek bei Hamburg. Rowohlt. 468-475.

Meier, Margrit (2008): Entwurf eines berufsethischen Eides. In: Vierteljahresschrift für Heilpädagogik und ihre Nachbargebiete. 77. Jg. (Heft 1). 69-71.

Mensch zuerst – Netzwerk People First Deutschland e.V. (2005-2008): Wer sind wir? Unser Grundsatzprogramm. http://www.people1.de/wer_ziele.html. Zugriff am: 29.10.2012.

Merten, Roland & Olk, Thomas (1996): Sozialpädagogik als Profession. Historische Entwicklungen und künftige Perspektiven. In: Combe, A. & Helsper, W. (Hrsg.): Pädagogische Professionalität. Untersuchungen zum Typus pädagogischen Handelns. Frankfurt/ Main. Suhrkamp Verlag. 570-613.

Metzler, Heidrun (2001a): Hilfebedarf von Menschen mit Behinderung – Fragebogen zur Erhebung im Lebensbereich „Wohnen"/Individuelle Lebensgestaltung (H.M.B.-W.-Version 5/2001). Tübingen.

Metzler, Heidrun (2001b): Hinweise zum Verständnis des Fragebogens zum „Hilfebedarf" (H.M.B.-W.-Version 5/2001). Tübingen.

Metzler, Heidrun & Springer, Anke (2010): Umwandlung von Wohnangeboten in Groß- und Komplexeinrichtungen zu gemeindeorientierten Wohnmöglichkeiten für Menschen mit Behinderung. Bericht über eine Evaluation. Tübingen. Zentrum zur interdisziplinären Erforschung der Lebenswelten behinderter Menschen (Z.I.E.L.).

Meuser, Michael & Nagel, Ulrike (1991): ExpertInneninterviews – vielfach erprobt, wenig bedacht. Ein Beitrag zur qualitativen Methodendiskussion. In: Gartz, D. & Kraimer, K. (Hrsg.): Qualitativ-empirische Sozialforschung. Opladen. Westdeutscher Verlag. 441-471.

Meuser, Michael & Nagel, Ulrike (2003): Das ExpertInneninterview – Wissenssoziologische Voraussetzungen und methodische Durchführung. In: Friebertshäuser, B. & Prengel, A. (Hrsg.): Handbuch Qualitative Forschungsmethoden in der Erziehungswissenschaft. Weinheim, München. Juventa Verlag. 481-491.

Möller, Ludger (1991): Die Erfahrungen der Enthospitalisierungsstation. In: Gromann-Richter, P. (Hrsg.): Was heißt hier Auflösung. Die Schließung der Klinik Blankenburg. Bonn. 39-54.

Moor, Paul (1965): Heilpädagogik. Ein pädagogisches Lehrbuch. Bern. Hans Huber.

Moser, Vera (2000): Sonderpädagogische Konstitutionsprobleme. In: Friedrich, A.; Hinz, A. & Moser, V. (Hrsg.): Perspektiven der Sonderpädagogik: disziplin- und professionsbezogene Standortbestimmungen (Festschrift für Helga Deppe-Wolfinger). Neuwied, Berlin. 45-57.

Moser, Vera (2003): Konstruktion und Kritik. Sonderpädagogik als Disziplin. Opladen. Leske + Budrich.

Moser, Vera (2005): Professionstheorie im Fokus sonderpädagogischer Disziplinentwicklung. In: Horster, D.; Hoyningen-Süess, U. & Liesen, C. (Hrsg.): Sonderpädagogische Professionalität. Beiträge zur Entwicklung der Sonderpädagogik als Disziplin und Profession. Wiesbaden. VS Verlag für Sozialwissenschaften. 87-96.

Moser, Vera; Loeken, Hiltrud; Windisch, Matthias & Saalow, Michaela (2008): Sonderpädagogische Professionsforschung: Eine Skizze des Forschungsstands. In: Zeitschrift für Heilpädagogik. 59. Jg. (Heft 3). 82-87.

Moser, Vera; Schäfer, Lea & Jakob, Silke (2010): Sonderpädagogische Kompetenzen, „beliefs" und Anforderungssituationen in integrativen Settings. In: Stein, A.-D.; Krach, S. & Niediek, I. (Hrsg.): Integration und Inklusion auf dem Weg ins Gemeinwesen. Möglichkeitsräume und Perspektiven. Bad Heilbrunn. Julius Klinkhardt. 235-244.

Müller, Burkhard (2011): Professionalität ohne Arbeitsbündnis? Eine Studie zu ‚niedrigschwelliger' sozialer Arbeit. In: Becker-Lenz, R.; Busse, S.; Ehlert, G. & Müller, S. (Hrsg.): Professionelles Handeln in der Sozialen Arbeit. Materialanalysen und kritische Kommentare. Wiesbaden. VS Verlag. 144-159.

Müller, Carsten (2006): Hat Heilpädagogik sozialpädagogische Wurzeln? Ein begriffsgeschichtlicher Beitrag zur Annäherung zweier Fachgebiete. In: Vierteljahresschrift für Heilpädagogik und ihre Nachbargebiete. 36. Jg. (Heft 2). 96-104.

Müller, Silke & Becker-Lenz, Roland (2008): Der professionelle Habitus und seine Bildung in der Sozialen Arbeit. In: neue praxis. Zeitschrift für Sozialarbeit, Sozialpädagogik und Sozialpolitik. 38. Jg. (Heft 1). 25-41.

Nestmann, Frank (1991): Soziale Netzwerke und soziale Unterstützung. In: Dewe, B. & Wohlfahrt, N. (Hrsg.): Netzwerkförderung und soziale Arbeit. Empirische Analysen in ausgewählten Handlungs- und Politikfeldern. Bielefeld. Kleine Verlag. 31-59.

Neumann, Johannes (1988): Arbeit im Behindertenheim: Situationsanalyse und Strategien zu ihrer Humanisierung. Frankfurt (Main), New York. Campus Verlag.

Niemeyer, Christian (2000): Hilfe. In: Lenzen, D. (Hrsg.): Erziehungswissenschaft. Ein Grundkurs. Reinbek bei Hamburg. Rowohlt. 159-184.

Nittel, Dieter (2004): Die ‚Veralltäglichung' pädagogischen Wissens – im Horizont von Profession, Professionalisierung und Professionalität. In: Zeitschrift für Pädagogik. 50. Jg. (Heft 3). 342-357.

Nolte, Helmut (1999): Annäherungen zwischen Handlungstheorien und Systemtheorien. In: Zeitschrift für Soziologie. 28. Jg. (Heft 2). 93-113.

Oberholzer, Daniel (1999): Komplexitätsmanagement neuer Dienstleistungen für behinderte und chronisch kranke Menschen. Bern/Stuttgart/Wien.

Oberholzer, Daniel (2011): Programm-, Person- und Organisationsentwicklung zwischen System und Lebenswelt. In: Beck, I. & Greving, H. (Hrsg.): Gemeindeorientierte pädagogische Dienstleistungen. Stuttgart. W. Kohlhammer. 110-120.

Oevermann, Ulrich (1996): Theoretische Skizze einer revidierten Theorie professionalisierten Handelns. In: Combe, A. & Helsper, W. (Hrsg.): Pädagogische Professionalität. Untersuchungen zum Typus des pädagogischen Handelns. Frankfurt (Main). Suhrkamp. 70-182.

Otto, Ulrich & Bauer, Petra (2005): Mit Netzwerken professionell zusammenarbeiten. Band 1: Soziale Netzwerke in Lebenslauf- und Lebenslagenperspektive. Tübingen. dgvt-Verlag.

Pieda, Bernd & Schulz, Stefanie (1990): Wohnformen Behinderter und Ihre Wohnumwelten. In: Bundesministerium für Jugend, F., Frauen und Gesundheit, (Hrsg.): Wohnen Behinderter. Berichtsband. Stuttgart, Berlin, Köln. Kohlhammer Verlag. 19-24.

Preis, Wolfgang & Thiele, Gisela (2002): Sozialräumlicher Kontext Sozialer Arbeit: Eine Einführung für Studium und Praxis. Chemnitz. RabenStück Verlag für Kinder- und Jugendhilfe.

Preisendörfer, Peter (2008): Organisationssoziologie. Grundlagen, Theorien und Problemstellungen. 2. Auflage. Wiesbaden. VS Verlag für Sozialwissenschaften.

Projekt „Netzwerke im Stadtteil". Deutsches Jugendinstitut (2005): Grenzen des Sozialraums. Kritik eines Konzepts – Perspektiven für die Soziale Arbeit. Wiesbaden.

Reiser, Helmut (1996): Arbeitsplatzbeschreibungen – Veränderungen der sonderpädagogischen Berufsrolle. In: Zeitschrift für Heilpädagogik. 47. Jg. (Heft 5). 178-186.

Reiser, Helmut (1998): Sonderpädagogik als Service-Leistung? Perspektiven der Sonderpädagogischen Berufsrolle. Zur Professionalisierung der Hilfsschul- bzw. Sonderschullehrerinnen. In: Zeitschrift für Heilpädagogik. 49. Jg. (Heft 2). 46-54.

Reiser, Helmut (2005): Professionelle Konzepte und das Handlungsfeld Sonderpädagogik. In: Horster, D.; Hoyningen-Süess, U. & Liesen, C. (Hrsg.): Sonderpädagogische Professionalität. Beiträge zur Entwicklung der Sonderpädagogik als Disziplin und Profession. Wiesbaden. VS Verlag für Sozialwissenschaften. 133-150.

Reiser, Helmut (2006): Machbarkeitsversprechungen und (sonder-)pädagogische Professionalität. In: Vierteljahresschrift für Heilpädagogik und ihre Nachbargebiete. 76. Jg. (Heft 4). 336-339.

Richardt, Michael (1998): Arbeitszufriedenheit der Mitarbeiter/innen in Wohneinrichtungen der Behindertenhilfe als Beitrag zum Wohlbefinden der Bewohner/innen. In: Fischer, U.; Hahn, M. T. & Lindmeier, C. (Hrsg.): Wohlbefinden und Wohnen von Menschen mit schwerer geistiger Behinderung. Reutlingen. Diakonie-Verlag. 177-206.

Richter, Helmut (1999): Vereinspädagogik – Zur Institutionalisierung der Pädagogik des Sozialen. Hamburg.

Riege, Marlo (2005): Wohnen. In: Otto, H.-U. & Thiersch, H. (Hrsg.): Handbuch Sozialarbeit/Sozialpädagogik. München/Basel. Ernst Reinhardt Verlag.

Rock, Kerstin (1996): Selbstbestimmung als Herausforderung für die Professionellen. In: Geistige Behinderung. 35. Jg. (Heft 3). 223-231.

Rückholdt, Frank-Dietrich (1999): Zur Rolle der Mitarbeiter/-innen bei der Dezentralisierung von Komplexeinrichtungen der Behindertenhilfe. In: Eisenberger, J.; Hahn, M. T.; Hall, C.; Koepp, A. & Krüger, C. (Hrsg.): Das Normalisierungsprinzip – vier Jahrzehnte danach. Veränderungsprozesse stationärer Einrichtungen für Menschen mit geistiger Behinderung. Reutlingen. Diakonie-Verlag. 208-226.

Schaarschuch, Andreas; Flösser, Gaby & Otto, Hans-Uwe (2005): Dienstleistung. In: Otto, H.-U. & Thiersch, H. (Hrsg.): Handbuch Sozialarbeit/Sozialpädagogik. München/Basel. Ernst Reinhardt Verlag.

Schablon, Kai-Uwe (2009a): Community Care – Spurensuche, Begriffsklärung und Realisierungsbedingungen eines theoretischen Ansatzes zur Gemeinweseneinbindung erwachsener behinderter Menschen. In: Vierteljahresschrift für Heilpädagogik und ihre Nachbargebiete. 78. Jg. (Heft 1). 34-45.

Schablon, Kai-Uwe (2009b): Community Care: Professionell unterstützte Gemeinweseneinbindung erwachsener geistig behinderter Menschen. Analyse, Definition und theoretische Verortung struktureller und handlungsbezogener Determinanten. Marburg. Lebenshilfe-Verlag.

Schädler, Johannes (2004): Re-Institutionalisierung statt De-Institutionalisierung! Implementationsstrategien für Offene Hilfen für Menschen mit geistiger Behinderung. In: Geistige Behinderung. 43. Jg. (Heft 1). 2-14.

Schäfers, Markus (2008): Lebensqualität aus Nutzersicht: Wie Menschen mit geistiger Behinderung ihre Lebenssituation beurteilen. Wiesbaden. VS Verlag für Sozialwissenschaften.

Schäper, Sabine (2010): Von der Anstalt zur „caring community“ – Dezentralisierung und Kommunalisierung in der Behindertenhilfe. In: Dahme, H.-J. & Wohlfahrt, N. (Hrsg.): Regiert das Lokale das Soziale? Die Kommunalisierung und Dezentralisierung sozialer Dienste als sozialpolitische Reformstrategie. Baltmannsweiler. Schneider Verlag. 84-100.

Schattenübersetzung des NETZWERK ARTIKEL 3 e.V. (2010): Korrigierte Fassung der zwischen Deutschland, Lichtenstein, Österreich und der Schweiz abgestimmte Übersetzung Übereinkommen über die Recht von Menschen mit Behinderungen.

Schiller, Burkhard (1994): Normalisierung der Mitarbeiterführung. Rolle der Mitarbeiter und Bedeutung der Mitarbeiterführung in Einrichtungen der Behindertenhilfe. In: Fischer, U.; Hahn, M. T. & Klingmüller, B. (Hrsg.): WISTA Experten-Hearing 1993. Wohnen im Stadtteil für Erwachsene mit schwerer geistiger Behinderung. Reutlingen. Diakonie-Verlag. 97-118.

Schimank, Uwe (2002): Organisationen: Akteurskonstellationen – korporative Akteure – Sozialsysteme. In: Allmendinger, J. & Hinz, T. (Hrsg.): Organisationssoziologie. Wiesbaden. Westdeutscher Verlag. 29-54.

Schlüter, Wolfgang (1990): Soziales Helfen – Sozialphilosophische Grundlagen. In: Speck, O. & Martin, K.-R. (Hrsg.): Sonderpädagogik und Sozialarbeit. Berlin. Wissenschaftsverlag Spiess. 148-159.

Schmidt, Christiane (1997): „Am Material“: Auswertungstechniken für Leitfadeninterviews. In: Friebertshäuser, B. & Prengel, A. (Hrsg.): Handbuch Qualitative Forschungsmethoden in der Erziehungswissenschaft. Weinheim, München. Juventa Verlag. 545-568.

Schmidt, Christiane (2004): Analyse von Leitfadeninterviews. In: Flick, U.; Kardorff, E. v. & Steinke, I. (Hrsg.): Qualitative Forschung. Ein Handbuch. Reinbek bei Hamburg. Rowohlt. 447-456.

Schneider, Sabine (2011): Kommentar zum Beitrag von Burkhard Müller: Professionalität ohne Arbeitsbündnis? Eine Studie zu ‚niedrigschwelliger' sozialer Arbeit. In: Becker-Lenz, R.; Busse, S.; Ehlert, G. & Müller, S. (Hrsg.): Professionelles Handeln in der Sozialen Arbeit. Materialanalysen und kritische Kommentare. Wiesbaden. VS Verlag. 160-164.

Schubert, Herbert (2005): Das Management von Akteursnetzwerken im Sozialraum. In: Bauer, P. & Otto, U. (Hrsg.): Mit Netzwerken professionell zusammenarbeiten. Band 2: Institutionelle Netzwerke in Steuerungs- und Kooperationsperspektive. Tübingen. dgvt-Verlag. 73-103.

Schuck, Karl Dieter (2006): Fördern, Förderung, Förderbedarf. In: Antor, G. & Bleidick, U. (Hrsg.): Handlexikon der Behindertenpädagogik. Schlüsselbegriffe aus Theorie und Praxis. Stuttgart. Kohlhammer. 84-87.

Schulz, Martin & Beck, Nikolaus (2002): Die Entwicklung organisatorischer Regeln im Zeitverlauf. In: Allmendinger, J. & Hinz, T. (Hrsg.): Organisationssoziologie. Wiesbaden. Westdeutscher Verlag. 119-150.

Schuntermann, Michael F. (2009): Einführung in die ICF: Grundkurs – Übungen – offene Fragen. 3., überarb. Aufl. Heidelberg, München, Landsberg, Frechen, Hamburg. ecomed Medizin.

Schütze, Fritz (1996): Organisationszwänge und hoheitsstaatliche Rahmenbedingungen im Sozialwesen. In: Combe, A. & Helsper, W. (Hrsg.): Pädagogische Professionalität. Untersuchungen zum Typus pädagogischen Handelns. Frankfurt (Main). Suhrkamp Verlag. 183-267.

Schwarte, Norbert & Oberste-Ufer, Ralf (2001): LEWO II: Lebensqualität in Wohnstätten für erwachsene Menschen mit geistiger Behinderung. Ein Instrument für fachliches Qualitätsmanagement. Marburg. Bundesvereinigung Lebenshilfe für Menschen mit Geistiger Behinderung e.V.

Seifert, Monika (1997a): Wohnalltag von Erwachsenen mit schwerer geistiger Behinderung. Eine Studie zur Lebensqualität. Reutlingen. Diakonie-Verlag.

Seifert, Monika (1997b): Zurück zur Verwahrung? In: Geistige Behinderung. 36. Jg. (Heft 4). 337-343.

Seifert, Monika (2010): KUNDENSTUDIE – Bedarf an Dienstleistungen zur Unterstützung des Wohnens von Menschen mit Behinderung. Berlin. Rhombos-Verlag.

Sekretariat der ständigen Konferenz der Kultusminister der Länder in der Bundesrepublik Deutschland (1994): Empfehlungen zur sonderpädagogischen Förderung in den Schulen in der Bundesrepublik Deutschland. Beschluß der Kultusminsterkonferenz vom 06.05.1994. o.O.

SGB IX – Sozialgesetzbuch Neuntes Buch. Rehabilitation und Teilhabe behinderter Menschen.

SGB XII – Sozialgesetzbuch Zwölftes Buch. Sozialhilfe.

Stein, Anne-Dore (2007): Was ist Community-Living? Probleme und Handlungsperspektiven. In: Maas, T.; Bayer, W.; Götz, D.; Heimler, J.; Kraft, W.; Nernheim, K.; Schulz, B. & Schulze Steinmann, L. (Hrsg.): Community Living. Bausteine für eine Bürgergesellschaft. Hamburg. alsterdorf verlag gmbh. 16-25.

Stichweh, Rudolf (1992): Professionalisierung, Ausdifferenzierung von Funktionssystemen, Inklusion. Betrachtungen aus systemtheoretischer Sicht. In: Dewe, B.; Ferchhoff, W. & Radtke, F.-O. (Hrsg.): Erziehen als Profession: zur Logik professionellen Handelns in pädagogischen Feldern. Opladen. Leske + Budrich. 36-48.

Stichweh, Rudolf (1996): Professionen in einer funktional differenzierten Gesellschaft. In: Combe, A. & Helsper, W. (Hrsg.): Pädagogische Professionalität. Untersuchungen zum Typus pädagogischen Handelns. Frankfurt (Main). Suhrkamp Verlag. 49-69.

Stichweh, Rudolf (2007): Inklusion und Exklusion in der Weltgesellschaft – Am Beispiel der Schule und des Erziehungssystems. In: Aderhold, J. & Kranz, O. (Hrsg.): Intention und Funktion. Probleme der Vermittlung psychischer und sozialer Systeme. Wiesbaden. VS Verlag für Sozialwissenschaften. 113-120.

Straßmeier, Walter (2000): Enthospitalisierung von Menschen mit geistiger Behinderung aus den Bezirkskrankenhäusern Bayerns. Gut gemeint oder gut gemacht? In: Behindertenpädagogik. 39. Jg. (Heft 4). 275-291.

Theunissen, Georg (1982): Abgeschoben, isloiert, vergessen – Schwerstgeistigbehinderte und mehrfachbehinderte Erwachsene in Anstalten. Frankfurt (Main). R.G. Fischer.

Theunissen, Georg (1992): Zur Lage hospitalisierter (psychiatrisch untergebrachter) Menschen mit geistiger Behinderung in den neuen Bundesländern. In: Zeitschrift für Heilpädagogik. 680-687.

Theunissen, Georg (1996a): Enthospitalisierung in Deutschland. In: Bradl, C. & Steinhart, I. (Hrsg.): Mehr Selbstbestimmung durch Enthospitalisierung. Kritische Analysen und neue Orientierungen für die Arbeit mit geistig behinderten Menschen. Bonn. Psychiatrie-Verlag. 67-93.

Theunissen, Georg (1996b): Gewalt gegen (geistig-)behinderte Menschen in Vollzeiteinrichtungen. In: Behindertenpädagogik. 35. Jg. (Heft 3). 275-291.

Theunissen, Georg (1998): Empowerment und Enthospitalisierung. In: Theunissen, G. (Hrsg.): Enthospitalisierung – Ein Etikettenschwindel? Neue Studien, Erkenntnisse und Perspektiven der Behindertenhilfe. Bad Heilbrunn/Obb. Klinikhart. 62-93.

Theunissen, Georg (2007a): Deinstitutionalisierung. In: Theunissen, G.; Kulig, W. & Schirbort, K. (Hrsg.): Handlexikon geistige Behinderung. Stuttgart. Kohlhammer. 67-68.

Theunissen, Georg (2007b): Enthospitalisierung. In: Theunissen, G.; Kulig, W. & Schirbort, K. (Hrsg.): Handlexikon geistige Behinderung. Stuttgart. Kohlhammer. 95-96.

Theunissen, Georg (2007c): Hospitalisierung/Enthospitalisierung. In: Greving, H. (Hrsg.): Kompendium der Heilpädagogik. Band 1: A-H. Troisdorf. Bildungsverlag EINS. 384-390.

Theunissen, Georg & Hoffmann, Claudia (1998): Von einer Verwahranstalt zu einer reformierten Großeinrichtung – „Schloß Hoym" im Wandel. In: Theunissen, G. (Hrsg.): Enthospitalisierung – Ein Etikettenschwindel? Neue Studien, Erkenntnisse und Perspektiven der Behindertenhilfe. Bad Heilbrunn/Obb. Klinikhart. 165-180.

Thielking, Harald Martin (1991): Die Klinik Kloster Blankenburg. In: Gromann-Richter, P. (Hrsg.): Was heißt hier Auflösung? Die Schließung der Klinik Blankenburg. Bonn. 25-27.

Thiersch, Hans (2001): Das Konzept Lebensweltorientierung – Bezüge zwischen Sozialer Arbeit und Sonderpädagogik. Konferenzbericht „Heime für behinderte Kinder und Jugendliche mit Behinderungen: Regionalisierung und Dezentralisierung". Oldenburg.

Thimm, Walter (1978): Versuch einer Ortsbestimmung professioneller Behindertenhilfe. Dokumentation Werkstättentag ´78. 1. Bundeskonferenz der Werkstätten für Behinderte. Düsseldorf.

Thimm, Walter (1992): Normalisierung in der Bundesrepublik. Versuch einer Bestandsaufnahme. In: Geistige Behinderung. 31. Jg. (Heft 4). 283-291.

Thimm, Walter (1994): Leben in Nachbarschaften. Hilfen für Menschen mit Behinderungen. Freiburg, Basel, Wien. Herder Verlag.

Thimm, Walter (1995): Das Normalisierungsprinzip – Eine Einführung. 5. Marburg Lebenshilfe-Verlag.

Thimm, Walter (1997): Kritische Anmerkungen zur Selbstbestimmungsdiskussion in der Behindertenhilfe oder: Es muß ja immer wieder einmal etwas Neues sein. In: Zeitschrift für Heilpädagogik. 48. Jg. (Heft 6). 222-232.

Thimm, Walter (2001): Leben in Nachbarschaften. Struktur und Konzeption eines gemeindenahen Systems besonderer pädagogischer Förderung. In: Zeitschrift für Heilpädagogik. 52. Jg. (Heft 9). 354-359.

Thimm, Walter (2002a): Familien mit behinderten Kindern in Deutschland – Wege der Unterstützung. In: Thimm, W. & Wachtel, G. (Hrsg.): Familien mit behinderten Kindern. Wege der Unterstützung und Impulse zur Weiterentwicklung regionaler Hilfesysteme. Weinheim, München. Juventa Verlag. 11-28.

Thimm, Walter (2002b): Gemeinwesenorientierte Wende in der Behindertenhilfe – Impulse. In: Thimm, W. & Wachtel, G. (Hrsg.): Familien mit behinderten Kindern. Wege der Unterstützung und Impulse zur Weiterentwicklung regionaler Hilfesysteme. Weinheim/München. Juventa Verlag. 241-260.

Thimm, Walter (2005): Helfen als Beruf – Gedanken zur Beendigung einer 30-jährigen Hochschullehrertätigkeit. In: Vierteljahresschrift für Heilpädagogik und ihre Nachbargebiete. 74. Jg. (Heft 4). 326-334.

Thimm, Walter & Wachtel, Grit (2002): Familien mit behinderten Kindern. Wege der Unterstützung und Impulse zur Weiterentwicklung regionaler Hilfesysteme. Weinheim/ München. Juventa Verlag.

Treibel, Annette (2006): Einführung in soziologische Theorien der Gegenwart. 7., aktualisierte Auflage. Wiesbaden. VS Verlag für Sozialwissenschaften.

Wacker, Elisabeth (1988): Das Untersuchungsfeld der „Modellversuche zur Verbesserung der Arbeitssituation der Betreuer geistig Behinderter". Ausgangslage des Projekts und methodisches Vorgehen. In: Neumann, J. (Hrsg.): Arbeit im Behindertenheim: Situationsnalyse und Strategien zu ihrer Humanisierung. Frankfurt (Main), New York. Campus Verlag.

Weber, Erik (2002): Persönliche Assistenz – Assistierende Begleitung. Veränderungsanforderungen für professionelle Betreuung und für Einrichtungen der Behindertenhilfe. Köln, Düren. DHG-Eigenverlag.

Weber, Erik (2004): De-Institutionalisieren: Konzeptionen, Umsetzungsmöglichkeiten und Perspektiven zwischen fachwissenschaftlichem Anspruch und institutioneller Wirklichkeit. Köln. VdM Verlag.

Weber, Erik (2005): Die Nivellierung der „geistigen Behinderung“ – De-Institutionalisieren als Antwort. In: Behinderte in Familie, Schule und Gesellschaft. 2. Jg. 44-50.

Weisser, Jan (2010): Sozialraumorientierung und Situationen der Behinderung – Über die sozialräumliche Strukturierung von Abhängigkeitsbeziehungen. In: Vierteljahresschrift für Heilpädagogik und ihre Nachbargebiete. 79. Jg. (Heft 1). 4-10.

Wolfensberger, Wolf & Thomas, Susan (1983): PASSING. Program Analysis of Service Systems‘ Implementation of Normalization Goals. Normalization Criteria and Ratings Manual. 2. Auflage. Downsview, Ontario.

Wüllenweber, Ernst (2007): Profession/Professionalisierung/Professionalität. In: Greving, H. (Hrsg.): Kompendium der Heilpädagogik. Band 2: I-Z. Troisdorf. Bildungsverlag EINS. 176-181.

Wüllenweber, Ernst (2009): Methoden und (Handlungs-) Konzepte. Ihre Bedeutung für die Professionalität und Professionalisierung heilpädagogischen Handelns. In: Theunissen, G. & Wüllenweber, E. (Hrsg.): Zwischen Tradition und Innovation. Methoden und Handlungskonzepte in der Heilpädagogik und Behindertenhilfe. Ein Lehrbuch und Kompendium für die Arbeit mit geistig behinderten Kindern, Jugendlichen und Erwachsenen. Marburg. Lebenshilfe Verlag. 477-490.

Zentrum für Planung und Evaluation Sozialer Dienste der Universität Siegen (2008): Selbstständiges Wohnen behinderter Menschen – Individuelle Hilfen aus einer Hand. Abschlussbericht. Siegen.